근대의 어둠을 응시하는 고양이의 시선
번역 · 문학 · 사상

Cat's Eyes Looking into the Darkside of Modernity

저자 **정선태**(鄭善太)는 1963년 전북 남원 출생으로 서울대학교 국어국문학과 및 동 대학원을 졸업했다. 연구공간 '수유+너머'에서 공부와 놀이에 열중하다 지금은 국민대학교 국어국문학과 교수로 재직중이다. 아직도 근대계몽기 신문과 잡지들을 뒤지면서 근대성 형성의 원형을 탐색하고 있으며, 동아시아문학과 한국문학의 관련성, 번역론과 번역의 문제, 일제말 파시즘 체제하의 문학과 사상으로 관심의 영역을 넓혀가고 있는 중이다. 저서로『개화기 신문 논설의 서사 수용 양상』,『심연을 탐사하는 고래의 눈』,『근대계몽기 지식 개념의 수용과 그 변용』(공저) 등이 있으며, 역서로『동양적 근대의 창출』,『일본문학의 근대와 반근대』,『가네코 후미코─식민지 조선을 사랑한 일본 제국의 아나키스트』,『일본어의 근대』,『일본 근대의 풍경』(공역),『삼취인경륜문답』(공역) 등이 있다.

근대의 어둠을 응시하는 고양이의 시선
: 번역 · 문학 · 사상

1판 1쇄 인쇄 2006년 3월 10일
1판 1쇄 발행 2006년 3월 20일

지은이 / 정선태
펴낸이 / 박성모
펴낸곳 / 소명출판
출판고문 / 김호영
등록 / 제13-522호
주소 / 137-878 서울시 서초구 서초동 1621-18 (란빌딩 1층)
대표전화 / (02) 585-7840
팩시밀리 / (02) 585-7848
somyong@korea.com / www.somyong.com

값 18,000원

ISBN 89-5626-205-5 93810

근대의 어둠을 응시하는 고양이의 시선

번역 · 문학 · 사상

Cat's Eyes Looking into the Darkside of Modernity

정선태

소명출판

K에게

참으로 오랜만에 편지를 씁니다. 이러다 편지 쓰는 법조차 아예 잊어 버리는 것은 아닐지 걱정스럽습니다. 천왕봉과 반야봉이 멀리 한 눈에 보이는 산골마을에서 환한 달무리를 보다가 당신과 당신이 지나온 시간의 주름들을 생각했습니다. 아득하더군요. 가을의 끝자락에서, 마을을 둘러싼 컴컴한 대나무숲 사이로 밝은 빛을 피워올리며 떠오른 열이레 달빛이 새삼 고마웠습니다. 이런 시간에라야 떠올릴 수 있는 사람이라니 ……. 이지러진 살점을 어느 깊은 계곡에 묻어두고 아무렇지도 않은 듯 휑한 논과 밭 그리고 산등성이를 비추는 달빛을 받으며 나는 그렇게 우두커니 서 있었습니다. 달무리 속에 당신이 흐르고 있었는지는 분명하지 않습니다.

*

내가 걸어온 길 여기저기에 떨궈두었던 조각들을 모아, 당신 뭐라 할 줄 뻔히 알면서, 다시 책으로 묶습니다. 황망히 지나가 버린 시간의 궤적 위에서 놀다가 때로는 묻어두기도 하고 때로는 내팽개쳐두기도 했던 흔적들을 한 자리에 모으는 일은 언제나처럼 나를 당혹스럽게 합니다. 그러나 이렇게라도 하지 않으면 나와 내가 몸을 얹었던 삶의 한 오리가 마른 나뭇잎인 양 바스러져 버릴 것을 아는 까닭에 부끄러운 줄 알면서도 어찌할 수가 없습니다. 옹색한 변명이지요. 빠져나갈 구멍을 만들어 두고 또 자신만의 세계에 칩거할 거 아니냐며 적잖이 핀잔을 들을 줄 압니다. 그러나 그 또한 어찌할 수가 없습니다.

*

'근대의 어둠을 응시하는 고양이의 시선'이라는 이름을 단 이 책에는 내가 요 몇 년 동안 고민한 흔적들이 배여 있습니다. 우선 제1부에는 번역 또는 번역론과 관련된 글들을 담았습니다. '번역된 근대'라는 화두를 어떻게 풀어갈 것인가라는 물음은 지금도 나를 사로잡고 있습니다. 소략하지만 여기에 실려 있는 글들은 적어도 앞으로 번역 / 번역관과 근대성의 관계를 밝혀가는 과정에서 하나의 실마리가 될 수 있을 것입니다. 그리고 제2부에는 근대문학의 사상적 배경의 하나라 할 수 있는 '계몽'이 역사적 현실에서 만나 어떤 텍스트를 생산했는지를 보여주는 글들을 모았습니다. 신문을 비롯한 인쇄매체들을 뒤져 근대계몽기 조선인의 모습과 만민공동회의 열기, 계몽주의자 이광수의 '엄숙한' 표정들을 다시 그려보고자 했습니다.

*

제3부에는 오랫동안 잊고 있었던 한국 근현대문학 관련 글들이 실려 있습니다. 새삼스레 왠 시인론이고 비평가론이냐며 뜨악한 표정을 지을지도 모르겠습니다만, 그저 지나간 시간의 흔적이라며 모질게 '날려버릴' 용기가 내겐 없습니다. 단, 친일문학 논의를 정리한 글은 앞으로 나아갈 방향을 제시한 것이라는 점만 밝혀두겠습니다. 제4부에서는 아직껏 미

련을 버리지 못하고 있는, 아니 앞으로도 오랫동안 씨름을 해야 할 일본문학과 러시아문학에 대한 관심의 일단을 피력했습니다. 나쓰메 소세키와 도스토예프키는 루쉰과 더불어 나를 사로잡고 있는 '문제틀'입니다. 아직은 아마추어의 이해수준을 벗어나지 못하고 있다는 것, 잘 알고 있습니다. 프로의 정신도 필요하지만 아마추어의 열정도 그에 못지 않게 중요하다고 누군가 내게 귀뜸을 해준 적이 있습니다.

*

제5부에서는 어쩌면 문학 연구자로 갇히기를 거부하는 나의 몸짓을 읽어낼 수 있을지도 모릅니다. 연구자가 아니라 이 사회에서 살아가는 개인으로서 상투적인 글쓰기와 사유 방법에 미미하지만 의미 있는 변화를 바라는 욕망이 차라리 당신에게 들켜 버렸으면 좋겠습니다. 한국의 동아시아론을 비판하고 있는 글뿐만 아니라 여기에 실린 '서평'들도 현실과 소통함으로써 개입하고자 하는 나의 '의지'를 담고 있는 하나의 형식입니다. 나에게 서평은 서평을 넘어서 새로운 글쓰기를 모색하는 데 있어 유효한 '무기'입니다.

*

이 책을 읽은 다음 당신은 물을 것입니다, 왜 하필이면 책 제목에 그렇게 싫어하는 '고양이의 눈빛'이 들어가느냐고. 물론 이것은 나쓰메 소세키의 소설 『나는 고양이로소이다』에 등장하는 '이름 없는 고양이'를 빈 것입니다. 근대의 어둠을 그 어느 '인간'보다 앞서 보아버린 고양이의 시선이 쉽게 잊혀지지 않았습니다. 그런데 얼마 전 골목길에서 자동차 헤드라이트에 비친 고양이의 섬뜩한 푸른 눈을 보아버렸습니다. 식은 땀이 흘렀습니다. 아마 도둑고양이였을 것입니다. 인간으로부터 버림받은 도둑고양이, 인간이 버린 '문명의 쓰레기통'을 뒤지며 허기를 채우는 도둑고양이, 그러나 언젠가는 이 휘황찬란한 어둠을 점령해버릴 도둑고양이! 내 마음 어느 구석에 그런 도둑고양이의 심령이 똬리를 틀고 있는지도 모릅니다. 아, 그렇게 돌아서지 마세요. 지금은 아니니까.

*

예기치 않게 북한산 자락에 일상의 둥지를 틀고 난 후, 어떤 식으로든 지나간 시간을 갈무리하고 싶었습니다. 부족하고 모자란 게 어디 한두 군데이겠습니까마는, 지금껏 그래왔듯이 부족하면 부족한 대로 그리고 모자라면 모자란 대로 생각의 그늘을 보여주는 것도 괜찮을 거라고 생각했습니다. 책갈피 곳곳에서, 어쩌면, 우리가 함께 고민해온 사유의 부스러기들을 발견할 수 있을지도 모르겠습니다. 그럴 수만 있다면, 나는 이 지독한 부끄러움도 안고 갈 수 있을 것입니다.

2006년 봄,
북한산을 훑고 내려온 봄바람소리를 들으며
정선태 적음

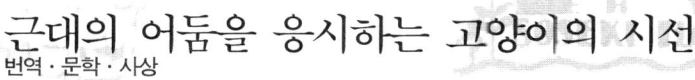

근대의 어둠을 응시하는 고양이의 시선
번역 · 문학 · 사상

차례

1부

근대계몽기의 번역론과 번역의 사상

1. 번역 또는 '문명세계'와 만나는 방법

'조선=소중화'라는 '영원한 제국'에 '시간'이 침투해 들어왔을 때, 『대한매일신보(大韓每日申報)』의 표현을 빌면 "天地開闢 以來 第壹 無前 大洪水가 汎濫한 世界"(1908년 8월 9일자 「논설」)인 20세기로 들어섰을 때, 가장 시급한 문제로 떠오른 것이 번역이었다. 소중화=지속의 제국이라는 환상 또는 유아적 나르시시즘이 사회진화론으로 무장한 '문명'의 침범에 의해 일거에 무너져 내렸을 때, 진보적 지식인들을 괴롭힌 것은 저 도도한 문명의 파도를 어떻게 탈 것인가라는 문제였다. 이 문제를 해결하지 못한다면 '조선이라는 이름의 배'는 끝없이 표류하거나 난파하고 말 것임에 틀림이 없을 터, 문제 해결의 한 방법으로 그들이 선택한 것이 바로 '문명의 번역'이었다.

잘 알려져 있다시피 18세기 이후 박지원·박제가·홍대용·최한기

등 일부 비판적인 지식인들이 중국을 통해 문명의 존재를 확인한 바 있었으나, '소중화제국' 조선은 의연히 그들의 순수성에 갇혀 이질적인 것의 유입을 집요하게 차단했다. 어디에도 출구는 보이지 않았다. 서양제국의 '모범생' 일본의 강압에 의한 개항(1876)으로 세계관의 균열이 전면화하기 시작했을 때야 조선의 지식인들은 '순수성'을 의심하기 시작했다. 최남선이 주재한 잡지 『소년』 1909년 5월호에 실린 「세계적(世界的) 지식(知識)의 필요(必要)」라는 제목의 '선언'은 조선은 더 이상 순수하지 않다는 자각을 가장 선명하게 보여주는 예이다.

世界의 大局은 眼前에 展開하였도다.

濟物浦口에 漲來하는 波浪은 이미 地中海水의 鹽分이 混和하였고 白頭山 外에 響動하는 汽笛은 오래 西比利風의 燥氣를 傳播하였는데 鍾路街衢에는 '사하라' 沙漠의 細沙가 墨軀子의 靴底에서 落下하고 南山樹木은 '유로파' 中原의 炭氣를 白人의 口裏로서 吸收하니, 於乎 우리 半島도 이미 純粹한 韓天韓地下에 있음이 아니로다.

看하라. 鴨綠江岸에 商工이 蔚興하고 太白山下에 敎學이 盛起함을 報道하는 報章이 그 重要한 紙幅을 割하여 土京의 革命騷動을 特號로 揭載하고 法都의 罷工紛競을 詳密히 記錄하니 此는 世界各國의 一嚬一笑가 문득 國際爭衡上에 影響을 及할뿐 不是라 곳 國民의 生計에 波動을 傳하난 所以니 '포오틀랜드' 眞末製造地에 罷工이 久續하면 窮冬沍寒에 洋屬周衣를 着用하는 紳士가 減少하야지며 內浦에 饑饉하면 安南이 米를 供하고 海西에 陰濕하면 印度가 綿을 輸하며 呂宋의 煙을 吸하여 口臭를 除하고 日本의 燐을 燃하여 柴炭을 지피나니, 於乎 우리 國民의 生計도 이미 순수한 韓生韓産만을 賴하지 아니 하도다.

此로써 觀하면 世界的 知識을 吸收함은 世界를 知하려 함이 아니라 곳 우리 大韓을 知함이오, 他人에게 博學多聞을 誇示코자 함이 아니라 곳 自己가 事理物情에 暗昧하지 아니하려 함이니, 俄領 海蔘威가 저의 自由港을 閉鎖함에 元山津에 生牛의 集散이 減退하고 美領 布哇島에 우리 移民地가 생김에 仁川港에 米穀의 輸出이 增加하려 하며, '시아틀'의 博覽會는 重洋萬里를

隔하야 開設함으로 毫髮이 不關할 듯 하나 오래 寢廢하였던 我國 人造物이 이 機會로 因하야 크게 生色이 되려 하니, 此等事는 우리로 하야금 世界的 知識의 習得을 時急히 催促하난 者이라.

於乎, 世界的 知識이 없이는 新聞 一片을 分明히 閱讀할 수 없이 된 吾人이 어찌 이를 收得하기에 毫末이라도 等閒히 하리오

우리에게도 이미 익숙한 '기미독립선언문'과 유사한 문체에서 뭔가에 쫓기는 듯한 다급한 심정을 생생하게 느낄 수 있다. 이 글에 따르면 물·바람·먼지가 경계를 가로질러 뒤섞여 흐르듯이 '금일의 세계' 역시 뒤섞여 흐른다. 더 이상 순수한 '대한의 것'은 없다 이러한 상황에서 '세계적 지식'을 습득하여 생존을 도모하는 것이 필스적이다. '세계'란 물론 '문명'과 동의어이다. 그런데 세계적 지식을 흡수하는 것은 세계를 알기 위해서나 박학다식을 자랑하기 위해서가 아니라 자신을 알기 위해서이며 자기의 시야를 확대하기 위해서이다. 자아 / 주체의 발견은 타자의 발견과 불가분의 관계에 놓여 있다. '번역'이라는 달을 한 마디도 사용하고 있지 않지만, 이 '선언'을 뒷받침하고 있는 것이 '번역론'이라는 것은 어렵지 않게 읽어낼 수 있다. 민족의 생존 여부와 관련된 세계적 지식의 확산과 습득, 즉 문명화는 결국 번역을 통과하지 않고서는 불가능하기 때문이다.

이런 사실을 누구보다 잘 알고 있었던 근대계몽기의 진보적 지식인들은 한결같이 번역과 출판 사업을 문명화의 핵심적인 크제로 꼽았다. 예컨대 『황성신문』 1902년 4월 30일자 '논설'에서는 '부국문명지업(富國文明之業)'을 이루려면 학술을 갖추어야 하고 학술을 광포(廣布)하는 방법은 다양한 서적의 출판밖에 없음에도 불구하고 "我韓은 自古 書籍이 皆從 支那購來者오 本國之印板은 絕少하고 其或印板者는 不過禪經佛經之類"인 상황이라고 말하면서 이렇게 주장한다.

現今泰西文明之人은 日究新學하며 日發新智하여 著述新書者가 極備深精

하고 且一自活版器械之出로 書籍之印佈도 極便且捷하니 宜倣淸國人譯書局
之例하여 廣購文明諸國之書하여 飜譯刊行하고 又搜採本國志士所著實效書
籍하여 印佈全國하여 塗人耳目卽自然有開明之效力矣라

　　서양 문명이 낳은 신학(新學)·신지(新智)·신서(新書) 등등을 어떻게
'수입'해야 할 것인가를 두고 고민하던 이들은 번역의 필요성을 강하게
느끼고 있었다. 『황성신문』 논설은 청국의 예를 본받아 번역담당관청을
세우고 널리 문명제국의 서적들을 구입하여 번역·간행해야 하며, 또
우리나라의 의식 있는 지식인들의 저술을 발굴하여 전국에 배포함으로
써 '개명지효(開明之效)'를 발휘할 수 있도록 해야 한다고 말한다. 이처럼
근대계몽기의 지식인들은 번역을 '문명'을 만나고 '문명세계'로 나아가
는 데 필수적인 방법으로 인식하고 있었던 것이다.
　　그런데 '문명과 만나는 방법'으로 번역의 의의와 방법론을 가장 먼저
제시한 것은 『한성순보(漢城週報)』였다. 순한문으로 쓰인 『한성주보』 1886
년 2월 15일자 '사의(私議)'의 「논학정제삼(論學政第三)」이 그것이다.

　　유럽의 大學·中學·小學에서는 모두 본국의 문자와 언어로 가르치는데 사
　물에 대해 모르는 것이 없다고 한다. 그들의 글자는 26자인데 자모가 相連되어
　단어를 만들고, 分合에 따라 소리가 달리 생기는 것이 우리나라의 諺文과 조
　금도 다르지 않다. 이 글자로 초급자들을 교습시켜 2~3개월만 되면 즉시 책도
　읽고 글도 지을 수 있으며, 이 글자로 모든 서적을 기술하기 때문에 당초에 誦
　讀의 노력을 들이지 않아도 義理를 분명히 이해할 수가 있다.
　　혹 가난하여 학자금을 지출할 수 없는 사람이라서 1개월만 배우고 말았더라
　도 文辭가 日用에 쓰는 데 구애되지 않는다. 이를 동양의 학제에 견주어보면
　그 便否가 하늘과 땅 차이 이상이다. 그렇다면 우리나라에서도 학교를 설립하
　여 의당 諺文으로 학생들을 교습시켜야 한다. 孔孟 성현의 책에서부터 유럽인
　의 殖貨術에 이르기까지 모두 언문으로 번역하여 가르쳐야 한다. 그리고 수십
　년을 공부해도 가계에 군색함이 없는 사람일 경우에는 부차적으로 한문을 학
　습시켜 鴻儒를 만들도록 해야 한다. 이렇게 하면 학교가 보편화되고 교화가 두

루 흡족하게 될 것이다. 우리나라는 본디 학과를 분류하는 제도가 없는 데다가 더구나 근세에 비로소 개발된 학술을 언문책으로 가르치므로 학문이 있는 사대부들 대부분이 입학하는 것을 수치스럽게 생각하고 있다.

　원컨대 요직에 있는 제공들께서는 정부 차원에서 의논하여 특별히 번역하는 기관을 설치, 각종 학과의 기술을 모두 언문으로 해 주기 바란다. 그리하여 번역된 것을 책자로 만들어 국내에 반포하여 土民들로 하여금 이것이 편리하다는 것을 주지시켜야 한다. 그리고 정부에서 학비를 보조하고 격려 권장한다면 학문이 머지않아서 대대적으로 확장될 것이다. 西語에 이런 말이 있다. "조선에 그 나라 글자가 있는데 동양 각국의 글자 가운데 가장 간편하다. 만약 조선의 土民들이 그 나라의 글자를 이용하여 모두 그 편리함을 체득한다면 정치와 學政이 틀림없이 동양에서 으뜸이 될 것이다."

　육대주에 많은 나라들이 밤하늘의 별처럼 널려 있는 시대, 각국이 전쟁으로 피를 흘리며 싸우고 있는 시대, 큰 것이 작은 것을 억제하고 강한 것이 약한 것을 무시하는 형세를 이루게 되어 다시는 강화(講和)라는 것이 존재할 수 없게 된 시대에 어떻게 독립 자강을 도모할 수 있을 것인가. 이 과제를 앞에 두고 고심참담하고 있던 박문국(博聞局)의 지식인들은 이처럼 번역의 중요성을 명확하게 인식하고 있었다. 서양과 동일한 표음문자로 이루어진 '언문'으로 성현의 책과 서양의 실용서들을 번역하여 '土人=인민'들에게 가르쳐야 한다는 논리이다. 그리고 국가적인 차원의 번역기관을 설치하여 체계적으로 일을 추진해야 한다는 건의도 빠뜨리지 않는다.[1) 하지만, 『소년』과 『황성신문』의 예를 통해 볼 수 있듯, 이들의 건의는 20년이 넘도록 실천으로 옮겨지지 못했다. 왜 그랬을까? 이는 한국 근대계몽기의 특수성에 대한 대답을 고스란히 담고 있는 물음이다. 현재진행형인, 미해결의 과제라 아니 할 수 없다.[2)

---

1) 『한성순보』(1883.10.31~1884.10.9)와 『한성주보』(1886.1~1888.7 는 국내기사와 '私議' 등을 제외하면 萬國公報, 滬報, 上海申報 등 대부분 중국에서 발간되는 신문의 내용을 재편집하여 지리·과학·역사·시사에 관한 글들을 게재했다. 이들 신문 자체가 '번역'으로 이루어져 있었던 셈이다.

2. 번역의 전제—'국문'의 정립과 문법의 통일

신문과 잡지 등 근대계몽기의 매체들은 '국문론'에 많은 관심을 기울여왔다. 『독립신문』·『매일신문』·『제국신문』 등 '국문'을 전용한 신문들은 물론이고 『황성신문』과 『대한매일신보』 등 국한문을 혼용한 신문들에서도 '국문'의 필요성을 강조했다. 특히 국한문본과 국문본을 함께 간행한 『대한매일신보』와 달리 1910년 폐간할 때까지 국한문혼용을 유지했던 『황성신문』도 배우기 쉬운 국문을 천시하고 지극히 어려운 한문만을 숭상하는 현상을 비판하면서, 국한문혼용을 허용하되 국문을 주문(主文)으로 정해 국내 '인민교수법'을 강구하자고 제안한다.[3]

'국어'의 발견은 근대국가의 성립과 긴밀한 관계를 맺고 있다. '문화적 조형물'로서의 근대적 국민을 견인할 수 있는 '문화적 코드'가 국어였던 것이다.[4] 인쇄자본주의의 산물인 신문이 국어를 '만들어내는' 데 중요한 기여를 했다는 것은 잘 알려져 있는 바와 같다. 근대계몽기 이 문제를 가장 민감하게 받아들이고, 국어의 필요성을 지속적으로 강조한 것이 『독립신문』이다. 국문에 대한 강조는 번역의 문제와 밀접하게 관련되어 있다. 그 가운데 대표적인 1898년 8월 5일자 논설을 보기로 한다.

나라이 독립이 되려면 남과 달라 독립이 아니라 남과 같아야 독립이 되는 것인데, 내 나라에 좋은 것이 있으면 그것은 아무쪼록 내버리지 말고 별로히 배양하여 세상에 행세할 만큼 만들어 놓고 남을 대하여 말하되, 우리나라에도 이러

---

2) 이 시기 번역과 관련된 실증적인 연구로는 다음과 같은 책을 참고할 수 있다. 김병철, 『한국근대번역문학사연구』(을유문화사, 1975); 김병철, 『한국근대서양문학이입사연구』(을유문화사, 1980); 김효전, 『서양 헌법이론의 초기 수용』(철학과현실사, 1996); 김효전, 『근대한국의 국가사상』(철학과현실사, 2000)

3) 『황성신문』, 1898년 9월 28일자 논설 「國文漢文論」 上.

4) B. 앤더슨, 윤형숙 역, 『상상의 공동체』, 나남, 2002; 小森陽一, 『日本語の近代』, 東京 : 岩波書店, 1996 참조.

저러한 좋은 것이 있다고 자랑하는 것이 독립하는 사람의 승벽이거늘, 조선은 남을 대하여 자랑할 것이 별양 없으니까, 아무쪼록 남의 좋은 것을 본받아 내 것을 만들고 몇 해 후에나 남을 대하여 우리나라에도 그만큼 좋은 것이 있다고 할 날이 있을 터이요, 본래는 어느 나라에서 본받아 왔든지 지금은 우리나라 것이 되었다고 할 터인데, 조선에 그 중 생각 있고 학문 있게 만든 것은 조선 국문이라. (…중략…) 지금 소위 공부하였다는 사람은 국문을 숭상하기를 좋아 아니할 것이 한문을 하였은즉, 그 배운 것을 가지고 남보다 유식한 체하려니까 만일 국문으로 책과 문적을 만들어 전국 인민이 다 학문 있게 되거드면 자기의 유식한 표가 드러나지 아니할까 두려워하고, 또 한문을 공부하였고 국문은 공부를 아니한 고로 한문을 자기의 국문보다 더 아는지라. 그러하나 그런 사람이 국중에 몇이 있으리오 수효는 적으나 한문하는 사람들이 한문 아는 자세하고 권리를 모두 차지하야 그 나머지 전국 인민을 압제하라는 풍속이니, 국문 숭상하기를 어찌 이런 사람들이 좋아하리오 그러하나 나라란 것은 몇 사람만 위해서 만든 것이 아니라 전국 인민을 모두 위하여 만든 것이요, 전국 인민이 모두 학문이 있고 지식이 있게 되어야 그 나라가 남에게 대접을 받고 자주 독립을 보호하며 사·농·공·상이 늘어가는 법이라. 지금 조선에 제일 급선무는 교육인데, 교육을 시키려면 남의 나라 글과 말을 배운 후에 학문을 가르치려 하거드면 교육할 사람이 몇이 못 될지라. 그런고로 각색 학문 책을 국문으로 번역하여 가르쳐야 남녀와 빈부가 다 조금씩이라도 학문을 배우지, 한문 배워 가지고 한문으로 다른 학문을 배우려 하거드면 국중에 이십여 년 교육할 사람이 몇이 못 될지라. 국문으로 책을 번역하자거드면 두 가지 일을 제일 먼저 하여야 할 터이라. 첫째는 국문으로 옥편을 만들어 글자 쓰는 법을 정해 놓고 그대로 가르쳐 '아'자와 '비'자를 합하거드면 '아비'라 하는데 뜻인즉 '임이의 남편이요 부모 중에 사나이'라, 그렇게 주를 내여 전국 인민을 가르쳐 놓거드면 '아비' 두 자면 사람마다 무슨 말인지를 알 터이요, 말로 하여도 아비요 책을 보아도 아비라 누가 모를 사람이 있으리요 (…중략…) 둘째는 국문을 쓸 때에 독립신문 모양으로 말마다 떼어 쓰거드면 섞어보고 읽기에 불평한 일이 없을 터이요, 사람이 무슨 말이든지 보거드면 그 말뜻을 곧 알지라. 만일 모르는 말이 있으면 옥편만 떠들어 보면 주가 있을 터인즉, 그 말뜻을 주를 보면 알 터이요, 글자 쓰는 법을 정하여 놓았은즉 다른 말과 섞일 리가 없을지라. (…중략…) 우리가 바라건대 조선 학부에서 조선 국문 옥편을 만들어 말 쓰는 규칙과 문법을 정하여, 전국이 그 옥편을 좇아 말과 글이 같도록 쓰고 읽게 하며 각색 학문 책을 번역할 때에 이 옥편에 있는 규칙대로 일정한 규모를 가지고 하게 만드는 것이 조선 교육하는 기초로 우리는 알고, 또한 조선 독립과 사람의 생각에 크게 관계가 있는 줄로 우리는 생각하노라. 조선에서 사람들이 한문 글자를 가지고 통정을 하기를 장구히 할 것 같으면 독립하는 생각은 없어질 듯하더라.

이 글의 필자는 남의 좋은 것을 받아들이되 '학문 있게 만든 조선 국문'을 두고 '세상에 경계 없이 만든 청국 글'을 받아들이는 것은 용납할 수 없다고 말한다. 『독립신문』의 필진들과 계몽적 지식인들이 보기에 한문이야말로 조선의 '문명부강'과 '독립'을 방해하는 가장 심각한 걸림돌이었다. 무엇보다 한문은 배우는 데 많은 시간이 걸린다. 10년을 배워도 제대로 그 이치를 알 수 없는 한문을 붙들고 씨름하느니, 그 시간에 간편하고 쉬운 '국문'을 배우고 남는 시간은 '실상 학문'과 '실상 사업'에 힘써야 한다는 말이다. 문제는 '시간'과 '속도'였다. 빠른 시간에 배워 '실상'에 힘써야 한다는 당위가 그들의 문자의식을 지배하고 있었던 것이다. 그리고 이러한 생각의 배후에는 청일전쟁에서 일본에 패한 청나라에 대한 멸시의 감정이 짙게 드리워져 있다. '야만'의 말을 배운다는 것은 결국 '야만'을 자초하는 일과 다름없으며, '독립'을 포기하는 것과 다르지 않다는 것이다. 언어관에도 '문명과 야만의 이분법'이 에누리 없이 관통하고 있는 셈이다.

다음으로 이 논설에서 주목해야 할 것은 한문은 기득권층의 언어라는 인식이다. 소위 '배웠다 하는 사람들'이 국문을 좋아하지 않는 이유는 명백하다. 오랜 세월 동안 힘들게 한문을 배우고 모처럼 유식한 체 하려는데, 국문으로 책들이 만들어지고 많은 사람들이 '문자'를 알아 '학문 있게' 된다고 생각하면 참으로 억울할 터, 『독립신문』은 묻는다. 이것이 바로 "수효는 적으나 한문 하는 사람들이 한문 아는 자세(藉勢)하고 권리를 모두 차지하여 그 나머지 전국 인민을 압제하려는 풍속"이 아니고 무엇이겠는가 라고 지식과 권력이 불가분의 관계에 있다는 것은 굳이 말할 필요가 없을 것이다. 이 사실을『독립신문』은 정확하게 알고 있었다. '몇 사람만을 위한 나라'가 아니라 '전국 인민을 위하여 만든 나라'라는 발상은 분명히 근대적인 것이다. 이러한 발상을 구체화하기 위한 전략 중 하나가 '국문'을 상용하여 인민의 학문을 높이자는 것이었으며, 이를 위해서는 '각색 학문 책을 국문으로 번역하여' 가르치는 교육이 필수적일 수밖에 없다고 판단했던 것이다.

뿐만 아니라 이들은 문명 세계의 각종 서적들을 국문으로 번역하는 데 가장 우선적인 작업이 '옥편' 즉 사전을 편찬하는 일이라는 것을 잘 알고 있었다. 사전 편찬 작업은 근대국민국가의 '국어'를 창출하는 과정에서 피할 수 없는 중대한 과제였다. 다시 말해 전국의 방언들을 수집하여 분류하고, 특정 지역의 말을 표준으로 하여 '인위적으로' 표준어를 만드는 일은 근대 국민국가가 요구하는 '균질적인 국민'을 생산하기 위한 필수적인 항목이었던 것이다. 사전 편찬 작업을 통해 어휘들을 수집하고 여기에 '문법적 속박'을 가해야 비로소 한 국가의 영토 안에 있는 사람들이 통일된 언어를 기반으로 하여 '국민'이 될 수 있다. 따라서 "학부(學部)에서 국문 사전을 만들어 말 쓰는 규칙과 문법을 정하여 전국이 그 옥편을 좇아 말과 글이 같도록 읽고 쓰게" 해야 한다는 바람을 담고 있는 이 논설은 근대국가와 국어의 관계를 정확하게 보여준 글이라 할 수 있다.

이렇듯 '백성 / 인민'을 '국민'으로 끌어올리는 데 중요한 역할을 담당할 '다양한 서책의 번역' 작업을 효과적으로 수행하고 이를 체계적으로 보급하기 위해서는 표기법과 국문체의 확립, 사전의 편찬, 모두에게 통용될 수 있는 문법의 제정 등이 전제되어야 한다. 이러한 전제들을 마련하기 위해서는 국가적 차원의 '강제'가 필수적이다. 그러나 '대한제국'의 국가시스템은 이를 '강제'할 수 있는 실질적인 힘을 갖고 있지 못했다.「문법(文法)을 의통일(宜統一)」이라는 제목의『대한매일신보』논설은 문체상의 혼란을 이렇게 설명하고 있다.

漢文은 漢文文法이 有하며 英文은 英文文法이 有하고 其他 俄法 德伊等 文이 莫不其文法이 自有하니 目今 世界現行 각 文에 어찌 無法의 文이 豈有하리오마는 然이나 今韓國의 國漢字交用文 尙且其法이 無하도다. 韓國이 自來로 自國國文이 非無언마는 此는 壹閣置하여 女子及勞動界에만 行用되고 上等社會에는 漢文만 尊尙하여 讀習하는 바도 此에 在하며 著作하는 바를 此로 以하더니 居然時代의 思潮가 壹變하야 彼佶屈贅牙혼 漢文으로는 國民知識均啓함이 難함을 大覺하며 又 自國國文을 無視하고 他國文만 尊尙함이 不可함을 悟하고 於是乎 國文을 純用코자 하나 累百年慣習하던 漢文을 壹朝에 全棄함이 時義와 時勢에 均是不合한지라. 所以로 國漢字交用의 議가 起하여 十餘年來 新聞雜志에 此道를 遵用함이 已久하나 然이나 其文法을 觀하건대 或 漢文文法에 國文 吐만 加하는 者도 有하며(壹) 或 國文文勢로 下하다가 突然히 漢文文法을 用하고 或 漢文文勢로 下하다가 突然히 國文文法을 用하는 者도 有하여(二) 譬컨대 "學而時習之不亦悅乎" 壹句를 讀함에 或曰 "學而時習之면 不亦悅乎아" 하니 此는 壹에 屬한 者오 或曰 "學하여 此를 時習하면 不亦悅乎아" 하니 此는 二에 屬한 者라. 同壹혼 事實, 同壹한 句語를 五人이 叙述함에 五人이 不同하며 拾人이 叙述함에 拾人이 不同하여 文法의 離奇함이 名狀키 難하니, 噫라 此가 비록 細事인 듯하나 其實은 著者가 此를 由하야 其心이 荒하며 讀者가 此를 由하야 其腦가 眩하고 抑彼靑年學文者는 筆을 操○함에 所從의 途를 莫知하리니 其害가 豈小하리오 故로 今日에 文法 統壹이 卽亦壹大急務라. 此를 統壹하여야 학생의 情神을 統壹하며 國民의 知識을 普啓할지어늘 乃省如此不規則無條理의 문으로 敎科를 綱하야 國人子弟를 敎授하며 書籍을 著하야 有志同胞에 供覺하니 是가 奚며 是가 奚可리오 故로 記者는 此 '文法統壹' 四字를 擧하여 各學校의 문學科를 設하는 諸君子에게 深○하는 바로라5)

띄어쓰기를 한 국문체는 『독립신문』이 여러 차례 강조하고 직접 실천함으로써 한글전용신문과 신소설 등에서 비교적 안정적으로 자리를 잡

---

5) 『大韓每日申報』 1908년 11월 7일자 논설 「文法을 宜統一」.

는다. 그러나 '국한문교용(國漢文交用)'의 경우는 상황이 개선될 기미를 보이지 않았다. 이는 수백 년 동안 사용해온 한문의 증력이 만만치 않았다는 것을 여실하게 보여주는 예라 할 수 있다. 이 글에서 예를 들고 있듯이 국한문체에서는 적어도 두 경향이 병존하는 양상을 보이고 있다. 즉 기존의 한문에 토만 다는 '한문현토체'와 한문식 표현을 국문어법에 맞게 재배열하는, 정확한 의미에서의 '국한문혼용체'가 대결하고 있었던 것이다. 국한문체를 택한 『황성신문』의 경우 두 문체의 경쟁이 두드러지며, 국한문본 『대한매일신보』의 경우는 대체로 후자가 우세하다. 이러한 혼란은 국민에게 지식을 보급하는 데 중대한 걸림돌이 될 수밖에 없다. 뿐만 아니라 교육 과정에서 많은 번잡함을 야기할 수도 있다. 시간이 흐르면서 한문현토체는 국한문혼용체와의 경쟁에서 물러나며, 1907~1908년 무렵에 이르면 교과서와 저널리즘 등 공적인 담론 영역에서 거의 자취를 감춘다.[6]

이리하여 문체상에 있어서는 국문체와 국한문체의 대결로 좁혀진다. 종교신문을 비롯한 국문전용신문과 학생용 '독본' 그리고 신소설 등은 국문체가 담당했으며, 기타 국한문본 신문과 학회지 그리고 역사와 전기 등은 주로 국한문체를 사용한다. 그러나 문제는 여전히 남아 있었다. 문법이 통일되어 있지 않은 상황에서 표기법의 통일을 기대하는 것은 무리인지도 모른다. 번역서에서 볼 수 있는 인명과 지명 표기의 혼란상을 『대한매일신보』1909년 7월 9일자 논설은 이렇게 비판한다.

譯書中 人名地名의 矛盾이니 萬壹 韓國의 敎育制度가 完全하면 外國 人名地名의 譯出을 宜乎統壹할지나 今에 此는 加望할 바 다닌즉, 此에 統壹함을 圖謀하여 人의 腦를 不亂케 함은 譯者 各個人의 責任이어늘, 乃者 人名地名은 姑舍하고 壹國名을 數人이 譯함에 數人이 各異하고 又 此뿐 아니라,

---

6) 예외적으로 『大東歷史』처럼 순한문체를 사용하고 있는 예도 있으며, 『乙支文德』 등 몇몇 전기에서는 한문현토체를 사용하고 있는 경우도 있다.

甚至於 壹人壹地의 名을 壹人이 壹時에 譯함에도 前掌後意의 譯이 不同하며 上行下行의 譯이 不同하니, 嗚呼라 此는 文明史業에 假託하야 牟利的으로 人을 欺함이 아닌가.

번역에서도 국문체와 국한문체는 '분업' 내지 경쟁하고 있었다. 부녀자나 학생들을 주요 대상으로 하는 책들은 국문체로 번역되었으며, 역사나 전기 또는 '학문'과 관련된 책들은 국한문체로 번역되는 경우가 많았다. 이와 관련하여 『대한매일신보』논설은 "各其社會中에서 一般會員을 愛國熱心으로 一致養成코자 하면 先히 東西各國近世史記와 有名한 人物의 事蹟과 各種學業의 文字를 或國漢文을 交用하야 譯述하며 或純國文으로 以하며 或小說로 以하며 或歌謠로 以하여 曉解하기를 便易케 하며 感觸하기를 深切케 하여 一般會員이든지 其他人民이든지 廣爲授讀하여 作業之暇에 或朗讀하며 或討論하여 其滋味를 得하게 하면 不過十種內外間에 感化力이 滋長하야 知識의 開發도 되고 愛國熱心이 一致奮發하여 一等開明한 人類가 될 것"(1905년 10월 12일자 논설)이라고 말하고 있다.

요컨대 국가에 의한 학교교육이 완전하지 않은 상황에서 정책적인 '강제'에 의한 문체의 정립과 문법의 통일은 기대할 수가 없었으며, 번역가들을 포함한 근대계몽기 지식인들의 고민도 여기에 있었다. 결국 1905년 통감부 설치 이후 일본의 교육시스템에 따른 커리큘럼이 이입되기 시작하면서 국한문체가 국문체에 비해 우월한 위치를 차지하는데, 그 후에 벌어지는 국문전용과 국한문혼용 사이의 숱한 논쟁도 여기에 그 기원을 두고 있다고 할 수 있다.

3. 근대계몽기의 언어질서와 번역의 네 가지 경로

근대계몽기에 초점을 맞출 때 '다른 나라의 말을 우리말로 옮기는 것'이라는 번역의 정의는 부분적으로 적용될 수밖에 없다. 이중적 또는 삼중적 문자체계하에서 번역의 문제는 보다 복잡한 양상을 띤다. 한 나라 안에서 생산된, 다른 문자로 씌어진 텍스트를 또 다른 문자로 번역하는 현상이 벌어진다. 국문체로 씌어진 것을 국한문체로 '번역'하거나 국한문체로 씌어진 것을 국문체로 '번역'하는 예를 얼마든지 발견할 수 있는 것도 때문이다. 이는 앞서 보았듯이 여러 문자표현이 뒤섞여 있는 상황에서 비롯된 것이다. 예컨대 『대한매일신보(大韓每日申報)』는 순국문으로 씌어진 『경향신문』의 논설을 '역등(譯謄)'이라는 이름으로 번역한다. 그리고 국한문본 『대한매일신보(大韓每日申報)』와 국문본 『대한매일신보』처럼 국한문체와 국문체가 동시에 씌어진 경우도 있다(그 순서는 국한문체가 우선이었을 것이다). 예컨대 이런 식이다.

① 새로 난 삼림 규측을 우리 신문 보감에 풀어 말하고 그 규측대로 우리 동포들이 땅을 얻기를 위하는데 우리가 이전에 말함과 같이 그 규측을 만든 사람의 제일 뜻은 일본서 나오는 농부들을 위하야 하였으나 그러나 우리도 그 규측대로 하면 일인과 같이 우리나라 땅을 얻을 만하겠다 하였고 또 그뿐 아니라 그 새 규측대로 땅을 얻을 만한 것만 생각지 말고 그 땅을 얻기를 위하야 불가불 힘쓸 것으로 생각할 일이라 함은 곧 우리가 그 땅을 얻지 아니하면 얼마 아니 되어 우리가 우리나라에서 살기가 대단히 어렵게 되겠다고 하였는지라. 이 삼림 새 규측만 생각하면 참 좋고 잘 만든 규측이지마는 이째까지 시행하는 것을 보니 병신 규측이로다.

② 新定森林規則을 本報에 解釋登載하고 我國同胞들이 土地를 得하기 위하는데 吾儕가 曾往所述과 如히 其規則을 制定한 人의 本意는 日本으로 從

來하는 農民을 爲하야 하였으니 然이나 吾儕도 其規則대로 하면 日人과 我
國土地를 同得하겠다 하였고 非但此也라 其新規則대로 地를 可得함을 思치
勿하고 其土地를 得하기 爲하야 不可不用力함을 思할 것이라 함은 吾儕가
其土地를 不得하며 幾日이 不過하야 吾等이 吾國에서 生活키 甚難이라 하였
는지라. 此森林新規則으로만 思하면 眞是美且善制의 規則이지마는 지금까지
其施行함을 觀하니 乃病身規則이로다.

①은 『경향신문』의 논설을 '조등(照謄)'한 국문본 『대한매일신보』 1898
년 9월 5일자 논설이며, ②는 그것을 '역등(譯謄)'한 국한문본 『대한매일
신보(大韓每日申報)』의 논설의 일부분이다. 통사 구조상 큰 차이는 없지
만, 그 표현 방법은 전혀 다르다. ①이 구어체에 가깝다면 ②는 문어체
에 가깝다고 할 수 있다. 근대국민국가의 '국어'는 말과 글의 일치, 즉
언문일치라는 환상 위에서 성립한다. 언문일치의 불가능성에 대한 논의
는 제쳐두고라도 '환상'을 실체화하는 것이 근대 국민국가의 작동원리
였다면, ②보다는 ①이 '국어'에 근접한 것이었다고 할 수 있다. 같은 국
가 안에서 동시에 생산된 공적인 텍스트를 다른 문자로 보여주는 이러
한 예만큼 근대계몽기의 특수성을 보여주는 것도 드물다. 이를 두고 번
역의 첫 번째 경로라 할 수 있을 터인데 이 역시 번역의 문제와 맞물려
있다.[7]

앞서 말했듯 『한성순보』와 『한성주보』의 기사는 대부분 중국의 신문
들을 '재편집' 또는 '번역'한 것이었다. 중국을 통한 번역을 두 번째 경
로라 할 수 있는데, 적어도 1910년 이전에는 중국 텍스트의 번역이 지식
인들 사이에서 적잖은 반향을 불러일으켰던 것으로 보인다. 이 시기에
간행된 중국의 각종 신문들은 인천에 지사(支社)를 두고 지속적으로 근
대계몽기 저널리즘에 영향력을 행사한다. 특히 량치차오(梁啓超)는 저술
과 저널리즘 양 측면에서 중요한 역할을 한 사람으로 손꼽힌다. 그의 글

---

7) 이와 함께 순한문체로 씌어진 상소문을 국문체와 국한문체 또는 한문현토체로 번역
한 경우 등을 그 예로 들 수 있을 것이다.

들은 여러 학회지에 번역되어 실렸을 뿐만 아니라, 그가 편찬한 『월남망국사』는 현채의 국한문체 번역과 주시경과 이상익에 의한 국문체 번역 2종이 함께 발간되기도 했다. 그러나 을사조약과 정미7조약 그리고 강제합병으로 이어지는 과정에서 점차 그 영향력을 상실한다.

세 번째 경로는 서양의 저작을 직접 번역한 예이다. 『독립신문』과 『대한매일신보』가 영자판을 발간한 데서 알 수 있듯, 영자신문이나 영어 저술을 참고하여 논설을 작성했을 것이다(서재필이나 윤치호의 영어실력은 수준급이었다고 하며, 『대한매일신보』는 영국인 베델이 사장이었다). 그리고 게일과 아펜젤러 등 선교사들은 영어를 원텍스트로 하여 '국문'으로 옮기기도 했다. 이들은 국한문체보다는 국문체를 선호했는데, 그 좋은 예가 게일의 『천로역정』이다. 특히 『성서』의 한국어 번역은 국문 보급에 지대한 기여를 했다는 점을 놓치지 말아야 할 것이다.[8] 이들의 번역과 저술 활동은 선교와 맞물려 지속적으로 이루어지지만, 기독교 관련서들을 제외하면 대부분이 일본이나 중국을 거친 중역(重譯)이었다.

마지막으로 일본을 통한 번역 경로에 주목해야 한다. 근대계몽기 일본이 한국에 미친 영향은 모든 분야를 망라하여 타의 추종을 불허한다. 청일전쟁과 러일전쟁에서 승승장구하면서 일본은 일약 '문명개화'와 '부국강병'의 모델로 떠오른다. 일본의 제국주의 전략이 현실화하면서, 한국의 진보적 지식인들, 특히 『대한매일신보』의 필진들은 '번역' 통로가 일본으로 한정되는 것을 통렬하게 비판하고 문명을 '직접' 수입해야 한다고 말한다. 다음은 『대한매일신보』 1910년 4월 9일자 「어학계(語學界)의 추세(趨勢)」라는 제목의 논설이다.

挽近 韓國에 日語學의 潮勢가 愈愈히 高하야 日語學校가 星같이 羅하며 日語學者가 林같이 起하니 吁라 盛하도다. 斯히 日語學校가 多하며 日語學者가 多함이 果然 文明의 輸入을 爲함이며 國家의 發展을 圖함인가. 萬綠叢

---

8) 이광래, 『한국의 서양사상 수용사』(열린책들, 2003) 제5장 참조

中에一点紅같이 一二의 正義的 日語學校 日語學者가 無흠은 아니나 大概 一言으로 蔽하건대 曰 奴隸學校며 曰 奴隸學者니라. (…중략…) 第二 理由는 卽文明直接輸入의 機關을 作함이라. 大抵 今日 韓國人이 日本을 文明輸入의 惟一路로 知하는 者ㅣ 多하나 彼日本은 模倣者에 不過하나니 故로 文明의 源泉을 探코져 할진대 歐美文明을 수入지 아니함이 不可하며, 彼日本은 幼稚時代에 尙在하나니 故로 壯實한 文明을 模範코져 할진대 歐美文明을 수入지 아니함이 不可하며, 彼日本은 歐美文明을 模出함에 其國粹에 適하며 其國利에 適하도록 模出한 者ㅣ 多하거늘 韓國人이 此를 直輸入하면 千里의 差를 免치 못할지니 故로 眞正한 文明을 수입하려면 歐美文明을 수入지 아니함이 不可하고 又今日 韓人이 文明의 誠心傳達을 日人에게 望할 바 아니니 故로 歐美文明을 수入지 아니함이 不可한지라. 然한데 歐美文明을 直接 수入함에 爲先 其機關을 準備할 道는 卽歐美語를 知함이 是니 故로 今日韓國人士가 歐美列國語를 遍學함이 可하니라.

'제국' 일본이 실질적인 힘을 발휘하기 시작하면서, 그리고 식민정책이 본격화하면서 조선에는 일본어 열풍이 몰아치고 있었다. 번역에 있어서도 "韓國內에 各語 學者가 許多하지만은 譯書者는 只是 日文譯者"인 것을 개탄한다. 그리하여 이 논설의 필자는 이러한 이상 열풍이 과연 '문명의 수입'을 위한 것인지 반문하면서, '구미문명'을 직수입할 것을 역설한다. 그러나 대세는 이미 기울고 있었다. 일본을 '서양화=근대화=문명화'의 모범으로 인식하고 있던 사람들에게 이와 같은 발언이 어느 정도 효력을 발휘했을지는 미지수이다. 그러나 문명을 '수입'하는 창구가 일본으로 일원화되고 어학계가 일본어 일색으로 변모하고 있는 현실을 수락하기는 쉽지 않았을 것이다. 그것은 식민지적 무의식에 저항하려는 일종의 방어기제였다고 할 수 있다. 다음은 「어학의론(語學議論)」이라는 제목의 1909년 3월 2일자 『대한매일신보』 논설이다.

大抵 今日은 東西羊 各國의 交通이 頻繁하며 黃人種 白人種之往來가 落亦不絶하여 此國 人民이 彼國에도 去留하고 彼國 人種이 此國에도 去留하

나니 以往에 鎖國하고 獨居하던 其時代에도 오히려 倭學이니 漢學이니 하는 諸歷官이 有하거든 況且 今日에야 語學이 必要하겠나뇨 又 此外國의 文明을 輸入하고저 하여도 먼저 外國의 語學을 習한 然後에 諸般 文明의 飮食을 通하기가 易할지니 以此로 只今에 何國을 勿論하고 外國語學이 在하는 바ㅣ니라. 然이나 彼外國人은 語學을 習하되 自國의 文明을 發達하기 爲하여 習하며 他國의 文明을 輸入하기 爲하여 習하며 國家의 利益을 擴張하기 爲하여 習하며 民族의 權利를 執하기 爲하여 習하는지라. (…중략…) 法律에는 羅馬國語를 習하는 것이 的當하고 文學을 知하고자 하는 者는 希臘語를 習하는 것이 的當하고 意學과 軍政을 硏究코자 하는 者는 德國語를 習할 것이요, 노래의 曲調를 知하고자 하는 者는 伊太利語를 習할 것이요, 外國 交際를 崇尙코자 하는 者는 法國語를 習할 것이요, 南亞美利加와 墨書加와 東亞美利加 等 各國과 通商하기를 爲하는 者는 西班牙語를 習할 것이요, 歐羅巴 各國과 亞細亞 一部分에 通商하기를 爲하는 者는 英國語를 習할지니, 此는 皆 其目的을 達하는 方法을 準備하는 데 不過한 者ㅣ라.

식민지화 정책이 본격화하면서 '문명의 창구'가 일원화하는 데 따른 불안감을 떨치기란 쉽지 않았을 것이다. 어학의 습득은 다양한 문명/문화를 '수입'하기 위한 방편일 뿐, 중요한 것은 '자국지어(自國之語)'와 '자국지문(自國之文)'으로 사상을 양성하고 심지(心地)를 배양하여 '국가정신'과 '민족주의'를 주장할 수 있도록 '계몽'하는 일이다. 사후적으로 판단하건대, 일본을 통한 일방적인 '문명의 번역'이 몰고 을 파장을 이 논설의 필자는 정확하게 파악하고 있었던 셈이다.[9]

9) 『大韓每日申報』는 일찍이 일본에 대한 종속을 경계한 바 있다. 예컨대 1906년 6월 29일자 논설「警告大韓敎育家」에서는 이렇게 말하고 있다. "歐米各國人士中에서 如此히 同情을 表하는 者가 有하니 若我邦敎育家가 熱心으로 敎育事業에 從事하고 歐米各有志家에게 誠心으로써 贊成을 懇求하면 一片同情을 表할 人士가 有할 줄로 確信하노라. 我邦敎育家는 此時를 當하여 敢進하는 勇氣로써 島國的 敎育主義를 採用치 말고, 歐미의 敎育主義를 模範하되 爲先歐美語學이 必要하니 各處에 歐美語學校를 設立하여 一般國民에게 歐美語學을 敎授하여 歐美人士와 交際하는 思想을 養成하며 宇大的 學識을 硏得하여 世界大局을 達觀함에 敏速케 하고 祖國國性을 發達함에 恒常不怠하게 되면 隣强에 同化政策의 慘毒을 可以免之요, 旣失之國

4. 의역의 사상-'奴隷的 妄筆'을 넘어서

되풀이하여 말하거니와 근대계몽기의 번역은 '문명개화'와 '부국강병'을 추진하기 위한 중요한 수단이었다. 그러나 제국주의 일본에 의한 '망국'이 현실로 다가오면서 문명개화는 '독립정신'과 '애국정신'의 고양에 자리를 물려준다. 독립정신과 애국정신이 문명개화와 부국강병을 대체한 시점에서 떠오른 것이 무엇을 어떻게 번역할 것인가라는 문제였다. 『대한매일신보(大韓每日申報)』 1909년 1월 9일자 논설 「번역가(翻譯家)에게 일고(一告)함」에서 해답의 실마리를 발견할 수 있다.

> 譯書를 曰 文明의 輸入이라 하며 譯書를 曰 富强의 資料라 하나 然이나 此는 善美한 譯書를 指함인저. 譯書家가 其道를 不得하야 其國魂을 戕하며 其國光을 墜하면 抑猶國家의 大罪人이로다. 近日 我國의 譯書가 漸出함에 所謂 譯述者가 或趨外에 情神이 醉하며 或取捨에 條理가 無하야 但只 外國書籍이라 하면 盡是 文明書籍으로 信하며 但只 外國所唱이라 하면 盡是 文明語句로 認하여 自國은 夷狄이 되든지 同族은 牛馬가 되든지 彼만 崇拜하며 彼만 信從하니 此亦敎育前途에 壹不幸인저. (…중략…) 而況自國의 地理 歷史를 自國人이 能히 著述치 못하고 外國人의 손으로 唱한 者를 同譯함도 亦國民의 大恥辱이거늘 어찌 自國의 堂堂한 史實을 棄하고 他人의 妄談을 從하는가. 然則 彼는 昭昭히 知了하는데 我는 無知하여 是亦我만 盲守하고 彼는 不從할가. 曰否라. 所述로 參考는 可作할언정 同譯은 不可하며 彼의 所言으로 ○○는 可作할지언정 迷信은 不可하나니 어찌 彼가 歌하면 我도 歌하며 彼가 舞하면 我도 舞하며 彼가 我를 辱하면 我도 我를 辱하며 彼가 我를 侮하면 我도 我를 侮하야 奴隷的 妄筆로 輕弄하리오 (…중략…) 徒然히 魔説을 演하여 靑年의 腦髓를 迷하며 國家의 威光을 誣하니 此等書籍은 烈火에 盡投하여 壹切 世人의 眼에 不照케 함이 可하도다. 願컨대 譯書者諸公은 恒常注意하여 彼의 長은 效하고 短은 勿效하며 我에게 利한 者는 拾하여 善美

> 權을 可以回復이라 하여 我邦敎育家諸公에게 血心陳告하옵나이다."

한 譯書가 多出케 할지어다.

번역서가 여전히 '문명의 수입'이고 '부강의 자료'임에는 변함이 없다. 그러나 이 논설의 필자에 따르면 앞뒤 가리지 못하고 외국서적이라 하면 모두 문명서적인 줄 알고 번역하는 자는 '국혼'을 죽이고 '국광'을 추락하게 만드는 '대죄인'이다. 그는 번역자에게 '편집자'가 될 것을 요구한다. 즉 서양이든 일본이든 다양한 책을 충분히 참조하되 '국가적 사상'의 배양을 가로막는 진술들을 철저하게 피해야 한다는 것이다. '선미(善美)한 역서(譯書)'인지 여부를 판가름하는 기준은 국가이다. 다시 말해 "國家로 壹準的을 作하며 國家로 壹主體를 作하여 政治學을 敎授함에도 國家的 思想을 以하며 法律學을 敎授함에도 國家的 思想을 以하며 經濟學을 敎授함에도 國家的 思想을 以하며 政治學을 敎授함에도 國家的 思想을 以하며 實業學을 敎授함에도 國家的 思想을 以하며 其他學을 敎授하든지 皆 國家的 思想을 以하여 各種學術로 國家를 護衛하는 器具"(『대한매일신보』 1909년 1월 16일자 논설)로 삼는 것이 '절대적인 기준'이 된다.

현대 일본의 대표적인 사상가 마루야마 마사오(丸山眞男)는 후쿠자와 유키치(福澤諭吉)의 『문명론의 개략』을 '다시' 읽으면서 일본 근대사상(사)의 성격을 구명한 바 있는데, 마루야마에 따르면 모든 사상사란 결국 종래의 사상을 바꿔 읽어 가는 역사, 그러니까 과거의 사상을 거듭 읽음으로써 새롭게 해석해 가는 역사에 지나지 않는다. 그런 의미에서 완전히 새롭고도 독창적인 사상이란 존재할 수가 없다. 새로운 사상이나 문화는 이질적인 것과 접촉하면서 형성될 수밖에 없기 때문이다. 그런데 마루야마 마사오는 사상사의 전개를 '번역'과 관련하여 다음과 같이 말하고 있다.[10]

---

10) 정선태, 『심연을 탐사하는 고래의 눈 - 한국 근대문학의 형성과 그 외부』(소명출판, 2003) 3부 2장 참조.

이질문화를 '직역'하는 사람과 '의역'하는 사람이 있다. 의역하는 경우, 무의식적으로 의역하는 경우와 의식적으로 의역하는 경우가 있다. 무의식적 의역이란 오규 소라이가 말한 바 '일본적 감각[和臭]'이다. 자신은 평생 동안 모든 힘을 기울여 본래의 고전한문을 읽을 심산이었지만, 일본식으로 카에리텐(返り点: 한문을 훈독할 때 한자의 왼쪽에 붙여 아래에서 위로 올려 읽는 차례를 매기는 기호)에 따라 거꾸로 읽었기 때문에 일본적인 사고방식을 대상에 무의식적으로 투영할 수밖에 없었으며, 그런 까닭에 중국의 고전이 본래 지니고 있는 의미로부터 벗어나고 말았다고 소라이는 역설한 바 있다.

의식적 의역이란 일본의 풍토에 응하여 원의(原意)를 살리고 이해를 쉽게 할 수만 있다면 어떻게 옮겨도 괜찮다는 생각에 기초를 두고 있는데, 어떤 의미에서 이것은 의식적으로 원전을 '왜곡'하는 것과 다를 바가 없다. 나는 후쿠자와가 바로 의식적 의역의 대가였다고 생각한다. 『문명론의 개략』도 그렇지만, 후쿠자와뿐만 아니라 그 시대 사람들의 저작에는 대부분의 경우 그들의 저작에 맞서는 세로쓰기 책이 있었다. 세로쓰기 책이 있었기 때문에 (이들의 저작은) 이 무렵 자주 화제가 되었듯 '도둑질한 저작[盜作]'이라는 의혹을 쉽게 떨쳐버리지 못했다. 하지만 도둑질한 저작과 그렇지 않은 것의 차이는 가로로 된 것을 세로로 만드는 방식의 차이에 있다. 문화 전통의 깊이에 대한 이해와 이질성에 대한 의식이 번역자에게 있었는지 여부, 나아가 그것을 어떻게 자신에게 유용한 것으로 삼았는가에 달려 있다.[11]

이는 번역과 사상 또는 번역의 사상이라는 문제를 논할 때 유용한 참조가 될 수 있을 것이다. 단순한 기계적인 직역이 아닌 다음에야 번역은 일종의 사상적 대결을 전제할 수밖에 없다. 문화 전통의 깊이에 대한 이해와 이질성에 대한 이해가 길항(拮抗)하면서 어떻게 새로운 의미가 생산되고 자리를 잡아가는가를 밝히는 게 사상사의 과제 중 하나라면, 이질적인 문화의 번역은 그 자체로 사상적 과제를 머금고 있다고 할 수 있을 터이다. 그렇다면 근대계몽기를 대표하는 신문 『대한매일신보』는 이 문제를 어떻게 파악하고 있었을까. 1909년 7월 9일자 논설 「서적계(書

---

11) 丸山眞男, 『'文明論の槪略'を讀む』上, 東京 : 岩波書店, 1986, 42~43면.

籍界) 일평(一評)」은 '공기와도 같은 서적'을 통하여 국민을 부패하게 하고 비열하게 하며 '무정신(無精神)'하게 하는 역자와 저자들을 비판하면서 의역의 필요성을 다음과 같이 피력한다.

無宗旨 無條理의 譯書니 凡書籍을 譯述함에 其 譯意의 明快와 文字의 精潔만 要할 뿐 아니라 必也 此書를 譯함이 吾國에 利할가 害할까(壹) 此章을 譯함이 吾國에 利할가 害할까(二) 此句를 譯함이 吾國예 利할가 害할까(三) 하야 精善完美케 選擇한 然後에 可하거늘, 噫라 今日 韓國의 譯者는 只是 字를 逐하며 句를 逐하여 譯出할 而已라. 彼가 其國情에만 恊케 한 者도 直譯하며 彼가 其民性에만 付케 한 者도 直譯하며 彼가 韓國에 不利케 한 語句도 直譯하야 甚至於 韓國은 混合亂殖的 民族이란 語가 譯筆下에 累見하며 (…하략…)

정치적·사회적·문화적 맥락을 도외시한 '축자역(逐字譯)'은 번역을 사상사의 맥락에서 파악할 경우엔 유효한 참조 사항이 될 수 없다. 그리고 엄밀한 의미에서 축자역이란 존재하지 않는다. 번역자의 어학적 자질을 전제로 한다면 번역은 '숙명적으로' 의역일 수밖에 없다. 이 논설의 필자는 이 사실을 잘 알고 있었던 듯하다. 번역자의 언어와 번역되는 텍스트의 언어 사이의 대결, 여기에서 '노예적 망필'을 넘어서는 방법의 일단을 찾을 수 있다. 언어와 언어의 대결을 통해 시야를 확대할 수 있으며, 그때야 비로소 다양한 접점들을 발견할 수 있다

사실 근대계몽기의 번역 텍스트들을 보면 대부분이 '초역(抄譯)'이거나 '부분번역'이다. '완역'이 아니라며 비판하기는 참으로 쉽다. 그러나 이 시기의 급박한 국제정세와 국가 시스템의 미비, 복잡다단한 언어질서 등을 고려한다면 사정은 달라진다. 이는 단순한 상황 논리가 아니다. 근대계몽기의 번역가들은 여러 측면에서 열악한 상황에 처해 있었다. 그들은 그들의 언어로 문명세계와 만나려 했다. 마음을 다잡고 전열을 가다듬기도 전에 '노예적 망필'을 강요하는 '제국' 일본의 무게를 감당하기란 쉽

지 않았을 터이다. 앞에서 말했듯 그들의 고민은 여전히 우리의 문제로
남아 있다.

5. 맺음말

『우리말큰사전』에서는 '번역(translation)'을 "한 나라 말로 표현된 문장
의 내용을 다른 나라 말로 옮기는 것"이라 정의하고 있지만, 그 외연과
내포는 대단히 넓고 다양하다. DNA가 유전자를 복제하는 일련의 메커
니즘도 '번역'이라 할 수 있으며, 자연의 소리를 인간의 말과 글로 옮기
는 행위도 '번역'이라 일컬어진다. 법률·행정·문학 등 수많은 사회문
화적 '제도'들도 일련의 번역 과정을 거쳐 형성되는 경우가 적지 않으며,
'번역의 방향성' — '제국'의 '식민지' 번역 또는 '식민지'의 '제국' 번역
— 이 문제가 되긴 하지만, '제국'과 '식민지'의 관계도 번역이론에 의해
설명할 수 있다.12) 번역은 인간의 삶과 사유에 결정적인 영향을 미치는
요소인 셈이다.
　따라서 번역의 역사는 곧 문명화의 역사라고 해도 지나치지 않다. 번
역의 개념을 좁혀서 서로 다른 문자간의 '교환'으로 정의하면, 인류의
모든 문화/문명은 번역을 통해 교환되었고, 번역을 빌어 새로운 삶과
사유의 가능성을 확충해왔다. 문화인류학에서 말하듯 '무'에서 창조되는
문화란 존재하지 않는다. 여러 방향에서 흘러든 문화들이 뒤섞이고 소용

---

12) 예컨대 더글라스 로빈슨은 '지식과 제국의 이동'으로서의 번역은, 한 언어의 의미를
　　다른 언어의 의미로 전환하는 것을 넘어, 언어를 지배와 통제의 일차적 기술이자 사회
　　의 형성과 교화를 위한 강력한 채널로 간주한다. 더글라스 로빈슨, 이혜욱 역, 『번역과
　　제국』, 동문선, 2002, 35면 이하 참조.

돌이치면서 수용자 쪽의 '다양한 조건들'에 따라 변통·재창조될 따름이다. '순수한 문화'란 그 발상 자체가 환상일 수밖에 없다. 그 과정에서 강력한 영향력을 행사하는 것이 번역이며, 번역자는 상이한 문화를 이어주는 매개자 / 중개자 역할을 담당한다.

지금까지 보아온 바와 같이 근대계몽기의 지식인들은 문명 수용의 방법 또는 문명과 만나는 방법으로서 번역에 관심을 기울였다. 그럼에도 불구하고 이 시기의 번역론에 대한 관심은 전무하다고 해도 과언이 아니다. 근대계몽기의 번역이 지니는 의미는 무엇이었는지, 구체적으로 무엇이 어떻게 번역되었는지, 그것을 번역한 사람들의 번역에 대한 의식이 어떠했는지 등을 구체적이고 포괄적으로 고찰해야 이 시기 번역론의 진폭을 가늠할 수 있을 것이다. 그러므로 이 글은 시론적 성격을 넘어서지 못한다.

번역과 근대소설 문체의 발견

잡지 『少年』을 중심으로

1. '문학', '語同義異한 新語'

지금-여기에서 우리가 사용하고 있는 '문학'이라는 개념은 '철학'·'과학'·'문명'·'개인'·'국가' 등과 마찬가지로 역사적 산물이다. 보다 정확히 말하자면 근대계몽기에서 식민지시대에 이르는 시기에 주로 일본을 경유하여 근대를 수입하는 과정에서 번역된 말이다.[1] 한글학회에서 펴낸 『우리말 큰 사전』에서는 '문학(文學)'을 다음과 같이 정의하고 있다.

문학(文學) : ① 자연과학과 정치, 법률, 경제 따위에 관한 학문 이외의 여러

---

[1] 일본에서 근대적 '문학' 개념이 어떻게 형성되었는지에 대해서는 스즈키 사다미, 김채수 역, 『일본의 문학 개념』, 보고사, 2001 참조. 특히, 'literature'가 어떤 과정을 거쳐 '문학'이라는 용어로 번역되었는지를 고찰하고 있는 제4장은 근대적 '문학' 개념을 고찰하는 데 많은 도움을 준다.

가지 학문. 곧 순문학, 철학, 사학, 사회학, 언어학 따위. ②정서, 사상을 상상의 힘을 빌어서 말과 글로써 나타낸 예술작품. 곧 시, 소설, 희곡, 평론, 수필 따위. ③고려 때, 동궁의 정6품 벼슬. ④고려 때, 방어진의 한 벼슬. ⑤조선 때, 세자 시강원의 정5품 벼슬.

현재 사용되고 있는 '문학'이라는 개념은 ①과 ②에 한해서이며, ③ ④⑤의 정의에 해당하는 '문학'은 역사책에서나 볼 수 있는 사어(死語) 다. 그리고 ①은 지극히 제한된 범위에서만 그 용례를 찾을 수 있으며, '문학'이라는 기표가 표상하는 것은 대부분의 경우 ②를 의미한다. 잘 알려진 바와 같이 ②의 정의에 해당하는 '문학'이 현재와 같은 용법으로 사용된 것은 이광수에 의해서이다. 이광수는 1910년 3월에 발표한 「문학 의 가치」에서 '문학'을 "情的 分子를 包含한 文章"이라 정의하면서, 과 거의 문학이 유희적이고 오락적인 성격을 띤 것이었다면 현재의 문학은 "人生과 宇宙의 眞理를 闡發하며, 人生의 行路를 硏究하며, 人生의 情 的 狀態 及 變遷을 攷究하며, 또 其 作者도 가장 沈重한 態度와 精密 한 觀察과 深遠한 想像으로 心血을 灌注하"[2]는 것이라 하여 둘을 명 확하게 구분한다. 쇄한견민(鎖閑遣悶)하는 데나 소용이 되던 오락적 문자 에 이성이 첨가되면서 점차 진보·발전한 결과 인간의 사상과 이상을 지배하는 주권자(主權者)가 되었고 나아가 인생 문제 해결의 담임자(擔任 者)가 되었다는 것이다.

'문학'이라는 번역어에서 출발하여 문학에 대해 사유하고 논변하는 하나의 새로운 방식을 열었던[3] 이광수는 '문학'이라는 개념이 번역된 것임을 명확히 의식하고 있었다. 1916년 11월에 발표한 「문학(文學)이란

---

2) 이광수, 「文學의 價値」, 『大韓興學報』 제11호, 1910.3; 『李光洙全集』 제1권, 삼중당, 1962, 505면.
3) 이광수가 일본을 거쳐 수입된 '문학'이라는 번역어를 어떻게 이해하고 여기에 어떤 의미를 부여했는지에 관해서는 황종연, 「문학이라는 譯語ー'文學'이란 何오' 혹은 한 국 근대문학론에 관한 고찰」, 『한국문학과 계몽담론』(문학사와비평연구회 편), 새미, 1999 참조.

하(何)오」에서 그는 다음과 같이 말하고 있다.

　今日, 所謂 文學이라 함은 西洋人이 使用하는 文學이라는 語義를 取함이
니, 西洋의 'Literatur' 或은 'literature'라는 語를 文學이라는 語로 飜譯하였다
함이 適當하도다. 故로, 文學이라는 語는 在來의 文學으로서의 文學이 아니
요, 西洋語에 文學이라는 語義를 表하는 者로서의 文學이라 할지라. 前에도
言하였거니와 如此히 語同義異한 新語가 多하니 注意할 바이니라.4) (강조―
인용자)

이처럼 이광수는 '문학'이 한자문화권에서 전통적으로 사용해왔던 '문
학'과 '어동의이(語同義異)'한, 다시 말해 시니피앙은 동일하되 그 시니피
에는 현격하게 다른 용어임을 뚜렷이 인식하고 있었다. 한·중·일을 포
함한 한자문화권에서와 마찬가지로 서양에서도 'Literature'나 'literature'
가 동일한 의미로 사용되지 않았다는 것은 잘 알려진 바와 같다.5) 비트
겐슈타인에 따르면 "언어는 용법이다(Language is usage)." 즉, 하나의 단어
또는 어휘는 단일한 의미를 지니는 것이 아니라 맥락(context)에 따라 다양
한 의미를 갖는다. '문학'이라는 용어도 이와 다르지 않다. 『황성신문』의
몇몇 논설에서 볼 수 있듯이 근대계몽기에 이르러서도 '문학'이라는 말
은 의연히 인문학적 글쓰기를 통칭하는 전통적인 용법을 따르고 있었
다.6) 그러던 것을 이광수는 '문학'이 번역된 말이라는 인식하에 "文學이
란 特定한 形式下에 人의 思想과 感情을 發表하는 것"이라는 새로운

---

4) 이광수, 「文學이란 何오」, 『每日申報』, 1916년 11월 10일~23일; 『李光洙全集』 제1
권, 507면.
5) 상세한 내용은 스즈키 사다미의 위의 책 제2장 및 황종연의 위의 논문 14~17면 참
조. 또한 임화는 『황성신문』의 논설을 인용하면서 'Literature'의 번역어로서의 '문학'이
일종의 '예술문학'을 의미한다면 전통적 의미의 '문학'은 한문으로 이루어진 경서와
시문 등 넓은 의미로 사용되었음을 밝히고 있다. 임화, 『신문학사』, 한길사, 1993, 13~
15면 참조.
6) 김동식, 「한국에서 근대적 문학 개념의 형성 과정 연구」(서울대 박사논문, 1999) 제2
장 참조.

용법으로 사용한다. 바야흐로 번역을 통하여 근대적 문학 개념이 탄생하고 있었던 것이다. 이광수의 노력에 의해 조선이라는 환경에 뿌리를 내리기 시작한 번역어 '문학'은 종래의 문학과는 판이한 것으로 인식되면서 구성 방법이나 내용 및 사상에서뿐만 아니라 글쓰기 방법, 즉 에크리튀르(écriture)의 측면에서도 혁신을 요청받고 있었다.

2. 유길준과 이광수의 국한문체론

신문과 잡지로 대표되는 근대적 매체는 글쓰기 방법에 혁명적인 변화를 몰고 왔다. 잘 알려진 바와 같이 불특정 다수를 대상으로 하는 신문과 잡지는 자본주의의 산물이다. 자본제하의 상품으로서 이들 매체는 가능한 한 많은 소비자를 확보하는 것을 목표로 하며, 그 목표를 달성하기 위해서는 소비자의 요구를 만족시켜야 한다. 동시에 소비자의 욕망과 취향을 조정하고 견인하기도 한다. 이 과정에서 근대적 매체는 대중의 접근성을 높이기 위하여 다양한 방식으로 새로운 글쓰기를 시도하는데, 그것은 대부분의 경우 어떤 문자 또는 문체를 선택할 것인가라는 문제로 귀결된다. 서양은 물론이고 일본과 한국에서 어떤 문체=에크리튀르를 선택할 것인가를 두고 오랜 기간 동안 논쟁을 벌였던 것도 근대적 매체인 신문과 잡지의 자본주의적 성격에서 기인한 바 크다. 물론 근대(성)를 도입하는 과정에서 신문과 잡지라는 자본주의적 제도가 인민의 계몽과 이를 통한 문명개화, 국민의 동원 및 국가의 독립이라는 문제와 불가분의 관계에 놓여 있었다는 점은 부언할 필요가 없을 것이다.

그런데 한국의 근대계몽기 담론 장에서 새로운 글쓰기의 선택은 많은 어려움을 겪어야만 했다. 그것은 중화시스템을 유지하온 '한문'이라는 표상체계가 지닌 중압 때문이기도 했지만, 동시에 한국보다 먼저 서양을 '번역'함으로써 근대적 문체의 정착에 박차를 가하고 있었던 근대 일본어의 유혹이 만만치 않았기 때문이기도 하다. 저간의 사정을 우리는 유길준과 이광수의 글에서 읽을 수 있다.

① 書旣成有日에 友人에게 示ᄒ고 其批評을 乞ᄒ니 友人이 曰 子의 志ᄂ 良苦ᄒ나 我文과 漢字의 混用홈이 文家의 軌度를 越ᄒ야 具眼者의 譏笑를 未免ᄒ리로다 余應ᄒ야 曰 是ᄂ 其故가 有ᄒ니 一은 語意의 平順홈을 取ᄒ야 文字를 略解ᄒᄂ 者라도 易知ᄒ기를 爲홈이오 二ᄂ 余가 書를 讀홈이 少ᄒ야 作文ᄒᄂ 法에 未熟ᄒ 故로 記寫의 便易홈을 爲홈이오 三은 我邦 七書 諺解의 法을 大略 倣則ᄒ야 詳明홈을 爲홈이라 且 宇內의 萬邦을 環顧ᄒ건ᄃ 各其邦의 言語가 殊異ᄒ 故로 文字가 亦從ᄒ야 不同ᄒ니 盖 言語ᄂ 人의 思慮가 聲音으로 發홈이오 文字ᄂ 人의 思慮가 形像으로 顯홈이라 是以로 言語와 文字ᄂ 分ᄒ 則 二며 合ᄒ 則 一이니 我文은 卽我 先王朝의 刱造ᄒ신 人文이오 漢字ᄂ 中國과 通用ᄒᄂ 者라 余ᄂ 猶且 我文을 純用ᄒ기 不能홈을 是歎ᄒ노니 外人의 交를 旣許홈애 國中人이 上下貴賤婦人孺子를 毋論ᄒ고 彼의 情形을 不知홈이 不可ᄒ 則 拙澁ᄒ 文字로 渾圇ᄒ 說語를 作ᄒ야 情實의 齟齬홈이 有ᄒ기로ᄂ 暢達ᄒ 詞旨와 淺近ᄒ 語意를 憑ᄒ야 眞境의 狀況을 務現홈이 是可ᄒ니[7] (띄어쓰기―인용자)

② 純國文인가, 國漢文인가

余의 마음더로 홀진ᄃ, 純國文으로만 쓰고 싶으며, 또 ᄒ면 될 줄을 알되, 다만 其深히 困難홀 줄을 아름으로 主張키 不能ᄒ며, 또, 비록 困難ᄒ드리도 此ᄂ 萬年大計로 斷行ᄒ여야 ᄒ다는 思想도 업슴은 아니로ᄃ, 今日의 我韓은 新知識을 輸入홈이 汲汲홀 쌔라, 이쩌에, 解키 어렵게 純國文으로만 쓰고 보면, 新知識의 輸入에 沮害가 되깃슴으로 此 意見은, 아직, 잠가두엇다가, 他日을 기다려 베풀기로 ᄒ고, 只今 余가 主張ᄒᄂ 바 文體ᄂ, 亦是 國漢文倂用이라. 그러면 무엇이 前과 다를 것이 잇깃느냐고, 讀者 諸氏ᄂ 疑問이 싱길지

---

7) 兪吉濬, 「西遊見聞序」, 『兪吉濬全書 1―西遊見聞(全)』(兪吉濬全書編纂委員會 編), 일조각, 1996, 5~6면.

나, 그는 그럿치 아니로다

　右에도, 죠곰, 말흔 것과 갓히, 今日애 通用ᄒᆞᄂᆞᆫ 文體ᄂᆞᆫ 名은 비록 國漢文 併用이나 其實은 純漢文에 國文으로 懸吐ᄒᆞᆫ 것에 지ᄂᆞ기 못ᄒᆞᄂᆞᆫ 것이라. 수에 余가 主張ᄒᆞᄂᆞᆫ 것은, 이것과는 名同實異ᄒᆞ니, 무엇이뇨 固有名詞나, 漢文에셔 온 名詞, 形容詞, 動詞 等 國文으로 쓰지 못할 것만, 아직, 漢文으로 쓰고 그 밧근 모다 國文으로 ᄒᆞ쟈 홈이라. 이것은 實로 窮策이라고도 홀 슈 잇깃스나, 그러나, 엇지 하리오 境遇가 이러ᄒᆞ고, 쏘, 事勢가 이러ᄒᆞ니, 맛은 업스나, 먹기는 먹어야 살지 아니ᄒᆞ깃ᄂᆞᆫ가[8] (띄어쓰기-인용자)

인용 ①에서 볼 수 있는 바와 같이 유길준은 한국어 통사 구조에 비교적 충실한 국한문체 에크리튀르를 보여주고 있는데, 국한문체를 선택하는 이유를 그는 크게 세 가지로 나누어 설명하고 있다. 즉 평순(平順)한 어의를 선택함으로써 문자=한자를 대략 이해하는 사람이라도 쉽게 이해할 수 있도록 하기 위해서이며, 자신이 기록을 편하게 하기 위해서 그리고 칠서언해(七書諺解)의 방법을 본받아 그것을 상세하게 밝히기 위해서라는 것이다. 이와 함께 여기에서 주의 깊게 보아야 할 것은 유길준이 언어와 문자, '아문(我文)'과 '한자(漢字)'를 명확하게 구분하여 인식하고 있다는 점이다. 전통적 중화체제를 지탱하고 있던 '한문(漢文)'이 아니라 '아문(我文)'으로 써야 한다는 자각은 국가의 독립을 지향하는 문명화 프로그램과 긴밀한 관련이 있다. '한문(漢文)'은 더 이상 '우리글'이 아니라 중국의 글일 따름이다. 그는 '한문(漢文)'을 '한자(漢字)'로 격하하고 이를 상대화함으로써 말과 글이 괴리되어 있는 상태를 지양하여 둘이 일치하는 문체 즉 '아문(我文)'을 창안하고자 했던 것이다.[9] 그리고 그 의도는 상하귀천과 남녀노소를 불문하고 모든 정치공동체 구성원들로 하

---

8) 李光洙, 「今日我韓用文에 對ᄒᆞ야」, 『皇城新聞』, 같은 글, 1910.7.26~27.
9) 유길준의 '我文'의 창안이 일본어의 번역 과정을 경유하여, 이른 바 코드 스위칭(code switching)의 과정을 거쳐 이루어졌다는 점은 황호덕에 의해 상세하게 밝혀진 바와 같다. 황호덕, 「한국 근대 형성기의 문장 배치와 국문 담론―타자·교통·번역·에크리튀르, 근대 네이션과 그 표상들」, 성균관대 박사논문, 2002, 190~221면 참조.

여금 정보를 공유할 수 있도록 하는 데 있었다.

하지만『한성주보』의 국한문체 기사 그리고『서유견문』등에서 시도되었던 선구적인 국한문체 에크리튀르의 실험은 많은 난관에 부딪쳐 잠복해 있다가 1896년 4월『독립신문』의 순한글 사용과 띄어쓰기라는 '폭탄선언'과 함께 근대계몽기 담론 장에 전면적으로 부상한다. '아문(我文)'을 '순용(純用)'하지 못하는 것을 애석해했던 유길준의 소망이『독립신문』이라는 제도를 통하여 실현되는 듯이 보였다. 하지만『독립신문』·『매일신문』·『제국신문』등이 순한글을 채택하여 그 영향력을 확대하고 있었음에도 불구하고『황성신문』·『대한매일신보』등 주요 신문과 교과서를 비롯한 각종 번역서들은 여전히 유길준이 시도했던 국한문체를 벗어나지 못하고 있었다. 뿐만 아니라『황성신문』과『대한매일신보』등에서는 한국어 통사 구조에 입각한 국한문체에서 한참 후퇴한 한문현토체가 여전히 그 위력을 잃지 않고 있었다. 1910년에 이르러서도 신문의 문체는 크게 나아진 게 없었다. 인용문 ②는 문체 선택과 관련하여 계몽지식인 이광수가 겪어야 했던 고민의 일단을 잘 보여주는 글이다.

①과 ② 사이에는 무려 20여 년의 시간적 낙차가 가로놓여 있음에도 불구하고, 이광수의 문체 선택을 둘러싼 생각은 유길준의 그것과 대동소이하다. 다만, 앞에서 인용한 유길준의 글과 이광수의 이 글을 함께 놓고 보면 분명하게 드러나듯이, 이광수가 의식적으로 쉼표를 사용하고 한자 어휘를 대폭 줄여서 사용하고 있다는 점에서는 차이를 보인다. 그러나 국한문체 선택 이유에 관한 한『한성주보』및『서유견문』의 논의와 이광수의 이 글 사이의 편차는 그다지 커 보이지 않는다. 신지식을 수입하기 위해서는 국한문체를 선택해야 한다는 진술의 이면에는 한국은 일본에서 한자어로 번역된 서구의 개념=지식을 수용할 수밖에 없다는 판단이 자리하고 있다. 이는 일본어를 번역하는 과정에서 '아문(我文)'을 발견했던 유길준이 보인 태도와 별로 다르지 않다.

국한문체를 선택함으로써 얻을 수 있는 이익을 이광수는 다음 세 가지로 나누어서 설명하고 있는데, 첫째 독자 편에서는 한문현토체보다 이해하기 쉬워서 널리 읽힐 것이며 그 결과 국문에 익숙해져서 국문을 사랑하고 존중하게 될 것, 둘째 저자 편에서 보자면 저작을 하기가 쉬워지고 사상을 자유로이 발표할 수 있으며 복잡한 사상을 자세히 설명할 수가 있다는 점, 셋째 국가의 차원에서는 국문의 세력을 상승시키는 데 기여할 것 등이다. 그런데 이러한 설명도 유길준이 「서유견문서」에서 보여주었던 인식, 즉 "語意의 平順홈을 取ᄒ야 文字를 略解ᄒᄂ 者라도 易知ᄒ기를 爲홈", "記寫의 便易홈을 爲홈", "我邦 七書諺解의 法을 大略 倣則ᄒ야 詳明홈을 爲홈"이라는 진술이 담고 있는 인식에서 멀리 나아간 것은 아니다. 이는 문체 선택을 둘러싼 고민과 논란이 생각보다 훨씬 심각했다는 것을 잘 보여주는 증좌라 할 수 있다.

3. 『소년』의 발간과 문체의 혁신

유길준의 「서유견문서(西遊見聞序)」와 이광수의 「금일아한용문(今日我韓用文)에 대(對)ᄒ야」 사이에는 신문과 잡지뿐만 아니라 신소설과 역사·전기, 교과서 등 각종 인쇄매체를 통하여 다양한 문체 실험이 진행되어 왔다. 그럼에도 여전히 어떤 문체를 선택할 것인가를 두고 지식인들 사이에서는 논란이 끊이지 않았으며, 순한문체·한문현토체·국한문체·순국문체 등이 복잡다단한 양상을 노정하고 있었다. 특히 『황성신문』과 『대한매일신보』는 말할 것도 없고 1906년 이후에 발행된 『만세보』와 『대한민보』를 비롯하여 각종 학회에서 발간한 '학술잡지=기관지'들은 근대계몽기 문체의 실험이 얼마나 다양한 층위에서 전개되고 있었는지를 보여주는 좋은 사례라 할 수 있다. 이러한 상황에서 "少年의 智力을

資하야 我國 歷史에 大光彩를 添하고 世界文化에 大貢獻을 爲코뎌"
한다는 책임을 다하기 위해 "活動的 進取的 發明的 大國民을 養性"해
야 한다는 목표 아래 등장한 것이 잡지『소년』이다.

최남선의 주도하에 1908년 11월부터 1911년 5월까지 통권 23호(그 가
운데 22호는 압수됨)를 발행한『소년』은 흔히 최초의 '근대적 잡지'라 일컬
어진다. 역사·지리·어문학·자연과학 등 다방면에 걸친 근대적 지식
을 전파함으로써 계몽에 기여했다는 점을 들어 '근대적'이라 할 수도 있
겠지만 이는『소년』뿐만 아니라 여타 신문과 잡지에서도 어렵지 않게
찾아볼 수 있는 것이어서 '최초의 근대적'이라는 관형어를 붙일 이유가
되지 못한다. 우리의 논의와 관련하여『소년』이 문제적인 이유는 20여
년 이상을 끌어왔던 문체 선택을 둘러싼 논쟁을 일단락 짓고 한국어 통
사 구조를 충실하게 따르는 글쓰기를 비교적 일관되게 견지했기 때문이
다.10) 그리고 불특정 다수를 대상으로 했던 신문이나 '기관지'적 성격을
띠고 있었던 기존의 잡지와는 달리, "少年과 그 父兄"을 독자층으로 설
정하고 이들의 소비 욕망에 부응하는 편집 체제를 유지했다고 판단하기
때문이다. 문체상의 특질을 다음 인용문을 통해 보기로 한다.

> ③地球가 太陽을 한가운데 모셔두고 그 周圍를 도라다님과 도라다님에는
> 一定한 길이 잇는데 이것을 軌道라 일컬음과 地球의 形體가 둥근故로 一時에
> 다 日光을 밧지못하고 半面式 밧음으로 빗난便은 晝가 되고 밧지못하난便은
> 夜가됨은 여러분이 應當아르시오리다.11)

> ④地理모르난 殖産은 野蠻人의 殖産이니 殖産이라고 足히 稱道할것이 되
> 지못하나니라. 내가 먹으려하난 것을 내가 스스로 耕作하고 내가 紡績한것으
> 로써 내몸을 가려 한平生을 지내려할진댄 이는 一億九千七百萬哩되난 地球

---

10) 단, 마지막 호인 4권 2호(1911.5)는 예외이다. 여기에는 한문현토체에 가까운 문체로
    쒸어진 박은식의「王陽明先生實記」가 실려 있다.
11)「節序循環과 晝夜長短의 理(上)」,『소년』제2권 제7호, 1909.8, 59면.

에 生來한 特權을 放棄한者ㅣ라. 우리는 世界民(Weltman)이니 사람이 누구던지 제各금 이世界를 自己의 屬地를 만들수잇스니, 카슈미아의 목거리로 치위를 막고 (…중략…) 인도의 「커피」로 목을 축여 五大陸의 土壤으로써 내몸의 分子가 되게함은 내가 할수도 잇난일이오 나의 하기도 할 일이ᄂ라.[12]

③은 자연과학 지식을 전달하는 글이며 ④는 지리학 공부의 필요성을 피력하고 있는 글이다. 글의 성격에 관계없이 일정한 문체를 유지하고 있는 것을 알 수 있다. 그리고 이는 "固有名詞나, 漢文에셔 온 名詞, 形容詞, 動詞 等 國文으로 쓰지 못할 것만, 아직, 漢文으로 쓰고, 그 밧근 모다 國文으로 ᄒ쟈 홈"이라고 했던 이광수의 국한문체 사용법 제안을 충실히 따르고 있다. 유길준의 말마따나 한자를 '약해(略解)'하는 사람이라면 누구나 쉽게 이해할 수 있는 문체를 택하고 있는 것이다. 띄어쓰기와 종결어미만 현대식 표기와 다를 뿐이다. 『소년』의 이렇듯 '혁신적'인 문체는 문학적 성격의 글에서 더욱 분명하게 드러난다.

⑤ 어늬날아참에 내가 남생이가 먹고십허 건댈수업슴으로 金曜日이를 불녀 海邊에가서 한두머리 잡어오라하야 내여보냇더니 얼마되지아니하야 나난듯도 라와서 울을 쮜여넘어 씨그러지난지라 내생각에 무삼일이 생겨ᄉ 그리하난고 하고 그 緣由를 무른즉 금요일의 말이
『書房님 書房님 頉낫슴이다』
할쑨임으로 나는 다시
『무삼일이란 말이냐』
한즉 厥者는 숨이 턱에 다어
『書房님 저것 좀 봅시오 저긔 외나무배가 二三隻 오지으』
하고 덜덜 쩌르니 이는 野蠻들이 우리들을 쳐죽일양으로 온것인줄 쌔다른 까닭이라 이에 나는 金曜日을 激勵하야 싸홀 準備를 하고 各其 銃·劍을 거지고 望遠鏡을 들고 뒤동산에 올나가본즉 저긔 野蠻二十一名이 쏘 사람셋을 잡아가지고 왓더이다.[13]

---

12) 「地理學硏究의 目的」, 『소년』 제2권 제10호, 1909.11, 85면.

⑥ 쌈을 쌜쌜 흘니면서 북다란재(鍾峴) 天主臺를 올나가난 村夫子가 잇다.

后世時 — 出入門을 열난 鍾은 부난 바람에 氣勢를 엇어 다당당당 氣波를 닐희킨다.

집도 놉기도 하지! 웃지하면 저렇게 짓노!

저속에는 무슨 영특한 物件이 들어안잣노? 宏壯하랏다?

한層階 올나서서는 한번씩 치여다보면서 連해連方 무릅을 썩난다.

이럭저럭 첫 번 層臺는 다 올낫다.

저웃둑한 집의 조곰이라도 갓가와지난것이 分明히 이의 눈에 깃븐 빗흘 담쎄한다.

한번 휘의 숨을 돌니면서 갓을 버서들고 니마의 쌈을 흠친다.

당ㅅ줄에 눌니지아니한 머리털은 가는바람에 요리조리 날닌다.

둘째層臺에 와서는 이런데 다니기에 닉은 사람이 아닌故로 오금이 空然히 앏흐고 다리쏘한 쩟쩟지 못하야 앗가모양으로 다름질노 올나갈수업다.[14]

⑤는 『로빈슨 크루소』를 초역한 「로빈손무인절도표류기(無人絶島漂流記)」의 일부이며 ⑥은 산문시 「천주당(天主堂)의 층층대(層層臺)」의 앞부분이다. 창간호에 실린 최남선의 「해(海)에게서 소년(少年)에게」의 '혁명적'인 글쓰기 방식에서 예고되었듯이 『소년』의 문체 발견은 문학적 글쓰기의 영역에서 선명하게 드러난다. 현대어 통사 구조와 크게 다르지 않은 문장은 말할 것도 없고, 띄어쓰기, 지문과 대사의 분리, 행갈이, 인용부호를 포함한 구두법(punctuation)의 사용 등 이전의 문학 텍스트에서는 찾아보기 힘들었던 글쓰기 방식들이 전면적으로 등장한다.

물론 띄어쓰기는 『독립신문』의 '선언'과 이후 국문체로 씌어진 텍스트에서 얼마든지 발견할 수 있으며, 지문과 대사의 분리도 여러 신소설에서 쉽게 찾아볼 수 있다. 행갈이와 구두법도 1907년 『태극학보』에 실린 백악춘사(百岳春史) 장응진의 단편 「다정다한(多情多恨)」과 「마굴(魔窟)」

---

13) 「로빈손無人絶島漂流記(5)」, 『소년』 제2권 제7호, 1909.8, 35~36면.
14) 「天主堂의 層層臺」, 『소년』 제3권 제8호, 1910.8, 2면.

등에서 발견할 수 있다.15) 그러나 발화자가 누구인지를 괄호 안에 밝힌 신소설의 대화 구성은 하나의 과도기적인 '실험'이었고, 장응진 소설의 지문과 대사 구성도 대사는 구어체로 쓰고 지문은 문어체로 쓰는 과도적 단계에 머물고 있다. 한자와 한글을 표의와 표음의 대립으로 인식했던 당시에 음성을 그대로 기록하는 것은 표음문자인 한글이 맡아야 할 몫이었다. 또 서술자가 정리해내는 내용은 국한문체로 쓸 수 있었다 해도 현실의 생생한 목소리를 담아내는 일은 국문체만이 할 수 있었다. 이러한 딜레마가 장응진의 「마굴(魔窟)」과 같은, 국한문체와 국문체가 기이하게 병존하는 텍스트를 낳았던 것이다.16) 요컨대 기존의 다양한 문체 실험들이 잠정적이고 과도적인 성격을 지녔던 데 비해, ⑤와 ⑥에서 볼 수 있듯, 『소년』에 게재된 문학 텍스트의 문체는 향후 문학적 글쓰기의 방향을 제시한 것이어서 충분히 주목할 가치가 있다. 그렇다면 이와 같은 『소년』의 근대적 소설 문체, 특히 단편소설의 문체는 어떻게 '발견'된 것일까.

4. 톨스토이의 번역과 문학 텍스트의 '시각혁명'

유길준의 『서유견문』의 문체가 후쿠자와 유키치의 『서양사정』을 번역하는 과정에서 발견된 것이라는 사실은 익히 알려진 바와 같다. 그가 "七書諺解를 倣則"하여 문장을 쓴다고 밝히고 있지만 이 또한 언문일치를 확립하기 위한 일본 계몽 지식인들의 노력을 참조하고서야 발견할 수 있었던 것이다. 이광수의 국한문체 사용에 관한 견해도 일본에서 생산된

---

15) 주종연, 『한국소설의 형성』, 집문당, 1987, 171~172면 참조.
16) 권보드래, 『한국 근대소설의 기원』, 소명출판, 2000, 175면.

다양한 서적을 학습하는 과정에서 형성된 것임을 어렵지 않게 알아차릴 수 있다. 한국어와 유사한 통사 구조를 가진 일본어를 이른바 '코드 스위칭(code switching)' 방식으로 번역함으로써 신지식을 보다 효과적으로 수용할 수 있을 것이라고 생각했던 것이다. 일본 근대문학이라는 '타자'가 한국의 근대문학자들에게 미친 영향은 지금 우리가 상상하는 범위를 훌쩍 뛰어넘는다. 예컨대 김동인은 1935년 「번역문학」이라는 글에서 문학이 발달하기 위해서는 선진 외국의 문학을 음미해야 한다고 전제한 다음 이렇게 말한다.

> 그런데 조선에 신문학의 운동이 일어난 지 20여 년에 아직도 外國文學 음미(移植을 의미함)에 대한 대책이 토의되지 않았던 것은 무슨 까닭일까? 조선사람은 외국문학을 음미하려 하지 않나? 혹은 할 필요가 없나? 그렇지 않으면 또 다른 무슨 이유가 있기 때문일까?
> 조선사람이라고 外國文學을 음미할 필요가 없다든가 필요를 느끼지 않았던 바가 아니었다. 단지 조선에서는 "朝鮮語로 移植되지 않은 외국문학일지라도 얻어볼 기회를 가졌었다"하는 특수 사정이 있었기 때문에 外國文學 이식이 等閑하였다.
> 적어도 中等敎育 이상까지 받은 사람은 日文을 모르는 사람이 없을뿐더러, 조선문은 도리어 日文만치 이해하지 못하는 현상이다. 이 덕택(?)에 우리는 외국문학을 우리의 손으로 조선문으로 이식할 번거로운 의무를 면할 수가 있었다.[17] (강조―인용자)

일본어 번역이 있었기 때문에 굳이 조선어로 번역할 수고를 치르지 않아도 선진 외국문학을 접할 수 있었다는 김동인의 '고백'은 한국 근대문학이 얼마나 일본 근대문학에 빚을 지고 있는지를 여실하게 보여준다. 잘 알려진 바와 같이 근대문학의 선구자들, 즉 이인직·최남선·진학문·홍명희·이광수 등은 모두 일본에 유학하면서 근대문학을 만났으

---

17) 김동인, 「飜譯文學」, 『김동인전집』 제10권, 홍자출판사, 1964, 245면.

며, 문학이란 무엇인가라는 물음을 두고 고민을 거듭했다. 그처럼 압도적인 일본 근대문학의 영향력 아래 있었던 탓에 서양문학의 번역도 대부분이 일본어를 중역(重譯)한 것이었다. 번역문학 연구의 선편을 쥔 김병철이 적시하고 있듯이 당시 "우리 번역문학의 源流는 西洋人에 의하여 씌어진 작품이라 할지라도 漢譯本 내지 日譯本의 重譯이었다는 것을, 특이 日譯本의 重譯이 70% 이상을 점하고 있다는 것을 알 수 있어 開化期에 있어서의 서양문학 번역의 轉信者로서의 일본의 역할을 알 수 있다."18) 김동인의 말대로 근대 한국의 지식인들은 일본어로 외국문학을 접했고 또 번역했던 것이다.

'최초의 근대적 잡지'『소년』은 지속적으로 서양문학을 번역하여 실었다. 물론 일역본의 중역이었다. 그렇다면『소년』은 어떤 작품들을 번역했으며 그 의미는 무엇일까.『소년』의 번역은 격언, 바이런과 엘리어트 등의 시,『나폴레온전』을 비롯한 전기,『거인국표류기(巨人國漂流記)』·『로빈손무인절도표류기(無人絶島漂流記)』 등 소설에 이르기까지 다양하다. 그런데 우리의 눈길을 끄는 것은 톨스토이의 일련의 작품과 빅토르 위고의『레미제라블』의 일부를 옮긴「ABC계(契)」 등이다. 특히 톨스토이에 대한『소년』의 관심은 각별했으며, 총 6편 —「사랑의 승전(勝戰)」,「조손삼대(祖孫三代)」,「어룬과 아해」,「한 사람이 얼마나 쌍이 잇서야 하나」,「다관(茶館)」,「너의 니웃」— 에 이르는 그의 작품이 번역되었다. 임화는『신문학사』에서 한말의 번역문학을『천로역정』으로 대표되는 종교문학과『서사건국지』·『애국정신』·『경국미담』 등의 정치문학, 그리고『이솝우언』·『걸리버유람기』·『불쌍한 동무』·『절세기담 라빈손표류기』 등의 순문학으로 나누고 있거니와,19) 그의 분류를 따르면『소년』이 번역 게재된 대부분의 작품은 순문학에 속한다. 여기에서 최남선 또는『소년』의 문학적 취향이랄까 근대문학에 대한 시각이 분명하게 드러난다. 즉,『소년』은

---

18) 김병철,『한국서양문학이입사연구』, 을유문화사, 1989, 75면.
19) 임화, 앞의 책, 148~149면.

신소설이나 정치소설로부터 일정한 거리를 두고자 했으며, 그런 문학과는 구별되는 '순문학'을 적극적으로 옹호·수용했다.[20]

　『소년』은 서양작품의 번역을 통해 '권신징구(勸新懲舊)'의 구조로 일관하고 있던 신소설과 변별되는 새로운 문학의 전범을 내세우고자 했던 것으로 보인다. 특히 『소년』은 톨스토이에 깊은 관심을 기울여 두 호(1909년 7월호와 1910년 12월호)에 걸쳐 톨스토이 특집을 구성하였다. 『소년』의 편집인 최남선이 톨스토이를 각별하게 다룬 것은 일차적으로 자신의 사상적 취향에 따른 것이겠지만 동시에 톨스토이 작품들을 근대문학의 모범으로 파악하려는 의도와도 관련되어 있었다.[21] 이는 일본의 근대 산문과 근대소설의 문체가 후타바테이 시메이(二葉亭四迷)가 1889년에 번역한 투르게네프의 「밀회」로부터 결정적인 영향을 받았다는 것과 비교된다. 고모리 요이치(小森陽一)에 따르면 투르게네프는 새로운 프랑스어 산문(플로베르식의 묘사 문체)에 의거하면서 새로운 러시아 산문을 만들었는데, 우연이기는 하나 그 새로운 러시아어 산문을 번역함으로써 후타바테이 시메이는 새로운 일본어 산문을 창출했다.[22]

　그렇다면 근대계몽기에 혁신된 문체, 근대 한국어 산문문체의 방향을 제시한 『소년』의 소설 문체는 어떤 과정을 거쳐 발견된 것일까. 『소년』은 일본의 후타바테이 시메이가 투르게네프의 소설에 주목했던 것과는 달리

---

20) 이와 관련하여 한기형은 다음과 같이 지적하고 있다. "흥미로운 사실은 초기 신소설 (1910년 이전)과 같은 시대에 존재했던 잡지 『소년』이 문학적 글쓰기를 중시하면서도 신소설에 대해서는 매우 냉담했다는 점이다. 이는 신소설의 시대에 신소설의 사회적 의미를 다르게 파악하는 입장이 있었다는 것을 의미한다. 이를 통해 우리는 『소년』의 편집인 최남선이 지녔던 문학관의 '새로움'에 주목하게 된다." 한기형, 「최남선의 잡지 발간과 초기 근대문학의 재편」, 『대동문화연구』 45집, 2004.3, 224면. 사실 『소년』과 그 연장선상에 있는 『청춘』은 신소설을 전혀 싣지 않고 있다. 이렇듯 신소설을 배제한 이유로 한기형은 기존 신소설 작가의 배제와 중장편 형식과 '勸新懲舊' 구조로부터 이탈(단편 지향)을 들고 있다.

21) 한기형, 위의 논문, 228면.

22) 고모리 요이치, 이현기 역, 「번역이라는 실천의 정치성」, 『번역의 방법』(가와모토 고지·이노우에 겐 편), 고려대 출판부, 2001, 307면.

톨스토이의 소설에 주목했다. 앞당겨 말하자면 『소년』은 톨스토이의 소설을 근대문학의 전범(典範)으로 이해하고 이를 적극 수용하고자 했으며, 톨스토이의 단편을 번역하는 과정에서 근대적 단편소설 문체의 가능성을 발견했다.[23] 물론 톨스토이의 번역이 『소년』이 보여준 문체의 성격을 모두 설명해 줄 수 있는 것은 아니다. 『소년』의 혁명적인 문체의 형성 과정을 해명하기 위해서는, 톨스토이의 소설을 비롯하여 격언·전기·시·소설 등 다양한 '장르'에 걸친 번역들뿐만 아니라, 이 잡지를 이끌었던 최남선을 위시하여 주요 필자로 참가한 이광수와 홍명희의 일본어를 통한 근대문학 학습 과정, 그들의 소설관과 문체관 등 다양한 측면을 아울러야 할 것이다. 그렇다 하더라도 김동인의 언급에서 엿볼 수 있듯이 이들은 일본어로 번역된 외국문학을 읽었고, 그 과정에서 한국어 소설 문체, 기존의 신소설이나 정치소설이 보여주었던 문체와 구별되는 '순문학'적 소설 문체를 발견했을 것이라는 추정은 설득력을 잃지 않는다.

그런데 왜 최남선은 아니 『소년』은 톨스토이에 주목했던 것일까. 그 이유는 분명하다. 톨스토이 문학은 "국가를 진동시키는 반항의 소리"의 진원이었고, 슬라브 민족의 "침통하고 신비적인 성격"을 전 세계에 전파했기 때문이다. 뿐만 아니라 『참회록』에서 볼 수 있듯이 톨스토이는 인간해방을 위해 진력한 인도주의자이자 깊은 종교심으로 인생의 참모습을 찾기 위해 부단히 노력한 성자이기도 했기 때문이다. 그리하여 1909년 7월호에 실린 「현시대대도사(現時代大導師) 톨쓰토이 선생(先生)의 교시(敎示)」에서 최남선은 톨스토이를 "현시대 최대의 위인"이자 "그리스도 이후의 최대 인격"이라고 상찬하면서 "대강 그의 행사를 아는 사람은 다 숭고하고 장엄한 입으로 말하기도 어렵고 붓으로 그리기도 어려운 특별한 감동이 일어나지 않을 이 없"다고 말한다. 그리고 『전쟁과 평화』·

---

23) 후타바테이 시메이가 투르게네프의 「밀회」를 직접 번역했던 것과 달리 『소년』은 일역본 톨스토이 작품을 번역했다는 점에서 일본과 한국의 근대소설 문체의 형성 경로는 차이를 보인다.

『안나 카레니나』·『부활』을 톨스토이의 대표작으로 꼽고, 이 가운데 『부활』을 괴테의 『파우스트』와 셰익스피어의 희곡과 단테의 『신곡』 등과 같은 "만세불후의 대작"의 반열에 놓는다. 또 1910년 12월에 간행된 '톨쓰토이 선생(先生) 하세기념(下世紀念)' 특집호에서는 톨스토이를 기리면서 다음과 같이 말한다.

> 先生 톨쓰토이는 十一月二十日午前六時 집을 쩌나시다가 中路 한 小驛舍에서 下世하시니 人間의 享壽가 八十二시라 천하 文敎를 重히하난 人士는 尙矣라 勿論이어니와 아모라도 그의 죽음을 衷心으로 슬허하지 안난者ㅣ 업더라. 先生의 몸은 비록 한나라에 살앗스나 그思想과 發明은 世界의 共有ㅣ라 모든 國語가 다 先生의 著作을 自己庫中에 譯藏함으로 크게 滿足히 하난 바어늘 애닯다 우리 朝鮮語는 붓그럽게 그 한아토 옴겨내지 못하얏도다. 종작업시 하얏스나 그 短篇 멧 種이라도 朝鮮에서 숫등으로 飜譯한 者는 實로 우리 『少年』이니 대개 우리의 뜻은 未嘗不 先生의 生存中에 그 名著를 一篇이라도 우리말노 記錄하야 先生씌 보시게하기를 期約하얏스나 이내 드듸지 못하얏스니 섭섭하도다.24) (강조-인용자)

이 글에서 최남선은 『부활』을 비롯한 '명저'를 조선어로 번역하지 못했다는 아쉬움과 함께 그나마 몇몇 단편을 『소년』에서 처음으로 번역·소개했다는 것으로 위안을 삼고 있다. 『소년』이 번역한 톨스토이 작품은, 앞에서 언급한 바와 같이, 「사랑의 승전(勝戰)」, 「조손삼대(祖孫三代)」, 「어룬과 아해」, 「한 사람이 얼마나 쌍이 잇서야 하나」, 「다관(茶館)」, 「너의 니웃」 등 여섯 편이다.

「사랑의 승전」은 상전의 관대함을 시험하기 위해 음모를 꾸민 노예를 깊은 자애심으로 이해하고 해방시켜준다는 내용으로 톨스토이의 종교적 인도주의를 담고 있는 작품이며, 「조손삼대」 역시 '쌀알'을 둘러싼 에피소드를 통해 '하느님이 정한 법률'에 따라 사는 것이 진정한 삶이라는 충

---

24) 『소년』 제3권 제9호, 1910.12, 1면.

고를 담은 단편이고, 「어룬과 아해」도 "어린아이와 같지 아니하면 천국에 들어가지 못하리라"는 메시지를 담고 있는 종교적 소설이다. 이상 세 작품이 종교적 교훈을 담은 짤막한 소설임에 비해 '톨쓰토이 선생(先生) 하세기념(下世紀念)' 특집호에 실린 「한 사람이 얼마나 쌍이 잇서야 하나」, 「너의 니웃」, 「다관(茶館)」 등 세 편은 종교적 메시지를 전달하고 있다는 점에서는 대동소이하지만 길이나 내용의 측면에서 볼 때 본격적인 단편 번역이라 할 수 있다. 「한 사람이 얼마나 쌍이 잇서야 하나」는 인간의 탐욕을 경계한 소설이며, 「너의 니웃」은 이웃과의 갈등과 화해 과정을 그린 작품이다. 그리고 「다관」은 여러 종교를 믿는 사람들이 인도의 한 찻집에 모여 자신의 견해를 피력하다가 어떤 하나의 종교만이 옳다고 할 수 없다는 결론에 도달한다는 내용이다. 간략하게 본 것처럼 『소년』이 번역한 톨스토이의 소설은 종교적이고 인도주의적인 성격을 지닌 후기 소설들이다. 여기에서 최남선과 이광수 등 『소년』 멤버들이 톨스토이를 선택한 이유를 추측할 수 있다.

문제는 이들 소설의 번역 문체이다. 「거인국표류기」나 「로빈손무인절도표류기」에서 이미 선보였던 『소년』식 번역 문체의 특징이 톨스토이 번역에서 집약적으로 드러난다. 그 몇 가지 사례를 보기로 한다.

① 얼마잇다가 그 頭領이 여러사람들의 所望을 듯더니 고개를 쓰덕이면서 러시아말노,

『네 네 그럼 당신이 바라시난대로 얼마던지 쌍을 드리오리다. 쌍은 바라시난대로 얼마던지 잇스니싸』

학본이 內心에 「얼마던지 주겟다」난줄로 생각하고,

『참 感謝하외다. 무엇 그리 만이 주십사난것이 아니오 그러나 만일 그 쌍을 한번 내게 주신다음에는 當身네 子子孫孫 어늬째까지던지 決코 내 가진 것을 還하야달나지 못하게 주엇스면 좃켓습니다』

『그 좃습니다 當身 所願대로 드리리다』

『내가 어느 장사에게 들으니 그가 이곳에 와서 쌍을만히 엇엇다하니 나도 兄

然 그와 갓히하야 주셧스면 좃켓습니다』[25]

　②얼마後에 이반이 精神을 차려셔본즉 녑헤 짜부리엘은 업고 다만 四面이
환하야 宛然히 白晝와 갓흠으로 놀나서 돌아다본즉 自己의 집이 한참타오
　『애! 애!』
　이반이 소리썻 불으면서 널어서랴도 발이 듯지를아니하오
　집이 탄다, 탄다, 부난바람에 불ㅅ길은 점점 사나워간다.
　얼마後에 만흔 사람이 모여들어서 쓰랴하얏스나 웃더케 손 댈 수가 업소
　洞內ㅅ사람들은 세간이며 家畜을 쓰내기에 汨沒이오
　바람은 漸漸 사나워가오.[26]

　인용에서 볼 수 있는 바와 같이 톨스토이 작품의 번역은 서술형 종결
어미 '—소' '—오'가 조금 낯설 뿐 근대 단편소설의 문체와 크게 다를
바가 없다. 특히 대사와 지문의 정확한 분리와 행갈이, 직접인용부호(『　』)
와 간접인용부호(「　」), 마침표(.), 쉼표(,), 말줄임표(……) 등의 사용,[27]
현재시제를 활용한 상황 묘사 등에 주목할 필요가 있다. 이는 최남선의
일련의 시와 산문들, 「거인국표류기」와 「로빈손무인절도표류기」, 「ABC
契」 등에서도 볼 수 있다. 그런데 한 편의 소설이 이렇듯 일관되게 근대
적 소설 문체를 사용하고 있는 예는 찾아보기 쉽지 않다. 따라서 『소년』
이 지속적으로 추구해온 문학작품의 문체 혁신 과정이 집약된 것이 톨
스토이 작품의 번역이라 할 수 있다.
　『소년』의 이러한 문체 혁신은 문학 텍스트의 물질성에 혁명적 변화를
몰고 왔다.[28] 건축이나 미술 그리고 음악 텍스트가 그러한 것처럼 문학

---

25) 「한 사람이 얼마나 쌍이 잇서야 하나」, 『소년』 제3권 제9호, 1910.12, 28면.
26) 「너의 니웃」, 『소년』 제3권 제9호, 1910.12, 34면.
27) 구두점의 종류와 그 의미를 구체적으로 언급한 최초의 글은 『개벽』 제13호(1921.7)에
　실린 金永昶의 「點句法」이라는 글이 아닌가 한다. 이 글에서 김영창은 마침표・쉼
　표・콜론・세미콜론・물음표・느낌표・직접인용부호・괄호・말줄임표 등의 기호들이
　지닌 의미를 설명하고 그 예를 제시하고 있다.
28) 『소년』에서 볼 수 있는 문학 텍스트의 시각적 혁명은 중국어본을 저본으로 하여 번

텍스트 역시 일차적으로는 물질로 구성되어 있다. 작가는 원고지 위에 펜으로 글씨를 쓰고, 출판사에서는 이 원고를 종이 위에 인쇄하고 표지를 장정하여 한 권의 책으로 펴내는 경우를 생각하면, 문학 텍스트가 물질적인 성격을 지닌다는 말을 어렵지 않게 이해할 수 있다. 또는 고서점에서 한적(漢籍)을 대할 때의 느낌과 구두점을 찍고 행갈이를 하여 새로 간행한 동일한 한적을 대할 때의 느낌이 사뭇 다르다는 것을 생각해도 좋다. 헌책과 새책의 차이라고 말하면 그만이지만 사정은 그렇게 간단하지가 않다. 텍스트의 물질성이 낳는 효과는 우리가 상상하는 것보다 그 진폭이 훨씬 크기 때문이다. 구두점과 행갈이뿐만 아니라 띄어쓰기와 단락나누기, 지문과 대사의 분리 및 여백의 활용, 일상어의 대폭적인 유입을 감당하기 위한 국문체의 사용 등은 그렇지 않을 때와는 전혀 다른 미적 효과와 의미상의 효과를 생산한다. 『소년』의 문학작품 번역, 특히 톨스토이의 번역이 가져온 소설 문체의 변화에 주목해야 하는 이유도 여기에 있다.

역한 '정치소설' 『서사건국지』와 일본의 정치소설을 번역한 『설중매』의 문체를 마주 놓고 보면 확연하게 드러난다. 각각의 도입부를 인용하면 다음과 같다.

話說自開天闢地以來로世界上에不知幾多邦國이오其中興衰遞替로旋强旋弱ᄒᆞ며或存或亡者가亦不知凡幾라惟興亡之理ᄂᆞᆫ全히其國中人民의愚智와愛國心地가如何홈에在ᄒᆞᆫ지라危急存亡之際을當ᄒᆞ면許多英雄好漢이生於其間ᄒᆞ야危而復安ᄒᆞ며亡而復存ᄒᆞ며死而復生을克致ᄒᆞᄂᆞ니此皆英雄好漢의本領이오國家의洪福이라 (『서사건국지』)

아가 미션아 이리좀오너라 미션이거긔잇ᄂᆞ냐 ᄒᆞᄂᆞᆫ소리ᄂᆞᆫ 한 오십여세된 부인이니 긴병이드러 젼신이파리ᄒᆞ고 근력이쇠약ᄒᆞ야 자리에셔 이지못ᄒᆞ고 누어 밧튼기침을 ᄒᆞ면셔 그ᄯᆞᆯ장소져를 부르ᄂᆞᆫ것이라 소져의나히 십육칠세ᄂᆞᆫ 되겻ᄂᆞᆫᄃᆡ 나즉ᄒᆞᆫ소리로 션듯ᄃᆡ답ᄒᆞ며 문을열고 죵용히드러오더니 벼ᄀᆡ엽헤와 나부시 안지며 어마니 부르셧슴닛가 앗가ᄭᆞ지 겻헤뫼시고 잇삽더니 어마니게셔 잠이 곤히드신듯ᄒᆞ기로 밧게좀나아가 신문을 보앗삽나이다 벌셔네시나 되엿ᄉᆞ오니 약을잡스시지 아니ᄒᆞ시려ᄂᆞ닛가 부인이 얼골을찡그리며 갈ᄋᆞᄃᆡ약은 그만두어라 먹기도지리ᄒᆞ다 미션아 아마 나의명이 장구치못ᄒᆞᆯ듯ᄒᆞ다 소져 초연락담ᄒᆞ야 눈물을먹음ᄯᅡ가 云云 (『설중매』)

5. 「헌신자(獻身者)」와 근대소설 문체의 형성 – 결론을 대신하여

　번역된 '문학'이라는 개념을 발판으로 하여 기존의 '문학'과 뚜렷이 구별되는 근대적 '문학' 개념을 수립하고자 했던 이광수는 새로운 문학을 구축하기 위해서는 새로운 문 또는 문장의 구사가 필수적이라는 것을 분명히 인식하고 있었다. 앞에서 보았듯이 그는 한국어 통사 구조에 맞는 국한문체의 사용을 주장한 바 있었다. 그런데 이광수는 주장에서 그친 게 아니라 자신의 번역과 소설을 통하여 이러한 문체를 직접 실험했다. 그것이 바로 『소년』에 실린 「어린 희생」과 「헌신자」이다.

　①「아버지가 언제쩨나 도라오실는지요」十六七歲나 되염즉흔 少年이 銀갓흔 鬚髥이 半面이나 가리운 老人더러 뭇난다.
　「언제 도라올지 알겟니 죽을지 살지도 모르는데」
　「아라사ㅅ놈들을 만히 죽엇시면……」少年은 조고마한 두 주목을 짝 부르쥐인다. 쌔는 西紀 一千七百七十三年十一月十四日. 녹다 남은 눈이 여긔 저긔남아 잇고 北氷洋으로 부러오난 바람이 살을 버이난 듯 한 저녁이라. (…중략…)
　老人이 少年을 안으면서
　「네 아비가 죽엇다……나라을 爲하야! 同胞를 爲하야!」
　「아라사ㅅ놈의 손에?!」
　「온야 아라사ㅅ놈의 논에……우리대덕」
　「아라사ㅅ놈의 손에……아라사ㅅ놈의 손에 아버지가 죽엇서요?!」
　「응, 아라사ㅅ놈의 손에……우리대덕 아라사ㅅ놈의 손에」少年은 머리를 돌녀서 나려다보난 老人의 흐린 눈을본다.[29]

　②여긔는 平安道의 어늬 地方, 私立學校事務室이라. 장판한 東向두간ㅅ房 아레ㅅ목에 젊은 學生六七人이 돌아안젓소. 그가운데는 웃던 限五十쯤 되얏슬만한 老人이 누엇난데, 아마도 대단히 몸이 편치아니한 貌樣. 周圍에 안즌

---

29) 이광수 역, 「어린희생」, 『소년』 제3권 제2호, 1910.2, 51~52면.

學生들은 그의 四肢를 주물음이라.

　方今試驗中이라, 一刻이 三秋갓흔 이째에 試驗準備는 아니하고도 이럿트시 終日토록 웃던 病人을 看護하니 이 看護를 밧난이는 果然웃던사람인가. 讀者는 次次로알으시리라.

　『日本서도 中學校卒業式에 禮服닙소?』

　누어 잇든老人은 方今 들어오난 젊은 敎師를 보고 뭇는 말이라.

　『禮服이오……洋服말씀임닛가』

　『아니오 禮服이라고 못보셧소? 두루막이갓흔것 말이오』

　젊은敎師는 머리를 기우리고 섯더니,

　『아니오 別노 禮服이라난 것은 아니닙어요』

　『그러면 通常服인가요……式場에?』

　『네, 學校制服을 닙습니다……말하면 制服이 學生의 禮服이니까요』

　『그러면○○학교에서는 잘못햇군. 그럿켓지, 大學校 卒業式이면 그도 몰으되……』[30]

　①은 이광수가 번역한 저자 미상의 러시아 소설이며, ②는 '사실소설(寫實小說)'이라는 명명 아래 씌어진 「헌신자(獻身者)」이다. 이 두 인용문에서 알 수 있는 것은 『소년』의 주요 필진으로 참가했건 이광수가 외국문학 작품을 번역했을 뿐만 아니라 자신의 경험을 바탕으로 직접 소설을 창작하고 실험했다는 사실이다. ①과 ②를 보면 알 수 있듯이 지문과 대사의 분리, 근대적 구두법의 사용, 한국어 통사 구조에 입각한 국한문체의 사용 등 『소년』이 번역을 통해 수용했던 글쓰기를 전면적으로 채택하고 있다. 이러한 이광수의 실험은 1910년대 단편을 비롯하여 향후 한국 근대소설, 특히 단편소설의 문체를 선취하고 있다는 점에서 만만치 않은 의의를 지니고 있다.

　지금까지 보아온 바와 같이 일본을 경유한 근대의 번역은 문학 텍스트의 에크리튀르에 혁신을 초래했다.[31] 그리고 번역이 번역으로 끝난 게 아

---

30) 이광수, 「헌신자」, 『소년』 제3권 제8호, 1910.8, 51면.
31) 번역과 글쓰기의 변화에 관한 논의는 권용선, 「1910년대 '근대적 글쓰기'의 형성 과

니라 근대소설을 가능케 한 핵심적인 요소인 글쓰기의 변화를 추동했고, 이광수의 「헌신자」에서 볼 수 있듯, 창작으로까지 이어졌다. 그 변화를 번역이 전적으로 담당했다고 말하는 것은 물론 아니다. 그러나 번역이 한국 근대소설 문체의 형성에 결정적인 기여를 했다는 것만은 분명하게 말할 수 있다. 앞에서 잠깐 언급했지만, 단형서사에서 신소설에 이르는 근대계몽기의 다양한 서사문학의 문체 실험, 일본 근대소설 또는 산문 문체가 형성되는 과정과 번역의 상관성, 이른바 『청춘』 그룹'의 독서체험과 문학관 등을 다양한 각도에서 구명해야만 그 전모가 드러날 것이다.

이 글을 시작하면서 말한 것처럼 '문학'은 일본을 거쳐 번역된 용어이다. 번역된 '문학'은 기존의 '문학(文學)'에서와는 다른 글쓰기를 요구했다. 유길준에서 이광수에 이르기까지 어떤 문체를 선택할 것인가를 둘러싸고 많은 논란이 있어 왔으며, 문학의 영역에서도 다양한 각도에서 문체를 실험해 왔다. 그러다 근대계몽기 인쇄매체 중에서 이채를 띠는 잡지 『소년』에 이르러 소설 문체는 근대적 성격을 확보하기에 이른다. '근대적'이라고 해서 다른 문체보다 낫다거나 훌륭하다는 것은 아니다. 다만 『소년』은 임화가 말한 바 '순문학' 작품들을 지속적으로 번역하는 과정에서 근대적 소설 문체 또는 번역된 '문학'에 어울리는 문체를 발견했고, 그것이 향후 한국 근대소설 문체의 주류로 자리잡게 되었다는 점을 말하고 싶을 따름이다. 그것은 어쩌면 여러 문체 중에서 근대소설에 가장 잘 어울리는 듯이 보이는 것 하나를 고르는 '선택의 문제'와 관련되어 있었던 것인지도 모른다. 왜 특정한 문체를 선택했는지를 알기 위해서는 서양-일본-한국으로 이어지는 번역의 경로와 문체의 정착 과정을 보다 깊이 살펴보아야 할 것이다. 결국 우리는 근대소설의 형성 과정에서 번역이 가진 의미가 무엇인지를 다시 물어야 하는 지점으로 되돌아온 셈이다.

정 연구」, 인하대 박사논문, 2004.6, 50~91면 참조

번역 · 번안 · 사상

후쿠지와 유키치의 경우

1. 번역과 번안

'번역하다'라는 뜻의 프랑스어 'traduire'라는 동사는 라틴어 'traducere'에서 파생된 것으로서, 어원적으로 보자면 '저편으로 인도하다', 또 '한 점에서 다른 점으로 옮기다(=transferre)'라는 뜻이다. 그 단어는 이처럼 모든 전이(轉移) 과정에 적용할 수 있을 만큼 넓은 의미를 지니고 있기 때문에 비언어적인 것의 언어로의 전환 과정, 이를테면 사고의 언어화나 언어 체계 내에서의 표현상의 전이까지 포괄하기도 한다. 이와 관련하여 로만 야콥슨(Roman Jacobson)은 번역의 세 가지 형태를 다음과 같이 구분하고 있다. ① 언어기호들을 동일한 언어 내의 다른 기호들로 옮기는 것으로서 언어 내적 번역, ② 언어 기호들을 다른 언어 기호들로 옮기는 언어 간 번역, ③ 언어 기호들을 비언어적 기호들로 옮기는 기호 간 번역. 그런데 우리가 통상 번역이라고 말할 때 그것은 서로 다른 언어 사이의 치환 즉 언어 간 번역(②)을 의미한다.[1] 결국 번역은 특정 시공간의 좌표 안에서 실현된 언표를 대상으로 하여 그것을 의미와 표현성이라는 이중적 등가성의 축 위에서 다른 언어의 언표로 전환하는 실천적 작업이라 할 수 있다.

일반적으로 번역은 그 방식에 의해서 직역과 사역(斜譯)으로 나뉜다. 직역은 번역에 관련된 두 언어가 구조적으로 그리고 메타언어적으로 평행을 이룰 경우에 해당하며 여기에는 차용, 모사, 축자역이 포함된다. 한편 사역은 번역에 관련된 두 언어가 구조적인 측면과 메타언어적인 측면에서 차이가 날 경우 우회하여 번역하는 방식인데 여기에는 다시 전환·변조·등가·번안 등이 포함된다.[2] 특히 번안은 메시지가 전하는 상황이 역어에 존재하지 않아 다른 상황에 의해 그 상황이 만들어져야 할 때에 택하는 방식이다.

그런데 번역의 효과나 의미 그리고 기능을 충분히 인정한다 하더라도 번역이라는 문제에는 적잖은 문제가 가로놓여 있다. 그 대표적인 예가 번역 가능성을 둘러싼 논쟁이다. 번역 가능성 또는 불가능성의 논쟁은 수세기 동안 이어져 왔다. 번역 불가능성을 지속적으로 제기한 훔볼트, 슐라이허마하, 사피어와 바이스게르버 등에 따르면 한 언어의 사용은 그 언어를 말하는 집단에서 어떤 세계관을 형성하고 외부 세계의 현실과는 단절된다. 즉 언어가 달라지면 세계관이 달라지기에 다른 언어의 사용자들은 그들의 언어에 따라 세계를 다르게 분절하여 인식하게 된다. 다시 말해 이들은 단어의 의미에 부가되는 개념상의 차이로 인해 완벽한 번역은 불가능하다는 것이다.

다른 한편 계몽주의 및 이성주의의 전통에 서 있는 사람들, 예컨대 데카르트·라이프니츠·볼프·촘스키 등은 번역 가능성을 인정한다. 보편 언어나 일반 문법 그리고 심층 구조와 같은 개념이 그 가능성을 뒷받침

---

1) 김윤진, 『불문학텍스트의 한국어번역 연구』, 서울대 출판부, 2000, 4~5면 참조.
2) 김효중, 『번역학』, 민음사, 1998, 22면.

한다. 특히 모든 언어는 표면적 차이에도 불구하고 그 사고형식을 반영하는 심층 구조는 동일하다는 주장을 통해 20세기 이성주의를 부활시키는 데 지대한 공헌을 한 생성 문법의 등장은 번역 불가능성에 강력한 반론을 제시함으로써 논쟁에 불을 붙이기도 했다.[3] 상세하게 논의할 수는 없지만 상반되는 두 입장은 각각 설득력과 문제점을 안고 있다. 여기에서는 다만 번역 불가능성을 철저하게 자각해야 한다는 점(번역이 가능한 것은 어디까지나 의미의 수준이다)과 양자가 '상대적'이라는 점만 지적해 두고자 한다.

원어 → 텍스트 → 분석 → 옮김 → 구조 변경 → 번역 → 역어(W. Wilss)의 과정을 거치면서 수행되는 번역은, 아무리 심층 구조가 동일하다는 점을 수긍한다 하더라도, 현상적으로 그 변형을 겪을 수밖에 없다. 이를테면 굴절과 변형 그리고 '왜곡'은 번역의 숙명이라 할 수 있을 것이다. 이와 관련하여 오랫동안 번역가로 활동해 온 쓰미 유지의 발언은 시사하는 바가 적지 않다. 그는 이렇게 말한다. "번역은 거의 숙명적이라 해도 좋을 만큼 상호 모순되는 가치관을 떠맡고 있다. 다른 문화의 영향을 받지 않은 순수 문화는 어디에도 존재하지 않는다는 사실, 다른 문화를 흡수하는 능력은 역동성의 증거라는 사실을 부정할 사람은 아마 없을 것이다. 뿐만 아니라 다른 문화에 대한 동경은 어느 누구의 마음속에나 있다. 그렇지만 다른 한편으로는 어느 문화든 실제 이상으로 '독자성'을 주장하고 싶어한다. 흉내는 부끄럽게 마련이다. 게다가 '밖의 것'은 때로 '외압'으로 느껴지고 기존의 가치관과 질서를 위태롭게 만들기도 한다. 나아가 정체성의 위기로 받아들여지는 경우조차 있다."[4]

이러한 숙명을 지닌 번역가는 이질적인 언어·이념·학문·예술의 중개자로서 이미 오래 전부터 그 역할을 수행해 왔다. 슐레겔이 번역가를 국가와 국가 간의 사자(使者)라 일컬은 것도 이 때문일 것이다. 나아

---

3) 김효중, 위의 책. 28~30면 참조.
4) 쓰지 유미, 이희재 역, 『번역사 산책』, 궁리, 2001, 15면.

가 고모리 요이치에 따르면 번역가는 주체 분열이라는 상황에서 자유로울 수가 없다. 번역이란 행위는 무언가를 얘기하는 주체를 다양한 국면에서 분열시킨다. 예컨대 원텍스트에 대한 독자로서 일정한 자율성을 보존할 수 있었던 번역자는 번역이 진행되어 갈수록 자꾸만 저자라는 주체에 의해 침략되고 먹혀 들어가며, 결국 번역자는 타인의 말을 마치 자기 것인 양 말해버리는, 주체를 빼앗긴 언어의 꼭두각시가 될 위험에 항상 노출되어 있다.[5]

주체를 굳이 번역가로 한정할 필요는 없다. 메이지시대 일본을 하나의 주체로 상정할 경우, 번역을 주요 동력으로 하여 근대국가를 형성한 일본은 '번역된 서양'과 언어와 문화의 전통적인 기억 사이에서 찢길 수밖에 없었다. 그러한 균열을 메워 가는 도정을 일본 근대사상의 형성 과정이라 할 수 있을 터이다. 메이지 일본이 내건 '문명개화'라는 슬로건 자체가 모두 번역을 전제로 하여 성립했다는 점은 잘 알고 있는 바와 같다. 그리고 제국대학을 정점으로 한 학문적인 지식의 시스템도 대부분 번역에서 출발했다는 사실 역시 낯설지 않다. 고모리 요이치가 지적한 대로 번역이라는 행위 자체가 지극히 정치적이었으며, 이 과정에서 번역자는 찢겨진 주체의 참모습을 인정하고 고유의 모습을 잃지 않으려 고심참담했다. 번역된 서양과 전통의 기억 사이에서의 분열과 긴장을 견디며, 메이지 지식인들은 어떠한 국민적 정체성을 구축할 것인가를 둘러싼 정치적·이데올로기적 투쟁의 장이라 할 수 있는 번역에 뛰어들었던 것이다. 이때 이들은 주로 '메시지가 전하는 상황이 역어에 존재하지 않아 다른 상황에 의해 그 상황이 만들어져야 할 때에 택하는 방식'인 번안을 선택한다.

---

5) 고모리 요이치, 이현기 역, 「번역이라는 실천의 정치성」, 『번역의 방법』, 고려대 출판부, 2001, 303면.

2. 근대국가 및 일본 근대사상 형성의 기초—메이지시대의 번역

19세기 후반 메이지유신 전후 30~40년 동안에 일본사회는 정부와 민간이 합세하여 그야말로 방대한 양의 서양 문헌을 일본어로 번역했다. 법률 체계에서 과학기술 교과서까지, 서양의 지리와 역사서에서 국제관계 현상 분석에 이르기까지, 그리고 미국의 독립선언서에서 프랑스의 미학에 이르기까지. 이처럼 짧은 기간에 이렇게 많은 중요한 문헌을 거의 정확하게 번역했다는 것은 거의 기적에 가까운 위업이다.[6] 메이지의 사회와 문화는 이와 같은 기적적인 번역 사업의 기초 위에서 성립했다.[7]

이처럼 국가적인 차원에서 대대적인 번역 사업을 추진한 것은 서양을 준거로 하여 각종 제도를 개혁하는 번역이 절실히 필요했기 때문이며, 동시에 그 필요를 충족시킬 수 있는 충분한 번역 능력(조직 능력까지 포함하여)이 있었기 때문이다. 이에 비해 중화사상이 강한 데다 관료조직이 무능했던 중국은 중화사상이 존재하지 않았던 일본만큼 체계적이고 효과적으로 번역 사업을 추진할 수 없었다. 이른바 완강한 소중화사상으로 무장한 데다 관료제도의 무능이 극에 달했던 한국의 상황도 중국의 경우와 크게 다르지 않다.

한자어 조어(造語) 능력과 난학(蘭學)의 경험이 번역을 활성화하는 데 주요한 기여를 했다. 한자문화권에 속했던 탓에 대부분의 번역자들은 한

---

6) 이 절은 加藤周一,「解說」,『飜譯の思想』(東京: 岩波書店, 1990)을 바탕으로 하여 씌어졌음을 밝혀둔다.

7) 이러한 사정은 프랑스의 경우도 예외가 아니다. 프랑스에서 번역의 황금시대는 근대국가의 기초가 다져진 시기와 정확히 일치한다. 국어의 확립은 근대 국민국가의 근간을 이루었다. 그리고 프랑스어가 국어로 확립되기 위해서 번역은 필수 불가결한 요소였다. 그리고 프랑스어를 라틴어와 그리스어 수준으로 향상시키기 위한 노력들이 에티엔 돌레와 자크 아미요 등에 의해 이루어진다. 데카르트가 1647년에『방법서설』을 프랑스어로 쓸 수 있었던 것은 이들 번역가들의 노력 덕분이었다고 해도 과언이 아니다. 쓰미 유지, 앞의 책 참조

문에 익숙했으며 이를 바탕으로 하여 먼저 네덜란드어를 배웠고, 그 다음 필요에 따라 영어나 프랑스어를 익혔다. 뒤에서 살필 후쿠자와의 경우도 이와 다르지 않다. 결국 번역 능력의 측면에서 보았을 때, 만약 메이지의 번역자들에게 한자를 자유롭게 조작할 수 있는 능력이 없었다면 대대적인 번역사업은 불가능했을 것이다. 그리고 난학(蘭學)은 19세기 후반 일본이 광범위한 서양 문헌 번역에 착수하기 전, 거의 1세기에 걸쳐 일본인의 서양어 이해의 기초를 이루었으며, 번역어를 발명할 수 있는 기술을 준비하고 있었던 셈이다.

이와 함께 가토 슈이치는 또 하나의 조건으로서 19세기 일본과 서양 사이에는 커다란 차이가 있었을 뿐만 아니라, 동시에 봉건제와 역사기술 경험 등 공통적인 특징도 적잖이 공유하고 있었다는 점을 지적한다. 즉, 서양 문헌을 번역할 필요성이 대두했을 때, 서양문헌들을 신속 정확하게 이해할 수 있었던 것은 일본문화가 고도로 세련된 것이었기 때문이라는 것이다.

그렇다면 무엇을 번역했는가.『만국공법』을 포함한 서양 각국의 법률과 정치 관련서, 역사서, 니시 아마네(西周)를 위시한 철학서, 츠보우치 쇼요와 후타바테이 시메이 등의 문학서 등이 뒤를 잇는다. 특히 이 시기에는 진보사관에 입각한 기조의『구라파문명사』와 버클의『영국개화사』가 널리 읽혔다. 스펜서의 사회진화론과 다윈의 적자생존론이 진보의 역사이자 문명개화 과정의 구체적인 서술인 문명사의 사상적 바탕을 이루고 있었다.

그런데 광범위한 서양 텍스트와의 접촉은 수많은 중요한 개념과의 만남을 의미했다. 메이지 시기의 번역자들은 참으로 낯선 개념들을 번역하는 과정에서 개념을 재해석하고 재구성함으로써 새로운 사유를 전개한다. 그렇다면 낯선 개념어들을 어떻게 번역했을까. 이 당시에 번역자들은 한자를 짜 맞추어 개념어로 번역했는데, 번역자들이 택한 태도는 대략 다음 네 가지로 나눌 수 있다. ① 난학자들이 번역한 용어의 채용.

'신경'이나 '산소', '수소' 등 자연과학의 기술적 용어들이 그 예이다. ②
중국어로부터의 번역어의 차용(借用). '권리(權利)'를 비롯한, 중국에서 먼
저 번역된 『만국공법』의 용어들을 예로 들 수 있다. ③ 고전 중국어의
전용(轉用). 예컨대 논어에 보이는 '문학(文學)'은 학문 일반을 의미했으나,
니시 아마네는 그 의미를 바꾸어 'literature'의 번역어로 삼았다. 일본에
서 만들어진 이 말이 다시 중국으로 건너가 오늘날의 문학으로 자리를
잡는다. 물론 고전에 의거하여 니시 아마네가 다시 간든 '신조어'는 본
래의 의미와 다르다. 예를 들어 "니시 아마네의 번역어를 사용하지 않고
현상을 관찰, 추상하고, 개념을 정의 분류하여 이성적인 명제를 합성할
수 없다. 즉 일반적인 철학적 사고가 불가능하다"고 했을 때 여기에 사
용된 개념어의 대부분은 니시 아마네의 번역 조어다. 메이지 초기의
번역어를 흡수함으로써 일본어는 변한다. 번역어로 이루어진 어휘를 전
제하지 않고서 근대 일본의 사회와 문화를 생각하기란 불가능하다. 그리
고 마지막으로 ④ 신조어가 있다.

이런 과정을 거쳐 형성된 개념어는 사람들의 기호, 학회 및 다른 민간
단체들의 의식적인 노력, 정부의 영향 등을 통해 점차 안정되어 간다.

그런데 앞 절에서 보았듯이 번역어는 반드시 원어의 뜻을 정확하게
전달하지는 않는다. 번역 불가능성이라는 '가혹한' 장벽에 부딪혀 굴절
과 변형을 겪을 수밖에 없다. 'right'의 번역어인 '권리(權利)'의 경우를 보
면 확연해진다. '권(權)'은 '권력(權力)'이나 '권세(權勢)'를 연상하게 하며,
'이(利)'는 이익이나 '이기(利己)'를 떠올린다. 부정적인 뉘앙스를 지니는
것이다. 이처럼 원어와 역어 사이에는 차이가 있다. 게다가 영미사회에
서는 개인이나 조직에 의한 'rights'를 당연시하지만, 일본 문화는 오늘날
까지 권리의 주장을 종종 악덕으로 간주하든가 아니면 적어도 바람직한
일로 바라보지는 않았다. 1870년 미츠쿠리 린쇼(箕作麟祥)가 'droits civils'
를 '민권(民權)'이라 번역하여 정부의 민법편찬위원회에 보여주었을 때
"民에게 權이 있다는 말은 도대체 무슨 말인가"라고 말한 위원이 있어

격론을 벌였다는 이야기는 상징적인 예이다.

이러한 원어와 역어 사이의 차이는 사회적 관습, 문화, 가치체계의 차이를 선명하게 드러낸다. 그리고 신조어가 아니라 고전어를 전용하는 경우에도 원래의 의미는 거의 잊혀지는 경우가 많지만 완전히 망각되는 경우는 드물다. 예컨대 '자유(自由)'의 경우에서 보듯 '제멋대로 한다'는 의미가 그림자처럼 드리워져 있어 원어인 'freedom'이나 'liberty'의 함의와 거리를 좁히기가 결코 쉽지 않다. 이와 더불어 한자어를 조합하여 만든 용어의 경우 일상어로부터 이탈한다. 특히 'idea'의 번역어인 '관념(觀念)'의 경우, 'I have no idea'에서 보듯 영어권에서 'idea'라는 말은 일상에서 쓰일 수 있지만, 이를 '나는 아무런 관념이 없다'라고 번역할 수는 없는 노릇이다. 'sein – das Sein – 존재(存在)'의 경로도 마찬가지이다. '존재'란 말은 분명히 일상어가 아니다.

메이지 시기의 번역자들은 용어뿐만 아니라 문체도 한문체를 택한다. 고전 중국어의 간결함과 어조의 독특한 완급과 흐름 때문이다. 그런데 여기에서 심각한 문제에 봉착한다. 번역의 시대는 대중의 지적 호기심이 고조되는 시기이다. 번역문의 한문체는 독자층을 확대하는 데 적당한 수단이 아니다. 후리가나를 다는 것이 하나의 방편이긴 하지만 고식지계에 지나지 않는다. 후쿠자와의 고민도 여기에 있었다. 『서양사정』을 대중에게 전하고, 『문명론의 개략』을 지적 독자에게 보여주는 것이 긴급한 문제라고 생각했던 후쿠자와 유키치는 이러한 한문체의 한계를 예리하게 파악하고 있었다. 수사법보다는 논리가, 상쾌한 어조보다는 이해하기 쉬운 정확성이 훨씬 중요하다는 명료한 목적의식을 갖고서 문장을 가능한 한 일상적 일본어에 가깝게 하려 노력한 최초의 저술가가 바로 후쿠자와 유키치였다. 그런데 그를 제외한 거의 대부분의 번역가는 한문체를 고집했다.

이들은 한문체를 유창하게 쓰기 위해 원문의 일부(중요한 논리적 내용까지)를 생략하거나 요약하고, 원문에 없는 구절을 삽입하기도 한다. '창조적으로' 왜곡하거나 견강부회를 자연스럽게 감행한다. 'society'와 'individual'을 사회와 개인이 아니라 국가와 인민으로, 능력 일반을 지칭하는 'power'를 '병력(兵力)'으로 번역하는 경우이다. 그리하여 전혀 맥락이 다른 '부국강병'이라는 말을 끌어낸다. 결국 기존 문체의 필연적인 긴박성을 탈각하지 못한 상황에서 '시대적 요청'에 부응하기 위해 그들은 원문을 임의로 '왜곡'했던 것이다. 하지만 이러한 그들의 태도를 부정적으로만 평가할 필요는 없다. 이와 같은 '창조적 왜곡'의 과정을 거쳐, 다시 말해 '번안'의 과정을 거쳐 일본 근대사상의 기초가 수립되었기 때문이다.

3. 근대계몽기 '번안'의 사상

'번역' 대신에 '번안'이라는 말을 되풀이했거니와, 그렇다면 번안이란 무엇인가를 구체적으로 파악할 필요가 있다. 상대적이긴 하지만 정확한 번역은 필수적인 조건이다. 문법에 맞게 옮긴다는 것은 그다지 어려운 일이 아닐 수도 있다. 하지만 원텍스트를 해체·재구성하고 새로운 개념을 창출하는 작업은 벼를 사막이나 방목지에 옮기는 일만큼이나 난감했을 것이다(이러한 사정은 지금도 그다지 다르지 않다). 따라서 메이지 시기 번역자들에게 이와 같은 정확한 번역을 요구한다는 건 무리다. 너무나도 낯선 환경에서 오랜 경험을 거쳐 형성된 어휘들을 전혀 다른 환경에 옮기는 작업은 그야말로 지난한 일이었을 것이기 때문이다. 번역된 어휘에 새로운 의미가 더해지고, 그 어휘가 정착하기까지 거쳐야 했던 투쟁의 행로는 일본적 근대사상의 성립 과정과 긴밀하게 대응한다.

번안과 관련하여 흥미로운 '일화'가 있다. 쓰보우치 쇼요가 번역한 셰익스피어의 『햄릿』을 보고서 나쓰메 소세키는 이렇게 평한다. "박사(쓰보우치 쇼요)는 충실한 셰익스피어 번역자로서 자임하고자 한다면 공연을 단념해야 한다. 그렇지 않고 공연을 수행하기 위해서는 불충실한 셰익스피어 번안자가 되어야 한다. 두 가지 길밖에 없다."[8] 소세키의 말대로 원문을 충실하게 번역하기는 어렵지 않다. 문제는 그것이 공연되었을 때, 바꿔 말해 언중들에게 전달되었을 때 발생한다. 이 경우 그가 『산시로』에서 히로타 선생의 입을 빌어 말했듯이 '무리하게 일본어를 만들어낸 결과 모순에 빠져버'리고 만다. 나쓰메 소세키는 언중들이 이해하지 못하는 '충실한 번역'보다는 언중들이 쉽게 다가갈 수 있는 '불충실한 번안' 쪽에 관심이 있었던 듯하다. 후지산을 어떻게 번역할 것인가를 두고 고심했던 소세키다운 발상이라 할 수 있을 터인데, 결국 그는 '불충실한 번안'이야말로 다른 문화를 번역할 수 있는 중요한 방법이라고 생각했던 것이다. 물론 '불충실하다'는 것은 원어의 입장에서 보았을 때 그러하다는 말이다. 역으로 원어에 충실한 번역이 받아들이는 입장에서는 훨씬 '불충실'하게 보일 수가 있다.[9]

이렇게 말하면서 소세키가 염두에 두었던 것은 메이지시대처럼 새로운 사상이 생성되는 과정에서 번안의 역할은 '충실한 번역'보다 훨씬 중요한 위치를 차지한다는 점이었을 터이다. 마루야마 마사오가 『문명론의 개략』을 평가하면서 이를 '의식적인 의역'이라 했던 것도 이러한 맥락에서 이해할 수 있다.[10] 마루야마에 따르면 후쿠자와 유키치는 이해를 쉽게 하기 위해 원어의 의미를 살리면서도 의도적으로 '왜곡'을 행한다. 이처럼 후쿠자와 유키치의 사상은 서양을 '왜곡' 또는 '조작'함으로

---

8) William J. Tyler, 「文化飜譯者・造成者としての夏目漱石」, 『世界が讀む-日本の近代文學』 3, 東京 : Mruzen Books, 1999, 262면.
9) 이와 관련하여 김용옥은 『동양학 어떻게 할 것인가』(통나무, 1989)에서 흥미로운 예를 들고 있다. 그에 따르면, 『맥베스』를 번안한 쿠로자와 아키라의 「쿠모노스죠(蜘蛛の巢城)」는 셰익스피어의 원작을 한 구절도 직역하지 않고 맥베스의 비극을 노(能) 세트와 연기 스타일을 빌어 일본의 역사 무대로 옮겨 놓음으로써 국내외에서 대단한 호평을 받았다.
10) 丸山眞男, 『文明論之槪略を讀む』, 東京: 岩波文庫, 1986, 42면.

써 형성되기 시작한다.

　마루야마 마사오의 말대로 희망과 동시에 고난에 찬 메이지시대의 출발에 즈음하여, 아직 급격한 정세의 전환에 적응하는 방도를 잃어버리고 있던 국민에 대해서 근대화라는 큰 길[大道]을 제시한 지도적 사상가로서 누구보다도 먼저 꼽아야 할 사람은 후쿠자와 유키치였다. 막부 말기부터 메이지유신에 걸쳐서 후쿠자와가 근대적 자유의 길잡이였다고 한다면, 근대 국제사회에서의 국가의 위치에 대한 최초의 체계적인 기초다지기가 후쿠자와에 의해 처음으로 시도되었다는 것은 결코 우연이 아닐 것이다.11) 일본근대의 정신적 지도자이자 근대적 자유의 길잡이였던 후쿠자와 유키치의 사상은 이른 바 3부작, 즉 『서양사정』, 『학문을 권함』, 『문명론의 개략』을 통해서 구체적으로 드러나는데, 셋 다 '원텍스트의 충실한 번역'이 아니라 '임의대로 가감한 불충실한 번안'이라는 점에 주목해야 한다. 니시 아마네, 나카에 쵸민, 가토 히로유키 등과 함께 메이지 번역 사업의 선봉이었던 후쿠자와는 수많은 용어들을 번역하고 이를 재배치함으로써 그의 사상의 핵심이라 할 수 있는 3부작을 완성한다.

4. 3부작과 후쿠자와 사상의 형성

　흔히 말하듯이 일본 근대사의 두드러진 현상은 세계를 보는 시각의 갑작스런 변화이다. 한 민족으로서 일본 사람들은 특별한 '지적 기동성', 이를테면 외국인을 싫어하는 태도에서 좋아하는 태도로, 서양 야만인을 증오하는 데서 서양문화에 아첨하는 데까지 지도자들이 지배적인 여론

---

11) 마루야마 마사오(丸山眞男), 박충석·김석근 공역, 「근대 일본사상사에서 국가이성의 문제」, 『충성과 반역』, 나남출판, 1998.

을 바꿀 수 있는, 놀랄 만한 사상의 유연성을 보여주었던 것이다. 예컨대 1868년 권력을 잡은 새 지도자들은 어린 메이지 천황으로 하여금 '세계 만방으로부터 지식을 추구하여 천황 통치의 바탕을 강화할 것이다. 옛시대의 어리석은 풍습을 타파하고 모든 행동은 국제적 쓰임에 바탕할 것이라'고 천명케 함으로써 그 순발력을 유감 없이 보여주었다. 이러한 선언은 외부세계에 대한 새로운 열린 마음을 보여주는 것이며, 서양문물과 사상에 중독된 시대라고 일컬어지는 그 뒤 20여 년 동안 여느 때와 다른 '차용의 시대', 곧 번역의 시대를 관통하고 있다.

이처럼 서구를 수용하는 데 있어서의 갑작스런 변화를 이해하기 위해서는 일본의 많은 서구화 주창자들이 어떤 면에서는 반(反)서구주의자들이었다는 사실을 고려해야 한다. 그들에게 있어서 서구화란 곧 반서구라는 목적을 달성하기 위한 하나의 수단이었다. 이를테면 서양사회의 제도와 기술을 받아들임으로써 자기 나라에서 드러내고 있는 모든 서양 세력을 제거해버릴 수가 있다고 꿈꾼 것이다. 외국 사람들을 쫓아버리려는 척양주창자(斥洋主唱者)의 목적이 변함 없이 그대로 남아 있었다고 할 수 있을 것이다.

이와 함께 갑작스런 변화를 이해할 수 있는 단서로는 빌려오는 데 익숙한 일본의 문화적 전통과 일본에서의 서양의 도전이 내부의 정치적 혁명 기운과 겹쳐 있었다는 점이다. 그리고 마지막으로 고려해야 할 사항은 메이지유신을 이끌었던 새 지도자들과 지식인들의 성격이다. 메이지유신의 지도자들은 젊었다. 1868년 그들의 평균 나이는 30대 초반으로 대부분이 옛 사무라이 엘리트 출신이었다. 따라서 그들은 서양의 군사력과 과학기술의 밑바탕을 잘 알고 있었다. 그들은 중국의 문사 계급과는 달리 일본의 힘을 기르는 데 필요한 어떠한 변화라도 받아들일 준비를 갖춘 지도자들이었다. 즉 토지에 밀착되어 있지 않았던 그들은 근대적 관료로서 새로운 생각과 제도에 놀랄 만큼 수용적이었으며 변화를 이끄는 '효소'였다고 할 수 있을 것이다.12)

이러한 변혁의 시기를 산 후쿠자와 유키치는 1835년 1월 11일 오오사카에서 하급무사의 아들로 태어났다. 난학(蘭學)을 배운 후 1858년 에도(江戶)로 나와 양학숙(洋學塾)을 열었으나, 1860년 막부가 칸린마루(咸臨丸)를 미국에 파견했을 때 승선, 미국으로 건너갔다. 같은 해 귀국 후 막부의 외무 분야에 고용되어 외교문서 번역에 종사했다. 1862년 막부가 사절을 유럽에 파견했을 때에도 수행원으로 동행한 바 있으며, 1867년에는 막부의 군함 수취위원 자격으로 도미하는 등 막부 달기에 3회에 걸쳐 구미제국을 여행했다.13)

1868년 게이오의숙(慶應義塾)을 창설하였으며, 메이지유신 이후에는 일본의 대표적인 계몽사상가로서 교육·저술 활동을 전개하여 일본 각계에 지대한 영향을 미쳤다. 자유주의와 공리주의를 강조하는 근대적 합리주의의 입장에서 봉건적 사상을 비판하고 실학(實學)을 장려하여 관존민비(官尊民卑) 풍조에 맞섰다. 1901년 2월 3일, 20세기의 개막과 더불어 세상을 떠난 후쿠자와의 일생은 봉건시대가 반생, 일본이 근대국가로서 길을 걷기 시작한 메이지시대가 반생, 실로 두 시대를 함께 체험한 19세기의 선각자였다.14)

후쿠자와만큼 서양문화를 전적으로 수용하려는 태도를 설득력 있게 또는 영향력 있게 쓴 사람은 아무도 없다. 페리함대의 도전(1853)과 항구를 열라는 강압적인 요구에 일본이 무릎을 꿇은 것은 처음에는 도쿠가와 정부가 비판의 대상이 된 정치적 실패 때문인 것으로 간주되었다. 그러나 서양의 군사적인 우월의 실상을 차츰 이해하게 됨에 따라 그 실패는 전면적이며 근본적인 개혁을 요구하는 문화적인 것으로 인식되곤 하

---

12) 케네스 B. 파일, 박영신·박정신 역, 『근대 일본의 사회사』, 현상과인식사, 1985, 93~96면 참조.
13) 구미 각국 여행 과정에 대해서는 福澤諭吉, 『新訂 福翁自傳』, 東京 : 岩波文庫, 1978, 105~172면 참조.
14) 春原昭彦, 「福澤諭吉의 對韓觀」, 『明治日本言論의 對韓觀』(김정기 편저), 탐구당, 1987, 7~8면 참조.

였다. 그리고 후쿠자와는 이 주장의 지도적인 인물이었다.

하급 사무라이 집안에서 태어난 후쿠자와는 어렸을 때 봉건적 위계질서의 제약에 대해 분명히 분노하고 있었다. 그는 자서전에서 다음과 같이 쓰고 있다. "나카쓰라는 마을에서 나를 가장 불행하게 한 것은 관직과 신분상의 억눌림이었다. 공식적인 경우뿐만 아니라 개인적인 만남에서, 또는 어린이들 세계에서조차 높고 낮음의 구별은 뚜렷이 규정되어 있었다. 우리와 같이 낮은 사무라이 집안 출신의 어린이들은 높은 사무라이 출신 어린이들에게 공손하게 말해야 했지만 이들은 늘 우리에게 오만하게 굴곤 했다. (…중략…) 학교에서 나는 가장 우수한 학생이었고 어떤 어린이도 그곳에서는 나를 가볍게 여기지 않았다. 그러나 교실 바깥에서 그들은 나보다 윗계급으로서의 위엄을 보였다. 그러나 나는 육체적인 힘에서조차 조금도 처지지 않는다고 확신했다. 나는 어린아이였지만 이 모든 면에서 불만을 아니 가질 수 없었다."[15]

이러한 불만을 감추고 있던 후쿠자와가 자신의 생각을 처음으로 정리한 것이 1866년에 펴낸 『서양사정(西洋事情)』이었다. 미국과 유럽 여행을 마친 후였다. 『서양사정』은 초편 3권(1866), 외편 3권(1868), 2편 4권(1870) 등 모두 10권으로 이루어져 있는데, 초편은 유럽의 정치, 조세, 국채, 지폐, 회사, 외교, 군사, 교육, 학교제도 및 신문, 도서관, 병원, 구호시설, 장애인시설, 박물관, 박람회, 증기기관, 증기선, 증기차, 전선, 와사등 등 일상생활의 제도와 시설을 소개하고 있으며, 외편과 2편은 미국·네덜란드·영국·러시아·프랑스·포르투칼·독일 등의 역사, 정치, 육해군제도, 금전 출납 문제 등을 집중적으로 다루고 있다. 특히 미국과 영국의 정치제도와 역사에 많은 지면을 할애하고 있다는 게 특징이다. 공전의 베스트셀러가 되었던 이 책은 외유 경험을 토대로 여행 시에 구입한 챔버스(Chambers)와 웨일랜드(Wayland)의 경제서 등을 번역하여 다시 정리

---

15) 福澤諭吉, 앞의 책, 24~25면. 그리고 중류 계급의 학자들이 서양의 문명을 이끌었다고 판단하고 있는 『학문을 권함』, 83면에서도 저간의 사정을 엿볼 수 있다.

한 것이다. 따라서 수많은 새로운 용어들을 번역하여 수용하고 있는 『서양사정』은 엄밀히 말해 후쿠자와가 원텍스트를 재구성하여 편집한 '번안물'이라 할 수 있다. '福澤諭吉纂集'이라 명기한 데서도 알 수 있거니와 그는 이 책이 저작이 아니라 서양의 여러 텍스트들을 참고하고 이를 번역하여 재편집한 것이라는 점을 자각하고 있었던 것이다. 일본인들이 가장 알고 싶어하는 서양 여러 나라의 일상생활에 관계된 사회 여러 제도들을 기술하고 있는 이 책은 대단한 인기를 끌었으며 후쿠자와는 '번역의 달인'이라는 평을 얻는다. 그런데 만약 그가 텍스트들을 하나하나 번역했다면 어떤 결과를 초래했을까.

후쿠자와는 유신운동에 적극 참여하지는 않았다. 그러나 새 정부가 개혁 문제에 호의적임을 알았을 때 그의 논조는 변하기 시작했다. 서양 사회에 관한 정보를 단순히 기술하는 대신, 대담하게도 서양의 가치와 제도를 받아들여 일본문화를 근본적으로 바꾸어야 한다고 주장하기 시작했다. 후기의 저작에서는 전통의 가치나 사회관습을 보존하면서 서양의 과학기술을 받아들이자고 주장한 사쿠마 쇼잔 등의 개혁론에서 한 걸음 더 나아갔다. 후쿠자와는 유교 원리가 과학적인 사회 습성과는 융화될 수 없는 자연관과 사회관을 지니고 있기 때문에 유교 원리에 매달려서는 서양 과학을 이해할 수 없다고 주장했다. 그는 현대 문명의 본질은 개개인의 독립정신, 독창력 및 자립성을 길러 가는 풍토 속에 있다고 강조하였다. 봉건제도나 유교의 가치체계가 이러한 자질을 갖지 못하도록 하고 있다고 믿고 있었던 까닭에 그는 전통적 일본 문화를 전면적으로 공격하고 나서기에 이른다.

이러한 정신적 상황에서 배태된 저서 『학문을 권함』(1372~1876)에서 그는 그 유명한 '하늘은 사람 위에 사람을 만들지 않았고 사람 밑에 사람을 있게 하지도 않았다'는 말로 글을 시작하여, 도쿠가와 말기부터 움터온, 단단하기 그지없었던 세습신분제도에 대한 분명한 반론으로 끝을 맺고 있다. 그리고 공리적인 지식 습득 여부에 따라 젊은이의 사회적 위치가 결정되어야 한다고 밝히고 있다. 『서양사정』에서 탁월한 편집 능력을 보여주었던 후쿠자와 유키치는 『학문을 권함』에 이르러 자신의 목소리를 갖기 시작한다. 비교적 쉬운 문체로 써서 일반독자들 겨냥한 이 책이 『서양사정』을 능가하는 독자층을 확보할 수 있었던 것은 그의 뛰어난 '일본식 문장'이 기여한 바 크다는 게 정설이다. 『서양사정』과 『학문을 권함』 사이의 문체를 비교하는 것은 능력을 벗어나는 일이지만, 『서양사정』의 내용을 소화하여 일본적 환경에 적용하려는 노력은 어렵지 않게 찾아볼 수 있다.

『학문을 권함』에서 사상의 전체적인 윤곽을 보여준 그는 뒤이어 나온 『문명론의 개략』을 통해 일본 문화의 근본적인 결함이 근본적으로 가족제도에 있다고 지적하고 있다. 가족제도는 한쪽으로는 절대적인 권력의 식을, 다른 쪽에서는 의심의 여지없는 복종을 강요함으로써 서양문명을 낳게 한 독립정신을 파괴하여 버린다는 게 주장의 핵심이다. 1875년 8월에 간행된 『문명론의 개략』은 그의 메이지유신론을 가장 명확한 형식으로 정식화한 저서로 평가받고 있다. 이 책에서 후쿠자와는 유신 변혁을 초래한 원인(原因)을 원인(遠因)과 근인(近因)으로 구별하고 원인(遠因)을 봉건전제, 근인(近因)을 텐메이(天明)·분카(文化)시대부터 표면화하여 전국적으로 활발하게 된 '국내 일반의 지력(智力)'이라고 적확하게 파악한다. 이와 같은 '국내 일반의 지력'이라는 기본적인 요인의 기초에 서서 페리 내항에 의해 각성한 국민적인 애국심이 토쿠가와 막부를 타도했다는 것이다.

마루야마 마사오가 지적하고 있듯이 근대화를 수행하는 과정에서 일본은 ① 민족의 아이덴티티 즉 정체성(正體性)의 문제, 즉 전통과 서구화 또는 전통과 근대화의 문제, ② 제도적인 혁명과 정신혁명 사이의 문제, 즉 문명개화의 진전과 독립자존의 딜레마, ③ 국내의 개혁과 대외적 독립 확보의 딜레마, 즉 내셔널리즘과 인터내셔널리즘의 충돌 및 민권론과 국권론의 갈등, ④ 민주화와 집중화, 이른바 '공의여론(公議輿論)'과 '정령

의 귀일(政令の歸一)'의 딜레마, ⑤ 부국(富國)과 강병(强兵)의 선후 문제16)
라는 어려운 문제와 대결하고 있었다. 그런데 『문명론의 개략』은 이 모든 문제를 포괄하고 있으며, 후쿠자와 나름의 해결책을 제시한다. 다음
인용에서 보듯이 그것은 일본적 문명의 수립으로 귀결된다.

> 제 나라의 권익을 신장시키고 제 나라의 국민을 부자로 만들고 제 나라의 지덕을 기르고 제 나라의 명예를 빛내려고 애쓰는 사람을 애국적 국민이라 부르고 그 마음을 애국심이라 부른다. 그 안목은 다른 나라에 다 해서 자타(自他)의 구별을 짓고, 비록 다른 나라를 해칠 의향은 없을망정 제 나라를 소중히 여기고, 다른 나라를 가볍게 여겨, 제 나라를 독자적으로 세워가려는 데 있다. 따라서 애국심은 일신을 위하려는 것이 아니라 한 나라를 제것으로 알고 의하려는 마음이다. 다시 말해 그것은 지구를 여러 개로 구분하고 그 구역 내에서 집단을 형성하고 그 집단의 이익을 도모하여 그것을 제것으로 삼으려는 편파심(偏頗心)이다. 따라서 애국심과 편파심은 명칭은 다르나 같은 내용의 것이라 말할 수밖에 없다. 생각이 여기에 미치면, 일시동인이나 사해형제와 같은 대의(大義)는 애국충정이나 건국독립의 대의와는 어긋나고 용납될 수 없음을 깨닫게 된다.17)

후쿠자와 유키치 역시 여타 비서구 지식인들이 겪어야 했던 정신적
딜레마에서 자유롭지 못했다. 즉 개성적 자유 이념과 내셔널리즘의 갈등
의 내면화와 보편주의와 특수집단주의 사이의 고민, 자연생장적 근대화
와 목적의식적 근대화의 차별성 인식, 보편인(l'uomo universale)과 특수인 문제 등이 그를 휩싸고 있었던 것이다. 그는 후자의 길을 선택한다. 그리고
이것이 그의 사상적 토대를 이루며 동시에 일본 근대사상의 주축을 형성
한다. 요컨대 후쿠자와 유키치는 『문명론의 개략』에서 기조(Francois P. G.
Guizot) · 버클(H. T. Buckle) · 스펜서(H. Spenser)의 영향을 수용하여 계몽적 진
보사관 및 상대주의와 실용주의를 근거로 하여 비서구 국가의 방향성을

---

16) 상세한 내용은 丸山眞男, 『文明論之槪略 を讀む』 上, 東京 : 岩波新書, 1986 참조.
17) 후쿠자와 유키치, 정명환 역, 『문명론의 개략』, 224면.

구체화했던 것이다. '후쿠자와에게 있어서 문명론의 창조라는 기획은 서양의 문명론이 휘두르는 내면에 대한 지배 압력으로부터 지적 독립을 의도한 것'[18]이라는 지적이 설득력 있게 들리는 것도 이 때문이다.

5. 다시 '번역'을 위하여

『서양사정』과 『학문을 권함』을 간행했을 때 후쿠자와 유키치는 계몽주의자의 모습을 크게 벗어나지 못했다. 『문명론의 개략』에 이르러서 그는 면모를 일신하여 사상가의 위상을 확립한다. 일본적 현실과의 내적 연관성을 치열하게 탐색한 결과라 아니 할 수 없다. 사상이란 자신이 딛고 있는 현실과의 긴밀한 관련성을 상실하고서는 성립할 수 없기 때문이다. 그런데 그의 사상 정립 과정에서 '번역'은 피할 수 없는 조건이었다. 서양과 일본의 시공간적 낙차를 자각하고 있던 그에게 '번역'이라는 장벽은 그야말로 아득했을 것이다. 불가능성이라는 난공불락의 성의 실체와 그 의미를 자각적으로 인식했을 때 그가 선택한 것은 '번안'이었다.

'주체의 찢김'과 두 언어 사이의 긴장을 경험하면서 그는 '새로운 언어'를 발견한다. 번역 과정을 통한 새로운 언어의 발견은 사유의 역동성과 문화의 잡종성을 추동하는 힘이다. 그리고 이를 기반으로 하여 새로운 사상은 생성의 흐름을 이어간다. 우리가 번역을 다시 강조해야 하는 이유도 여기에 있다.

---

18) 松澤陽弘, 「文明論における‘始造’と‘獨立’」, 『近代日本の形成と西洋經驗』, 東京 : 岩波書店, 1993 참조.

번역된 근대 또는 도둑맞은 문명독립국의 꿈

다섯 개의 번역어

1. 번역된 근대

19세기 중반을 전후하여 '근대화=서구화'라는 이름의 거센 파도가 '지속의 제국'을 집어삼킬 듯이 밀려들기 시작한다. 중국은 아편전쟁 발발(1840) 이후 급속히 서양의 반식민지로 기울었으며, 일본은 1853년 페리제독이 이끄는 '검은 함대'의 위협에 굴복하여 나라의 문을 열어야 했다. 조선 역시 미국을 흉내낸 일본의 강압을 이기지 못하고 쇄국의 빗장을 풀 수밖에 없었다. 개국(開國)……. 무방비 상태에서 마지못해 받아들인 '근대의 빛'은 거칠 것 없는 기세로 이들 '어둠의 공간'을 점령해 나간다.

'조용한 아침의 나라'를 급습한 문명개화의 격랑! 이제 '야만의 땅'에 살고 있던 조선인들은 더 이상 기존의 삶을 지켜갈 수가 없었다. 전통적 시공간을 살해하며 등장한 '문명의 칼날'이 조선인의 신체와 의식을 근대적으로 길들이기 위해 감시의 눈길을 늦추지 않았기 때문이다. 선택의 여지는 어디에도 없었다. 아니, 없는 것처럼 보였다. 무엇보다 근대 문명 이란 게 무엇인지, 서양 문명의 힘이 어디에서 나오는지 알아야만 했다. 전혀 다른 언어를 사용하는 이질적인 세계와 만나기 위해서는 번역이 필수적이었다. 서양문명이 낳은 '낯선 언어'를 만나기 위한 고난에 찬 과정, 근대계몽기는 '번역의 시대'라 할 수 있을 터이다.

지금 우리들이 '자연스럽게' 사용하는 말들, 예컨대 '개인'·'사회'·'인권'·'자유'·'문명' 등은 물론 '철학'과 '문학' 그리고 '연애'에 이르기까지 거의 대부분의 개념어들이 번역된 것이라는 사실을 아는 사람들은 그다지 많지 않다. 메이지유신을 전후한 시기 일본의 지식인들은 중국에서 건너온 한자(漢字)들을 재구성하거나 전용(轉用)하여 서양의 언어를 번역했다. 그리고 일본에서 번역된 말들은 다시 중국과 한국으로 이입되었으며, 낯선 번역어에 실린 새로운 의미들은 기존의 세계관과 가치관을 뒤흔들기에 모자람이 없었다.

그러니까 한국의 '번역된 근대(translated modernity)'는 일본이 번역한 텍스트를 매개로 하여 서양을 만날 수 있었던 셈이며, 따라서 한국의 근대를 얘기할 경우 일본이라는 타자를 외면하고서는 진실에 접근할 수 없다. 이는 부정할래야 부정할 수 없는, 한국의 근대가 태생적으로 안고 있는 숙명이라 해야 할 것이다. 외부의 강압에 의한 개국, 낯선 번역어와의 만남, 문명의 이식(移植) 과정을 거치면서 근대계몽기 한국의 지식인들은 새로운 시대의 좌표를 설정하기 위해 힘겨운 싸움을 벌인다. 그리고 그들의 계몽적 열정은 번역어 즉 문명의 언어를 중심으로 하여 펼쳐진다.

2. 문명개화

흔히 '개화기'라 부르는 이 시기의 최대 화두는 '문명개화(文明開化)'였다. 'civilization'의 번역어인 이 말은 근대계몽기에 생산된 수많은 텍스트들의 한 가운데에 놓여 있다. 이들 텍스트에서는 문명개화=서구화=근대화라는 등식이 선명하게 드러난다. 1898년 11월 11일자『독립신문』논설「문명은 세계 바람과 조수」에서 볼 수 있듯 지식인들은 문명개화를 거스를 수 없는 시대의 대세로 파악했다. 이 논설의 필자는 문명을 일정한 시절에 일정한 방향으로 부는 '지구상의 항신풍(恒信風)'과 적도 아래에서 일어나 일정한 방향으로 흐르는 '해양의 조류(潮流)'와 같은 것으로 파악하고, 낡은 배를 타고 이러한 흐름에 역행하다보면 끝내 난파하고 말 것이라고 경고한다. 즉 "문명은 세계의 대세니 천하를 온통 삼키고자 하는 영웅이나 세계의 반을 보존하려는 강국이라도 자못 막지 못하거늘 세계의 대세를 불통한 사람은 왕왕히 이 대세를 역행하여 몸을 망하고 집을 멸할 경우"에 이르고 말 것이라는 얘기다.

거역할 수 없는 도도한 문명개화의 파도 최남선이 잡지『소년』을 창간하면서 쓴 시「해에게서 소년에게」에서 뚜렷하게 읽어낼 수 있듯이 '바다'는 문명의 표상이었다. 그리고 거센 파도를 향해 어서 오라고 외치는 소년의 모습은 이 시기 지식인의 열망을 대표한다고 할 수 있을 것이다. 나라를 살리고 이 나라의 '인민'을 살리는 문명개화는,『서유견문』의 저자 유길준의 말을 빌면, "지극히 아름답고 선한 상태"에 도달하는 것을 의미했다. 미국과 유럽은 그 이상적인 모델이었으며, 일본이 하나의 모범이었다. 종교와 학문은 물론 교육을 비롯한 모든 제도에서부터 매너와 음식에 이르기까지 '문명국'과 '문명인'을 따르지 않을 경우 '야만 상태'를 벗어나지 못할 것이라는 공포감이 그들을 더욱 다급하게 했다.

그러나 '개화의 병신' 또는 '개화의 죄인'이 되지 말라는 엄중한 경고에도 불구하고 시대의 흐름을 거스르는 '완고파'나 '수구파'의 저항은 잦아들 줄 몰랐으며, 그럴수록 '개명지식인'들의 목청은 높아만 갔다. 시대의 변화를 읽고 변신을 실천에 옮기기란 쉬운 일이 아니다. "나라를 살리고 인민을 살리는" 문명개화라는 시대적 소명을 저버리고 칩거하는 '산림(山林)'들이 적지 않았고, 시류에 편승하여 원숭이처럼 문명인 흉내나 내는 '얼개화꾼'들이 판을 치고 있는 실정이었다. 문명개화의 요청을 받아들여 정치적·제도적으로 실천해야 할 국가시스템이 총체적 부패 속에서 제대로 작동하지 않았다는 점도 문명개화를 가로막는 장애 요인이었다. 이런 상황에서 계몽적 지식인들이 갈망해 마지않았던 문명개화의 꿈은 물거품처럼 사라질 위기에 직면한다. 그리고, 잘 알고 있듯이, 제국의 욕망을 앞세운 일본이 이들의 꿈을 가로채버린다. 도둑맞은 문명개화의 꿈! 한국 근대의 험난한 길은 이미 예고되어 있었던 것이다.

3. 독립

최초의 근대적 신문이라 일컬어지는 『독립신문』은 창간 당시부터 외국인들에게 조선의 실상을 전달하기 위해 'The Independent'라는 제하의 영문판을 함께 발행한다. '독립'이 'independent'의 번역어라는 것은 어렵지 않게 알 수 있거니와, 최초의 근대적 신문이 '독립'을 내세웠다는 점은 한국 근대의 특수성을 말할 때 반드시 고려해야 할 사항이다. 한국의 근대가 국가 존립 여부를 둘러싼 절체절명의 위기 상황에서 출발해야 했다는 것을 이 말만큼 잘 보여주는 예가 드물기 때문이다. 모든 것들이 국가의 독립으로 수렴되며, 그 외의 요청들은 폐기되거나 유보해야만 했다. 이른바 '독립국가 만들기 프로젝트'를 방해하는 것들 — 전근대적 시간 관념에서 개개인의 행동거지 하나하나에 이르기까지 — 은 이 시기 진보적 지식인들의 비난을 피할 수가 없었다. 그리고 개인적 권리의 요청이나 의회설립운동 등도 독립국 국민의 정신을 무장하는 데 걸림돌이 된다는 이유로 훗날을 기약해야 했다.

이렇듯 '독립'은 '문명개화'와 더불어 근대계몽기의 텍스트들을 관통하는 키워드 중 하나였다. 사실 문명개화도 서양을 중심으로 한 새로운 세계질서 속에서 국가의 독립을 지키기 위한 현실적 선택이었다. 문제는 국가의 독립이었다. 1897년 10월, 고종이 "청국에 의부(依附)하는 생각을 끊어버리고 자주독립의 기초를 세운다"는 「홍범14조」의 제1조를 실천에 옮기기 위해 문무백관을 거느리고 원구단에서 황제즉위식을 거행하여, 세계와 어깨를 나란히 할 "당당한 황제국"이자 "독립국"임을 만천하에 알린 것도 독립이 얼마나 시급한 과제였는지를 명확하게 알려준다. 신문과 잡지 그리고 교과서 등 이 시기의 매체들은 '충군애국'과 '부국강병'을 국가의 독립을 지키기 위한 슬로건으로 내세우면서 백성들에게 국민정신을 주입하기 위해 혼신의 노력을 기울인다. 독립문을 세우고 독립관 건립을 구상하며, 국기를 선양하는 글들과 수많은 '애국의 노래'들이 지면을 채운다.

하지만 조선을 노리는 것은 청국만이 아니었다. 서양의 열강과 일본이 호시탐탐 침략의 기회를 엿보고 있었다. 급기야 개혁 의지의 실종으로 인한 내부의 부패와 제국주의적 확장을 관철하려는 외부의 위협이 "당당한 황제국 대조선"의 독립을 물거품으로 만들어버렸다. 그 후 '독립'이라는 말은 참으로 오랜 세월 동안, 나라의 해방이 "도둑처럼" 찾아올 때까지, 지하와 망명지를 떠돌아야만 했다. 청나라로부터 독립할 것을 주장한 『독립신문』의 수많은 논설들, 일본 제국주의로부터 독립할 것을 외친 각종 독립선언서들, 남북통일을 이루어야 진정한 독립을 이룰 수 있을 것이라 천명한 김구의 글들……. '독립'은 간절한 바람으로 근대 한국인들의 집단적 (무)의식 속에 각인되어 있었다. 분단 상황과 강대국의 입김 등을 고려할 때 아직까지도 '독립'은 성취되지 않았다고 할 수 있다. '독립'은 간절하지만 아득한 소망의 표현이었으며, 지금—여기에서도 그 온전한 의미를 획득했다고 말하긴 어렵다.

4. 개인 / 개인주의

　『독립신문』의 주요필진들을 비롯하여 김옥균·유길준·이광수 등 많은 계몽적 지식인들이 '정신적 스승'으로 모신 일본의 대표적인 계몽사상가 후쿠자와 유키치(福澤諭吉)는 그의 저작『문명론의 개략』에서 '일신의 독립'과 '일국의 독립'을 문명화의 목표로 삼았다. 이 책에서 후쿠자와는 '일국의 독립'이 '일신의 독립'에 우선해야 한다고 말한다. 나라가 바람 앞의 등불처럼 위태로운 상황에서 개인의 독립이나 안위는 뒷전으로 물러날 수밖에 없었다. 한국의 계몽지식인에게도 온전한 근대국민국가 건설이 최우선 과제로 떠올랐으며, 근대성의 주요한 지표 중의 하나인 개인주의의 성취는 국가의 독립 이후에나 생각할 수 있는 부차적인 문제에 지나지 않았다.

　이와 관련하여『대한매일신보』는 「자기 일신을 위하여 살기를 구하지 말지어다」라는 제목의 1909년 11월 21일자 논설에서 개인주의를 내세우는 사람들을 '마귀'라 일컬으면서 이야말로 "사람을 죽이는 주의"라고 일갈한다. 이 논설에 따르면 개인주의를 주장하는 자들은 "민족과 개인의 관계가 어떠한지를 알지 못하고", "민족의 흥망성쇠가 개인에게 아무런 관계가 없는 줄로 아는" 자들이며, "자기 일신만 이로우면 온 나라가 위태로워도 노래 부르고 춤추는" 자들이다. 나아가 조선의 상황이 이렇게 비참한 상황에 처하게 된 것도 모두 개인주의 때문이며, 따라서 "동포 중에 혹 이 개인주의를 가진 자는 큰 칼과 넓은 도끼로 그 용렬한 성품을 급히 끊어버리고 민족주의를 분발"해야 한다고 말한다. 민족이 멸망하면 개인도 따라 멸망한다는 민족 중심 또는 국가 중심의 논리가 개인주의를 애국심을 박약하게 하는 '악마'와 같은 것으로 내몰았던 것이다.

이처럼 근대계몽기 담론 공간에서 'individual'과 'individualism'의 번역어인 '개인'과 '개인주의'는 민족주의와 국가주의에 떠밀려 운신의 폭이 극도로 제한되어 있었다. 망국의 위기감이 높아질수록 개인주의를 말하는 사람은 자신의 일신만을 위하는 파렴치한 이기주의자로 낙인찍혀 아예 설자리를 상실해버리는 지경에 처하게 되었던 것이다. 그리고 국가의 독립을 위한 희생과 문명부강국가 건설을 위한 헌신이 최상의 윤리적 덕목으로 간주되었다. 국가의 독립을 위해서라면 개인의 고든 것을 바쳐야 한다는 국민윤리는 식민지시대를 거치면서 더욱 강화된다. 그리고 "우리는 민족중흥의 역사적 사명을 띠고 태어났"으며 "나라의 발전이 나의 발전의 근본"임을 선언하는 「국민교육헌장」에서 보듯이, 한국 근대의 뒤틀린 모습을 간직한 채 아직까지 그 위력을 잃지 않고 있다. 국가의 독립과 개인주의적 욕망이 충돌할 때면 미련 없이 전자를 택해야 한다는 불문율 아닌 불문율이 근대계몽기에 이미 한국인의 사고 방식을 지배하고 있었다. 결국 국가중심주의에 떠밀려 '악마의 땅'으로 유배당한 개인주의는 갈등의 씨앗을 품은 채 그 험난한 길을 헤쳐나가야만 했던 것이다.

5. 위생

"현재 유럽 각국에는 기술의 과목이 매우 많으나 의약을 제일로 여기는 것은 백성의 생명에 관계된 일이기 때문이다. 그러나 우리나라는 관공서에서부터 여염집에 이르기까지 뜰은 수렁을 이루고 길은 시궁창이

되어 썩는 냄새가 사람을 핍박하여 코를 가리고도 견딜 수가 없으니 실로 외국의 비난을 듣기에 충분하다." 김옥균은 『한성순보』 1884년 7월 3일자에 실린 「치도약론(治道略論)」이라는 제목의 글에서 이와 같이 말하고 있다. 김옥균만이 아니라 이 시기의 모든 계몽적 매체들은 위생 문제에 지대한 관심을 기울인다. 계몽적 지식인들에게 서구의 문명은 '위생과 건강'의 표상이었으며, 그 거울에 비친 '조선의 얼굴'은 시궁창에서 내뿜는 악취에 찌들어 이루 말할 수 없을 정도로 병약한 모습을 하고 있었다. 문명개화를 지상명제로 표방했던 이들은 '병약한 조선'을 치유하기 위해 '위생'이라는 칼날을 꺼내든다.

'hygiene'의 번역어인 '위생'은 "불결한 야만적 신체"를 길들이는 강력한 '무기'였다. 근대적 병리학과 기독교의 의료선교가 후원하는 위생론은 "건강한 신체에 건강한 국민정신"를 표어로 내걸고 문명의 시선에 포착된 모든 비위생적인 것들을 청소하라고 명령한다. 바야흐로 '위생의 시대'가 다가오고 있었던 것이다. 서양인의 눈을 빌어 바라본 조선은 "똥과 오줌으로 가득한 나라"였다. 똥과 오줌 그리고 쓰레기 냄새에 찌든 '야만의 신체'를 '문명의 신체'로 바꾸기 위한 근대의 기획은 폭력을 동반할 수밖에 없었다. 전염병이 창궐하여 무수한 생명을 빼앗고, 그 결과 국가 부강의 원천인 인구가 줄어드는 상황을 방치할 수 없다고 생각한 정부 당국자와 계몽적 지식인들은 전근대적 '양생법'밖에 몰랐던 민중들을 위생법이라는 법률로 호되게 몰아세운다. 그들이 겉으로 내세운 것은 개개인의 건강이었지만, 그 이면에는 건강한 국민을 생산해야 한다는 사회인구학적 논리가 내재되어 있었다.

건강한 신체도 국가의 문명부강과 뗄래야 뗄 수 없는 관계에 놓여 있었던 셈인데, 이와 관련하여 1908년 2월 11일자 『대한매일신보』 논설은 "목하에 이천만 중 한국 사람이 돌연히 한번 뛰어 개개히 문명한 나라에 건강한 민족으로 변하기는 이치 밖이라 바랄 수가 없거니와 우선 위생하는 신체 교육에 관계되는 서책이나 몇 권씩 사두고 조석으로 보고 읽었으면" 한다는 바람을 피력하고 있다. 「덕육과 지육과 체육 중에 체육이 최긴함」이라는 이 논설의 제목에서 볼 수 있듯이 위생론은 건강한 국민을 양성하는 데 필수 불가결한 '교과목'인 체육의 기반이었다. 건강한 신체와 애국의 정신을 갖춘 근대적 국민의 생산, 이것이 바로 계몽주의자들의 최대 목표였다. 이를 달성하기 위해 각 학교에서는 "신체를 발육하는 동시에 경쟁심과 주의력을 양성하기" 위한 운동회가 대대적으로 펼쳐지며, 각 신문들은 그 상황을 상세하게 보도한다. 학생들의 집단 체조를 관람하는 황제, "황제폐하 만세"를 부르고 애국가를 제창하는 학생들과 관람객들, 애국심과 체력은 국력임을 강조하는 '유지각한 사람들'의 연설 등으로 이어지는 운동회는 위생론에 기초한 건강한 신체의 육성과 '국민만들기 프로젝트'의 긴밀한 관련성을 보여주는 상징적인 실례라 할 수 있다.

6. 연설

각종 학교와 인쇄매체들은 일반인들이 근대를 '학습'하는 대표적인 장이었다. 전차와 기차, 병원, 예배당 등도 학습의 장으로서의 기능을 톡톡히 수행했다. 이와 더불어 이 시기 계몽적 열정을 실어 나르는 미디어로서 빼놓을 수 없는 것이 바로 '연설'이었다. 후쿠자와 유키치가 『학문을 권함』에서 "연설이란 영어로 '스피치(speech)'라고 부르는 것인데, 많은 사람들을 모아놓고 설(說)을 풀어 석상에서 자신이 생각하는 바를 사람들에게 전달하는 방법"이라고 소개하고 손수 실천한 이래, 연설은 한국에서도 중요한 계몽의 수단으로 떠올라 많은 계몽지식인이 자신의 의견을 피력하는 장으로 활용된다. 예컨대 배제학당 학생들은 매주 토론회를 열어 현안 문제들을 논의하고, 중요한 사안에 대해서는 서재필과 윤치호 등을 초빙하여 강연=연설을 듣기도 했다. 그리고 독립협회는 매주 '통상회(通常會)'라는 이름의 토론회를 개최하여 교육확충·도로정비·미신타파·관민단결 등을 테마로 토론을 벌이기도 했는데, 여기에서도 연설이 상대를 설득하는 방법으로 이용되었다.

특히 근대계몽기 최대규모의 민중집회인 만민공동회에서 연설은 그 위력을 유감 없이 발휘했다. 만민공동회는 어린아이에서 기생에 이르기까지 각계각층의 사람들이 자신의 생각을 토로하는 한국 최초의 '자유연설의 장'이었다고 해도 지나친 말이 아니다. "구미 각국들은 연설법이 있어 관인이나 모군이나 지나가는 사람이나 한 곳에 모아놓고 한두 시 동안에 몇 천 명씩을 가르치나니 연설법이 실로 교육상에 긴요한 묘방(妙方)"(『독립신문』 1897년 8월 26일자 「잡보」)이라는 말이 현실이 되는 장면이 만민공동회 현장에서 펼쳐지고 있었던 것이다. 그 후에도 연설은 학교와 예배당은 물론이고 운동회와 시장터 등에서까지 그 영역을 넓혀가면서 교육 기능을 충실하게 수행한다.

이러한 분위기를 반영하여 『연설법방』이라는 책을 간행하여 연설=웅변의 방법을 상세하게 소개하기도 했던 안국선은 그의 대표적인 소설 『금수회의록』에서는 일종의 '모범연설문'으로 제시한다. 까마귀·여우·개구리·벌·게·파리·호랑이의 연설로 이루어져 있는 이 소설은 근대계몽기 연설의 주요 주제가 무엇이었는지를 보여주는 대표적인 텍스트이다. 그 가운데 여우의 연설 중 한 대목을 들어보면 다음과 같다. "지금 세상 사람들은 당당한 하느님의 위엄을 빌려야 할 터인데, 외국의 세력을 빌려 의뢰하여 몸을 보전하고 벼슬을 얻어 하려 하며, 타국 사람들 부동하여 제 나라를 망하게 하고 제 동포를 압박하니, 그것이 우리 여우보다 나은 일이오? 결단코 우리 여우만 못한 물건들이라 하옵네다. (손뼉 소리 천지 진동)" 여우뿐만 아니라 『금수회의록』에 등장하는 연사들은 국가의 위기를 조장하는 세력들과 개인적인 욕망을 앞세우는 부패한 관료들 그리고 겉치레만 번드르르한 얼치기 개화꾼들을 비판하는 데 힘을 쏟는다. 문명개화와 국가의 독립의 중요성을 전면에 내세웠던 연설은 이 시기 민중들을 계몽하는 '미디어'로서 적지 않은 영향을 미치고 있었던 것이다.

2부

『독립신문』의 조선 · 조선인론

근대계몽기 '민족' 담론의 형성과 관련하여

1. 시작하는 말

신문은 근대의 충격과 함께 등장하여 '인민'을 계몽하는 데 가장 강력한 영향력을 행사한 미디어였다. "사람의 문견이 발달하며 세상의 공론을 한편으로 인도하고 한편으로 찬조하며 강한 자의 악습을 드러내어 약한 자의 권리를 보호하며 정치의 득실을 의론하여 당국자의 희미함을 깨닫게 하고 민간의 질고(疾苦)를 기록하여 하정이 위에 달하게 하기는 신문보다 떠 빠른 것이 없음"(1899.1.27)[1]을 잘 알고 있었던 근대계몽기 지식인들에게 신문은 학교이자 교과서였으며 연설교본[2]이기도 했다. 신

---

1) 이하 『독립신문』의 인용은 발행 날짜만을 밝힌다.
2) '신문지'가 연설교본으로 쓰인 예는 곳곳에서 찾아 볼 수 있다. 「고씨 개명」이라는 제목으로 잡보란에 실린 기사는 그 소식을 다음과 같이 전하고 있다. "부산 초량리 사는 고학곤씨가 독립신문 오류 장씩을 모아가지고 부산 장날마다 촌려(村閭)의 어리석은 사람들을 대하여 읽어드리며 시세에 당연한 말로 연설을 하는 까닭에 그곳 인민들

문을 통하여 그들은 새로운 담론 생산의 주도권을 장악하기 시작한다. 그 가운데 『독립신문』은 기존의 『한성순보』나 『한성주보』와는 문체나 체제, 기사의 성격 등에서 현격한 차이를 보이면서 계몽적 담론을 생산·유포하는 데 선구적인 역할을 한 매체였다.

　정부의 지원을 받아 미국 국적의 서재필(미국명 Philip Jaison, 1866~1951)이 주도한 『독립신문』은 1896년 4월 7일부터 1899년 12월 4일까지 3년 9개월에 걸쳐 총 776호를 간행한 '최초의 근대적 신문'이다. 서재필·윤치호·아펜젤러(H. G. Appenzeller)·엠벌리(H. Emberley)가 차례로 사장과 주필을 겸임한 『독립신문』은, 주필이 바뀔 때마다 논조상의 차이를 보이긴 하지만, 문명개화와 자주독립을 키워드로 하여 조선의 현 상황을 비판하고 문명국을 향한 강한 의욕을 보였다는 점에서 비교적 일관된 논조를 보이고 있다. 이러한 『독립신문』의 성격과 의의에 관해서는 순한글의 채택과 언문일치의 시도,3) 당파를 초월한 중립성 표방, 부당한 권력에 대한 철저한 비판 등 적극적인 평가가 주류를 이루고 있으며, 이는 창간호의 "우리는 무슨 당에도 상관이 없고 상하귀천을 달리 대접 아니 하고

은 차차 개명진보가 된다고들 하니 고씨 같은 이는 동포 형제를 참 사랑하는 이로다."(1898.9.26) 새로운 미디어로서의 연설과 신문의 결합은 이 시기 담론의 유통 과정을 살피는 데 있어 빠뜨릴 수 없는 항목 가운데 하나이다.

3) 저 유명한 '언문일치 선언문'을 상기하기로 하자. "우리 신문이 한문은 아니 쓰고 다만 국문으로만 쓰는 것은 상하귀천이 다 보게 함이라. 또 국문을 이렇게 귀절을 떼어 쓴 즉 아무라도 이 신문 보기가 쉽고 신문 속에 있는 말을 자세히 알아보게 함이라. 각국에서는 사람들이 남녀 물론하고 본국 국문을 먼저 배워 능통한 후에야 외국 글을 배우는 법인데 조선서는 조선 국문은 아니 배우더라도 한문만 공부하는 까닭에 국문을 잘 아는 사람이 드묾이라. 조선 국문하고 한문하고 비교하여 보면 조선 국문이 한문보다 얼마가 낳은 것이 무엇인고 하니 첫째는 배우기가 쉬우니 좋은 글이요 둘째는 이 글이 조선 글이니 조선 인민들이 알아서 백사를 한문 대신 국문으로 써야 상하귀천이 모두 알아보기가 쉬울 터이라. 한문만 늘 써 버릇하고 국문은 폐한 까닭에 국문만 쓴 글을 조선 인민이 도리어 잘 알아보지 못하고 한문을 잘 알아보니 그게 어찌 한심치 아니하리오."(1896.4.7) 국민 또는 국민국가의 형성 과정에서 언어의 '세속화'와 '표준화'가 담당하고 있는 역할에 대해서는 베네딕트 앤더슨, 윤형숙 역, 『상상의 공동체』, 나남, 2002 및 고모리 요이치, 정선태 역, 『일본어의 근대』, 소명출판, 2003 등 참조

모두 조선 사람으로만 알고 조선만 위하여 공평히 인민에게 말할 터인데 우리가 서울 백성만 위할 게 아니라 조선 전국 인민을 위하여 무슨 일이든지 대언(代言)하여 주려 하며, 정부에서 하는 일을 백성에게 전할 터이요, 백성의 정세를 정부에 전할 터"(1896.4.7)라는 선언을 그대로 추인하고 있다.[4] 이러한 평가의 대척점에 놓여 있는 것이 『독립신문』을 '친일역적기관지'로 간주하고, 민족주의적 시각에서 이 신문의 부정적인 측면을 부각시키는 연구들이다.[5] 그리고 최근 들어서는 근대적 신문으로서의 『독립신문』의 긍정적 측면과 부정적 측면을 균형 있게 조명하려는 시도들이 이루어지고 있다.[6]

　『독립신문』에서 '민족' 담론이 어떻게 형성되는가를 살펴고자 하는 게 우리의 의도인데, 난감하게도 『독립신문』에서는 '민족'이라는 말을 거의 찾아볼 수 없다. 민족은 근대적 국민 형성 과정에서 등장한 서구적 개념어이다. 『독립신문』에서는 동포·인민·신민·국민 등이 주로 사용된다. 그리고 타국·외국·제국·세계 등이 이들 용어와 짝을 이루면서 상호규정적 의미를 지닌다. 그런데 『독립신문』의 민족 담론은 '조선·조선인론'과 크게 다르지 않으며, 이는 인종 담론이나 종족 담론과 겹치는 경우가 많다. '민족'이라는 용어가 본격적으로 수용되어 '근대적' 의미로 사용되는 것은 러일전쟁을 전후한 시기에 이르러서인데, 그 단적인 예를 우리는 『대한매일신보』 1908년 7월 30일자 논설 「민족과 국민의 구별」에서 찾아볼 수 있다.

　한국 근현대사에서 한 흐름을 형성하고 있는 서구 편향적 태도를 형

---

4) 신용하, 『독립협회연구—독립신문·독립협회·만민공동회의 사상과 운동』, 일조각, 1985 참조. 물론 『독립신문』의 선구적 성격은 충분히 인정해야 한다. 그러나 최초로 민간인이 운영한 『독립신문』이 '불편부당(不偏不黨)'이라는 슬로건 아래 조선인의 문명개화와 자주독립을 위해 그 역할을 충실히 수행했다는 주장이 설득력을 얻을 수 있으려면, 이 신문의 내용을 다양한 시각에서 재구성한 후 상호 비교를 거쳐야 할 것이다.
5) 려증동, 『부왜역적 기관지 독립신문 연구』, 경상대 출판부, 1991 참조.
6) 그 대표적인 예로 이나미, 『한국 자유주의의 기원』, 책세상, 2001을 들 수 있다.

성하는 데 있어『독립신문』이 적잖은 '기여'를 했다는 것을 상기한다면, 이 신문의 조선·조선인에 대한 시각 역시 그 연장선상에 놓여 있을 것이라는 점은 어렵지 않게 추측할 수 있다. 이 신문의 필진들은 '문명인'의 입장에 서서, 다시 말해 문명인의 시선을 내면화하여, 조선과 조선인을 파악한다. 이제『독립신문』이 그리고 있는 조선·조선인의 모습을 통해 19세기말 민족 담론의 단초를 찾아보기로 한다.

2. 사회진화론의 수용과 문명의 위계화

동아시아를 비롯한 비서구권에서 사회진화론은 근대국가론 또는 문명론을 구상하는 데 압도적인 영향력을 행사한다.[7] 후쿠자와 유키치(福澤諭吉)의『문명론의 개략』과 옌후(嚴復)의『천연론』그리고 유길준의『서유견문』등이 모두 사회진화론에 근거하여 '개화의 등급'을 나누고 있다는 것은 잘 알려진 바와 같다. 그런데『독립신문』에서는 개화 / 문명의 등급을 ① 문명국 : 영국, 미국, 프랑스, 독일, 오스트리아, ② 개화국 : 일본, 이탈리아, 러시아, 네덜란드, ③ 반개화국 : 대한, 청국, 태국, 페르시아, 터키, 이집트, ④ 야만국으로 나누고 각각의 성격을 다음과 같이 규정한다.

문명국이라 말함은 그 나라의 법률 장정과 모든 다스리는 일들이 밝고 공평하여 무식한 백성이 없고 사람마다 자유권이 있으며 나라가 개화 세계가 되어 요순 때와 다름없는 것을 이름이요, 개화국이라 말함은 그 나라의 정치가 문명국과 같으나 앞에 조금 남은 길이 있어 주마가편으로 쫓아가기를 매우 빨리함을 이름이요, 반개화국이라 말함은 그 나라의 정치와 풍속이 혹 아름다운 일이

---

7) 전복희,『사회진화론과 국가사상』, 한울아카데미, 1996 참조.

있으나 대개 10분의 5, 6은 미개화한 일이 많음을 이름이요, 야만국이라 말함은 도무지 예의염치를 모르고 짐승과 다름이 없으며 흉포한 일만 행하는 나라를 이름이라. (1899.2.23)

이러한 문명의 위계화를 바탕으로 하여 『독립신문』의 '민족' 담론이 구축되는데,[8] 이 신문은 당연하게도 문명국과 개화국을 모델로 설정하고 반개화국에 속하는 조선·조선인은 이를 따라잡아야만 한다는 점을 강조한다. 따라잡기 경쟁에서 도태되는 날, 문명이고 독립이고 모두 '헛된 꿈'으로 흩어져 버리고 말 것이라는 초조감이 곳곳에서 배어난다.

이러한 문명의 위계화는 자연스럽게 인종 담론과 결탁한다. 『독립신문』은 '생물학 강의'를 연재하는 과정에서 인종적 특징을 문명론과 결합한다.

흑인들은 가죽이 검으며 털이 양의 털같이 곱슬곱슬하며 턱이 내밀며 코가 넙적한 고로 동양 인종들보다도 미련하고 흰 인종보다는 매우 천한지라. 미국에 토종은 얼굴빛이 붉으며 생긴 것이 동양 사람과 비스름하나 키 크고 개화된 것이 동양 인종만도 못 한지라. (…중략…) 백인종은 오늘날 세계 인종 중에 제일 영민하고 부지런하고 담대한 고로 온 천하 각국에 모두 퍼져 차차 하등 인종들을 이기고 토지와 초목을 차지하는 고로 하등 인종 중에 백인종과 섞여 백인종의 학문과 풍속을 배워 그 사람들과 같이 문명 진보 못하는 종자들은 차차 멸종이 되어 미국 같은 나라에는 토종이 백인종의 학문과 개화를 배우지 않는 고로 몇 천만 명 있던 인종이 이백 년 이래로 다 죽어 없어지고 오늘 다만 몇 천 명이 남아 산이나 수풀 속에 들어가 미국 정부에서 주는 의복 음식이나 얻어 먹고 입고 사

---

8) 이는 후쿠자와 유키치를 비롯한 일본의 식민정책학자들이 구축한 '야만의 박물지'와 밀접한 관련성을 지닌다. '문명화된 상태'='구미의 관습과 풍속'을 기준으로 하여 현재의 '야만'이나 '미개' 상태의 민족들을 인류의 초기 단계로 규정하는 '인간의 박물학'과 그 추론이 후쿠자와 유키치의 문명론에 침투해 들어온다. 비서구세계를 일종의 폐쇄된 무대로 조망하는 '보는 쪽'=서구에 자신의 입지점을 접근시키고자 했던 후쿠자와는 아시아를 '빛바랜 평범한 존재'로 격하하고, 유럽의 '진보'에 대한 아시아의 정체 그리고 그 원인으로 간주되는 환경적 요인과 도덕적 요인에 대한 고찰을 통하여 비역사적인 유형학적 범주의 일람표를 작성한다. 강상중, 이경덕·임성모 역, 『오리엔탈리즘을 넘어서』, 이산, 1997, 88~89면 참조.

는데 수효가 해마다 줄어 몇 해가 아니 되면 그 종자가 멸하여 없어질 터이라. 오스트레일리아 속에 있는 토종은 아프리카 속에 있는 흑인종과 비슷하게 생겼는데 개화된 법이 흑인종에서 얼마큼 낫지 아니하고 사는 범절이 다른 짐승에서 낫지 아니한지라, 세계에 이런 야만 중에 불 켤 줄 모르는 종자도 있나니라. (1897.6.24)

뿐만 아니라 문명론은 위생 담론과 이어지면서 위생 / 비위생의 구도로 문명 / 야만의 이분법을 합리화한다. 반개화국에 속하는 조선의 환경과 조선인들의 행동거지는 비위생적인 것으로 비칠 수밖에 없다. "세계 사람이 다 조선에 와서 조선 사람들 사는 데를 보고 조선 사람 생각하기를 조선에 오기 전보다 더 천하게 아는지라. 첫째 그렇게 생각할 것이 조선 백성 사는 동리를 들어가 보면 첫째 더럽고 추한 냄새 까닭에 외국 사람들이 지나갈 수가 없고 둘째는 길과 개천이 한 가지 되어 세계에 더러운 물건이라고는 모두 사람 다니는 길 가운데 쌓여 있으니 이렇게 사는 사람들을 보고야 어느 나라 사람이 조선을 대접할 생각이 나리오."(1897.4.3) 타자 / 문명의 시선에 포착된 비위생적 풍경은 야만적 습속을 대변하는 표지이다. 결국 근대적 의학지식과 권력의 테크놀로지 체계가 긴밀하게 맞물리면서 '위생 담론'이 국가학의 일환으로 편입되면서 '야만인'의 신체를 '문명인'의 신체로 길들이는 논리로 기능한다.

이리하여 문명의 네 단계 중에서 반개화의 위치에 놓인 조선·조선인이 나아가야 할 방향은 명확해진다. 개화의 단계를 거쳐 문명으로 나아가야 하는데, 그 전제 조건이 '독립'이다. 조금 둘러가기로 하자. 1898년 7월 15일자 「독립하는 상책」이라는 제목의 논설은 독립을 '스스로 믿고 남에게 기대지 아니한다는 말'이라 정의한다. 이 논설에 따르면, 우리는 옛날부터 남에게 의지하는 악습에 젖어 있었으며 지금까지도 남에게 의지하려고만 할 뿐 자주독립하는 기상을 찾아볼 수가 없다. 그런 까닭에 "나라가 아침에는 청국의 속국이 되었다가 저녁에는 일본이나 아라사의 간섭을 받아도 백성이 조금도 수치스러운 마음이 없으니 사람마다 독립 못하면 그 나라가 남에게 의지하는 것은 떳떳한 이치"(1899.2.17)이다. 개인의 독립을 전제하지 않는 한, 즉 의타심을 버리지 않는 한, 나라의 독립은 실현될 수 없다는 주장이다. 그런데 후쿠자와 유키치의 『문명론의 개략』에서 보듯, 비서구권에서 근대를 얘기할 때 가장 심각한 고민 가운데 하나가 개인의 독립과 국가의 독립 중 어느 것이 우선이냐는 문제이다. 이 갈등 또는 딜레마를 돌파하는 과정에서 비서구적 근대사상이 싹튼다. 하지만 "내정을 닦아 외국 사람의 간섭을 받지 않고 외교에 힘써서 통상권리를 외국에게 빼앗기지 아니하며, 토지를 오 국인이게 주지 말며 정부를 조직하되 어진 사람과 능한 사람을 신용하여 외국 사람의 현혹하는 말을 듣지 않는 것이 자주독립의 핵심"이라는 말을 듣는 순간 갈등은 너무나 쉽게 해결되어 버린다. 그래서 공허하다.

어찌됐든 『독립신문』은 독립을 위한 길을 모든 백성들이 문명개화를 향해 매진하는 데서 찾는다. '독립정신'의 의미는 더 이상 파고들지 않는다(또는 못한다). 구미 각국을 이상적인 모델로 하는 동일시 욕망이 작동하며, 문명인 / 서양인의 시선에 포획되어 옴짝달싹하질 못한다. 다음 「논설」을 보자.

> 지금 조선이 이렇게 약하고 가난하고 백성이 어리석고 관인이 변변치 못한 것은 다름이 아니라 관민이 다 학문이 없는 까닭인즉 조선이 강하고 부요하고 관민이 외국에 대접을 받으려면 이 사람들이 새 학문을 배워 구습을 버리고 개화한 자주 독립국 백성과 같이 되어야 그 사람들이 자라 정부에서 정치도 마땅히 의론하고 (…중략…) 도로와 집들이 변하여 넓고 정한 길에 공원지가 골목마다 있고 마거(馬車)와 전기철도들이 개미 같이 왕래고 백성이 무명옷을 아니 입고 모직과 비단을 입게 되며 김치와 밥을 버리고 우육과 브레드를 먹게 되며9) 말총으로 얽은 그물을 머리에 동이지 아니 하고 남에게 잡혀 끄달리기 쉬

---

9) 왜 밥이 아니라 빵을 먹어야 하는가. '과학적 증명'이 빠질 수 없다. "서양 화학 박사들이 각색 곡식을 분석하여 본즉 사람의 몸에 가장 유익하기는 밀가루요, 그 다음은 옥수

운 상투를 없애고 세계 각국 인민과 같이 머리부터 우선 자유를 하게 될 터이요. (1896.10.10)

'남에게 대접받기 위해서라면' 그리고 문명인들과 동일하게 되기 위해서라면 의복과 머리 모양은 물론 먹거리마저 바꾸어야 한다는 발상, 이것은 그들 스스로가 비판해 마지않았던 '겉개화(얼개화)' 또는 피상적인 문명화와 조금도 다르지 않다. 『독립신문』은 독립=문명화=서구화라는 등식을 조금도 의심하지 않는다. 문명인처럼 되지 못해 '외국사람에게 부끄러울 뿐이라는' 자괴감이 곳곳에 그것도 아주 깊게 배어 있다. '하얀 가면'을 향한 열망(프란츠 파농)!

르낭이 말했듯 '자아'는 항상 또 다른 '자아'와 대비되어 창조된다.10) 문명국/문명인을 상상하는 과정에서 『독립신문』은 두 개의 또 다른 '자아'=타자를 설정한다. 문명국/개화국과 야만국이 그것이다.

3. 동일시의 욕망, 배제의 논리

조선이 러시아나 일본과 같은 강한 나라들 틈에서 나라를 보존하고 독립을 유지할 수 있는 방법은 무엇인가. 『독립신문』은 "아무쪼록 외국들과 교제를 잘 하여 그 나라들이 조선을 두려워서 못 빼앗을 것이 아니라 사랑하여서 아니 빼앗게 할 방책을 하는 것이 조선 정치상에 제일 긴요한 조목"(1896.8.22)이라고 못박는다. 이러한 판단은 "지금은 조선이

수요, 쌀은 보액(補液)이 적은 물건이라 하니 밀가루 먹는 서양 사람의 건장한 것과 쌀 먹는 동양 사람의 잔약한 것만 보아도 두 가지 우열을 가히 알겠도다"(1898년 8월 25일자 「논설」).
10) 에르네스트 르낭, 신행선 역, 『민족이란 무엇인가』, 책세상, 2002, 22면.

아직 열리지 못하여 사람의 소견들이 좁고 다만 알고 바라는 것이 이왕 규모와 이왕 풍속만 가지고 무슨 일을 할 경영"이라는 현실 인식에서 비롯한다. 여기서 말하는 외국이란 물론 서양의 문명한 국가들을 일컫는다. 그들에게 부끄럽지 않도록, 그들의 사랑을 받을 수 있도록 하는 방법을 찾는 게 급선무이다.

여기에서 강렬한 동일화의 욕망이 작동한다. "전국 인민이 동심합력하여 서로 돕고 서로 사랑하여 아무쪼록 조선이 자주 독립이 되고 인민이 타국 인민과 같이 세상에 대접을 받고 학문과 재능이 늘며 생애하는 법이 진보하여 의복 음식과 모든 범절이 태서 각국과 같이 되"(1896.9.3)기를 바라는 욕망! '남의 나라 사람과 같이 되려는', 처절하기까지 한 열망이 『독립신문』의 지면 곳곳에서 출몰한다. "본국이나 외국에 있는 조선 학도들은 이왕 조선의 찌든 학문은 다 내어버리고 마음을 정직하고 굳세게 먹어 태서 각국 사람들과 같이 되기를 힘쓰되 다만 외양만 같을 뿐이 아니라 학문과 지식과 행신하는 법이 그 사람네들과 같이 되면 조선은 자연히 아세아 속 영길리나 불란서나 독일이 될 터이니 이렇게 되기를 좋아하는 사람들이야 어찌 우리 말을 듣지 아니하리오."(1896.10.8)이처럼 부강한 나라가 되어 세계로부터 받지 못하던 대접을 받는 것이 지상 목표로 설정된다. 이 목표를 실현하기 위해서는 겉과 속을 모조리 바꾸어야 한다. 한 치의 회의도 없다.

이 열망을 추동하는 데 있어 미국이 가장 이상적인 모델이다. 미국은 그야말로 지상낙원이며 평화의 수호자이다. "미국은 본래 나라도 작지가 않거니와 토지가 온화하고 토지가 비옥하여 육축과 백곡이 다 잘 되며 각종 천조물이 많은 고로 입국한 지 백여 년에 다른 나라와 같이 전쟁을 일삼지 않고 (…중략…) 편안히 한 대륙의 빈 땅에 거하여 법률을 세워 다스려 한 가지 안락태평함에 가위 극락세계가 되었는지라. 이러므로 (…중략…) 태평양에 있는 모든 섬나라들이 미국 속국 되기를 자원하여 원하되 미국 정부에서 허락하지 않고 도리어 자주(自主)하라고 권하며 혹 약한 나라가 강한 나라에게 무례히 압제를 받든지 자유 권능을 빼앗는 나라가 있으면 자비(自備)하라고 그 약한 나라를 기어이 도와주니 이는 미국 사람들의 큰 도략이요."(1899.2.27)[11] 뿐만 아니라 미국은 '해방자'이기도 하다. 미국인들이 "세계에 일등 가는 인민의 대접을 받고 살며 지금 쿠바와 여송(필리핀) 같이 압제 당하는 나라들을 불쌍히 여겨 그 압제하는 스페인과 싸움하여 그 나라들을 자주 독립을 만들어 주고 그 압제 당하던 인민들을 자유권과 공평한 법률을 얻게" 하려 한다는 진술에서 선명하게 볼 수 있듯이, 『독립신문』은 당시 미국과 스페인의 전쟁이 식민지 패권을 둘러싼 것이었음을 외면하고 미국을 쿠바 및 필리핀 인민의 해방자로 이해하고 있다.

한편 "일찍이 서양에 출입하여 삼십 년 동안에 몇 천 년 내려오던 완고한 풍속을 다 버리고 제도를 일신케 하여 오늘날 동양에 제일가는 나라가 된"(1899.3.2) 일본은 조선을 청국으로부터 해방시킨 존재로 부각된다. "일본은 해마다 해륙군에 심력을 다하며 대한이 개명치 못하여 청국의 속국이 되면 필경 다른 강한 나라에게 삼킴을 입어 동양형세가 위태할 듯한 고로 갑오년에 청국을 치고 대한을 독립시켰으며, 오늘날까지 정신을 가다듬어 서양 각국을 방어하며 동양을 보전하려 하니 이는 일본 정부의 큰 도략이라."(1899.2.27) 이와 같은 일본 정부의 '큰 도략'을 알지 못하는 조선인들에 대한 『독립신문』의 시선은 우월한 자가 그렇지

---

11) 하와이를 '물심양면으로 돌보와주는' 평화의 수호자 미국의 다음과 같은 노력을 보라. "하와이는 본래 야만국인데 구라파 사람들과 미국 사람들이 칠십여 년 전에 그 섬으로 들어가 차차 토민들도 교육시키고 개화를 시켜 독립국을 만들어 세계에 개화한 나라로 행세를 시키더니 (…중략…) 그 나라 백성들이 의론하고 미국 정부에 청하여 하와이를 미국에 속하고 하와이 백성들은 미국 백성 같이 다스려 달라고 여러 번 청하였으되 미국 정부에서 삼사 년 동안을 허락 아니 하고 독립국으로 지내라고 하더니 근일에 그 나라 정부에서 미국으로 별로히 사신을 보내어 간절히 청하고 미국 보호를 받아지이라 하는 고로 (…중략…) 실상인즉 전국에 있는 재산이 백분지 칠십오분은 미국 사람의 것이라. 그런 고로 미국 정부에서 그 나라를 아무쪼록 보호하고 타국이 침범치 못하게 하는 것이라."(1897년 7월 15일자 「외국통신」)

못한 자를 내려다보는, 안타깝고도 안쓰러운 표정과 어울린다.

일본에 대한 『독립신문』의 배려는 각별하다. 예컨대 비도와 의병의 존재 이유를 신랄하게 비판하면서 일본의 경우를 빗대 이렇게 말한다. "일본이 세계에 칭찬 듣는 일이 청국과 싸울 때에 자원하여 전장에 나가 나라를 위하여 죽겠노라는 사람이 매일 몇 천 명씩이요 전국 대소 인민이 자기 형세대로 자원하여 정부에 돈을 얼마씩 받치면서 하는 말이 나는 전장에 갈 수가 없거니와 내가 이 나라 백성이 되어 이 때를 당하여 아무 것도 아니하고 가만히 있는 것은 도리가 아닌 고로 다만 얼마라도 돈을 내어 형세대로 받치오니 우리 정부를 위하여 나가 싸우는 동포 형제들에게 이것을 보내 달라 하고 심지어 인력거 끌고 다니는 사람까지라도 하루 삼십 전을 벌면 십오 전은 군부에 갖다가 받치면서 전장에 가 있는 군사들에게 보내 달라고 하는지라. 이런 것을 보면 조선 사람들도 감동하여 이 때를 당하여 나라를 위하여 사업할 사람들이 더러 있을 듯하더라."(1896.8.6) 당시 일본에서 실제로 이런 일이 있었는지는 중요하지 않다. 후발 근대국가로서의 '과제'를 성공적으로 완수한 일본에 조선의 미래를 '상상적으로 투사'한 것이라 할 수 있다. '모범생'을 향한 선망의 시선이라고나 해야 할 것이다.

그리하여 "조선도 오늘날부터 시작하여 인민의 교육을 힘쓰고 인민의 재산과 목숨이 남의 나라 인민과 같이 튼튼히 되어 무리하게 재물을 빼앗는다든지 공평한 재판이 없이 사람을 다스린다든지 사혐(私嫌)과 사정 (私情)을 가지고 정부 관원들이 일을 하는 지경이면 그때는 조선이 백 나라가 보아준다 하여도 망할밖에 수가 없거니와 이것을 깨닫고 유신한 정치를 사람마다 본받아 행하면 삼십 년 후에 조선이 오늘날 일본보다 낫게 되지 말란 데가 없"다는 믿음으로 나아간다(1986.12.3). 다시 말해 문명국으로 가기 위해 먼저 도달해야 할 목표로 일본이 설정되었던 것이다. 조선의 총체적 타락상을 보았을 때 문명국으로 곧바로 진입한다는 것은 너무나 요원한, 아니 불가능한 과제였을 터이기에.

일본에 대한 기대와 바람은 인종주의와 이어지는, 이토 히로부미가 역설해 마지않았던 이른바 '동양평화론'의 연장선상에 놓여 있다. "그러하기에 아시아에 있는 각국들도 서로 한 대륙에서 사는 직무와 정의들을 생각하여 서로 도와주고 서도 북돋우어야 할 터이요, 또 그뿐만 아니라 별도히 대한과 일본과 청국은 다만 같이 한 아시아 속에서 살 뿐만 아니라 종자가 같은 종자인 고로 신체 모발이 서로 같고 글을 서로 통용하며 풍속에도 같은 것이 많이 있는지라. 이 세 나라가 특별히 교제를 친밀히 하여 서로 보호하고 서로 도와주며 아무쪼록 구라파 학문과 교육을 본받아 어서 속이 동양삼국이 능히 구라파의 침범함을 막아야 동양이 구라파의 속지가 아니 될 터인데, 청국이 이 형편을 모르고 그저 구습에 젖어 잠만 자며 좌우로 토지 인민을 대놓고 빼앗겨 형세 위급한 품이 대한보다 더 위태하니 어찌 동양을 대하여 한심한 일이 아니리오."(1898.4.7) 구라파로부터 동양삼국의 평화를 지키기 위한 인종적 결연(結緣)! 어떤 루트를 통해 수입된 것이든[12] 이것이 『독립신문』의 현실 인식이었다. 교훈은 『독립신문』의 몫이 아니라 우리의 몫이다.

미국과 일본으로 대표되는 문명국과 개화국이 『독립신문』이 설정한 조선·조선인의 모델이자 긍정적 타자로 설정되었다면, 청나라를 비롯한 반개화국 및 야만국은 배제의 대상이자 부정적 타자로 설정된다. 특히 청국은 조선의 '반면교사'로서 그 역할을 톡톡히 한다. 한 마디로 청국은 문명

---

12) 이러한 논의는 독립협회 회원들의 토론석상에서 일본인 명예회원 다카시타 마쓰노스케(高下松之助)가 행한 연설과 일맥상통한다. "지금 동서양 세계 형편을 보건대 서양 호랑이들이 서양서는 다 먹고 더 먹을 것이 없는 고로 우리 동양으로 와서 큰 고기 덩어리를 보고 욕심을 내어 삼켜 먹으려고 입에 침을 질질 흘리는 모양이니 동양 형세가 어찌 위급하지 아니 하리오. 대한 일본 청국은 동양에 가장 중요한 나라로 인종이 또한 같은 동포 형제라. 청국이 망할 지경이면 대한과 일본이 합력하여 구원하겠고 일본이 망할 지경이면 대한과 청국이 합력하여 구원하겠고 대한이 망할 터이면 일본과 청국이 구원하겠으니, 비유컨대 한 동리에 불이 나거나 도적이 들면 그 이웃에 사는 두 사람의 집에서 어찌 무심히 문만 닫고 있어 그 한 사람의 집에서 화재와 적환(賊患)을 혼자 당하게 하리오. 그러한즉 불가불 한 일 청 삼국 인민이 이제는 잠들을 깨고 동심합력하여 서양 호랑이의 환될 것을 방비하여야 옳겠소"(1898년 6월 7일자 「잡보」)

개화와 독립을 가로막는 '부정적 화신'으로 표상된다. "대저 청국 사람의 버르장이는 세계상에 제일 못된 종류들이라. 아편연이라 하는 것은 사람이 먹고 죽는 약인즉 청인은 저희들이나 먹고 죽을 것이지 어찌하여 이웃 나라 사람들까지 유인하여 아편연을 먹여 저희들과 함께 죽자 하는지. 조선 사람들은 어찌 지각이 그다지들 없어서 못된 청인의 유인에 빠져 죽기를 작정하는지 알 수 없더라."(1897.7.1) 이처럼 청국·청국인에 대해서는 아예 저주를 퍼붓는다. 배제하고 피해야 할 청국인의 '아편연을 먹는 비루한 기상'을 배우는 조선인은 참으로 한심하지 않을 수 없다. 물론 일본은 이러한 청국인과 선명한 대조를 이루면서 조선·조선인의 모범이 되기에 손색이 없다. 이를테면 "연전에 상해에 있어 본즉 일본 사람이 수천 명이로되 아편연 먹는 사람은 하나도 못 보겠고 대한 사람들은 상해에만 들어오면 아편연을 먹어서 돈을 없애고 빌어먹어 다니는 사람이 십상팔구라. 이 한 일만 보아도 일본 사람의 총명하고 자기와 자기 나라의 명예를 아끼는 것과 대한 사람의 무식하고 어리석어 일신 명예도 모르고 선악도 분간 못 하고 국체도 돌아보지 않는 것은 가히 알"(1898.7.30) 수 있다는 '대조법'의 수사학이 『독립신문』의 지면을 관통하고 있다.

이러한 청인은 추방해야 마땅할 대상이다. 그래서 다음과 같이 말한다. "또 청인들이 개화한 나라에 가서라도 저의 야만의 풍속을 고치지 않은즉 그 나라 사람과 당초에 섞이지 못하여 대접받기는커녕 국중에 제일 천한 인생이 되니 어찌 교제가 되리오 근년에 청인들이 조선으로 오기를 시작하여 조선 사람 할 일과 할 장사를 빼앗아 하며 가뜩 더러운 길을 더 더럽게 하며 아편연을 조선 사람들 보는 데 먹으니 청인이 조선 오는 것은 조금치도 이로운 일이 없고 다만 해만 많이 있으니 조선서도 얼마 아니 되어 백성들이 청인 내어쫓자는 말이 있을는지도 모르겠더라"(1896.5.21)라고. 청나라와 청국인에 대한 이러한 '증오'가 어디에서 발원한 것인지를 파악하기란 쉽지 않다. 소중화사상의 변용일 수도 있고, 일본이 유포한 '지나 담론'의 영향 때문일 수도 있으며, 강대국에 의해 누더기가 된 청국의 모습이 조선의 모습과 겹쳐 보였기 때문일 수도 있다. 다만 '아편전쟁'과 '일청전쟁'에서 잇달아 패배한 후, 청나라가 '약자'로 돌아섰기 때문이라는 것만은 분명하다. 요컨대 『독립신문』에 따르면 '버르장머리 없고' '못된' 청인들은 조선인의 반면교사라 할 수 있다. 다음과 같은 질문과 대답을 보면 명확히 알 수 있다. "일본은 어찌하여 동양의 일등국이 되고 청국은 어찌하여 세계의 잔약한 나라가 되었는가. 일본은 자기의 단점을 부끄러워하여 고치고 청국은 교만하여 자기의 허물을 고치지 못했기 때문"(1899.1.28)이다. 스러져가는 '제국'을 향한 가차없는 경멸과 떠오르는 '제국'을 향한 가없는 선망, 그 사이에서 조선·조선인이 나아가야 할 방향이 정해진다.[13]

문명 시선을 통해 볼 때, 이들 야만인들을 식민지화하는 것은 당연하며 '떳떳한' 일이기도 하다. "아프리카는 유명히 부한 지방이라 보배로운 수림과 찬란한 금강석과 그 외 다른 보석과 상아와 금은이 부지기수로 들어 쌓이었건만 아프리카 토종들이 이 좋은 지방을 몇 천 년을 가지고 있으면서 보배를 보배로 쓸 줄 모르고 금덩이를 손에다 쥐고 굶어 죽은 자가 많았으니 차 소위 포진천물(暴殄天物 : 물건을 함부로 쓰고도 아까운 줄을 모름)이라. 마침내 하늘이 그 토종의 완악함을 미워하사 구주 각국 사람들이 근년에 아프리카주를 나누어 가지고 몇 만 년 억울히 묻혀 있던 보배를 파내어 세계에 유용한 물건을 만드니 천도가 무심치 아니함이라." 야만의 풍속을 끝내 고치지 못했던 인디언의 땅 북아메리카는 "마침내 영국 인종의 땅이 된 후 세계에 제일 부강한 나라가 되니 인디

---

13) 토이기(터키)도 추악하기는 청국과 다를 바가 없으며(1897.9.30), 이들뿐만 아니라 기타 '말할 것도 없는' 야만족에 대한 『독립신문』의 태도는 단호하기 이를 데 없다. "일본 토민 아이누 종자는 지금 일본 북편에 몰려 있는데 (…중략…) 일본 정부에서 대개 이 토민들을 구호하여 주고 교육을 시키려고 하니 개화 학문은 죽어라고 아니 배우는 고로 점점 줄어 미구에 아이누 종자가 없어지겠다더라"(1898.1.20). 제국주의 일본의 식민정책 의도는 철저하게 외면한다. 또는 간파하지 못한다. 아니면 문명의 전도사 역할을 자임한 『독립신문』의 편견이 눈앞을 가렸는지도 모른다.

언 포진천물하던 죄악을 하늘이 벌주신 일을 깨닫지 못하는 사람들"이
었으며, 같은 인종끼리 서로 싸워서 빈약해진 인도 역시 영국의 속국이
되었으니 하등 이상할 게 없는, 떳떳한 일이다(1898.8.31). 물론 조선도 아
프리카의 여러 종족과 북아메리카 인디언 그리고 인도와 같은 운명에
처할 수 있을 것이라는 경고를 잊지 않는다.

4. 두 개의 거울 사이에 비친 조선인의 초상

그렇다면 『독립신문』이 그리는 조선 · 조선인의 모습은 어떠한가.

> 조선 백성들은 교육이 없어 그러한지 인정이 없어 그러한지 외국은 그만 두
> 고 본국 안에서 동포 형제들이 죽을 지경에 이르러도 누가 하나 나서 도와 주
> 는 사람 없고 도와주기는커녕 서로 잡아 먹으려들만 하니 만일 국중 사람이 서
> 로 이렇게 속이고 해하려고 할 때에 하물며 외란이 있어 나라에 위태한 일이
> 있으면 이렇게 각심(各心)된 백성들이 무슨 힘을 가지고 뢰국 합심한 백성의
> 힘을 항거하여 보리오 조선 백성은 불쌍하기가 세계에 제일 불쌍한 백성이나
> 불쌍히 여기는 사람은 별로 없는 모양이라. (1897.2.3).

뿐만 아니라 조선 사람들은 불쌍한 형제를 도와줄 생각은 아예 하지
도 못하며, 힘없는 형제들을 개나 돼지 같이 물건처럼 쿠리기 일쑤이고,
시집보낸다는 핑계로 딸까지 팔아먹는 습속에 젖어 있다(1897.10.16). 『독
립신문』은 조선인의 성격은 다음과 같이 일목요연하게 정리한다. ① 거
짓말 잘한다. ② 의심이 많으며 표리부동하다. ③ 오래도록 사험(私嫌)을
품는다. ④ 객기를 부려 사람을 잘 속인다(1899.1.18). 이와 관련하여 이 논
설의 필자는 일본공사 이노우에 가오루(井上馨)의 "조선 인민들이 작은

혐의 쓰는 것을 보면 천하게 노는 계집의 태도요, 남자의 기상은 없다"는 견해를 '적당함'의 논거로 내세운다.

조선인의 특징 가운데 빼놓을 수 없는 것이 게으름이다. 조선 인민은 나태(懶怠)라는 제일의 역적을 "모르는 체할 뿐만 아니라 추앙까지 하는" 족속이다(1898.7.1). 「물가 고등이 무방」(1898.8.20)이라는 제목의 논설이 제안하고 있듯, 뼛속까지 파고든 게으름을 추방하기 위한 방법은 하나밖에 없는데, "십년 흉년이 들어야 사람마다 정신이 나서 유의유식지민이 변하여 부지런하고 영악한 인종이 되겠다"는 게 그것이다.

이처럼 『독립신문』이 그리는 조선 인민 / 민족의 자아상은 대단히 부정적이다. 이는 일본제국이 창안하고 유포한 조선인론에 조금도 뒤지지 않는다. 예컨대, 조선인들은 "방탕하고 게으르며 손발을 움직이려 하지 않고 다만 유의유식할 생각만 창자에 가득하며, 자주할 마음은 도무지 없고 항상 남에게 의지하려고만 하는 까닭에 여러 가지 악습이 층생첩출하여 주야로 주모(籌謀) 설계하는 것이 협잡뿐"(1899.6.13)이라는 주장이나, "세력 있는 곳만 좇아 아첨하다가 그 세력이 없어지면 돌아서서 훼방하고 공격하여 그 아첨하는 비루한 모양과 반복하는 추한 기상이 사람으로 하여금 구역이 나게 하니 자빠진 놈을 무한 난타하고 기울어지는 자를 기어이 없애기는 대한 사람의 가장 비루하고 잔혹한 악습"(1899.1.28)이라는 주장과 후쿠자와 유키치가 주도한 『시사신보(時事新報)』에서 조선은 "죽을 병든 사람과 같아 언제 죽을지 모르는"(1896.12.26. 「외국통신」) 상황에 처해 있다고 보도한 내용을 포개놓는 것으로 충분하다. 여기에다 『독립신문』이 인용하고 있는 바와 같이(1897.1.9) 『시사신보』는 "조선 개혁이 잘못된 것은 일본 정부에서도 잘못한 일이 있거니와 대체는 조선인민이 협잡하기를 좋아하는 까닭"이며, "조선 사람들에게는 의기란 것이 없고 성낼 때에 성도 아니 내고 부끄러워할 때에 부끄러워도 아니하며", 조선 사람들은 "태서 각국 개화를 듣고 보아도 이상히 여기는 것도 없고 그렇게 해 보고 싶은 생각도 없"다고 얘기하고 있지 않은가.[14]

한 걸음 더 나아가 조선인은 외국에 나라의 권리를 빼앗기고 천대를 받아도 조금도 분개할 줄 모르는 '목석' 같이 둔감한 종족으로 그려진다. "그저 코만 골면서 아무쪼록 내 권리와 내 물건을 남에게 주지 못하여 애를 쓰는"(1897.12.4) 조선인종을 보고 끝내 울분을 참지 못한 『독립신문』은 이렇게 비아냥거린다.

> 대한 인민들은 남이 나를 대하여 욕을 하여도 욕으로만 알지 아니 하였으면 편한 일이요, 남이 나를 흉보아도 부끄러움만 없었으면 편한 일이요, 전국 자주 독립권을 남이 빼앗아도 해로운 줄을 모를 것 같으면 편한 일이라. 그러고 본즉 대한 백성은 세계에 제일 편한 것이 나라 일에 인연하야 남과 싸워 총이나 칼에 맞아 죽을 묘리도 없고 남과 겨뤄 보지 아니 한즉 밤낮 애쓰고 공부하여 세계에 나서서 일하고 학문 배우잘 것도 없는 일이요, 좋은 집과 금으로 수놓은 의복과 맛 잇는 음식과 경편하고 유조한 물건과 기계들을 불가불 배워 남과 같이 하여 보리란 생각은 없은즉 애쓰고 고생하여 가며 이런 것 배우지 아니 하니 편하고, 다만 걱정이라고는 매일 일용 사물에 소소한 걱정뿐인즉 실상 외국 소위 개명하였다는 나라 인민에게 비교하면 대한 인민이 매우 편하고 복 있는 인민이더라. (1897.10.28)

무사안일에 빠져 있는 조선인들은 『독립신문』이 보기에 가히 '저주스러운' '잔풍패속(殘風敗俗)'에서 도무지 헤어날 줄 모른다. 즉 ① 굿 하는 일, ② 경 읽는 일, ③ 복구(復舊) 기다리는 일, ④ 구습 자랑하는 일, ⑤ 관행 혼금(閽禁 : 관청에서 잡인의 출입을 금지하는 것)하는 일, ⑥ 기생 성하는 일, ⑦ 무명 잡세 받는 일, ⑧ 신문 싫어하는 일, ⑨ 신학교 막는 일, 기타 온갖 제사와 절과 암자에 기도하는 일, 병신 걸인배가 판치는 상황 등등 '하느님'의 눈으로 볼 때 참으로 '지옥지경'과 다를 바가 없다.

환멸의 시선이 그물망처럼 조선인의 성격과 풍속을 네거티브 필름에

---

14) 이에 대해 『독립신문』은 나름대로 비판을 가하긴 하지만 그다지 설득력이 없어 보인다.

각인한다. 조선인은 '협잡꾼이자 병신'이며 천하고 야만적인 인종이자 민족으로 형상화되며, 급기야는 소 잡는 일을 두고서도 '서양 문명국의 잣대'로 재단한다. "조선 사람들이 소 죽이는 것은 소를 죽이는 것이 아니라 소를 상해 놓고 죽기를 기다리니 이것은 너무 참혹한 형벌이라. 외국서는 소를 잡을 때 소 머리를 쇠방망이로 한 번만 때리면 그 소가 즉사하여 다시 아픔도 모르고 죽기도 시계 반 분 동안에 죽으니 아파하기가 덜한지라."(1897.1.16) 소가 죽기 전에 일이십 분을 버둥거리게 만드는 조선인의 행위는 얼마나 고약하고 야만적이며 '악색'한가.

이렇듯 '야만적인 조선인'의 앞길은 참으로 암담하다. 아메리카 '토종' 인디언의 지경으로 떨어지기 십상이라고, 자못 비장하게 말한다. 그런 판국에 프랑스혁명을 모방하여 민권의 확장의 꿈꾸는 사람들을 『독립신문』은 「민권이 무엇인지」라는 제목의 논설을 통하여 엄중히 질책한다. "우리가 이 같이 무식하고 잔약하고 애국할 마음이 없어 법국(프랑스) 사람이 하던 사업을 경영이나 하리오 부디 그러한 생각들은 꿈에도 품지 말고 다만 신문과 교육으로 동포의 문견만 넓히며, 우리 분외(分外)의 권리는 바라지도 말고 대황제폐하께서 허락하신 양법미규(良法美規)나 잘 시행되도록 관민이 일심하면 자연 총명과 교육이 느는 대로 민권이 차차 확장이 되어 황실도 만세에 견고케 하며 국세도 부강하게 될 일임을 기약하노라."(1898.7.9) 이러한 주장은 하원을 개설해야 한다는 논의 자체를 전면적으로 부정해버리는 논리와 그대로 이어진다. '하의원이란 국민에게 정권을 주는 것'을 뜻하는데, '무식한 백성'에게 정권을 주면 국정을 그르치기 십상이라는 게 『독립신문』의 진단이다.

무식한 세계에는 군주국이 도리어 민주국보다 견고함은 고금 사기와 구미 각국의 정형을 보아도 알지라. (…중략…) 일본 사람은 서양 개화를 모본(模本)하기 전에도 우리보다 백배나 문명한 사람들이요, 서양 정치와 풍속을 배우기 시작한 후에 주야로 힘써서 삼십 년 동안에 세계가 놀라게 진보하였으되 메이지

원년에 상하 의원을 배설하지 않고 겨우 메이지 23년에서야 국회를 시작하고 (…중략…) 우리는 외국 사람과 통상 교제한 후에 몇 해 동안에 배운 것이 지권연(紙卷煙) 먹는 것 한 가지밖에는 없으니 무슨 염치로 하의원을 어느새 꿈이나 꾸리오 이런 망발은 하지들 말고 다만 독립협회에서 조병식씨 하듯이 우리 분내(分內)에 있는 권리나 지켜서 (…중략…) 사오십 년 진보한 후에나 하의원을 생각하는 것이 옳겠도다. (1898.7.27)

조선이 문명국을 모방하려는 것은, 이러한 조선인의 특성에 비춰볼 때, 자신의 처지를 고려하지 않고 소 흉내를 내다 배가 터진 개구리의 어리석은 짓고 다를 게 없다. 즉 "대한 백성이 여러 천 년 무식 세계에 놀아서 자유가 무엇인지 모를뿐더러 알려고도 하지 아니하고 가르치려 하면 도리어 미워하며, 시비선악도 분간치 못하며 바람 부는 대로 물결 치는 대로 권력 있는 데로만 쫓아다니니 이런 인정과 풍속은 돌아보지 않고 영국과 프랑스의 영특하고 자유를 좋아하며 권리를 아끼는 백성을 본받으라 하면 힘을 헤아리지 못하고 일만 그르치는 것이다."(1899.1.13) 이러한 자기 비하의 논리는 민중들의 긍정적인 힘을 발견할 수 있는 가능성을 원천봉쇄해 버린다. 조선의 독립을 유지하기 위해서는 하루 빨리 문명국을 따라잡아야만 한다는 조급증이 이처럼 뒤틀린 조선・조선인상을 '조형'해 냈고, 그 모습은 제국주의 일본이 조직적으로 유포한 조선・조선인론과 맞물리면서 증폭된다.

5. 문명의 시선 또는 식민지적 무의식의 내면화

지금까지 보아온 것처럼 『독립신문』은 철저하게 문명인 / 외국인의 시선으로 조선인의 모습을 포착한다.[15] 이때 '외국인'은 냉혹한 심판자의 포즈를 취한다. 끝없이 이어지는 심판자의 질타 앞에서 '조선 인민'은 한없이 작아지며 자기 발견 능력과 성찰 능력을 상실해버린다. 결국은 외국인들의 폭력에 대해서도 자괴감으로 일관한다. 1898년 5월, 러시아 사관과 일본인 그리고 영국인이 조선인을 찔러 죽이고 난타하는 사건이 일어난다. 이에 대해 『독립신문』은 "외국인이 대한을 학대하는 것은 외국인의 죄가 아니라 대한 정부의 죄요 대한 백성들의 무신무의(無信無義)한 죄"라며 서로를 돕고 보호할 방책을 강구하라고 촉구한다(1898.5.19). 문명이 타자의 시선에 포획된 일그러진 자화상이라 아니 할 수 없으며, 이는 식민지적 무의식을 형성하는 단초가 된다.

이와 관련하여, 니토베 이나조, 야나이하라 타다오 등과 더불어 일본의 식민정책학을 이끈 후쿠다 도쿠조는 식민지주의적인 오리엔탈리즘을 다음과 같이 솔직하게 표명하고 있다. "더럽고 탁하며 불결하기가 이루 말할 수 없는 흙덩이 속에 유유자적하게 살며 길이가 키의 절반이나 되는 담뱃대를 빨아대면서 하는 일도 생각도 없이 소일하는 한국인을 낙천가의 훌륭한 표본이라고 할 수 있을까? 무차별한 평등은 결국 나쁜 평등인 까닭을 알 수 있을 것이다." 그의 주장에 따르면 '오늘날의 문명인(구미인 / 일본인)'이 '무한한 욕망'을 지니고 있으면서도 "극기와 제약의 시련을 거쳐서 비로소 인류의 진정한 향상 발전에 기여하는" 존재라면, 한국인은 '만족하지 않는다기보다 오히려 만족하는 돼지'와 같은 존재이다. 한국인에게는 활발한 행동을 불러일으키는 '욕망의 강도'가 거의 완벽할 만큼 결여되어 있다. 이러한 상황에서 문명국 일본의 사명은 분명

---

15) 『독립신문』이 외국인 / 문명인의 시선을 지속적으로 유지한 것은 이 신문의 주요 필진들이 기독교와 강한 친연성을 지니고 있었기 때문이다. 서재필과 윤치호는 '문명국 미국'을 체험한 기독교 신자였으며, 아펜젤러와 엠벌리는 선교사였고, 동시에 그들 모두는 문명이라는 복음을 전파하는 전도사이기도 했던 것이다. 그들에게 문명과 기독교는 정확히 등가였다. 1897년 8월 23일 윤치호가 '대군주폐하 탄신일'에 행한 연설에서 미몽에서 깨어나지 못하고 있는 조선 백성들을 가르치는 데 가장 큰 기여를 한 사람들이 선교사라고 주장한 것도 이와 관련이 있다. 조선 사람들은 선교사들에게 당연히 감사해야 함에도 그들을 '욕하고 박대한다는 게' 윤치호의 불만이었다(1897.8.26).

해진다. "한국과 한국인에 대해서는 그 부패와 쇠망의 극을 달리고 있는 '민족적 특성'을 밑바닥부터 소멸시킴으로써 스스로에게 그들을 동화시켜야 할 자연적 운명과 의무를 지닌 '유력하고 우세한 문화'라는 무거운 사명을 맡아야 할 자가 아닌가."16)

『독립신문』은 두 개의 타자를 설정하고 조선·조선인의 모습을 그려내고자 했다. 문명에 대한 선망과 야만에 대한 멸시, 그 사이에서 조선·조선인의 일그러진 형상이 드러난다. 문명국을 따라잡기 위해서는 몇십 년을 기다려야 하고, 자칫하면 야만 상태로 떨어질 수밖에 없는 절체절명의 상황에서 조선·조선인은 자신의 선택과 무관한 역사의 소용돌이 속에 모든 것을 맡겨야만 했다. 그리고 지금—여기에서도 두 개의 타자를 향한 선망과 멸시는 계기만 주어지면 언제든 그 얼굴을 내밀곤 한다. 그런 의미에서 『독립신문』이 그린 조선·조선인상은 지금—우리를 이해하는 시금석이라 할 수 있다.

---

16) 福田德三, 「韓國の經濟組織と經濟單位」; 강상중, 이경덕·임성모 역, 『오리엔탈리즘을 넘어서』, 이산, 1997, 97~98면.

이광수의 「농촌계발」과 '문명조선'의 구상

1. 들어가며

이광수는 1916년 9월 27일부터 11월 9일까지 『매일신보』에 연재한 「동경잡신(東京雜信)」 중 「후쿠자와 유키치(福澤諭吉)의 묘(墓)를 배(拜)함」이라는 글에서 후쿠자와 유키치를 다음과 같이 기리고 있다.

> 於是에 그는 교육이 新國의 기초사업임을 자각하고, 一邊 慶應義塾을 확장하여 정치, 경제, 법률, 문학 등을 敎하며, 一邊 사회에 신지식을 보급키 위하여 『時事新報』라는 大新聞을 창시하고 연설을 盛히 하며 몸소 구습을 革去하고 신문명인의 표본이 되다. 진실로 그는 당시에 在하여 용하게 신문명의 각방면을 정확하게 이해하였다. 정치, 경제, 교육, 신도덕 등을 이해함을 물론이어니와, 문학, 예술, 빈부문제, 남녀문제, 혼인문제 등 凡人은 최근에야 비로소 이해하는 제문제까지 그는 분명하게 이해하였다. 말하자면 그는 사, 오십년 전에 立하여 旣히 금일에 발전하고 보급하여 가는 제반 문제를 예견하였다. 환언하면, 그는

금일 及 금일 이후의 일본의 萬般 사상문제, 제도를 포함한 맹아이었으며, 사실상 금일 일본문화의 대부분의 근원은 위대한 그의 胸中에서 發한 것이다.[1]

　1905년에서 1910년에 걸친 1차 유학 당시 '미숙한 소년'에서 벗어나지 못했던 이광수는 2차 유학을 통과하면서 비로소 식민지 조선인으로서 자의식 또는 주체의식을 갖고 일본을 바라볼 수 있었다.[2] 자의식이나 주체의식의 강렬도를 문제삼을 수는 있겠지만 스무 살을 훌쩍 넘긴 나이의 그의 눈에 비친 동경은 10대 중학시절의 그것과 분명히 달랐을 것이다. 그런 그에게, 그러니까 '신문명의 전파자'가 되기를 갈망했던 식민지 유학생 이광수에게, 사상적으로 근대 일본의 기초를 다진 후쿠자와 유키치는 그의 말대로 '구습을 혁거한 신문명인의 표본'으로 다가왔다. '메이지유신이라는 대변혁'을 이룬 일본을 견인했던 사상가 후쿠자와 유키치를 모델로 하여 이광수는 '국민 일반에 신문명 지식을 보급'하고 '총명한 청년에게 신문명의 사상과 지식을 이해'하게 하겠다는 계몽주의자의 이상을 구체화하기에 이른다. 즉, 후쿠자와 유키치와 마찬가지로 경제, 교육, 신도덕뿐만 아니라 문학, 예술, 빈부 문제, 남녀 문제, 혼인 문제에 이르기까지 조선이 안고 있는 문제를 해결함으로써 조선에 신문명의 빛을 전하겠다는 욕망을 다양한 글쓰기를 통해 드러내기에 이르는 것이다.

　후쿠자와 유키치의 묘를 참배하면서 이광수는 그의 선구자적 자세와 예언자적 풍모 앞에 '흠경(欽敬)의 정(情)'을 감추지 못한다. 일본 국민의 '대은인'이었던 후쿠자와 유키치, 이광수는 그의 삶의 행적에 자신의 욕망과 열정을 투사한다. 표면적으로 드러나진 않지만 이광수는 그의 묘지 앞에서 후쿠자와 유키치의 일본이 그랬던 것처럼 식민지 조선이 '세계의 웅방(雄邦)'이 되고 자신이 가르치는 제자들이 '조국의 유력한 사역(使役)'

---

1) 「東京雑信」, 『매일신보』, 1916.9.27~11.9; 『이광수전집』 제17권, 삼중당, 1962, 503면. 이하 이광수의 글은 모두 이 전집을 따른다.
2) 김윤식, 『이광수와 그의 시대』 1, 한길사, 1986, 147~149면 참조.

이 되기를 바라면서 헌신적 열정을 쏟아 부으리라 다짐했을 터이다. 그런데 나라는 독립을 상실해버리고 국민도 일본 국민으로 편입된 상황에서 조선에서의 문명론은 전혀 다른 방향으로 전개될 수밖에 없다. 1910년 병합 이후 애국과 독립을 향한 열정으로 가득 찼던 근대계몽기 지식인들의 목소리가 수면 아래로 잠기면서 이광수의 문명론이 새롭게 부상한다. 그의 문명론은 후쿠자와 유키치의 영향 아래 있었던 유길준의 문명론이나 『독립신문』의 그것과 궤를 함께 하면서도 적잖은 차이를 보인다.3) 이제 "시시각각으로 각고면려(刻苦勉勵)하여 문명인의 최전선에 저달(抵達)하"4)기를 갈망해 마지않았던 이광수가 자신의 문명론을 응집해 그 실천 가능성을 모색한 「농촌계발」을 비롯하여, 제2차 동경유학(1914~1918) 당시에 쓴 그의 논설들이 보여주는 문명론과 '문명조선'의 구상을 구체적으로 살펴보기로 한다. 이 과정에서 우리는 제국 일본과 식민지 조선의 거리를 확인할 수 있을 것이다.

2. '문명'과 '문화' 사이

'문명(civilisation)'이라는 개념은 기술의 수준, 예절의 종류, 학문적 인식의 발전, 종교적 이념 그리고 관습 등 다양한 사실들과 관련되어 있다. 서양에서 '문명'은 자아의식 또는 민족의식을 표현하는 경우가 많으며, '문명'은 남보다 우리가 앞서가고 있다는 이른바 진화론적 사유와 긴밀

---

3) 후쿠자와 유키치의 문명론과 유길준의 문명론의 상관관계, 이광수의 정신적 문명론의 전개 및 그 특징에 관해서는 김현주, 「이광수의 문화 이념 연구」, 연세대 박사논문, 2002 참조.
4) 「동경잡신」, 『전집』 제17권, 505면.

한 관계를 맺고 있다. 그러나 '문명'의 의미가 서구의 모든 나라에서 항상 동일한 것은 아니다. 이와 관련하여 노르베르트 일리아스는 다음과 같이 말하고 있다.

특히 영국과 프랑스에서 사용되는 이 개념의 의미와 독일에서 사용되는 의미의 차이는 현격하다. 영국과 프랑스에서 이 개념은 자국의 중요성에 대한 자부심, 서구와 인류 전체의 진보에 대한 자부심을 담고 있다. 그 반면에 독일어권에서 '문명'은 아주 유용한 것이긴 하지만 단지 이류급에 속하는 것, 다시 말하면 단지 인간의 외면과 인간존재의 피상적인 면만을 의미한다. 득일인들이 자기 자신을 해석하며, 자신의 업적과 자신의 존재에 대한 자부심을 표현하는 일차적인 단어는 '문화'이다.5)

주로 영국과 프랑스에서 사용되었던 '문명'의 개념은 여러 민족들 사이의 차이점을 가능한 한 퇴색시키고 모든 인간들에게 공통적인 것 또는 문명인들이 공통적이라고 느끼는 것을 강조하는 반면, 독일의 '문화 (culture)' 개념은 민족적인 차이와 집단들의 특성을 두드러지게 내세운다. 엘리아스의 말을 빌면 "항구적인 팽창 경향을 표현하고 있는 문명 개념의 기능과는 반대로 문화 개념은 정치적인 의미에서나 정신적인 의미에서의 국경을 항상 새로 찾고 지켜야 할 뿐만 아니라 '우리의 특성은 무엇인가'라는 질문을 수도 없이 던져야만 하는 한 민족의 자아의식을 반영한다."6) 다시 말해 '문명'은 하나의 과정 또는 끊임없이 앞으로 나아가는 진보의 관점을 취하는 데 비해, 문화는 특정 민족을 다른 민족과 경계짓는 특성을 표현하는 예술작품이나 종교적·철학적 체계들과 관련된다.

이리하여 '문명'이라는 개념은 인류의 진보와 보편성을 강조하는 방

---

5) 노르베르트 엘리아스, 박미애 역,『문명화과정』1, 한길사, 1996(Norbert Elias, *Über den Prozess der Zivilisation : Soziogenetische und psychogenetische Untersuchungen*, Frankfurt am Mian : Suhrkamp, 1976, 106면.
6) 노르베르트 엘리아스, 위의 책, 108면.

향으로 나아가며, '문화'라는 개념은 인간생활의 다양성과 개별성에 역점을 두고 물질적 진보에 대해 정신의 우월성을 강조한다. 이 경우 미래보다는 과거가 중시되는 경향이 강하다.[7] 니시카와 나가오에 따르면 '문명'이나 '문화'라는 말은 모두 18세기 말부터 19세기에 걸쳐 프랑스에서 유럽 여러 나라로 전파되는데 여기에는 일정한 규칙성이 보인다. '문명'은 영국과 미국 등 당시 상대적으로 문명국이었던 나라들로 전파되며, '문화'는 독일을 중심으로 폴란드와 러시아 등 당시 후진국으로 전파된다. 사회진화론 또는 진보론의 관점을 견지하는 '문명'은 문명개화─반개화─미개화라는 위계질서를 설정하고, 문명의 사명을 관철하기 위한 식민지 지배를 정당화하는 논리로 전환된다. 과거와 전통을 강조하는 '문화' 또한, 나치즘과 일본제국의 국수화에서 보듯, 그 극단에서는 어렵지 않게 '문명'과 결합한다.

일본을 포함한 후발 근대국가에서 국민국가의 형성은 문명화와 깊은 관련성을 지니고 있었으며, 그 단적인 예를 우리는 후쿠자와 유키치에게서 볼 수 있다. 그에게 문명화의 궁극적인 목표는 서구적인 근대국민국가를 형성하는 것이었다. 하지만 서구적 국민국가를 형성하는 데 멈추지 않고 제국주의의 길로 나아가는데, 이는 진화론에 포섭되어 있던 문명화론=서구화론의 논리적 귀결이라 할 수 있을 것이다. 그리고 국민을 형성하는 데 유용한 수단이 되었던 문명론은, 민족을 발견하는 과정에서 그 힘을 발휘하는 문화론과 경쟁하거나 결합하면서 근대국민국가를 새로운 국면(대개의 경우 부정적인 방향으로)으로 이끌어간다.[8]

---

7) 니시카와 나가오, 윤대석 역, 『국민이라는 괴물』, 소명출판, 2002(西川長夫, 『國民國家論の射程─あるいは「國民」という怪物について』, 東京 : 岩波書店, 1998), 103면.
8) 이와 관련하여 일본어 '분메이(文明)'과 '분카(文化)'의 용법을 참조할 수 있다. '文明'과 '문화'가 모두 중국 고전에 출처를 두고 있다는 것을 잘 알려진 바와 같다. 그런데 'civilisation 또는 enlightenment'의 번역어 '文明'과 'culture 또는 Kultur'의 번역어 '文化'는 일본어로 처음 번역되어 다시 중국어로 편입되었다. 이때 '분메이'와 '분카'는 각각 대응하는 서양어와 그 용법이 같지 않다. 이에 대해 鈴木修次는 다음과 같이 말한다. "일본어의 습관에서 '精神文化'에 대하여 '물질문명'이라는 말을 사용한다. 확실

문명화=서구화=국민국가 형성이라는 논리를 따를 때 국민국가 형성의 가능성을 완전히 박탈당한 상황에서 식민지 조선의 지식인 이광수가 선택할 수 있는 것은 '문명'이 아니라 이와 구별되는 개념인 '문화'였다는 논의, '문명'이 균열되면서 '문화'가 부상한다는 논의는 충분히 수긍할 수 있다.9) 그리고 이광수가 '정신적 문명'이라는 개념을 통해서 새로운 주체, 즉 정신적 주체로서 '개인'과 '민족'과 '동양'을 구성할 수 있었다는 주장 역시 설득력이 있다.10) 예컨대 이광수는 1917년 『학지광』 제14호에 발표한 「우리의 이상」에서 현대라는 시간적 제한을 받는 '문명'보다 '문화'를 택할 것이라면서 "서양인의 두뇌는 과거 5세기 간에 과로에 疲憊하여서 동서문화 융합의 대사명은 차라리 우리 동양인의 손에 있는지도 모른"다고 주장한다.11)

　　사실 「우리의 이상」, 「부활의 서광」, 「문학이란 하오」 등만을 볼 경우 1920년 이전 이광수의 초기 논설들이 '문화'로 향하고 있다는 것을 어렵잖게 알 수 있다. 이를테면 이광수는 「부활의 서광」에서 시마무라 호게츠(島村抱月)의 '조선에는 정신문명의 상징이라고 할 것이 전무하다'는 판단을 추인하면서, "이씨조선 500년 간 우리는 '우리 것'이라 할 만한 철학, 종교, 문학, 예술을 갖지 못하였다"12)고 단언한다. 즉 조선인에게는 중국의 모조품만 있었을 뿐, 정신적 생활이 없었다는 것이다. 그리고

히 '文明'은 물질과 결부되는 경향이 강하다는 것을 부정할 수 없다. 현대 '文明生活'에서는 정신도 物과 결부되며, 때로는 물질의 지배를 받기도 한다. (…중략…) 나는 '文明'이라는 말을 '精神文化'와 '物質文化'를 포함하는 것으로 사용하고자 한다."(鈴木修次, 『文明のことば』, 廣島: 文化評論出版株式會社, 1981, 57~58면) 이처럼 일본에서 '文明'과 '文化'는 그 경계를 명확하게 구별할 수 없을 정도로 뒤섞여 사용되는 경우가 많은 것처럼 보인다. 다만 '文明'이 물질적인 측면을, '文化'가 정신적인 측면을 강조한다는 점만은 분명한 듯하다.

9) 류준필, 「'문명'·'문화' 관념의 형성과 '국문학'의 발생」, 『민족문학사연구』 제18호, 2001, 27~28면 참조.
10) 김현주, 위의 글, 79면.
11) 「우리의 이상」, 『학지광』 제14호, 1917.2; 『전집』 제20권, 158면.
12) 「부활의 서광」, 『청춘』 제12호, 1918.3; 『전집』 제17권, 28면.

"소중화라는 부끄러운 명칭은 실로 중국인이 미련한 조선인에게 하사한 것이니 이 명칭을 받는 날이 즉 조선이 아주 조선을 버린 졸업일이라, 이때에 조선인은 죽었다"[13]는 말이 웅변하듯, 정신문명의 상실은 민족의 사망선고와 진배없다는 게 이광수의 진단이다. 조선왕조 500년에 대한 그의 집요한 비판을 염두에 둔다면 이러한 주장은 그리 낯설지 않다. 그러나 1920년대 이후 선명한 민족주의자로 돌아서기 전[14]에 씌어진 대부분의 글들을 보면, 정신적 문명=문화로 파악하지 않는 한, 여전히 그는 '문명'과 '문화' 사이에서 서성이고 있으며, 무게 중심은 오히려 '문명'쪽으로 기울고 있다고 보는 게 옳을 듯하다.

3. 개인의 '욕망'과 '행복'―이광수의 문명론

그렇다면 이광수는 문명을 어떻게 파악했을까. 그는 「자녀중심론」에서 '문명은 해방'이라고 정의한다. 즉, "종교에 대한 개인의 靈의 해방, 귀족에 대한 평민의 해방, 전제군주에 대한 국민의 해방, 노예의 해방, 무릇 어떤 개인 혹은 단체가 다른 개인 혹은 단체의 자유를 속박하던 것은 그 형식과 종류의 여하를 물론하고 다 해방하게 되는 것이 실로 근대문명의 특색이요 또 노력"[15]이라는 것이다. 이러한 종교적 · 정치적

---

13) 「부활의 서광」, 『청춘』 제12호, 1918.3; 『전집』 제17권, 32면.
14) 서영채의 연구에 따르면, 1920년대에 들어 이광수는 사상적으로 급격한 전환을 보여준다. 진화론자이자 서구적 합리주의자로서 구시대의 가치질서를 전복하고자 했던 1910년대의 모습에서 철저한 도덕주의자, 민족주의자로 탈바꿈한다. 1922년 3월호『개벽』에 실린 「相爭의 世界에서 相愛의 世界로」에서 보듯 그는 진화론의 윤리와 힘의 윤리를 정면으로 부정한다. 서영채, 「이광수의 사상에 대한 한 고찰」, 『한국 근대문학 연구의 반성과 새로운 모색』(문학사와비평연구회), 새미, 1997, 53면 참조.
15) 「자녀중심론」, 『청춘』 제15호, 1918.5; 『전집』 제17권, 41면.

해방은 인간이 스스로의 힘에 대한 믿음이 있었기에 가능했다. 이성에 대한 전폭적인 신뢰가 인간 해방의 바탕이 되었다는 것이다.

> 현대의 문명은 인류의 '力의 自信'에서 나온 것이외다. 내 힘이 족히 자연을 정복하여 나의 用을 채울 수가 있다, 나의 불행한 경우를 변하여 행복된 경우를 造出할 수가 있다, 나의 경우는 내가 만드는 것이요, 결코 제3자가 나를 위하여 결정하여 주는 것이 아니다 하는 자신에서 나온 것이외다. 만리를 순식간에 통신하는 전신이며, 공중과 수중을 자유자재로 橫하는 비행기·潛航艇이며, 幽明의 교통이며, 운동과 의학으로 질병을 정복하며, 교육과 정치와 사회제도의 개선으로 사회의 모든 불행의 요소를 제거하여 인류세로 하여금 이상적 福樂鄕을 現出하려 함이 현대문명의 이상이외다.[16]

해방된 인간이 궁극적으로 추구하는 것은 행복이다. 행복한 삶을 누리기 위한 전제조건으로 그가 제시하는 것은 자연의 정복과 자기 의지에 따른 행동이며, 이를 토대로 하여 모든 불행의 요소를 제거하고 '이상적인 복락향'을 건설하는 것이 해방된 문명인의 목표로 설정된다. 문명의 존재 이유는 개인의 행복한 삶을 보장하는 데 있다고 바꿔 말할 수도 있을 터인데, 물질적 문명이 제공한 편리와 질병으로부터의 해방이 '복락향'에 이르기 위한 필수조건이다.

이광수의 이른바 '행복론'은 장편의 논문 「교육가(教育家) 제씨(諸氏)에게」에서 더욱 구체적으로 개진된다. 이 글에서 그는 실생활 중심의 교육을 강조하면서 문명의 목적이 '행복하게' 즉 '잘' 살게 하는 데 있다고 말한다.

> 금일 문명 인류의 共通한 이상은 현세적, 육체적, 物的의 영광스러운 생활에 在하고, 내적 생활은 마치 일종 오락 같이 되고 말았나니, 현대문명이 육적 생

---

16) 「숙명론적 인생관에서 자력론적 인생관에」, 『학지광』 제17호, 1918.8; 『전집』 제17권, 63면.

활의 문명이요, 생의 욕망이 문명이라 함이 此를 指함이라. 慨히 생활중심의 문명이니, 此 文明의 원천이요, 또 合流處되는 교육의 근본사상이 생활중심일 것은 물론이라. 생활의 내용은 즉 건강과 행복과 번식이니, 此 三者를 획득하기 위하여 인류의 만반 활동이 生하는 것이라.[17]

이 글에 따르면 정신력에 속하는 의지의 핵심은 욕망이며, 욕망이야 말로 문명인의 생존을 추동하는 힘이다. 무한한 욕망이 있어 인간은 진보의 길로 나아갈 수 있으며, 모든 활동이 행복하게 살려는 욕망에서 시작된다. 이런 의미에서 볼 때 인류의 역사는 "행복을 구하는 기록"이라 할 수 있다.[18]

물론 인간의 행복은 물질적 욕망의 충족에 그치지 않는다. 그는 행복을 정신적 행복과 물질적 행복으로 나누고, "정신적 행복과 물질적 행복에 등급을 정한다 하면 無論 전자를 右에 置할 것"이라고 확언한다. 그렇다고 해서 "물질적 행복을 반드시 천하다고 여길 것은 아니니, 이상은 다만 물질도 정신화하여, 혹은 물질과 정신을 적당하게 조화하여서 此兩者가 합하여 인생에 가능한 최대 행복이 되게" 하는 방향을 선택해야한다.[19] 이광수의 말을 빌면 물질적 행복은 '사치'에서 오며, 종교·학예·문학·미술 및 오락 등이 정신적 행복을 구성한다. 다시 말해 평범한 사람들에게 적잖은 행복을 부여하는 '사치'는 결코 비도덕적이지 않으며, 비록 정신적 행복이 우위에 있긴 하지만 진정으로 문명인의 행복을 누릴 수 있으려면 물질적 행복과 정신적 행복의 적절한 조화를 추구

---

17) 「敎育家 諸氏에게」, 『매일신보』, 1916.11.26~12.13; 『전집』 제17권, 476~477면 참조.
18) 이광수의 이른바 '행복론'은 '生의 保持發展은 今日 倫理의 絶對的 標準'이라는 「조선 사람인 청년에게」의 논지와 이어진다. 이 글에서 그는 이렇게 말한다. "그런 고로 표준으로 할 것은 다른 아무 것도 아니요, 오직 '생'일지니라. 天賦된 양심의 명령을 좇아 '생'의 保持發展에 필요한 事爲의 온갖에 대하여 정성스러이 있는 힘을 다하여 생각하고 노력하면 그는 모두 善이니라, 正義이니라."(「조선사람인 청년에게」, 『소년』 제6권, 1910.6; 『전집』 제1권, 488면)
19) 「교육가 제씨에게」; 『전집』 제17권, 76면.

할 수 있어야 한다.

그런데 "정신의 발달은 곧 인도의 발달이니, 인류의 근본적, 主的 文明이라. 물질적 문명도 정신적 문명에 대하여 지엽적, 從的이니 건전한 정신적 문명을 기초로 아니 한 물질적 문명은 眞되지 못하고 善되지 못하여, 인류에게 福利를 줌보다 禍害를 줌이 많"[20]다는 말을 듣는 순간 혼란스러움을 피하기 어렵다. 정신이 과연 '발달'하는 것인지 여부는 차치하고라도, 인류의 근본적 문명이 정신적 문명이라는 말을 어떻게 이해해야 할 것인가. 이 질문에 대한 단서를 우리는 「독서를 권함」이라는 글에서 발견할 수 있는데, 이 글에서 이광수는 "서적은 사상과 지식을 간직한 창고이니, 글이 생긴 이래로 數千代 聖人賢哲의 캐어놓은 金玉 같은 진리와 교훈과 꼭같은 情의 미를 그린 것이 다 그 속에 있는지라, 吾人이 원시적 빈궁하고 누추한 야만의 상태를 벗어버리고 풍부·고상·화려한 문명의 세계를 現出하여 造化翁의 놀라운 大矯正을 준 것은 실로 이 창고에 쌓아놓은 보물의 힘"[21]이라고 말한다. 여기에서 볼 수 있는 바와 같이 이광수가 말하는 정신적 문명이란 야만의 상태에서 벗어나 문명의 세계에 이르기 위한 하나의 방법이다. 정신적 문명은 엘리아스가 말한 대로 프랑스나 영국의 문명 개념과 아주 가까운 독일어 'kultiviert(교양 있음)'과 상통하며, 이는 문명화의 가장 수준 높은 형태를 표현한다.[22] 폭넓은 독서를 하고 학문을 연구하며, 그림과 음악을 감상하는 것이 모두 문명인으로서 행복을 누리기 위한 조건으로서의 교양이며, 이는 지극히 개인적인 영역에 속한다. 따라서 정신적 문명을 민족적인 차이와 집단적인 특성을 두드러지게 드러내는 문화와 혼동해서는 안 될 것이다.

결국 이광수의 문명론은 개개인의 행복 추구로 수렴한다. 그에게 문명화란 정신적·물질적 욕망을 실현할 수 있는 상태에 이르는 것을 의

---

20) 「同情」, 『청춘』 제3호, 1914.12; 『전집』 제1권, 557면.
21) 「독서를 권함」, 『청춘』 제4호, 1915.1; 『전집』 제1권, 560면.
22) 노르베르트 엘리아스, 앞의 책, 107면 참조.

미했다. 따라서 인간을 문명인으로 이끄는 핵심적인 수단 중 하나인 교육의 목표도 그들로 하여금 "강렬하고 웅대한 욕망과 此를 達하기 위한 執着力과 奮鬪力과 堅忍不拔한 剛毅性을 有한 의지적, 열정적, 진취적, 적극적"[23]인 태도와 의지를 갖게 하는 것으로 설정되었던 것이다.

4. 조선(인)의 현실과 '문명 조선'의 구상

'문명화'를 그의 '정신적 스승'이었던 후쿠자와 유키치와 달리 개인의 행복 추구, 즉 개인의 안락과 품위를 획득해가는 과정으로 파악했던 이광수는 식민지 조선의 현실을 진단하면서 자신의 문명론을 구체화한다. '문명 조선'을 구상하기 위한 일종의 예비작업으로서 조선의 현실을 파악하는 일은 새삼스러울 게 없지만, 여기에는 문명론자이자 계몽주의자였던 이광수가 조선(인)을 바라보는 시각뿐만 아니라 제국주의 일본에 의한 조선의 식민지화를 '필연적인 결과'로 간주하려는 식민지적 무의식이 작동하고 있어 다시금 주목할 필요가 있다. 그러하다면 그의 눈에 비친 조선(인)의 모습은 어떠했을까. 그는 조선(인)의 현실을 다음과 같이 진단한다.

> 조선의 末路는 다만 정치적 퇴폐만 아니었소 산업, 경제는 물론이어니와 교육이 쇠하고 정치의 부패함을 따라 사회의 도덕은 말 못 되게 부패하였소 洤逸, 利己, 기만, 시기의 풍이 일세를 풍미하여 관리는 賄賂와 私曲과 포학을 公行하고, 인민은 주색에 沈潤하며, 아동까지도 도박에 탐하며 노비를 매매하며……만인이 일야로 생각하는 것이 악뿐이었소 一言으로 말하면 생활에 아무 이상이 없고, 도덕적 표준이 없도록 타락하였소[24]

---

23) 「교육가 제씨에게」; 『전집』 제17권, 80면.
24) 「야소교의 조선에 준 은혜」, 『청춘』 제9호, 1917.7; 『전집』 제17권, 17면.

정치는 물론이고 모든 방면에서 조선은 총체적 부패와 타락상을 노정하고 있었다. 뿐만 아니라 조선인은 시기와 고식(姑息)과 의뢰와 수구(守舊) 그리고 나태의 표상이다. "현대 조선인은 生産收入은 無하고 消費支出만 하는 인종"이며, "구더기와 如히 선조의 축적하여준 유산만 파먹으며, 기생 끼고 장고 치는 자들"로 가득하다. 결국 이들은 끝내 '거지떼'로 전락하고 말 것이라고 그는 예견한다.

그런데 "숙명론적 인생관은 태내에서부터 전 생활을 통하여 墓門에 이르기까지 조선인을 지배한다"25)는 주장이나 "忽忙은 실로 문명인의 휘장"임에도 불구하고 조선 인구의 2/3가 '놀고 먹으며', 1천만에 달하는 이들은 동포의 피와 땀을 빨아먹으면서 무의미한 생명을 이어가고 있다26)는 주장 등에서 볼 수 있듯 그의 조선(인)관은 유길준과 『독립신문』 논설진의 그것과 조금도 다르지 않다.27) 『독립신문』이 그랬듯 이광수 역시 문명국과의 비교 / 대조라는 유형화된 기술 전략을 빌어 조선(인)의 부정적인 양상을 부각시킨다. 예를 들어 "일본인의 안색을 見하면 爲先 炯炯한 眼眸에 銳氣가 充溢하며, 바싹 다문 입에 의지력이 표현되"는 데 비하여 조선인의 모습은 참으로 비루하고 천한 기운이 몸에서 그대로 배어난다는 지적이나, "眼睛은 풀어졌고, 입은 헤─ 벌렸고, 四肢는 늘어지고 쳐지고 胸部는 움쑥 들어가고, 신체는 앞으로 휘고, 걸음은 氣力이 無하고, 안색은 病黃이라. 여차한 종족이 어찌 능히 여차한 競爭場에 縷命을 유지하는가. 彼等의 용모에는 衰字, 窮字, 賤字가 火印친 듯 분명히 보"28)인다는 지적 등을 통해 그 일단을 볼 수 있다.

25) 「숙명론적 인생관에서 자력론적 인생관에」, 『학지광』 제17호, 1918.8; 『전집』 제17권, 62면.
26) 「동경잡신」, 488면.
27) 정선태, 「『독립신문』의 조선·조선인론」, 이 책의 제2부 1장 참조
28) 「동경잡신」, 486면. 문명인과의 대조를 통해 야만적 상태를 드러내는 데 위생을 둘러싼 얘기가 빠질 수 없다. 이광수도 예외가 아닌데, 그 단적인 여를 보이면 다음과 같다. "조선인은 아직도 청결사상이 普及치 못하여 入浴의 善習慣이 無하니, 此는 문명인의 체면에 甚히 羞恥할 바이라. (…중략…) 顔面에는 분을 바르고 全身에는 錦繡를

이러한 부패와 타락과 무기력이 모두 조선왕조 500년의 '노예 상태'에서 비롯되었다는 것을 그는 곳곳에서 지적한 바 있거니와, 이는 문명─반개화─야만이라는 위계적 척도에 비춰보았을 때 타파하고 치유해야 할 대상이 될 수밖에 없다. 이와 같은 입장에 설 때, 그러니까 조선(인)은 스스로를 해방하고 '계발'할 능력을 생래적으로 지니지 못하고 있다는 관점에 설 때, 계몽 주체는 '야만적인 상태'에서 그들을 구출하기 위해 기꺼이 헌신자 / 선구자로서 '교사'의 자리를 수락해야 하며, 자신의 계몽적 열정 또는 에너지가 고갈되었을 때에는 다른 교사에게 그 직무를 위임할 수밖에 없다. 그리고 계몽의 대상이 된 '비문명인'은 자유로운 개성을 지닌 개인들의 자발적 노력에 의해서가 아니라 금욕주의로 무장한 헌신자 / 선구자의 가르침에 따라 문명사회에 이를 수 있어야 한다.

「신생활론」에서 이광수는 "문명을 가진 인류는 자기의 노력으로 자기가 의식해 가면서 진화"한다고 말하면서, '내가 변해야겠다'는 자각과 '이렇게 변화해야겠다'는 이상과 '지금 이렇게 변화해간다'는 강렬한 의식과 노력으로 변화해야 한다고 역설한다.[29] 하지만 조선(인)은 아직 문명의 상태에 이르지 못했다. 그리하여 "우리의 정신과 지식의 暗昧함은 차마 20세기 문명세계에 타민족을 대하기가 靦面하리만큼 유치하고 몽매"[30]하다는 판단에 기초하여 그는 조선의 거울이라 할 수 있는 가상의 농촌을 선택, 헌신적 열정을 지닌 김일이라는 교사 / 지도자의 인도에 따라 산업상·정신상·위생상의 계발 / 계몽을 거쳐 '행복'에 이르는 길을 「농촌계발」이라는, 허구적 설정과 소설적 요소를 가미한 '서사적 논설'

着하였으나 가만히 그 의복 속을 상상하면 응당 垢紋이 縱橫하여 지금토록 연모하던 자로 하여금 嘔逆을 금치 못하고 피하게 하리라. 車室 中에나 演劇場 中 조선인이 다수 집회한 處所에는 소위 땀이라는 일종 악취가 有하나니, 此가 入浴 안 하는 증거며, 꽃송이 같은 남녀 아동의 신체에서도 불결한 이 땀내를 발함은 外人이 知할까봐 羞恥를 不禁하는 바이라."(정선태, 위의 글, 490면)

29) 「新生活論」, 『매일신보』, 1918.9.6~10.19; 『전집』 제17권, 519면 참조.
30) 「農村啓發」, 『매일신보』, 1916.11.26~1917.2.18; 『전집』 제17권, 85면.

형식을 빌어 피력한다.

『매일신보』에 약 3개월(1916.11.26~1917.2.18)에 걸쳐 연재된 「농촌계발」 이광수의 초기 사상을 집대성한 장편의 '논문'이다. 김윤식의 연구에 따르면 이러한 논문이 씌어질 수 있었던 것은 오산학교에서의 수년간에 걸친 이론과 실천이 있었기 때문이다. 오산학교 교원 이광수는 교주 남강 이승훈의 뒤를 이어 용동마을의 동회장이 되었다. 남강 이승훈은 도산사상의 영향을 받아 무실역행운동에 뛰어들었고, 그 첫 사업으로 자기가 사는 마을의 개조운동에 착수했다. 그는 이 운동을 통해 저축, 청결, 공동체의 일 등을 조직적으로 시행함으로써, 도박이나 음주, 게으름 등이 지배하는 전통적 인습적 생활의 혁파에 앞장섰다. 그리고 남강이 신민회 사건으로 투옥되자 이광수가 동회장을 맡아 마을 개조운동에 나섰던 것이다.[31] 이렇듯 그의 이론적, 실천적 체험을 토대로 하여 씌어진 「농촌계발」은 어느 논설보다 구체적이다. 우리는 초기 논설에서 볼 수 있었던 그의 생각들이 실천적인 장에서 어떤 과정을 거쳐 어떤 방식으로 발현되는지, 그의 문명론이 도달한 지점이 어디인지를 이 글을 통해 발견할 수 있을 것이다.

'농촌계발'을 이끄는 지도자는 동경에 유학하여 법률을 공부하고 본국에 돌아와 모지방재판소에서 판사로 일하다 조선문명의 근본이 농촌계발에 있음을 깨닫고 판사직을 사임하고 고향으로 돌아온 김일이라는 인물이다. 그는 "종교가적, 헌신자적 열정"과 "일신의 모든 욕망을 억제하고 오로지 사회를 위하여 이 한 몸을 희생한다는 열화 같은 정성과 용기"를 갖춘 추고 있[32]을 뿐만 아니라 예언자적 열정까지 겸비하고 있다. 청년지도자 김일은 이광수가 다른 곳에서 언급한 바에 따르면 천재

---

31) 김윤식, 앞의 책, 520면. 김윤식은 이보다 먼저 『매일신보』에 발표되었던 「대구에서」 (1916.9.20~23)의 연장선상에 놓여 있는 「농촌계발」에서 준비론 및 민족개량주의의 단서를 발견할 수 있다고 말한다.
32) 「농촌계발」, 113면.

이자 영웅이다.[33] 이광수는 조선의 신문명은 이들로부터 시작된다고 확신한다. 그런데 조선인은 천재를 알아보지 못한다. 알면 누르고 밟고, 시기하고, 핍박하여 마침내 말라죽는 것을 보고야 좋다고 춤을 추는 백성이다. 이를 견뎌낼 수 있으려면 헌신자적 열정이 필수적이며, 문명 세계로 진입하기 위해서는 그러한 천재 / 영웅의 희생은 불가피하다.

그렇다면 지도자 김일이 향양촌(向陽村)이라는 농촌을 선택한 이유는 무엇인가.

> 우리가 대다수는 농민이니, 농민의 蒙昧·幼稚는 즉, 조선인 전체의 몽매·유치를 의미함이요, 농민의 貧窮·賤陋는 즉, 조선인 전체의 빈궁·천루를 의미함이외다. (…중략…) 산업상·정신상 의미로 나는 농촌계발을 叫號합니다.[34]

> (조선의) 7할이나 되는 농촌이 거의 다 極貧, 極暗, 極醜, 極賤한 상태에 있는 것이니, 그러므로 농촌계발은 어떤 의미로 보아 전조선의 계발을 의미합니다.[35]

농촌은 전조선사회의 축소판이자 표상이다. "호수 100, 인구 500, 100석 추수 3호, 新舊相繼 10호, 기타 87호는 거의 소작농"으로 구성되어 있는 이 마을 / 마을사람은 무지몽매하고 유치하기 짝이 없으며, 지극히 가난하고 추악하며 천한 상태에 놓여 있다.

이 마을을 대표하는 인물이 김대감과 백길석이다. 먼저 300~400석을 추수하는 이 마을의 제일 부자인 김대감은 고식(姑息), 수구(守舊), 유의유식(遊依遊食)의 대명사이다. 수전노인 그는 돈을 아끼기 위해 세수도 제

---

33) 이광수가 그리는 금욕주의적이고 헌신적인 '천재'의 모습은 다음과 같다. "그가 웃음은 사회의 행복을 보았음이요, 그가 통곡함은 사회의 불행을 보았음이외다. 그러므로 그의 몸은 그 자신의 몸이 아니라, 그의 사랑하는 사회의 몸이며, 그의 생명과 그의 사업과 작품은 그의 사유물이 아니라, 그의 사랑하는 사회에게 그가 바친 공유재산이외다. 그러므로 그는 일생에 자기의 이익이나 자기의 안락을 생각함이 없지요"(「천재야! 천재야!」, 『학지광』 제12호, 1917.4; 『전집』 17, 49면)

34) 「농촌계발」, 86면.

35) 「농촌계발」, 114면.

대로 하지 않는 비위생적인 인물이며, 자식들은 주색잡기에 빠져 있고, 손자들은 조혼이라는 악습에서 헤어날 줄 모른다. 문명인 '의사'는 그의 병세(病勢)를 다음과 같이 진단한다. ① 덕의심이 없고 돈만 아는 것. ② 순이기적이요, 공익심이 없는 것. ③ 자녀에게 금전만을 남겨주는 것만 중히 알고 교육을 중히 아니 여기는 것. ④ 따라서 인생의 행복의 근원과 존비의 차이가 온전히 금전에만 있는 줄 아는 것. ⑤ 소작인을 사랑하지 아니하고 노예로 여기며, 소작인의 행복을 안중에 두지 아니 두는 것. ⑥ 진정한 개인의 행복이 진정한 주위 사회의 행복에 있음을 모르는 것. ⑦ 사람 귀한 줄을 모르는 것.

소작농인 백길석 또한 이에 못지 않다. 주색과 투전에 빠져 있는 그는 나태의 화신이라 할 만하다. 다시 문명인 '의사'는 그의 병세를 다음과 같이 조목조목 진단한다. ① 직업이 없는 것("이것이 萬惡의 본이요, 萬不幸의 본이니, 백길석 5형제는 결코 天生惡人이 아니요, 천생 나태한 사람이라, 이 모든 악습이 직업이 없음과 빈궁하므로 사회를 원망하고 질시하는 데서 나온 것이다."). ② 무슨 짓을 해서라도 돈과 쾌(快)만 얻으려 하는 것. 그리하여 도덕이 없고, 법률이 없고, 양심이 없다는 것. ③ 주색을 탐하는 것. ④ 희망이 없어 주정을 하고 예절을 잊고 도적이 되고 살인을 하는 것. ⑤ 동포를 원망하는 것. ⑥ 정신적 생활이 없는 것(이는 김대감도 마찬가진데, "정신적 생활이 없음이 그네에게 더 혹독한 고통을 감각케 하나니, 혹 종교적 신앙이 있는 이는 지극한 빈궁과 고통 속에 있으면서도 정신적 생활에 희망을 품어 도리어 물질적으로 饒足한 사람보다도 행복된 생활을 하는 것이다.").

통틀어 말하면 밥이 없고, 교육이 없고, 종교적 신앙이 없음이 우리 농촌의 결점이외다. 우리 농촌에는 재미가 없습니다. 기쁨이 없습니다. 바람이 없습니다. 화목이 없고, 相愛·相敬·相依·相救가 없고, 瑞氣가 없습니다. 온통 살벌이요, 퇴폐요, 증오요, 건조요, 불결이요, 궁상이요, 망하여 가는 상이요, 죽어 가는 상이외다. 城과 公廨까지 찌그러져 가는 것이요, 망국의 상을 表함과 같

이 담과 집이 찌그러지고, 도로가 무너지고, 사람의 얼굴에 음침한 기운이 浮動함이 亡村之象이라 하오[36]

이와 같은 진단은 이광수가 여러 곳에서 피력한 조선(인)관을 일목요연하게 목록화한 것이라 할 수 있다. 당시 식민지 조선의 실상이 이러했는지 모른다. 그러나 문제는 청년 지도자 김일이 식민지 지배의 구조적인 모순 따위에는 아무런 관심을 기울이지 않는다는 점이다. 그런데 현재 향양촌(조선)의 모습은 경기도의 어떤 마을(일본)과 선명한 대조를 보인다. 즉, 과거 온 세상의 선망과 존경의 표적이었을 뿐만 아니라 모든 예의범절이 찬연했던 향양촌이 갖가지 다툼과 악습으로 인해 오늘날과 같은 상황에 처하게 된 것에 비해, 오랫동안 상농으로 천대받던 경기도의 어떤 마을은 일등 '양반촌'으로 변하여 예의범절이 찬연하고 글을 모르는 이가 없으며 새로 지은 기와집들이 즐비한 곳으로 변모했다는 것이다. 총독부 기관지 『매일신보』에 이런 내용의 글을 썼다는 점을 감안하면, 이처럼 일본제국의 우월성과 식민지 통치의 필연성을 사실로 인정한, 다시 말해 식민지적 (무)의식을 내면화한 이광수의 모습이 김일에게 그대로 투영되어 있다 해도 큰 잘못을 아닐 것이다. 결국 우리의 선각자 김일 / 이광수는 일본 제국이 유포한 식민 담론을 그대로 수용하면서, 식민 통치가 허락하는 범위 안에서 자신의 문명화 프로젝트를 진행해 나간다.

위에서 본 바와 같은 진단에 따라 헌신적 지도자 김일은 향양촌의 '중병'을 하나씩 치료해 간다. 그의 방에는 문명국의 농촌을 그린 그림과 문명국의 삼림·도로·제방·관개·학교·병원 같은 그림책이 있다. 이 그림들을 통해 영국을 비롯한 서양 문명국의 농촌의 모습, 학교와 교회 등을 차근차근 설명한다. 또 '환등회(幻燈會)'를 열어 문명국의 아름다운 모습을 보여준다. 그림과 슬라이드가 갖추어진 '치료실'에서 청년들과 마을 사람들은 자신의 몰골이 얼마나 초라하고 비루한지, 자신들의

---

36) 「농촌계발」, 90면.

병세가 얼마나 위중한지를 하나씩 깨달아간다. 문명의 화려한 불빛 앞에 앉아 지도자의 설교를 들으며 그들의 미래를 그림과 환등 속에 되비춘다. 자의식이라곤 들어설 자리가 없다.

김일의 지도에 따라 정례회의를 거치면서 청년들은 근면과 청결의 중요성, 투전과 잡기의 해악, 식목의 중요성, 저축의 중요성 등을 인식하고 실천에 옮긴다. 뿐만 아니라 목욕장을 만들어 목욕의 묘미를 알아가며, 자식을 '매매'하고 함부로 대하는 것이 얼마나 야만적인가를 깨닫고 신교육을 위해 아동들을 학교에 보낸다. "아무쪼록 인생을 즐겁게 보내는 것이 우리의 이상"이라는 김일의 가르침대로 일을 마친 뒤 절도 있게 노는 법까지 몸소 배운다. 그리고 '신문회(新聞會)'를 개최하여 세상 소식을 접하는데, 신문회는 중요한 교육기관이 되는 동시에 하루도 빼놓지 못할 오락기관으로 자리잡는다. "문명인의 일대 특징인 共同感情"(131면)을 가져보기도 한다. 이러한 과정을 거쳐 머잖아 도달하게 될 '문명이상촌'의 모습은 다음과 같다.

> 금촌에는 큰 학교가 설 것이외다. 금촌의 아동은 一人도 빠짐없이 보통교육을 받을 것이요, 따라서 금촌인은 男女와 老幼를 물론하고 죄다 독서를 능히 하며, 정신적 생활의 眞味를 깨달을 것이외다. 그네는 역사를 解하고, 정치를 解하고, 문학과 종교를 解하고, 인류의 이상을 解하고 과학과 예술을 解할 것이외다. 따라서 그네는 도서관을 두고 詩會를 두고 연극장을 둘 것이외다. 그네의 庫間에는 미곡과 금은이 충일하는 모양으로 그네의 서재에는 과학과 예술의 서적이 들어 있을 것이외다. 금촌에는 은행이 있고, 창고가 있고, 전방이 있고, 양잠실이 있고, 種苗場이 있고, 목장이 있고, 産品陳列館이 있을 것이외다. 금촌은 교육이나 토목이나 병원이나 기타 자치제도로 독립한 모양으로 산업이나 경제로도 독립할 것이외다. 금촌이라는 동리 내의 토지와 모든 재산은 반드시 금촌의 것일 것이며, 금촌인은 결코 他村人의 채무자가 되지 아니할 것이외다. 금촌인의 기업에 자본이 금촌은행에서 低利로 대출할 것이외다. 금촌은 채권자가 되고 결코 채무자가 되기는 不得할 것이외다. 금촌인에는 결코 무

직업자가 없고 無職業時가 없으며, 따라서 소위 극빈자가 없을 것이외다. 금촌에는 유치원이 있어 學齡 前의 아동을 敎導하는 모양으로 양로원이 있어 노인의 安住所를 삼을 것이외다. 회관과 공원이 있어 건강한 자의 오락장이 되는 모양으로 완비한 병원이 있어 病人이 안심하고 치료할 처소가 될 것이외다. 청년들의 청년회가 있고 처녀에 처녀회가 있고, 부인에 부인회가 있어, 사교로 쾌락을 얻는 동시에 덕성을 함양하고 지식을 계발할 것이외다. 이때의 금촌은 개인으로나 단체로나 세계 최고 문명인의 사상과 언어와 행동을 가질 것이외다. 금촌인의 정신은 一新할 것이 無외다. 그네의 정신은 强勇하고 관대하고 근면하고 우아하고 인자하고 廉潔하고 진취적이요, 쾌활하고 심각할 것이외다. 따라서 그네에게는 신종교·신윤리·신도덕·신습관이 생겼을 것이외다. 정신이 일신하는 동시에 모든 물질 방면도 온통 일신할 것이외다. 첫째, 村中 주위에는 森林이 鬱茂할지요, 가옥은 전혀 최신 學理에 적합하도록 개량되었을 것이며, 도로와 교량도 車馬가 자유로 통행되도록 번듯하게 되었을 것이외다.[37]

이광수뿐만 아니라 다른 계몽적 지식인들의 글에서도 '착실하게 계획을 실천한다면 도달하게 될' 문명촌 / 문명조선의 모습을 이처럼 선명하게 보여주는 텍스트를 발견하기란 쉽지 않다. 이곳에는 큰 학교가 있고 도서관이 있고 극장이 있다. 학교에서 교육을 받은 이들은 독서를 통해 정신생활의 참 맛을 맛볼 수 있을 것인데, 앞서 정신적 행복이 물질적 행복보다 우선한다고 말했듯, 이는 정신적 문명=교양을 통해 문명인으로서의 행복한 상태로 나아가기 위한 우선적인 조건이다. 다음 이곳에는 은행과 창고와 상점과 양잠실과 종묘장 그리고 상품진열관 등이 있어 교육이나 병원 그리고 토목이 "자치제도로 독립한 모양으로 산업이나 경제로도 독립"할 것이다. 가난으로부터 벗어나 물질적 풍요를 누리는 것, 이것이 문명인으로서 누려야 할 또 하나의 행복 조건이다. 뿐만 아니라 미래의 이 마을은 유치원과 양로원을 비롯하여 병원과 각종 사교 클럽을 갖추고 있어 사회복지 혜택을 누릴 수 있을 것이다. 그리하여

---

37) 「농촌계발」, 136~137면.

"세계 최고 문명인의 사상과 언어와 행동을 갖"게 될 것이다. 이처럼 "신문명의 태평이 임하여 至千萬世할" 세계가 바로 조선 13도의 장래라는 게 선각자 김일 / 이광수의 비전이다.

누구나 이상향을 상상할 수는 있다. 캉유웨이(康有爲)가 『대동서』에서 그렸던 이상적 미래상을 떠올린다면 이광수의 이러한 구상은 한갓 '소꿉놀이'처럼 보일 수도 있다. 그러나 그렇다고 해서 한국 근대의 대표적인 계몽주의자 이광수가 그린 미래상의 의미를 과소평가할 수는 없다. '금촌의 미래상'은 일본제국의 통치를 수락한 1910년대 식민지 지식인의 사유가 도달한 최대치를 보여주기 때문이다. 그리고 이것은 국가의 정치적 독립을 포기한 대가로 얻을 수 있는 것, 다시 말해 제국 지배하의 '자치'를 전제 조건으로 삼고 있었다. 문명을 국가의 독립을 위한 하나의 방편으로 간주했던 후쿠자와 유키치의 문명론과 이광수의 문명론이 다다른 지점이 선명하게 구분되는 것은 바로 이 때문이다. 개인이 행복해지기 위해서는 정신적으로나 물질적으로 풍요로워야 하며, 그 풍요로운 상태에 이르기 위해서 문명을 전적으로 받아들일 수밖에 없다는 것에 대해 적어도 1910년대의 이광수는 한치의 의심도 내보이지 않았던 것이다.

5. 나오며

이 글을 시작하면서 언급했듯이 이광수가 자신의 문명관을 형성하는 데 있어 하나의 '모델' 또는 '좌표'로 설정했던 독립 국가의 '국민' 후쿠자와 유키치와 달리 이광수는 식민지 '백성'에 지나지 않았다. 물론 1910년 일본에 병합되면서 조선인은 일본국민이라는 법적 지위를 획득하긴 하지만,[38] 조선인이라는 민족적 정체성까지 '헌납'할 수는 없었다. 바로 이 지점에서 식민지 지식인의 자기 분열이 싹트기 시작하며, 문명론도 질적으로 다른 의미를 지니게 된다. 『문명론의 개략』이 보여주듯 후쿠자와 유키치의 문명론 프로젝트는 '국민만들기'와 '국가의 독립'으로 수렴한다. 이와 관련하여 후쿠자와 유키치는 다음과 같이 단언한 바 있다.

> 무엇보다도 먼저 일본이라는 나라와 일본의 국민이 존립하고 나서야 문명에 관한 이야기도 할 수 있을 것이다. 나라가 없고 국민이 없는 이상 그 문명을 일본의 문명이라고 말할 수는 없을 것이다. 그렇기 때문에 나는 논의의 영역을 좁혀서 오직 자국의 독립을 문명의 목적으로 삼는다는 논지를 펴고 있는 것이다.[39]

'나라가 없고 국민이 없는 이상 그 문명을 일본의 문명이라 말할 수 없다'는 지적에서 알 수 있듯 근대문명은 국가와 그 구성원인 국민을 전제로 한다. 후쿠자와 유키치에게 문명의 수용 또는 모방은 일본의 독립을 위한 방편에 지나지 않는다. 그에게 절실했던 것은 문명 그 자체라기보다는 독립의 위협 요인에 맞서는 '열정'이었다. 문명의 정신이 그렇듯이 이러한 내적 열정은 내부에서 발현되는 것이지 외부에서 주입될 수는 없다.[40] 그가 '일신의 독립'과 '나라의 독립' 사이에서 고민하다가 일신의 독립이 국가의 독립보다 우위에 놓일 수 없다고 얘기했던 것도 결국은 '비바람을 견뎌낼 수 있는 견고한 가옥'을 세우는 것이 먼저라고 생각했기 때문이다. 견고한 가옥, 즉 국가의 독립을 보장할 수 있기 위해서는 국민의 기풍을 진작하여 그 열정이 애국심으로 승화되도록 해야 한다는 게 그의 문명론의 핵심이었다.

이처럼 후쿠자와 유키치에게 있어 문명이란 그리고 문명의 모방이란

---

38) 小熊英二, 『'日本人'の境界』, 東京 : 新曜社, 1998, 147면.
39) 후쿠자와 유키치, 정명환 역, 『문명론의 개략』, 광일문화사, 1987(福澤諭吉, 『文明論之槪略』), 242면.
40) 류준필, 「문명과 근대, 모방 가능성과 불가능성」(2003년 이화여대 한국문화연구원 봄 학술대회 자료집), 28~29면.

국가의 독립을 위한 하나의 수단에 지나지 않으며, 상대적일 수밖에 없다. '편파심과 애국심은 이명동실(異名同實)'이라는 주장이 도출되는 것도 이 때문이다. 하지만 '일본 국민의 대은인'이었던 후쿠자와 유키치를 정신적 스승으로 생각했던 '식민지 백성' 이광수에게는 새롭게 구축해야 할 '견고한 가옥'이 없었다. 그런 까닭에 일본 국민으로 편입된 상황에서 그의 문명조선 구상은 전혀 다른 방향으로 진행될 수밖에 없었던 것이다. 국가의 독립 가능성이 차단된 식민지 조선에서 문명론은 개인의 안락과 품위, 다시 말해 개인의 행복을 추구하는 쪽으로 나아가게 되며, 이는 일본에서의 '문명'의 용법과 조선에서의 그것이 전혀 다른 것이었음을 뜻한다. 후쿠자와 유키치의 문명론과 이광수의 문명론, 그 사이에 놓인 거리를 확인하는 작업이 중요한 의미를 지니는 것도 이 때문이다.

「농촌계발」은 의식적이든 무의식적이든 자치론 또는 민족개량주의를 수락한 이광수의 문명론이 도달한 하나의 귀결이자 그의 사상 행로에 있어 또 다른 출발점이었다. 1910년 식민지로 편입되기 이전 10대 소년 시절부터 여러 편의 논설과 시평 그리고 단편소설을 발표하면서 문필 활동을 시작한 그는 제2차 동경 유학을 거치면서 이전의 '돈키호테적'인 미숙한 글들과 구분되는 비교적 체계적인 논설과 소설들을 잇달아 발표한다. 국가의 독립을 완전히 상실한 상황에서 그를 사로잡은 화두가 문명이었다. 그는 문명을 키워드로 하여 문명화의 목적은 개인의 행복이라는 자신의 계몽적 열정을 펼쳤으며, 그 도달점 중 하나가 「농촌계발」이었던 것이다. 그리고 「농촌계발」은 그의 소설을 독해하는 데도 하나의 유효한 참조항이 될 수 있다. 잘 알고 있다시피 『무정』에서 이형식은 조선의 문명개화를 위하여 온 몸을 바치기로 한 헌신적인 인물로 그려진다. 『개척자』의 성재나 '민' 나아가 『흙』의 허숭도 같은 계몽적 열정에 사로잡힌 인물들이다. 그렇다면 「농촌계발」은 이광수의 소설을, 거칠게 말하자면 주제의 측면에서 선취하고 있다고 볼 수 있다.[41]

앞서 이광수는 일본 제국이 유포한 식민지 담론을 (무)의식적으로 수용했다고 말한 바 있거니와 이를 명확히 하기 위해서는 일본에서 생산된 식민지 담론의 실체를 확인해야 이광수 사상을 입체적으로 조명할 수 있을 것이다. 동시에 "아직도 건드리면 신경성의 어떤 아픔을 일으키는 상흔처럼 느껴"지는[42] 이광수의 삶과 사상이 지닌 현재적 의미를 허심탄회하게 논의할 수 있어야 할 것이다. 그의 사상이 지닌 무게와 비중을 끊임없이 의식하면서도 문제가 원점에서 크게 벗어나지 못하는 이유는 한국근현대사가 감당할 수밖에 없었던 부담을 그에게 떠넘기려는 무의식적인 바람에 기인하는 것은 아닐까. 이광수는 제단에 받쳐진 희생양이 아니라 지금—여기의 문제를 성찰하기 위해 끊임없이 다시 불러내야 하는 존재로 인식되어야 마땅하다. 그래야 비로소 우리는 기형적으로 왜곡된 불행한 근대성 또는 제3세계적 근대성의 실상을 파악할 수 있을 것이다.

---

41) 이와 관련한 상세한 논의는 김영민, 『한국근대소설사』, 솔, 1997, 419~441면 참조.
42) 김붕구, 「신문학 초기의 계몽사상과 근대적 자아」, 『한국인과 문학사상』(김붕구 외), 일조각, 1973, 4면.

근대적 정치운동 또는 '국민' 발견의 시공간

텍스트 '만민공동회'를 읽는다

1. 흔들리는 대한제국, '소실점'을 상실한 풍경화

수백 년 동안 동아시아 질서를 견고하게 지탱하고 있던 중국을 중심으로 한 중화체제는 아편전쟁 이후 걷잡을 수 없이 해체의 길로 들어선다. 중화체제 또는 조공시스템을 대신하여 등장한 이른바 '만국공법질서'는 '세력균형'이라는 개념에 입각하여 만국이 균등한 자격을 지닌 주체라는 점을 표나게 강조한다. 조선이 1880년대에 들어 구미 각국과 외교관계를 수립하는 것도 만국공법질서의 구체적 실천이라는 측면에서 이해할 수 있다. 모든 국제법이 그러하듯 만국공법 역시 열강의 이해를 반영할 수밖에 없다는 점을 부언할 필요는 없을 것이다 그러나 만국공법의 허상을 꿰뚫어 볼 수 있는 혜안을 지닌 지식인이나 정치인은 많지 않았던 듯하다. 특히 근대화를 추진한 소위 개명관료들은 문명의 빛에 눈이 어두워 열강의 논리를 조리 있게 비판할 능력조차 갖추지 못하고 있었다.

1894년 동학농민전쟁을 계기로 청일 양국은 조선 땅에서 대리전을 치른다. 청일전쟁에서 승리한 일본은 단박에 아시아의 맹주로 부상하면서 그 야심을 노골화한다. 그리고 1894~1895년, 조선은 갑오개혁을 단행하고 정치의 기본강령으로 '홍범14조'를 발표한다. 이 강령의 제1조는 '자주독립'을 명시하고 있거니와, 여기에서 말하는 자주독립이란 물론 청나라로부터의 독립을 의미했다. 이와 함께 수많은 개혁안(김홍집·박영효 연립내각에 의해 의결된 것만 해도 214건에 이른다)이 통과되는데, 중앙정부의 개혁, 지방제도의 개혁, 군사·사법·교육관계 제도의 정비 등등 휘황찬란한 개혁안들이 속속 발표되기에 이른다. 그러나 대부분의 개혁안은 종이 위를 벗어나지 못한다. 계획으로 끝난 개혁이라 할 수 있을 터이다. 물론 여기에는 시모노세키조약과 삼국 간섭, 박영효의 실각 등 다양한 국내외적 요인들이 자리잡고 있었다. 그런데 무엇보다 주의해야 할 것은 이러한 거창한 개혁을 추진할 수 있는 세력이 형성되지 못했다는 점이다. 개혁추진 세력의 부재와 더불어 고갈 상태에 이른 재정도 개혁 실패의 원인으로 보아야 할 것이다.

삼국간섭과 아관파천(1896), 그 과정에서 친러세력과 친일세력의 암투가 계속된다. 1897년 2월, 1년 만에 경운궁으로 환궁한 고종은 10월 들어 몇몇 전직관료와 유생들의 의견을 수용하여 '황제'의 자리에 오른다. '광무(光武)'라는 독자적인 연호의 제정과 황제 즉위, 국호 제정의 과정을 거쳐 대한제국이 탄생하는데, 칭제건원(稱帝建元)의 핵심은 국왕의 칭호를 황제로 높여 자주독립국가의 면모를 갖춘다는 데 있었다. 그러나 이에 반대하는 세력도 만만치 않았다. 최익현·유인석 등 이른바 위정척사 계열의 유생들은 중화사상과 주자학적 명분론에 입각하여 칭제를 반대하였고, 독립협회 측도 칭제 논의에 냉담했던 것으로 알려져 있다. 특히 윤치호는 비판적인 입장을 견지했다. 그에 따르면 열강의 국권침탈 상황에서 이름만의 칭제는 무의미하고 중요한 것은 국가의 실질적인 힘이지 군주의 존호가 아니었다.

이렇듯 어수선한 상황에서 고종은 1897년 10월 12일 원구단에 나아가 하늘에 고하는 제사를 지내고 백관의 제례가 끝난 후 황제의 자리에 오른다. 이어서 10월 13일 조칙을 내려 국호를 삼한을 아우른다는 의미의 '대한'으로 선포하고 이 사실을 주한 각국 외교관에게 통고하여 자주독립국가임을 내외에 천명하였다. 이는 중화질서에 포박되어 있던 조선이 황제의 나라, 그 이름도 당당한 대한제국으로 거듭나려는 의지를 보여준 사건이라 할 수 있을 것이다. 그러나 열강들의 잠정적인 세력균형이라는 국제적 조건을 포착, 만국공법을 내세워 청과의 전통적인 사대관계를 부정하고 자주권의 확립을 선언한 대한제국은 국제정세의 변동에 따라 언제라도 깨져 버릴 수 있는 허약하기 짝이 없는 '허명(虛名)'에 가까웠다. 명실상부한 '제국'에 도달하기에는 열강들의 집요한 착취에 따른 시련이 너무도 컸으며, 관료들의 부패와 타락 그리고 비전의 부재로 인한 국가 시스템의 마비는 그 시련을 넘어설 수 있는 가능성을 원천봉쇄하고 말았다.

결국 황제라는 칭호는 만국공법이 전파한 유행을 좇아 내건 한갓 액세서리에 지나지 않았다고 해도 좋을 듯하다. 황제 고종은 이 무거운 치장에 힘겨워하며 자신을 둘러싼 이른바 '간세배'들의 말에 따라 고개를 주억거릴 따름이었다. 그에게서는 대한제국이라는 경계 안에 살고 있는 백성들을 국민으로 규합할 황제로서의 카리스마를 찾아볼 수가 없다. 물론 고종 개인만을 탓할 수는 없을 것이다. 꼭두각시일망정 그를 내세워 구성원들의 시선을 끌어 모을 수 있는 하나의 '소실점'을 만들지 못한 정치관료들의 무능이 더욱 심각했다고 해야 할 터이다. 비유컨대 '1890년대 조선'이라는 제하의 풍경화에는 창의적인 구상과 치밀한 구도를 결여한 채 덧칠만이 난무했다. 이를 두고 소실점을 상실한 풍경화라 할 수 있지 않을까.

1898년 12월 26일 그러니까 몇 달을 이어온 대대적인 민중들의 시위가 수면 아래로 잠긴 시점, 소실점을 상실한 대한제국을 격렬한 '지진'이 휩쓸고 갔다. 1898년 12월 28일자 『독립신문』은 「연일지진」이라는 제목하의 잡보 기사를 싣는다.

　　재작일 밤 여덟 시에 지동(地動)이 되어, 집이 움직이고 문짝이 흔들려 방안에 있던 사람들이 놀래 밖으로 나오기도 하고 혹 누가 밖에 와서 문을 흔들고 부르는 줄로 알고 헛 대답한 사람도 있다 하고 혹 어디서 대포를 놓는가 의심하여 매우 놀란 사람들도 많았었다 하더니, 어제 오후 두시 반에 재작일과 같이 또 지동이 되었다더라.

만민공동회 해산을 전후한 시각, 인구 17만의 서울에 구세군 냄비가 걸리고, 몇몇 교회에서는 예수 탄생을 축하하는 성탄예배가 조촐하게 열리고 있었다. 성탄절 다음 날, 어디선가 대포를 쏘는 듯 땅이 흔들리며 집이 요동을 치는 지진에 놀란 서울의 민중들은 놀라 밖으로 뛰쳐나왔다. 지진은 같은 해 6월 4일에도 있었다. 그 지진이 1898년 조선을 뒤흔들었던 격동의 시간을 예고한 지질학적 징후였다면, 12월 26일과 27일의 연이은 지진은 민중의 함성이 땅속으로 잦아드는 한숨 섞인 울림이었다고 할 수 있을 것이다. 수많은 사람들이 집결, 무력한 정부를 대신하여 만민공동회라는 이름의 대규모 시위를 통해 위기에 처한 대한제국을 구해야 한다면 목청을 높였던 자리에도 한바탕 지진이 휩쓸고 갔을 것이다. 중심을 잃고 흔들리는 정부의 책략에 밀려 민중들의 함성이 지하로 스며들고 난 뒤였다. 비슷한 시기에 지진뿐만 아니라 '월식(月蝕)' 현상까지 나타난 마당이어서 이 불길한 징조를 바라보는 민중들의 심사는 더욱 착잡했을 터이다. 이렇듯 정치적 지각변동 혹은 대한제국의 정치적 파탄을 알리는 불길한 지진과 함께 광무 2년 한 해가 저물어가고 있었다.

2. 독립협회, 근대적 정치운동의 '방아쇠'

"민족과 왕조 제국의 의도적인 결합물인 '관주도 민족주의'를 찾는 실마리는 그것이 1820년대부터 유럽에서 급격히 확산된 대중민족운동 후에 대중민족운동에 대한 반동으로 발달했다는 것을 기억하는 일이다." 베네딕트 앤더슨은 『상상의 공동체—민족주의의 기원과 전파』에서 이렇게 말한 바 있다. 일본의 경우에서 명확하게 볼 수 있듯 민족이라는 이름으로 상상된 공동체의 세계적 전개에 위협을 느낀 지배계층이나 지도인물들은 관주도 민족주의를 전파하는 데 온 힘을 기울인다. 그들은 가능한 모든 미디어를 동원하여 '민족' 또는 '국민'이라는 조형물을 만들고자 했으며, 그 정점(소실점)으로 천황을 배치했다. 천황을 국가의 표상으로 내세운 메이지정부는 1853년 페리 내항 이후 폭발한 민중들의 저항을 흡수·재조직할 수 있었다. 그 과정에서 상반된 정치적 견해를 가진 사람들 사이에 암살과 테러 등 폭력이 난무했을 뿐만 아니라 짧지 않은 기간 동안 세이난전쟁(西南戰爭)을 비롯한 내전과 폭동을 겪었다는 것은 잘 알려진 바와 같다.

그런데 조선의 경우 동학농민항쟁이라는 거대한 민족운동의 요구를 수용할 시스템이 부재했다. 갑오경장에서 그들의 요구를 일부 수용했다 하더라도 그것을 적극적으로 밀고 나갈 수 있는 개혁 세력이 지극히 미미했다. 대원군과 명성황후의 대립, 고종독살미수사건을 비롯한 기득권 세력들의 끊일 줄 모르던 암투와 음모를 떠올리는 것만으로도 충분하다. 이러한 시점에서 비교적 명료한 입장을 표명하고서 등장한 정치세력이 독립협회였다. 1898년 7월 21일자 논설은 독립협회가 걸어온 길을 회고하고 또 걸어가야 할 험난한 길을 예고하면서, 법률과 규칙을 지켜 "황실을 위하고 동포를 사랑하는 마음과 정성"을 펼쳐야 한다고 말한다.

독립협회를 설시한 후 몇 달에 다만 여러 회원들이 일요일이면 모여서 담배나 먹고 한담이나 하는 곳이 되어 별로 회원들에게나 민국상에 이로운 말이 없는 고로, 몇몇이 의론하고 작년 여름부터 토론회를 시작하여 각색 학문상에 관계되는 문제를 내어 좌우 시비를 숙론하여 여러 사람의 문견을 넓게 하고, 일변으로는 각국 회의 통용 규칙을 공부하여 일요일마다 모이는 사람들에게 다소간 유익한 일이 있게 하였더니, 그 후에 국가 내외의 정치상에 인민이 모르는 체 할 수 없는 일이 있으면 독립토론회에서 다른 사람에게 비하면 먼저 깨달은 직무가 있는 고로, 혹 상소로 구중궁궐에 민정(民情)을 입문케도 하며 혹 정부대신에게 의견서와 질문서를 보내어 인민의 소회를 편 일도 있으나, 회원들이 각자 충군애국 넉 자로 주의를 삼아서 지금까지 일언반사라도 황당한 말을 하거나 혹 사욕으로 의론한 일이 없는 것은 그 협회의 상소와 편지를 보아도 알지라.

근일에 들은즉 이 협회를 훼방하여 심지어 없앨 계책까지 한다 하니 이런 말을 준신은 아니하거니와 시비가 많은 것은 우리도 아는 바라. 그 협회에서 과연 잘못한 일이 있으면 마땅히 그 잘못한 것을 광명정대히 책선(責善)할 것이요, 뒤로 다니면서 훼방을 하거나 음해할 생각을 두는 것은 우리 생각에 대단히 불가히 여기며, 협회를 위하여 말하면 시비 듣는 것이 도리어 큰 리[익]이라. 옳은 일만 하면 세상 사람이 다 그르다 하여도 관계할 일이 없고, 만일 그른 일을 행하면 세상이 시비할수록 더 경계가 될 터이니 협회 제군자들은 설립한 본 목적을 잊어버리지 말고 매사를 난만공의(爛漫公議)하여 바른 일이라도 회중 규칙과 국가의 법률을 준수하여 옹용처치(雍容處置)하여 조금이라도 경솔하거나 황잡하거나 무례한 일이 없게 하여 세상 사람이 모르고는 훼방을 할지언정 알고는 독립협회를 조금이라도 흠단 잡을 모퉁이가 없게들 하여, 위로는 황상폐하의 칙령으로 설립한 협회를 욕되게 말고 아래로는 회원들의 명예를 손상치 말며, 어느 때까지든지 황실을 위하고 동포를 사랑하는 마음과 정성이 여일하기를 깊이 바라노라.

독립협회는 위 논설에서 보는 것처럼 매주 일요일에 '통상회(通常會)'라 불리던 정기모임에서 토론회를 개최한다. 매주 일요일에 열리던 통상회가 토요일로 바뀐 것은 1898년 11월 말부터인데, 11월 29일자 『독립신문』「잡보」는 그 이유를 "일요일은 7일만에 한번씩 돌아오는 공일인데 공일은 세계 각국에서 사람마다 쓰지 않고 으레히 쉬는 날이어늘 독립 협회 통상회를 항상 공일에 하는 것이 대단히 불가하니 이 다음부터는 공일 전날 토요 반공일에 통상회를 하기로 영위 작정이 되었다더라"고 설명한다.

어찌됐든 독립협회 회원뿐만 아니라 일반 방청객들이 참석하기도 한 이 토론회에서는 매주 한 가지 주제를 정하여 토론을 펼쳤다. 장소는 독립협회 사무소 또는 독립관이었다. 그 현장이 어떠했는지 하나만 예를 들어보기로 하자. 1898년 11월 29일자 잡보란에 실린 「토론문제」라는 기사는 다음과 같이 전하고 있다.

> 돌아오는 토요일 통상회에 토론할 문제를 내서 회중에 반포하는데, 문제는 '신(信)과 의(義)를 튼튼히 지키는 것은 본국을 다스리는 데와 외국들을 사귀는 데 제일 요긴함'으로 결정하고, 우의 (右義)는 이승만·장태환, 좌의(左義)는 이상재·방한덕 사(四)씨로 선정하였다는지라. 돌아오는 반공일 통상회 토론에 긴요하고 자미스러운 말이 많이 있을 터이니 독립 협회 회원들은 연고 있다 칭탁들 말고 관민간에 모두 가서 참여들 하기며, 방청하실 첨근자들도 많이 가서 들으시오

먼저 설정된 문제(여기서는 '신과 의를 지키는 것은 본국을 다스리는 데와 외국들을 사귀는 데 제일 요긴함')를 두고 좌우 양편으로 나뉘어 논쟁을 벌인다. 예컨대 이승만과 장태환이 찬성하는 입장에서 의견을 개진하고, 이상재와 방한덕이 반대하는 입장에서 의견을 펼친 다음, 참석한 사람들이 표결을 통해 가부(可否)를 결정한다. 이런 방식으로 위생 문제, 통상 문제, 의회 설립 문제, 교육 문제 등등 다양한 관심사들을 토론에 붙임으로써 당시 조선이 안고 있었던 많은 문제들을 해결해나갈 수 있는 하나의 좌표를 마련하고자 했던 것이다. 그리고 토론 과정을 거쳐서 결정된 의견은 『독립신문』을 비롯한 매체에 게재되어 각 지역의 독자들에게 전달된

다. 바야흐로 모든 일을 '난만공의(爛漫公議)'하는 '토론의 시대'가 열리고 있었던 셈이다.

독립협회에서 개최한 토론회는 근대적 공론의 장을 형성하는 데 결정적인 계기가 되었다. 독립협회의 토론회를 본따 전국 각지의 단체와 학교에서 토론회를 열었으며, 시국에 관심을 가진 사람이라면 때와 장소를 가리지 않고 설전을 벌이곤 했다. 토론과 그 연장선상에 있는 연설은 인민을 계몽하는 강력한 '미디어'로서의 역할을 수행하고 있었던 것이다. 그리고 이는, 1898년 8월 4일자「협회에서 할 일」이라는 제목의 논설에서 볼 수 있듯이, "협회 제회원들이 그 회표(會表)에 쓴 충군애국 네 글자를 잊어버리지 않는 일이 매우 감사하며 아무쪼록 몇 번 득승한 것을 믿고 교만한 마음이 나지 말며, 경적하는 생각이 없이 사사 혐의와 쓸데없는 의심을 버리고 마음을 같이 하며, 힘을 합하여 악한 정사는 뿌리를 빼고, 좋은 법으로 근원을 밝혀 민국이 태평하게 하기를 바라"는 독립협회 지도부와『독립신문』필진들의 '마음'을 전달하는 장이기도 했다.

그렇다면 독립협회와 만민공동회는 어떤 관계에 있었을까. 신용하 교수의『독립협회연구』(1973)는 독립협회와 만민공동회에 관한 한 선구적이자 독보적이라 할 수 있는데, 이 연구에 따르면,『독립신문』이 창간된 지 3개월 후인 1896년 7월 2일에 창립을 선언한 독립협회의 넓은 의미의 자주민권자강운동은 대체로 다섯 단계로 나누어 볼 수 있다. 제1단계는 독립문건립운동기. 1896년 창립 초부터 1897년 8월 28일까지가 이 시기에 해당한다. 이 시기에는 독립문·독립공원·독립관의 건립 사업과 독립문건립모금운동이 독립협회 활동의 핵심을 이루었다. 이 기간에는 독립협회의 조직도 창립 초의 고급관료의 주도하에 있었다. 제2단계는 토론회계몽운동기. 1897년 8월 29일부터 1898년 2월 20일까지가 이 시기에 해당한다. 이 기간에는 토론회를 개최하여 민중을 계몽하는 운동을 주로 하였으며, 이에 따라 독립협회의 조직에도 일반회원과 민중이 대거

진출하기 시작했다. 제3단계는 좁은 의미의 자주민권자강운동기. 1898년 2월 21일부터 1898년 10월 27일까지가 이 시기에 해당한다. 이 기간에 독립협회는 나라의 자주독립과 자유민권과 자강개혁을 실현하기 위한 수많은 활동을 전개하였으며, 과제가 대두할 때마다 즉각 이에 대응하여 민중주도하에 강력한 자주민권자강운동을 전개하였다 제4단계는 관민공동회운동기. 1898년 10월 28일부터 11월 2일까지의 6일 간이 여기에 해당한다. 독립협회는 이 기간에 대규모의 민중대회를 개최하고 여기에 관원들을 합석시켜 민중이 결의한 개혁정강에 동의하도록 하였으며, 이로써 국정 전반의 개혁을 실시할 기초를 닦고자 했다. 제5단계는 만민공동회 투쟁기. 1898년 11월 3일부터 1898년 12월 25일까지가 여기에 해당한다. 이 시기에 독립협회는 정부와 수구파의 본격적인 탄압을 받게 되자 이에 대항하였으며, 민중의 자발적인 만민공동회가 상설기구로 조직되어 독립협회와 함께 수구파와 외세에 대항하여 자주민권자강투쟁을 전개하였다.

신용하 교수는 독립협회를 '주어'로 놓고 이 시기의 운동을 서술하고 있지만 독립협회의 영향력은 제3단계를 고비로 현격하게 감소하고, 자발적인 민중들의 시위가 전면에 부상한다. 물론 독립협회 인적 구성상의 다양한 스펙트럼을 고려해야겠지만, 고문(顧問)으로서 실질적인 영향력을 행사한 서재필을 비롯하여 윤치호·이상재·이완용 등은 민중들로부터 일정한 거리를 유지하고 있었다는 점을 기억할 필요가 있다. 그리고 자주자강운동이라 했지만 독립협회 지도부가 외세침탈에 대해 보인 태도를 들여다보면 그들의 이중성 또는 양면성을 분명히 알 수 있다. 예컨대 러시아가 목포에 영사관을 짓기 위한 부지를 필요 이상으로 넓게 요구한 데 대해 그들은 명확한 반대 의견을 개진했다. 그리고 러시아와 동맹관계에 있던 프랑스가 경의선철도 부설권을 차지할 당시 이미 약속한 바 있는 철도 연변의 탄광을 확정짓자는 요구를 한 데 대해서도 반대하였다. 반면 영국이 정부의 방침을 무시하고 금광채굴권을 침탈한 데 대해서는 침묵하였을 뿐만 아니라, 독일이 외부대신에게 행패를 부리면서까지 강요하였던 당현(堂峴) 금광채굴권에 대해서도 수용하는 자세를 보였다.

이러한 모습은 일본에 대한 태도에서 절정에 이른다. 러시아의 철수 이후에 윤치호는 고종으로부터 일본군대의 철수를 독립협회에서 요구해달라는 요청을 받은 바 있었으나, 일본 군대의 주둔은 일본의 거류민을 보호하기 위해서이며 국내 정세의 안정을 위해서도 필요하다는 이유에서 거절하였다. 무엇보다 중요한 것은 1898년 9월 일본이 경부철도 부설권을 침탈했을 때 독립협회가 보인 태도이다. 이때 독립협회는 전혀 이에 대한 반대가 없었을 뿐만 아니라, 이와 관련하여 방한한 이토 히로부미를 '조선 독립에 큰 공이 있는 인물'이라 하여 영접 대표단을 파견하였고, 나아가 환영 연회에서 그를 찬양하는 시를 짓기도 하고 선물(독립문이 새겨진 은제 찻잔)까지 증정하는 등 극진히 환대하였다. 이러한 상황에서 이권침탈 문제를 독립협회의 주요 활동 방향으로 삼을 것인가에 대해서 내부에서 치열한 논쟁이 전개된 바 있다. 『대한계년사』를 쓴 정교(鄭喬)는 열강에게 침탈당한 이권을 조사하여 대책을 강구하자고 주장한 반면, 윤치호와 남궁억 등은 그러한 움직임은 외국인들의 비위를 거스를 우려가 있으니 그만두자는 입장을 견지했다. 그러다 독립협회의 운동 노선은 반외세투쟁에서 반정부투쟁으로 선회한다.

독립협회의 활동과 지도부의 역할을 폄하할 생각은 조금도 없다. 다만 독립협회의 영향력을 지나치게 확대 해석할 경우 만민공동회의 의미가 축소 왜곡될 우려가 없지 않다는 점만 지적해 두기로 한다. 독립협회가 1898년 3월부터 그 해 말까지 전개된 대규모 시위의 방아쇠 역할을 했다는 점만은 분명하다. 하지만 일단 총구를 떠난 탄환은 독립협회 지도부가 겨냥하지 않은 표적을 향해 날아가고 있었다. 사실 만민공동회는 하나가 아니었다. 독립협회가 주최하고 조직하는 독립협회의 민중동원 집회와 더불어 독립협회와 관계없이 민중들이 수시로 자발적으로 조직한 만민공동회가 공존했던 것이다. 종로와 인화문 밖, 숭례문, 경무청 앞, 진고개 왜장터뿐만 아니라, 고등재판소, 부상패들과 일전을 벌인 공덕동, 김덕구의 장례식이 성대하게 거행된 용산 등도 만민공동회의 '장소'로서 기억해야만 한다.

3. 1898년 겨울, 그 '풍찬노숙'의 기록

"1898년 열강의 이권침탈에 대항하여 자주독립의 수호와 자유민권의 신장을 위하여 조직·개최되었던 민중대회"라고 일컬어지는 만민공동회는 민중들의 근대적 개혁을 향한 열망을 표출한 거대한 시위의 원형이자 미완의 정치운동이었다. 1898년 3월 10일, 만민공동회라는 이름으로 외세의 배격과 의회 설립 등을 주장하며 일련의 시위를 전개했던 민중들은 10월 28일부터 11월 2일까지 6일에 걸친 관민공동회에서 자신들의 요구를 관철시킨다. 시위 현장은 충군애국의 함성이 울려퍼지는 가운데 남녀노소와 빈부귀천을 물론하고 하나의 '대한제국의 인민'임을 확인하는 '축제'의 도가니였다. 인민의 힘과 그 가능성을 깨닫는 장이기도 했다.

그러나 기쁨도 잠시, 정부측에서 시위를 주도한 인물 17명을 체포함으로써 상황은 다시 급변한다. 잠깐의 기쁨과 휴식을 누릴 여유도 없이 시위 군중들은 다시 거리로 모여든다. 그리하여 1898년 11월 5일부터 12월 23일까지 황제 친유(親諭) 이후의 6일 간을 제외한 40여 일 동안의 철야농성에 돌입한다. 경무청과 고등재판소 그리고 궁궐 앞 육조거리를 점거한 시위대는 여러 차례에 걸쳐 상소를 올리고 드디어는 그종 황제를 불러내어 '항복선언'을 받아내기도 한다.

40여 일 간의 철야농성투쟁, 이야말로 만민공동회 시위의 절정이었다.

실패 또는 패배 여부는 다음 문제이다. 이 40여 일에 걸친 만민공동회의 대대적인 시위는 어느 매체보다 강력한 계몽의 통로였다. 콩나물 파는 할머니에서부터 기생과 백정 그리고 철모르는 아이들에 이르기까지 계층과 신분을 떠나 모든 사람들이 '충군애국하는 조선의 인민' 자격으로 만민공동회의 시위에 직접 참가하거나 전폭적인 지지를 보냈다. 시위대를 위해 자발적으로 마련한 장터에서는 장국밥을 제공했으며, 이른바 '규찰대'를 조직하기도 했다. 바야흐로 혁명 전야의 전운이 감돌고 있었던 것이다.

할머니와 순검들이 앞을 다투어 푼돈을 털어 시위 군중을 응원하고 나섰고, 어느 '의로운 죽음'을 계기로 남대문 밖 이문골에 사는 김광태를 비롯한 아이들은 이른바 '자동의사회(子童義事會)'를 만들어 충군애국을 목청껏 외치기 시작했다. 이런 아이들뿐만 아니라 찬양회 부인들 및 학생들이 온갖 모임을 만들어 시내 곳곳에서 연설회를 개최했다. 새로운 '계몽의 미디어'인 연설이 강력한 호소력으로 시민들 속으로 파고들었으며, 『독립신문』·『매일신문』·『제국신문』·『황성신문』 등이 그 현장을 대대적으로 '중계'했다. 시위를 통한 계몽이 절정에 이른 순간이라 아니할 수 없다. 이제 '백성'들은 시위를 통해 타자와 자기를 동시에 발견함으로써 자신들이 하나의 '국민'임을 자각하기 시작했던 것이다. 이제 그 40여 일 간의 기록을 『독립신문』과 『매일신문』 그리고 『대한계년사』 등의 기사에 의거하여 재구성해보기로 한다.

제1일(11월 4일 밤~5일) : 정부는 관민공동회의 요구를 받아들여 11월 4일 중추원신관제를 의정부참정 박정양의 이름으로 공포한다. 민중들은 11월 5일 독립협회를 대표하는 의원을 뽑는다는 꿈에 부풀어 있었다. 그러나 4일 밤, 조병식·유기환·이기동 등 수구파 관료들은 이른바 익명서 사건을 조작한다. 독립협회가 11월 5일 독립관에 모여 박정양을 대통령, 윤치호를 부통령으로 하는 공화정을 도모한다는 게 그 내용이다. 분개한 고종은 주도 세력들의 체포와 독립협회의 혁파를 명한다. 그리하여 윤치호를 제외한 17명과 기타 회원 2명 총 19명이 체포되기에 이른다. 민중과의 약속을 지킬 만큼 강단을 지니지 못한 황제 고종의 어이없는 배신이었다. 경무청 앞에 모인 시위 군중들은 이들의 석방을 요구하며 철야농성에 돌입한다.

> 재작일 효두(曉頭)에 김정기씨가 특정으로 경무사를 피임하여 독립협회 회원 중 이상재·한치유·정학모·유맹·염중모·조한우·이건호·방한덕·현제창·김두영·윤하영·유학주·정교·남궁억·홍정후·변하진 제씨와 기타 회원 이 인 합 십구 인을 본청에 착수(捉囚)하여 조석은 경무청에서 공궤(供饋)하고 본회 사무소에 있는 일체 문부(文簿)를 다 경무청으로 수입한지라. 본회에서 즉일로 경무청 앞에 개회하고 수천 명 회원들이 다 자현취수(自現就囚)하기를 자원하더라. 그때에 한성판윤 이호익씨와 경무사가 조칙을 받자와 본회에 나아와 조칙 사의를 낭독하며 다 물러가기를 권면하거늘, 양홍묵 이무영 양씨가 관인 두 분을 대하여 설명하기를, 향일 종로에 모인 만민공동회가 다 나라를 위하여 폐막(弊瘼)을 교구(矯捄)하려고 한 일이오 자기 일신상을 위함이 아니어늘 오늘 회원 십구 인이 갇히었으니 우리도 함께 갇히어 생사를 같이 하겠노라 하거늘, 참석한 회원이며 방청하던 제원이며 내빈왕객들이라도 다 소리를 크게 하여 그 가함을 허락하더라. (『매일신문』 11월 7일자. 현대어 표기 및 한자병기 ―인용자)

> 순검들이 그저께 경무청 앞에서 공동회 백성을 물리치려 하매 백성들이 충분(忠憤)한 마음으로 말하기를, 독립협회 회원들이 충애하다가 여기 갇혔으니 우리도 충애하는 의리로 함께 갇히기를 원하는지라. 어찌 물러 가리요 한데, 순검 하나가 칼을 빼매 회원들이 격동하여 떠들기를 우리가 무슨 죄가 있을지라도 법률대로 처단하는 것은 가하거니와, 인민을 보호하는 경찰 관리가 무란히 백성을 대하여 칼을 빼니 이런 경무장정이 있느냐 하고, 총대 위원을 들여보내어 누차 질문 사실(査實)하여 달라하되 경무사가 종내 사실 아니하여 주었다더라. (『독립신문』 11월 7일자 잡보「순검발검」)

제2일(11월 6일) : 경무청 관리들의 협박에도 불구하고 종로의 대소 시전 상인들이 철시를 단행한다. 수구파와 고종은 무력해산을 검토한다. 그러나 시위군중의 저항에 막혀 무산되고 만다. 시위 군중들은 여러 차례 경찰병력과 대치한다.

재작일에 만민공동회에서 회원을 오서(五署)에 택송(擇送)하여 연설을 하는 말이, 독립협회 회원들이 충군애국으로 의무를 삼다가 근일에 십구 인이 피착(被捉)이 되었다 하고 무수히 설명하던 차 소대장 조모라 하는 이가 병정을 거느리고 나와 그 연설하는 회원을 금하되 방청하는 제원(諸員)이 물러가지 아니하는지라. 그 소대장이 병정을 지휘하여 총으로 놓으려 하거늘 백성들이 말하기를 장관이라 하는 것은 도적을 막자는 것이어늘 무죄한 백성을 보호하기는 고사하고 도리어 죽이려 하니 저런 군인이 어디 있으리오 하고 혹 죽기를 피하며 혹 돌아서 돌로 치니 그 소대장이 도망하다가 그 입었던 복장을 벗어버리고 갔는지라 공동회에서 그 복장을 찾아 군법국으로 보냈다더라. (『매일신문』 11월 8일자)

제3일(11월 7일) : 민중들의 만민공동회투쟁을 배경으로 하여 개혁파 관료들이 반격에 나선다. 경무사 신태휴는 "충군애국한다는 사람들을 어찌 잡겠는가"라고 항변하면서 만민공동회에 참가한 사람들을 모두 체포하라는 상부의 명령을 거부한다. 뿐만 아니라 일부 하급관리들도 민중들의 투쟁에 동의한다. 밤부터 차가운 겨울비가 내리기 시작한다.

고등재판소 압뢰(狎牢) 다니는 사람 하나이 이천만 인 대표로 갇힌 십칠 인을 대하여 하는 말이, 그대들은 갇히어도 영화요 생색이라. 우리는 구명도생(苟命徒生)으로 법사에 임명을 두고 월급을 먹으니 먹어도 욕일 줄은 나도 아오 그대가 나라를 위하고 백성을 살리려다가 이 지경이 되었으니 일평생 사업을 하셨소 살아 나가면 대인군자요 죽어 나가면 혈식천추(血食千秋)할 터이니 매우 부럽소 하더라니, 그 압뢰가 이천만 인 대표로 갇힌 사람들에게 치하하였다고 말하더라. (『매일신문』 11월 9일자)

제4일(11월 8일) : 겨울비가 내리는 가운데 고등재판소 앞에서 철야시위가 계속된다. 비를 무릅쓰고 흩어지지 않은 채 철야시위를 벌이는 시위대들을 위한 의연금과 물품이 줄을 잇는다. '일본 친구'는 조일주(朝日酒) 40 되를 보내오고, 청국인 이선달은 떡 세 봉을 보내온다. 고종은 만민공동회의 투쟁을 두려워하여 체포된 지도자들의 석방을 심각하게 고려한다.

본회 회원들은 죽을 사(死) 자를 지키어 물러가지 못할 일이 많도다. 비 맞는 것을 걱정하고 밤이면 차서 견디지 못할 것을 걱정하고 주리면 먹을 것을 걱정하여 전인(廛人)들은 갓모와 방석을 부조하며 어떤 사람들은 장작과 장국밥을 보조하니 이는 다름이 아니라 충애 이 자를 지키는 까닭인즉 충애 이 자를 나타내게 못하고 무심히 헤어지면 보조하던 사람의 방략은 고사하고 일국의 기운이 다 죽으리니 기운이 죽고 보면 우리 이천만 인민의 호적을 어느 정부에 바칠 줄을 아지 못하리니, 아무쪼록 기운이 죽지 말아야 하겠다더라. (『매일신문』 11월 10일자)

제5일(11월 9일) : 겨울비는 그치지 않고 사방은 어둑하다. 유기환 등 수구세력들은 군대를 동원하여 해산할 것을 고려하지만 또다시 회군(回軍)하고 만다. 다방골 사는 박소사는 집을 판 돈 백 원을 보조금으로 보내고, 눈먼 걸인은 돈 칠 푼을 기꺼이 보조한다. 뿐만 아니라 벽동 사는 김소사는 만민공동회에서 철야를 한다는 말을 듣고서, "날도 차고 밤도 긴데 주리고 박착(薄着)한 사람들이 어찌 경과를 하리오. 우리를 살리려고 사생(死生)을 헤아리지 아니하는데 우리는 방안에 편안히 자는 것이 어찌 미안치 아니하리오" 하며 그 아들을 함께 밤을 지새라며 시위 현장으로 보낸다.

이달 구일에 종로 여러 만민들 모인 가운데 사관 하나이 기를 두루며 병정을 데리고 인민 모인 가운데로 들어오는데 병정이 총으로 인민을 놓으려고 한즉, 열 너덧 살 된 초립동이가 그 병정의 총대머리를 휘어잡고 하는 달이, 너는 대한 사람이 아니관대 충군애국하는 인민들을 무죄히 총으로 놓아 죽이려고 하느냐 하니, 또 한 사람 말이 우리를 총으로 놓으려면 놓으라 하며 하는 말이, 사관과 병정이 난리를 칠 때에 총을 놓는 것이라. 우리가 난민이 아님에 너희가 비록 총으로 놓더라도 우리가 맞지 않을 것이 충신(忠信)으로 갑주(甲冑)를 삼고 예의로 방패를 삼았으니 맞을 이치가 없다 하니, 사관과 병정들 말이 칙령이 계시다 하거늘, 인민들 말이 이놈아 지극히 어지신 성상께서 어찌 인민을 대하여 총을 놓으라 하시리오 하니, 그 사관과 병정이 무류하여 갔더라.

인민 중 말이, 피착(被捉)된 사람 십칠 인이 충애하는 목적으로 갈충보국하다가 불행히 간세배의 구무(構誣)를 입어 갇히었으니 만일 죽으면 이것이 더욱 영광이라. 우리도 같이 죽어 그런 영광을 청천백일 아래 빛내보자고 하고, 좌우에 지기지사들이 의기가 당당하니, 사직골 사는 태가라 아는 아이가 나이 열네 살이 되었는데 마침 그 좌석에 왔다가 전연히 일어서서 양비 대답하는 말이, 대저 그 말이 장부의 말은 말이로되 그렇지 않은 이유가 있으니 아무리 어린 아이의 말이라도 자세히 들으시오 우리가 다 성상의 적자가 아닌가. 비유컨대 갇힌 십칠 인은 큰아들이요 우리는 작은아들이라. 큰아들이 죽는다고 우리가 마저 죽으면 부모를 누가 봉양하리오 하니, 좌우에서 이 아이의 말을 귀를 기울여 듣고 다 옳다 하더라니 누가 이르되 대한국에 사람이 없다 하리오 하더라. (이상 『매일신문』 11월 11일자)

제6일(11월 10일) : 만민공동회에서 올린 상소에 대해 황제는 헌의6조와 스스로 약속한 '다섯 가지 조건'을 실시할 것이니 물러가라는 내용의 비지(批旨)를 내린다. 재판부는 "물러가 기다리라는 황제의 명령을 어기고 공동회를 계속 열었다는 이유"로 체포된 17인에게 태 40의 형을 내린다. 『독립신문』 논설란에는 '판결선고서'가 실리고, 구속되었던 사람들이 석방된다. 시위 군중들은 환호한다.

성상께오서 공동회에 조칙을 내리오셔 인민을 효유하여 가라사대, 너희 등이 경무청 앞으로부터 고등재판소 앞으로 옮았으며 또 종로로 옮은 지 무릇 몇 날이나 되었느냐. 찬비와 찬서리가 심히 사람에게 마땅치 아니하거늘 오히려 한

데 처하였으니 반드시 병이 될지라. 짐이 깊은 궁에 거하여 금의옥식이 편안치 못한지라. 진실로 우리 적자를 생각함에 어찌 그렇지 아니하리오 비서원승을 명하고 또 법부대신을 안동하여 조칙을 선유하노니 너희 등이 일전에 들린 여섯 가지 조건과 조서로 반포한 다섯 가지 조건을 마땅히 정부로 하여금 차제로 실시할 것이요, 백성들이 원하지 아니하는 몇 사람은 이미 그 가기를 허락하였으며 십칠 인을 방면한 것도 또한 경한 법으로 하였고 짐이 너희 등의 청한 바에 허락하기를 근지한 바 없은즉 거의 이 마음을 알리라. 이미 파한 각 회를 다시 설시하여 달라는 일관은 명령이 나리어 먹 흔적이 마트지 못하여서 백성이 듯문 청함이 사체(事體)에 틀리고 하물며 말길을 엷은 중추원 실시 장정 중에 자재하였으니 곧 물러가 처분을 기다린즉 마땅함을 헤아려 조칙하여 기어이 관민이 서로 믿게 하리니…… (『매일신문』11월 12일자)

선고하는데 방청하던 총대위원 제씨와 몽방(蒙放)한 17인이 고등재판소 문전 만민 모인 데 나와서 함홍광대하옵신 성은을 서로 하례하고 감격을 이기지 못하여 동포 만민이 서로 붙들고 울며, 인하여 황상 폐하를 위하여 만세를 부르고, 황태자 전하를 위하여 천세를 부르고, 전국 이천만 동포를 위하여 천세를 부르고, 인하여 서로 의론하여 가로되 우리 만민의 백백무하(白白無瑕)한 것을 황상 폐하께서 통촉하옵시고 17인을 놓아옵시니, 우리들이 이왕 가지고 있는 충군애국하는 목적을 더욱 두터이 하여 황세를 만세 무궁토록 보호하고 삼천리 강토를 유지케 하여 전국 이천만 동포로 하여금 생명 자산을 보호하여 자주독립의 권리를 튼튼히 하고 외국 사람에게는 의지를 말자 하며, 이제는 우리가 황은을 무루었으니 고등재판소 문전에 더 있을 것 없으니 한 걸음 물러나 종로 네거리로 가서 모여 있어서 황상 폐하의 성총을 옹폐하여 흉녕음특(凶獰陰慝)한 익명서로 전국 이천만 동포 형제를 대표하여 충애하는 우리를 천길 만길 되는 깊은 구렁에다 밀어뜨려 놓으려던 간세배로 더불어 군핵 재판하여 충신과 역적의 이름을 분별한 후에야 각기 물러가기로 작정을 하였다더라. (『독립신문』1898년 11월 12일자)

제7일(11월 11일) : 고등재판소 앞에서 종로 사거리로 장소를 옮긴 시위대는 물러서질 않고 간역배 재판과 헌의 6조 실시, 독립협회 복설 등을 주장하며 시위를 계속한다.

제8~9일(11월 12~13일) : 만민공동회는 조병식 · 민종묵 · 유기환 · 이기동 · 김정근 등 이른바 5흉의 재판과 독립협회 복설 등을 상소를 통해 주장하는 한편 시위를 계속한다. 고종은 시위대 해산 문제를 두고 부심하며, 시위 현장은 기생과 어린아이들의 연설로 열기가 더해간다.

　이달 십일에 여러 인민들이 종로 사거리에서 경야(竟夜)를 하는데 기생 초월이가 와서 하는 말이, 내 아무리 천한 기생이나 동포 자매의 윤기(倫紀)와 충국 애국하는 목적이야 다름이 없는지라. 진작 와서 치하할 것이로되 계집 사람이 되어 개명이 덜된 때에 여러분 보옵기가 합당치 못할 듯하였더니, 지금 들음에 충군애국하던 사람 십칠 인이 방송되었단 말이 있으니 기쁨을 견디지 못하여 와서 보압고 충애함을 만분지일이라도 위로하노라 하고, 돈 사 원을 내어놓으면서 이것이 약소하나 한번 보용이나 하라고 하였다더라.

　어떠한 십 이삼 세쯤 된 아이들이 모이어 의론하기를, 근일에 만민공동회에서 진신네들을 다 청하여 무슨 일을 의론한다 하니 우리 생각에는 그 진신네들이 백성에게 불려다닐 것이 아니라, 자기들도 실직이 있든지 없는지 일제히 모이어 나라일과 백성의 폐막을 의론하여 시행하되 사정(私情)은 쓰지 말고 공평히만 하여 나라일을 자기의 집안일로 알았으면 정부에 이력도 있고 형편도 알기를 백성보다 몇 층이나 더한 분들이 어찌 백성에게 불려다니기는 하여도 자기네가 주장하여 백성의 의견 받을 줄은 생각지 아니하니 참 알 수 없는 일이라고 말들 하니, 어린 아이들 말이라도 매우 유리하기로 그 말하던 시종을 들어 등기하노라. (이상『매일신문』 11월 15일자)

제10일(11월 14일) : 3차 상소를 올려 5흉 재판과 헌의 6조 실시, 독립협회 복설 등을 요구하고, 진신들을 불러내어 논쟁을 벌인다. 드디어 보부상 단체인 황국협회가 시위 교란 작전에 돌입한다.

도하에 있는 진신네들이 왕왕이 모이어 말들 하기를 만민공동회는 쉬이 허이지 아니할 모양이라 다시 벼슬할 경황이 없다 한다더니, 시골 소문을 들은즉 서울 사람의 타작 벼를 도무지 올리지 말라는 까닭에 민심이 소요하여 서로 말하기를 서울서 무슨 편안치 못한 일이 있어 다 낙향을 하려나 보다 한다더라.

추산은 쇄락한데 황국 단풍이 경치를 자랑하는지라. 근일에 진신들이 벼슬에 흥치가 없어 백운심처(白雲深處)에 경자(磬子) 소리를 찾아가니 홍진에 깊은 꿈을 경자 소리에 깨려는 것도 아니오 공명에 젖은 기량을 풍국(楓菊)에 부치려는 것도 아니라 만민공동회 소식이 머리가 아파 치료하려는 마음이라더라. (이상 『매일신문』 11월 16일자)

제11일(11월 15일) : 인화문 앞, 시위대는 그들의 5개조 요구 사항을 내걸고 철야한다. 황국협회 측도 전열을 가다듬는다.

인화문 앞에 모인 공동회에서 사찰 오백 명을 선정하여 경야를 하려고 하는데 십여 살 된 차가라 하는 아이가 말하기를, 일전에 종로에서 사찰들 경야하는 것을 보니 돌아다니며 장난들이나 하며, 혹 어떤 이는 사찰을 자원하고도 자기 집에 가서 자고 아침에야 오거늘, 정말 경야한 사찰의 말이 너 어디 갔더냐, 그 사람의 대답이 어젯밤에 함께 지내고도 이게 웬 말이냐, 하니 이러하고야 사찰이라 할 것이 없고 충군애국한다고 할 것이 없사오니 오늘밤에는 이런 폐단이 있으면 벌을 쓰는 것이 옳다고 하였다더라. (『매일신문』 11월 17일자)

제12일(11월 16일) : 고종은 시위대의 요구 중 일부를 수용하여 5흉 체포를 명한다. 그러나 조병식과 민종묵은 도피하고 유기환·김정근·신태휴만 구금된다. 한편 보부상들의 음해가 본격화하기 시작한다. 특히 익명서 사건과 마찬가지로 각국 공사관에 만민공동회에서 모종의 거사를 할 것이라는 내용을 담은 가짜 편지를 발송한다. 만민공동회의 소문은 바람을 타고 또는 신문에 실려 전국으로 퍼지기 시작하며, 도적들까지 공동회의 '충애 목적'에 감동한다. 예컨대 평안남도 용천군에 사는 함일

향과 최창립은 만민공동회에 편지를 보내 도적까지 감동시키고 있는 상황을 상세하게 '보고'한다.

경계자는 만민공동회가 충군애국하는 성심으로 주야불철하여 대궐문을 지키어 부르짖어 우는 소문이 시골까지 미쳤음에 비록 어리석은 사나이와 계집이라도 충군애국 네 글자를 흠모하여 흥기치 아니할 이가 없는지라. 우리 둘이 서로 말하기를, 충군애국하는 마음으로 만민이 공동하여 한 회가 되기는 실로 인 천지에 처음 일이라. 그 공변된 의무로 여러 날 풍찬노숙하거늘 우리는 어찌 앉아서 흠탐하리오 불원천리하고 친히 가서 자리에 참여하여 견마의 수고를 본받는 것이 마땅하다 하여 담부행상(擔負行商)으로 발섭상래(跋涉相來)하옵다가, 이제 고양군에 당한즉 불한당 여섯이 혹 능장도 가지고 혹 칼도 잡아 길을 막아 질욕하며 행장을 탈취하려 할 때에 토주(吐紬) 한 필을 가져가려 하거늘, 우리 하는 말이 지금 공동회가 충군애국하는 마음으로 대궐문 앞에 모이어 주야 호읍(號泣)하는지라. 우리가 불원천리하고 가서 이 토주를 회원에게 예물로 드리려 하였더니 이제 중로에서 견실(見失)하기는 우리 정성이 부족함이로다 하고 개탄불이(慨歎不已)하니, 그 불한당들이 서로 돌아보며 말하기를 노형 등이 참으로 민회 중에 가면 이것을 분명히 회원에게 [전하라]. 충군애국하는 성력으로 몇 십 년 전부터 보국안민하였으면 우리도 양민대로 있었을 것을 생애는 없고 탐학한 정사는 호랑이보다 심한 중 기한을 견디지 못하여 이렇게 도적질하는 지경이 되었으니 이는 세상에 충애가 없는 까닭이라. 이제라도 민회가 충군애국으로 태평을 이루면 우리도 다시 양민이 될 터이니 진실로 즐거운 마음이 춤출 듯한지라. 불원천리하고 도와주기를 원하여 오는 사람의 물건을 빼앗으면 하늘이 재앙을 주시리라 하고 그 토주를 도로 주며, 다시 하는 말이 우리도 자금(自今) 이후로는 회원이 될 터이니 그리 알라 하고 각각 물러감에 다행히 서울로 들어와서 그 사연으로 편지하고 그 토주를 드려 적은 성표를 표하노라 하였으니 편지한 두 친구의 성력도 도저하거니와 불한당의 정경을 생각하면 참 가긍하도다. 본심은 양민이언마는 탐학한 정사를 못 이기어 그른 일을 알고도 행할 지경이 되었으니 탐학한 정사는 백성의 도적질을 가르침이라 하노라. (『매일신문』 11월 18일자)

제13~16일(11월 17~20일) : 연일 정부의 관리와 진신들을 불러 국사를 함께 논한다. 그러나 전국 각지의 보부상 수천 명이 서울로 집결하면서 상황은 더욱 급박해지고 불길한 전운이 감돌기 시작한다. 아울러 시위대의 '충군애국'정신에 동조하는 사람들이 더욱 늘어난다.

> 북서 소안동 사는 박연규씨가 관민공동회에 참례하여 풍찬 노숙을 하는데 그 모친이 그 아들의 충애하는 의리를 매우 영화로 알고 자기의 아들도 모르게 돈 사십 전을 회중에 보조하였고, 또 어떤 부인은 관민공동회의 충애하는 목적을 흠감(歆感)하여 자기의 머리에 꽂았던 은 귀이개를 보조로 회중에 드리거늘, 회중에서 그 성의를 차서(借書)하고 귀이개는 도로 주니까 그 부인이 그 귀이개를 팔아서 돈으로 보조하며 하는 말이, 회 중에서 만일 이 코조를 또 아니 받을 진대 이는 나의 충애하는 마음을 외롭게 함이라 하거늘, 회중에서 부득이하여 그 보조를 받았다니 대저 충애하는 목적을 부인들도 이렇게 감동하니 우리는 그 사람을 칭찬하는 것이 아니라 다만 그 마음에 박힌 충대 두 글자만 간절히 치사하노라. (『독립신문』 11월 19일자)

제17일(11월 21일) : 오전 10시, 평양립을 쓰고 물푸레나무 몽둥이를 든 보부상 2,000여 명이 두 진영으로 나뉘어 연일 철야로 지친 시위대를 습격한다. 쌍방간에 사상자가 속출하면서 시위는 폭력으로 치닫는다. 기습이 성공하자 궁중에서는 백반과 육탕(肉湯)을 하사하여 보부상들을 격려한다. 『매일신보』 11월 22일자는 「한양풍경(漢陽風景)」이라는 제하에 그 상황을 생생하고도 상세하게 전하는데 그 일부를 보면 다음과 같다.

> △어제 새벽에 부상들이 종로에서 말하기를 민영준이가 백성의 재물을 확취(攫取)하여 전장을 팔도에 광치(廣置)하였고 가만히 민회를 도우니 그놈의 더운 피를 먹을 것이요, 고영근은 상놈으로 병사까지 하였으던 제 분의에 족하거늘 무슨 흉계를 생각하여 또 민회 회장이 되었는고 그놈도 역당(逆黨)이라, 기어이 그놈의 고기를 먹으려니와 급히 인화문 앞으로 제진하여 그곳에 모인 공동회를 쳐 없애자 하고 일제히 인화문 앞으로 몰아갈 새, 기천 명은 정동 병문

으로 가고 기천 명은 새문 고개로 가서 수미상접(首尾相接)하여 공동회를 부수더라.

△처음에 부상들이 몰아올 때에 순검들이 힘을 다하여 막는지라. 부상들 말이 비록 들어가더라도 야료하는 폐단이 없고 조용히 토론하겠다 하는 고로 들어가기를 허락하였더니, 부상들이 곧 들어가며 일변 방망이를 두르니 상한 회원이 수십 명인 중 김병일씨는 거의 죽을 지경이요, 윤석준씨는 다리가 부러졌다 하니 듣기에 놀랍고 애석하도다.

△공동회 회원들은 본래 충애 이자로 목적을 삼아 도모지 강포한 여기는 없는지라. 부상이 장차 치려는 소문을 들었으나 충심으로 갑주를 삼고 의기로 방패를 삼았으니 손에 무슨 흉기를 가졌으리오 회원들이 부상들의 방망이에 거꾸러지고 상하여 기색이 참담하니 하늘 이치를 참 알 수 없더라. 어느 분이 그 화를 당하였는지 죽는 것은 아깝지 아니하거니와 국사를 생각하면 가히 통곡할 일이로다.

△인화문 밖 그전 만민공동회 하였던 데는 부상들이 둔취(屯聚)하였는데 경무사가 경무관리들을 지휘하는 말이 칙령이 계시기를 평양자 쓴 사람 외에는 다 가라 하오셨으니 그대로 거행하고 병정 몇 조가 오궁터 삼거리와 정동 삼거리에 파수를 엄숙히 섰으니 충분소격(忠憤疏隔)에 인민들이 부상들을 치지는 못하고 길바닥을 두드리며 대성통곡을 하더라.

△얼마큼 후에 병정들과 순검들이 부상들을 새문으로 몰아내니 여러 만민들이 홍화문 밖으로 몰려 부상들과 피차 쟁힐(爭詰)이 되어 부상 둘이 중상이 되었다더라.

△이 소식이 성중에 전포(傳布)함에 각 전이 다 철시하였고 경무 관리들이 죽을 힘을 다하여 일변 회원을 보호하며 일변 부상을 막아 싸움이 아니 되도록 하더라.

△부상들이 인화문 앞에 웅거하여 혹 회원의 휴대도 도적하다가 경무청에 잡히어 가더라. 백성들이 정동 병문에 둔취하여 돌을 모으며 하는 말이, 부상이 나오거든 낱낱이 타살하자 하고 허이지 아니하더니, 거무하에 부상들이 새문 밖으로 나갔는데 회원들은 종로에 모이었더라. 백성들이 장목전 나무를 각기 가지고 부상으로 더불어 새문에서 싸우니 참 자중지란이라. 끝이 장차 어떻게 되려는지.

△새문 밖 백성들 수만 명이 모이어 부상을 막는데 병문 백성 둘이 분울한

마음으로 부상 하나를 쳐 죽였다더라.

△새문에서 부상 셋이 백성에게 죽었다더라.

△백성들이 분울한 마음을 이기지 못하여 이기동 조병식 민종묵 제씨의 집과 부상 도가를 부수었다더라.

제18일(11월 22일) : 더 많은 사람이 시위대에 가담한다. 만민공동회의 절정이다. 이날 보부상과 혈투를 벌이는 과정에서 김덕구라는 신기료 장수가 사망한다. 급기야 고종은 만민공동회의 요구를 수용하여 독립협회 복설을 허가하고, 수구파의 거두들의 유배형을 명한다(그러나 집행되지는 않는다). 『매일신문』은 「수장광란(誰障狂瀾)」이라는 제목 아래 거의 전 지면을 할애하여 21일 밤과 22일에 일어난 사건들을 격앙된 어조로 중계한다. 이에 비해 『독립신문』은 길을 잘 못 들어 '부상패'에 가담한 보부상들을 '개유(開諭)'해야 한다며, 비교적 온건한 태도를 취한다.

△이달 이십일 일 저녁에 부상들이 새문밖 한성부 앞에 므였거늘 독립문 아래 석다리께 사는 사람 하나가 키가 팔척 장신이오 기운이 초월한데, 서서히 내려와서 부상들 가운데 와서 사면으로 둘러 보다가 몸에서 번개같이 물몽둥이 하나를 끌어내어 좌충우돌하여 무인지경 같이 지치니 부상들이 일시에 정신을 미처 차리지 못하고 산지사방하였다더라.

△종로 만민공동회에서 방을 붙이기를, 인신적자가 어느 때에 없으리오마는 우리가 충군애국하는 목적으로 인화문 밖에 가서 진복을 하는데, 길영수 홍종우가 무뢰지배 수천 명을 부상패라 칭하고 도처하여 각각 탕망이를 가지고 막중 궐문 앞에 가서 함성을 하면서 충애하는 인민들을 무수 난타하여 기백 명이 기지사경(幾至死境)인즉 극히 통한한지라. 충애한 인민들은 제제이 종로로 와서 부상들을 성토하여 위로 황실을 보호하고 아래로 동포를 애휼(愛恤)하자고 하였다더라.

△조병식 민종묵 유기환 민영기 길영수 이기동 김정근 제씨의 집을 부수었다더라.

△작일에 부상들이 새문 밖에 모이어 있는데 방금 십삼투 부상을 소모하는

중이라더라.

△종로에 모인 공동회에서 각기 오서를 분간하여 지회가 다섯이 되었는데 백성의 분울하는 말이, 부상들이 방장 우리를 치려고 형세가 대단히 위급하니 우리도 힘을 다하여 부상을 막자 하더라.

△작일에 부상들이 오강 백성을 위협하여 저의 당이 되라 하며 오강 등지에 횡행하여 재산을 노략하니 오강 백성들이 거산(擧散)할 지경을 당하였다 하는 급보가 공동회에 온지라. 성중 백성들이 각서 기호(旗號)를 세우고 남대문과 새문으로 나가니 기세가 심히 굉장하더라.

△각 방곡에 순검과 병정이 파수가 심히 삼엄하니 백성을 보호하려는지 또 무슨 의려(疑慮)하는 일이 있어 그러한지 알 수 없더라.

△군부대신 서리가 대관을 민회소에 보내어 말하기를, 금일 민회에 무슨 사건이 있을까 하여 병정으로 하여금 보호하노라. 민회에서 대답하기를, 군인의 말이 미덥지 못하다 하였더니, 대대장 홍진길씨가 또 나와 말하기를 민회에서 군인의 마음을 아지 못하니 도리어 섭섭하다 하더라.

△각 학도들이 각기 학과를 정지하고 민회에 참여하여 사생을 같이 하려 하니 학도는 학문이 있는 고로 급업(岌業)한 시절을 당하여 충애하는 마음이 다른 회민보다 도저한 모양이라더라.

△회민들이 문 밖으로 나가 부상패의 행패를 막으니 오강 백성들이 수미상접(首尾相接)하여 부상을 저알(沮遏)한지라. 부상의 궁축(窮蹙)한 정형이 곤재해심(困在垓心)이러라. 부상이 팔로에 모집하는 당이 팔만여 명이라더라.

△문 밖으로 나갔던 회민들이 부상으로 더불어 삼개에서 만나 쟁힐(爭詰)이 되었는지라. 부상들은 각기 몽둥이를 가졌고 회민들은 손에 가진 것이 없는 고로 부상을 대적치 못하여 회민 넷이 중상한 지경이 되었고 나머지 회민들은 다 쫓기었다 하니 듣기에 놀랍고 분하도다. 충애를 가진 회민들이 불행한 패류(悖類)에게 욕을 당하였으니 하늘이 늙어 이치가 없는지, 그 패류들을 장차 소제(掃除)할 때가 있으려니와 목하에 광경은 가히 통곡할 일이라. 권념하노니 우리 회민들은 기운이 죽지 말으시오 (『매일신문』 1898년 11월 23일자)

종로에 모인 만민이 그저께 밤에 서로 의논하여 가라대, 우리들이 지금 부상패들과 상지들을 하기는 하나 그 부상패도 또한 우리 대한 동포라. 우리들이 어찌 차마 그 부상패를 짐짓 살해하려 하리요 다만 그 부상들이 뭉텅이를 지어 우리를 치려 하면 상말로 물려고 들어오는 개를 그저 둘 수 없으니 불가불 대적하여 물리치려니와, 장안 각 동리에 사는 사람 중에 어리석은 마음으로 지각없이 여간 그 간흉배의 꾀임에 빠져 은전 푼이나 타먹고 품팔이로 따라 다니던 사람들이야 실상 무슨 죄가 있느뇨 우리가 지금 혹 저의 사혐(私嫌) 풀이하려고 우리 모인 데 와서 말하기를 서울 아무 데 사는 아므가 이번에 부상패에 참례하였더라 할진대, 그 말하는 사람이 도리어 불쌍한 사람이라. 비록 그 사람이 부상패에 참례하였더라도 우리 만민 모인 데서는 그 부상을 구태여 탄하지 말뿐더러, 각기 동리에서 그 부상패에 참례하였던 사람을 좋은 충애 목적으로 개유(開諭)하여 그 사람이 그 부상패의 못된 목적을 버리고 아름다운 의리로 향하여 제 신명을 보존하게 서로 경계하자고 작정을 하였다더라. (『독립신문』 1898년 11월 24일)

제19일(11월 23일): 분을 이기지 못한 시위대는 조병식·딘종묵·유기환·이기동·홍종우 등의 집을 수색한다. 보부상과의 대치가 계속된다. 이날 밤 12시 황제의 명령을 따라 2일 간 잠정적으로 해산하기로 결정한다.

이달 이십삼 일 저녁때에 한성부 판윤 윤치호씨가 종로 만민공동회에서 인민들에게 효유하기를, 삼일 안으로 여덟 사람을 조칙대로 의율(擬律) 유배할 것이고 부상을 허여지게 할 터이니 이곳에 모인 인민들도 다 허여지라고 하기로, 민회에서 동의 작정하기를, 사찰 오백 명을 뽑아서 오서에 분치(分置)하여 두고 사무원은 그전 독립협회 사무원을 임용하여 사무소에 두고 삼일 안에 여덟 사람이 의율 정배가 아니 되고 부상을 헤치지 아니하면 음력 이달 십삼 일 상오 열두 시에 종로로 다시 모이자 하고 밤 자정 후에 헤어졌다더라. (『매일신문』 1898년 11월 25일자)

못된 간흉배가 암연히 모의를 하고 서울 무뢰지배를 많이 사서 부상패와 합동하여 인화문 밖에 진복하여, 상소하던 공동회 관민들을 무리하게 때려 부서 사람들이 죽고 상한 까닭에 장안 각 동리 사는 대소 인민들이 의리에 마음으로 격분이 대발하여 기약도 없이 일심동력하여 경각 간에 도인 이가 수만여 인이라. 종로로 모여 울분한 것을 이기지 못하여 밤낮 통곡들하며 의논들 하여 부상패를 방비하고 나라 일을 바로 잡으려 하는데, 종로 만민회 외에 혹 어떠한 백성들은 격분함을 더욱 참지 못하여 이리저리 몰려다니면서 옹폐 성총하여 나라를 위태하게 하고 백성을 못 살게 하려는 모모 제씨의 집들을 부순다, 부상패를 쫓아다닌다, 인심이 대단 소요하여 세계에 혹 난민 지목을 받을까 염려가 되는 고로, 윤치호씨가 대단 염려하고 종로 만민 모인 데 가서 말하여 가라대, 만민이 다 충애목적으로 나라를 위하여 열심으로 일들을 하려는데 부상패의 야로하는 것을 만나 분격지심으로 이렇게들 모였으나 황상 폐하의 조칙이 정중하신지라 정부에서 성총을 옹폐하고 백성들을 지우금(至于今) 속여 내려 왔으니, 백성이 정부는 믿을 수 없으나 요순같이 어지신 군부(君父)의 말씀이야 신민되어 어찌 병행치 아니 하리요 지금 만일 인민이 헤어지지 아니하면 각국 사람에게 크게 시비를 받을 것이요, 정부가 위협할 말자리를 만들어 주는 것이라. 정부에서 기위 백성의 소원대로 다 실시하여 주마 하였으니 한번만 더 알고도 속아보아 곡한 것이 정부에 있게 함이 당연한지라. 지금 인민이 몇 날만 물러가서 정부의 조처를 보아 부상도 곧 물리치고 부상패 일으켜 전국을 망하라고 설모주계(設謨做計)하던 사람들도 법률에 처하고 정부 각 대관들도 택용현량(擇用賢良)하고 무죄한 사람들도 다시 잡지 아니 하면 민국사에 천만 다행이요, 만일 실시를 아니 하여 부상패도 물리치지 않고 부상패 일으킨 길영수, 박유진, 홍종우 제씨와 나라 망하라는 조병식, 민종묵, 유기환, 이기동, 김정근 제씨를 법률대로 증판 아니하고 정부 대관도 현량을 쓰지 않고 못된 간세배로만 쓰고, 무죄한 독립협회 회원이나 관민공동회 회원 중에 여간 말 한 마디나 한다는 사람들을 다시 모함하여 별순검 시켜 잡으면, 인민이 다시 모여도 그때는 내외국의 시비가 백성에게 있지 않고 사리에 대단 온당한지라. 요사이 각 동리 인민이 각기 충분소격에 각기 불울지심으로 남의 집들을 부순다, 누구를 때린다 한다니, 그 누명이 잘못하면 종로 만민회로 돌아오기가 쉬우니 그 아니 억울하리요 한데 만민의 일심이 다 가라대 가타하여 잠시 물러가기로 작정이 되었는지라. (『독립신문』 1898년 11월 25일자)

제20일(11월 26일) : 해산하지 않은 보부상들과 한판 대결을 벌이기 위해 다시 대규모 군중이 운집한다. 다시 험악한 분위기가 감돌고 각국 공사들도 경악한다. 고종은 칙유를 내려 성난 시위 군중을 달랜다(칙유 내용은 제4

절 참조).

제21일(11월 27일) : 독립협회 복설 이후, 처음 맞는 일요일이다. 민중들은 통상회에서 김덕구의 '의로운 죽음'을 계몽하기로 하는 등 몇 가지 안건을 가결한다.

제22~24일(11월 28~30일) : 고종은 만민공동회와의 약속을 이행하기 위해 고심참담한다. 그러나 수구세력들의 완강한 반대에 부딪혀 여의치가 않다. 그리고 12월 1일에는 김덕구의 장례식이 성대하게 거행된다(김덕구와 관련해서는 제5절 참조).

제25일(12월 6일) : 종로, 왜 황제의 말을 거역하고 흩어지지 않느냐는 방이 붙는다. 그러나 민중들은 황제의 칙유 실행을 촉구하는 대규모 집회를 다시 개최한다.

이달 6일에 종로에 만민공동회가 되었는데 연설하는 목적인즉 향일에 대황제 폐하께서 궐문 밖에 친림하옵셔서 친유하옵시기를, 대신들을 택하여 쓰고 오흉을 잡는 대로 재판하고 부상들을 혁파하고 법률을 실시한다고 하시든 옥음(玉音)이 지금까지 귀에 있는지라. 날마다 기다렸더니 간세배가 밤이면 가만히 궐내에 들어가 총명을 옹폐하는지 국인이 개활 불가라 하는 민영기씨 심상훈씨 김명규씨가 다시 대신을 하고 오인을 하나도 잡아 재판한다는 말을 듣지 못하였고, 리기동씨 류기환씨를 잡아서 재판도 아니하고 유배 마련이 되었으니 법률 실시가 못된 것이요, 부상들이 여전히 그전 용달회사에 모였으니 혁파가 아니 된 모양이라. 대황제 폐하께서 이렇게 하실 리가 만무하시고 필경 간세배의 소위라. 또한 부상들이 독립협회에 편지하기를 너희들이 속히 물러가야지 아니 물러가다가는 인화문 밖에서 쓰다 남은 몽둥이로 머리 없는 귀신을 만들 터이니 속히 물러가라. 공연 옥석이 구분할 때에 다른 인민들과 다른 집들이 다 소화가 되리라 하였고, 그 끝에 부상 도반수에 길영수 박유진이라 하였으니 불가불 우리가 상소를 하여야 하겠다 하고 봉소 위원 오인을 선정하여 상소를 받치고, 총대위원 오인을 선정하여 사무소에 두고 승비하기를 기다리고, 만민공동회가 다 흩어진 후에 명일 상오 십이 시에 다시 모이기로 작정하였다더라. (『매일신문』 12월 8일)

제26~27일(12월 7~8일) : 해산하라는 황제의 칙유가 내리고, 공동회에서는 황제의 비지를 반박하는 상소를 올린다.

제28~30일(12월 9~11일) : 만민공동회는 계속되고, 외부대신 박제순과 경무사 이근호 사이에 시위대 해산을 둘러싼 격렬한 언쟁이 펼쳐진다.

　　이달 9일 밤에 외부대신 박제순씨가 정부에서 경무사 이근호씨를 보고 하는 말이, 경무사가 되어가지고 어찌 종로에 모인 회민들과 경무청 앞에 모인 교인들을 흩어지게 하지 못하느냐고 하거늘, 경무사의 대답이 종로의 회민들이 충애한 목적으로 모였거늘 어찌 억지로 흩어지게 하리오 하니, 외대의 말이 만일 가라고 하여서 가지 아니하면 잡아다 가두라 하니, 경무사 말이 백성은 나라 근본이라. 근본이 굳어야 그 나라가 편안하는 이치요, 하물며 정부에서 천사 만사 중에 잘못한 일이 많으면서 백성보고만 잘못한다고 가라고 하면 그 백성이 어디로 가리오 갈 곳을 외부대신이 가르치라 하고 만민이 싫어하는 부상들 도반수 박유진을 잡아다 가두고 길영수는 궐내 지밀(至密) 안으로 들어가는 것을 곧 주달(奏達)하고 잡아가지고 궐문 밖에까지 나온 것을 외부대신이 훈령하여 놓으라 하기에 놓았더니, 교인들이 재판도 아니하여 주고 놓았으니 다시 잡아 재판소로 넘겨 명백히 재판을 하여 달라고 하거늘 그 사람들 말도 그르다 하리오 외부대신 말이 경무사가 직책을 못하면 교도 가요 면관도 가요 유배도 가라 하거늘, 경무사의 말이 죄가 있으면 다 당하리다마는 유배와 교죄는 내부대신과 법부대신도 임으로 주지 못하고 아뢰어 대황제 폐하께서 결안하시거늘 어찌 외부대신이 경무사를 이렇게 죄를 주리오 하고 10일에 상소하였다더니, 7일 벌봉(罰俸)이 되었다더라. (『매일신문』 12월 12일)

제31~33일(12월 12~14일) : 보부상과의 갈등이 다시 분출하는 가운데,

병정들까지 시위대에 동정을 표하는 사태가 벌어진다. 보부상이 다시 시
위대 테러를 시도한다.

　　종로에 모인 만민이 이달 십이일에 각부 문전으로 모여 각 항 조건을 실시하
여지이라고 정부 제공에게 호소하려 한다는 말은 일전 신문에도 기재하였거니
와, 각대 병정들은 의리가 높고 지각이 있고 충군애국에 정성이 간절한지라. 서
로 말하여 가라대, 만민이 혹 정동 근처로 오려 하거든 우 병정들로 하여금 처음
에는 총개머리로 찔러 물리치다가 만민이 혹 즉시 돌아서지 않거든 바로 총질을
하라고 시켰다지. 우리가 병정은 병정이지마는 우리도 저 만민과 같이 다 대한
백성이요, 우리도 저 만민과 다 황상의 적자요, 우리 부모 형제 자질 족척들도
다 저 공동회의 만민이라. 우리가 비록 장관의 명을 받았기르 어찌 차마 저 옳은
일 하려는 만민에게다 총질을 하며, 우리가 어찌 차마 저 죄 없는 만민에게 총질
을 하리요 우리 부모 형제 자질 족척이 설혹 저 만민공동회에 들지 아니하였더
라도, 저 만민은 곳 우리들의 동포형제들이요, 저 만민이 세납을 받치면 그 돈에
서 우리가 월급을 타 먹고 병정 노릇들을 하는지라. 우리를 거느린 장관들은 설
령 우리들을 시켜 저 백성들에게 총질을 하라 할지라도 우리는 차마 저 백성들
에게 총질은 못하겠노라. 우리 장관이 만일 우리를 시켜 저 백성에게 총질을 하
라고 하면 우리들이 군부 속으로 이사들을 하고라도 저 백성들에게는 우리가 차
마 총질을 못하겠고, 우리 장관이 일향 우리를 시켜 백성에게 총질을 하라고 할
진대 이는 우리 장관이 우리 병정들을 의 아닌 땅으로 몰아넣는 것이니, 우리들
은 여간 은전푼에 팔려 병정은 못 다닐망정 몇 만량짜리 되는 명예는 잃지 아니
하겠으며 몇 만량짜리 되는 의리는 잃지 않겠노라고들 하더라 하기에 우리는 듣
는 대로 기재만 하노라. (『독립신문』 1898년 12월 15일자)

　　이달 14일에 만민공동회에서 육조 앞 황토마루에 개회하고 동의하기를 부상
들이 일향히 방망이를 차고 다니니 우리도 방신지책(防身之策)을 하여야 할지
라. 회계에게 말하여 방망이를 우리 수효대로 만들어 오라고 하고, 총대위원 20
인을 각부에 보내어 폐무(廢務)하라고 하고, 총대위원 3인을 군부어 보내어 무
론 어떤 사람이든지 거짓 우리 회원이라 칭하고 병정과 상힐하거든 회중으로
잡아 보내라고 하였다더라. (『매일신문』 12월 16일자)

제34일(12월 15~17일) : 시위대가 병정에게 상해를 당한 사건을 두고 대치한다. 뿐만 아니라 시위대는 관인들에게 현재의 상황에 답변할 것을 요구한다.

이달 16일에 만민공동회를 경무청 앞에 옮기고 경무관들과 총순들을 청하여 놓고 잡힌 부상 원직이와 이재화를 문초하는데 자세한 것은 이 다음에 기록하려니와, 그 대강을 들으니 부상 뒤를 박유진 길영수 홍종우 이기동 민영기 오씨가 다녔다고 하고, 일전에 만민회중에 들어가서 고영근씨 윤치호씨와 이왕 갔혔다가 나온 17인을 없애려고 약속을 할 때에 부상은 옷고름 짝을 앞깃에 꽂기로 하였더니 일이 못되었다고 하였다더라. (『매일신문』 12월 20일자)

제35일(12월 18~19일) : 중추원의 개회를 시도하지만 정족수 미달로 유산된다. 한편 고종이 극력 기피하던 박영효가 중추원 의관에 임명됨으로써 사태는 새로운 국면으로 접어든다.

제36~37일(12월 20~21일) : 종로와 고등재판소 앞에서 시위를 계속한다. 만민공동회에 모인 시위대와 정부 사이의 불신의 골은 좀처럼 좁혀지지 않는다.

재작일 만민공동회를 종로에 속설하고 만인들이 동의 결정하기를 부상의 주장하는 자는 탁지대신 민영기씨니 누구든지 민씨를 잡아오는 자가 있으면 일천원을 상급할 것이요, 정부에서는 인민을 대하여 불신한 일이 많되 우리 백성은 한 말도 어김이 없겠으니 범연히 아지 마시오 하더라. (『매일신문』 12월 22일)

이달 21일에 종로 만민공동회 회원들이 고등재판소에 들어가 마당에 모여 있고 총대위원을 검사실에 들여보내 말하기를 역적놈 민영기가 충애한 우리 만민들을 역적으로 몰아 상소를 하였으니 재판하기 전에는 우리가 모두 죄인이라. 일제히 자현(自現)을 하였으니 민영기를 급히 잡아 대질하여 재판을 하여 달라고 하거늘, 검사들 말이 자현할 것이 없다 하고 민영기가 칙임관인즉 먼저 주본을 들여 재가를 물어 잡히는 대로 재판을 하여 주마고 하니 민회가 물러갔는데 민영기 등 사건으로 고등재판소에서 법부로 보고하였다니 법부에서 구라(拘拏) 주본을 써서 정부로 들여갔으나 동지 공고인 고로 주본을 들이지 못하였다더라.

남문 밖 성 밑에 움에 걸인이 30여명이 있는데 저희들 하는 말이 종로 만민 공동회에 충애의 목적으로 주야 수고를 하니 민회 소원대로 실시가 되었으면 우리들로 걸인 노릇을 면하겠다고 하였다더라. (이상『매일신문』 12월 23일자)

제38~40일(12월 22~24일) : 정부는 군대를 동원하여 무력 탄압에 나선다. 24일 서울시대는 계엄 상태하에 들어간다. 그리고 황제 고종의 '준엄한' 칙교가 내린다. 이 칙교에서 고종은 민중들과의 약속을 어긴 자신의 잘못에 대해서는 언급하지 않은 채, 만민공동회에 모인 인민들의 죄 다섯 가지를 조목조목 밝힌다.

자홉다 너희 무리들아 밝게 짐의 말씀을 들으라. 단문에 친히 효유함이 날이 오래지 아니하였는데 짐이 너희 무리가 두 번 이 거조가 있을 줄 헤아리지 못하였노라. 오호라. 너희 무리의 죄를 너희 무리가 그 스스로 알진저. 있는 곳을 떠나서 개회함을 이미 금하는 령이 있는데 있는 곳을 따라서 둥글게 모여 길이 그칠 줄 아지 못하니 죄가 하나요, 독립협회를 이미 준허7 있는데 만민공동을 천단히 명목을 세우니 죄가 둘이요, 칙교로 써 하며 비답으로 써 하여 효유하여 하여금 물러가게 하였는데 일향 명을 항거하여 더욱 갈수록 더욱 심하니 죄가 셋이요, 쥐에게 던지라고 그릇을 꺼리는 것은 옛사람의 경계한 바인데 대관을 능욕함을 보기를 항다반같이 하니 죄가 넷이요, 임금의 허물을 드러내기는 사람의 감히 못할 바인데 편지를 외국 공관에 던져서 스스로 죄를 휘하기를 도모하니 죄가 다섯이요. (『매일신문』 22월 26일자)

4. 황제 고종, 민중들 앞에 서다

그렇다면 이렇듯 대대적인 시위가 일어났던 원인을 무엇이었을까? 같은 나라에 사는 동포이자 한 백성인 인민들이 둘로 나뉘어 생사를 걸고 싸운 이유는 과연 무엇이었을까? 이 물음에 대해 『독립신문』 1898년 12월 5일자 논설에서 '몰라요씨'는 이렇게 대답한다.

독립협회에서 자초지종으로 한 것을 보면 무비 황실을 높이고 국권을 보호하고 백성의 생명 재산을 안전히 하고자 함이요, 한 사람이나 혹 한 회의 사사 이익을 도모하지 아니한 것은 내외국 인민이 다 아는 바라. 불행히 간세배들이 자기의 사욕을 마음대로 못할까 하여 백반 모해하여 협회의 무한한 고생을 시키었으니 우리같이 무식한 사람도 분함을 이기지 못하노라. 일개 협회의 흥망은 고사하고 이때를 당하여 강한 이웃들이 틈을 기다리는 고로 협회에서는 항상 조심하여 요란한 일이 없도록 규모를 준수하더니 간세배가 성군작당(成群作黨)하여 임금을 속이고 백성을 압제하여 인민간에 싸움을 만들어내어 다만 내정만 소요할 뿐 아니라 외우를 일으키게 하였으니, 간세배가 나라를 위태히 한 죄는 대한 인민은 용서 못 하겠도다.

혹은 말하되 부상패를 혁파하고 독립협회를 복설하였은즉 쾌하다 하나 내 소견에는 그렇지 아니하니, 부상패도 역시 대한 인민이요 독립 협회도 대한 인민이라. 형제가 서로 싸워서 집안이 위태하게 되면 누가 이기고 누가 진 것이 쾌할 것도 없고 더욱 한심할 뿐이라. 부상패 여러 형제들도 만민이 옳은 목적을 살리고 간세배의 음흉한 의견을 따르지 말아서 독립협회와 같이 전국에 이로울 일을 주장하여 황실을 안녕히 하고 인민을 편하게 하기를 바라노라.

어느 외국 신문을 본즉 독립협회를 칭찬하여 가로되, 문명한 목적을 주장하여 충애하는 사업을 힘쓰니 아름다우나, 정부가 부패하여 민원을 좇지 못하고 도리어 백성끼리 난이 있게 하니 대한은 동양에 염병 뿌리라 하였으니, 오흥과 그외 간세배들이 총명을 옹폐하고 인민을 압제 아니 하였으면 어찌 이러한 부끄러운 시비를 들으리오 충애하는 인민들은 더욱 일심합력하여, 위로는 황상께 의탁하고 아래로는 동포의 충심을 힘입어서 법률 장정이 실시하기를 힘써서, 힘써서 간세배들이 더럽힌 국체를 광채 있게 하여 우리 같은 촌맹(村氓)도 성세 인민으로 마음 편히 지내게 하기를 축수하노라.

'몰라요씨'는 사리사욕으로 가득 찬 '간세배'들의 음모가 단민공동회 시위를 낳은 핵심적인 원인이었다고 진단한다. 그의 판단에 따르면, 외세에 빌붙어 자신의 기득권을 유지하기에 급급한 간세배들이 국가의 정치를 엉망으로 만들었을 뿐만 아니라, 황제의 성총(聖寵)을 가리어 판단력을 흐리게 했으며, 인민들은 도탄의 지경을 벗어나지 못하고 있었다. 그 결과 정부는 부패하여 인민들의 원망(願望)을 따르지 못하고, 오히려 압제만이 더욱 가중되는 상황이 수많은 사람들을 시위 현장으로 내몰았던 것이다. 따라서 부상패에 합류하여 만민공동회 시위대와 싸운 상인들도 피해자라 아니할 수 없다.

이렇듯 총체적인 부패와 압제를 견디지 못해 거리로 나선 민중들은 정부 고관들과 황제를 압박해 들어간다. 어린 학생과 여염집 아녀자뿐만 아니라 걸인과 군밤장수까지 나서는 시위 현장을 보고서, 황제=국가의 명령을 따라야 할 병정들까지 동요하기에 이른다. 『독립신문』 11월 23일자 논설란에는 「병정 의리」라는 제목의 글이 실려 있다. 병정들이 어딘가 앉아서 대화를 나누는 장면을 통해서 정부에 대한 불신의 뿌리가 얼마나 깊이 박혀 있는지를 여실하게 이해할 수 있을 것이다. 그러면 병정들의 대화를 재구성해 보기로 한다.

병정 A : 여보게. 우리가 이 병정 아니 다니면 굶어죽나. 오장육부 바로 박힌 자식은 차마 눈으로는 못 보겠데.
병정 B : 그 이유가 뭔데?
병정 A : 인화문 밖에 밤낮 모여 있던 백성들이 무슨 죄가 있었나. 심지어 군밤 장사 어린 아이가 다 보조를 하고, 걸인과 판수들이 다 보조를 하였다데. 경향 간에 마음 바로 가진 사람들은 모두 열심하여 그 백성 모여 있는 데로 모여들어 그 백성들의 소원하는 일을 일심으로 선력들 하데. 그 백성들 하는 일과 목적이 만일 그를진대 어찌 그리들 하겠나.

병정 C: 그 백성들의 소원하는 일이 잘 되어야 우리 병정들도 차차 잘 되어 가지, 만일 그렇지 못하면 우리 병정들도 장차 무슨 모양이 되겠나. 들은즉 탁지[부]에 재정이 군색하여 월급 타먹기도 이제는 힘들다는군.

병정 D: (갑자기 기를 내어 주먹으로 땅을 치며) 여보게. 세상에 그런 법도 있나. 이왕 혁파하였다던 부상패가 홀지(忽地)에 다 어디서 생겼나. 우리가 팔자 좋아 정부 대신이 되었을진대 그 부상패들을 당장에 없애겠네. 그게 무엇이란 명색인가. 저희들이 무슨 이국편민(利國便民)할 일을 이왕부터 하였나. 오늘날 그 부상들의 모양을 보니 나라나 백성에게 매우 유조하겠든고 기가 막혀 말이 아니 나오네. 대저 말이거니와, 외부에서 부산 절영도를 외국에 팔아먹는 것을 백성들이 도로 찾았지, 언제 정부에서 찾았나? 탁지부 재정을 외국 재무관이 제 수중에 넣고 환롱질하려는 것을 저 백성들이 떠들고 나서 그 외국 사람을 도로 보냈지, 정부에서 누가 의사나 냈던가? 군부에 군정을 외국 사람들이 제 장악 중에 넣고 일부일 병정들이 그 외국 사람에게 매도 많이 맞았지. 이때까지 그 외국 사람들이 있었으면 우리 병정들은 종자도 못 찾았으리. 다행히 저 백성들이 떠들고 나서 그 외국 사관들을 도로 보냈지, 정부에서 꿈이나 꾸었나? 우리가 겨우 월급 먹고 병정 노릇 하니 우리 황실을 우리가 당연히 호위해야지, 저번에 어떤 외국 보호군 30명을 고빙(雇聘)하여 온 것이 그게 무엇이던가? 만일 저 백성들이 떠들고 나서 그 보호군 30명을 당장에 도로 보내지 아니 하였던들, 우리가 또 그 보호군 30명 밑에서 죽어났으리. 저 백성들이 털끝만큼이나 잘못한 것이 무엇 있나? 저 백성들이 무엇이 미워서 정부에서는 기어이 해하려 하는지 참 알 수 없네. 부상들은 본래 무식하고 부랑한 무리라, 설령 뉘 지휘를 듣고 저 백성들을 치러 달려들더라도 정부에서 병정과 순검들을 많이 풀어 부상들의 앞길을 견고히 막았더라면, 부상들이 제 어찌 감히 백성 모인 인화문 밖에 접족(接足)하였으리오 부상들을 은연중 불러들여 저 백성들을 의리 없이 치게 하였으니 뉘 아니 억울하겠나. 설령 그 부상패가 인화문 밖에 모였는데 저 백성 시켜 그 부상들을 치게 하였더라도 그 부상패가 억울하다 하였으리. 부상패에게 저 백성들이 곤란 받은 것을 다른 백성들이 또한 격분히 여겨 동심합력하여 인화문 밖에 둔취한 부상패를 치려 하니까, 상관들은 정부 지휘를 따라 병정 순검을 많이 풀어 격분한 백성들의 앞길을 끊고 부상패만 보호시켜 새문 고개로 말미암아 새문 밖을 고이 내보내고, 격분하여 쫓아오는 백성들의 앞길은 또 막을 뿐 아니라, 어떤 장관은 병정을 시켜 백성에게 [총을] 놓으라 하니 그게 또한 무슨 발겨갈 의리던고 저 백성들이 마음이 더욱 울불(鬱怫)하여 건잡을 수 없이 다시 종로로 모여 남의 집들을 부순다, 통곡들을 한다, 저것이 무슨 모양인고 각 전(廛) 시민들은 각기 격분한 의리로 전문(廛門)을 견고히 닫고, 각 동리 백성들은 각기 분격한 의리로 내달아 종로로 모여드니, 무죄한 병정 순검들은 각 병문 파수 서기에 견딜 수 없네. 당초에 정부에서 저 백성을 속이지 않고 무슨 령을 한번 내리고 다신 변개(變改)를 말고, 시종이 여일하게 규칙이나 장정을 한번 작정한 대로만 시행들 하였을 것 같으면, 저 백성들이 무슨 까닭에 각부 문전이나 종로나 인화문 밖으로 모일까. 전후로 저 백성들이 이리저리 모인 것도 모두 정부 각 대신의 허물이요, 부상패가 문 안에 모여 저 백성들 친 것도 모두 정부 각 대신의 허물이며, 그 부상 시켜 저 백성 치고 저 백성들과 그 부상패가 문 안, 문 밖에 상지하여 모여 있는 까닭에 병정 순검이 각 병문에 별파수(別把守) 선 것도 모두 정부 각 대신의 허물이라. 말을 다 하자면 차마 코가 시어 못 하겠노라.

이처럼 민심을 잃은 대한제국 정부를 향하여 민중들은 관리들과 민중들이 한 자리에 모여 국사를 의논하자고 제안했다. 성난 민중들의 요구를 회피하기 어려울 정도로 상황은 이미 악화되어 있었다. 1898년 10월 이전에도 관민공동회는 있었다. 하지만 10월 이후 '출석 요구'를 받은 정부 관리들이 참석을 거부하는 일이 벌어지면서 사태는 점차 심각한 지경으로 치닫는다.

10월 28일 독립협회에서 발기하고 종로 네거리로 대소 관민공동회를 열었는데, 정부 제공은 종래 오지 아니 하는 고로, 필경은 본회 회원 중과 각 처에서 오신 대소 관민 중 총대위원 합 16인을 선정하여 정부로 보냈더니, 참정 박정양, 찬정 리종건 양씨뿐 와서 이차(離次) 개회한 말만 하고 도로 갔다는지라.
대소 관민이 공의하고 그날 밤을 샌 후에 또 공의하여 그로대, 우리가 황실 보호하고 인민 안도(安堵)하자는 방책을 관민간에 합동하여 상의 규정하자고 이 회를 열었더니 정부 제공이 종래 오지 아니 하니, 우리는 아무 때까지라도 정부 제공이 다 와서 백성과 함께 합동하여 일심 상론하기 전에는 회를 폐하지 말자 하고 있었더니, 이십구일 오후 네 시쯤 되어 정부 제공이 차례로 회중에 왔는데, 의정부 참정 박정양, 찬정 이종건, 참찬 권재형, 법부 대신 서정순, 탁지부 대신 서리 고영희, 중추원 의장 한규설, 한성부 판윤 리채연, 의정부 찬무 이선득 제씨와 전임 대신 김가진, 민영환, 심상훈, 민영기, 정낙용 제씨가 다 모였는지라.

1898년 11월 1일자 「관민공동회 사실」이라는 제목의 논설 전반이다. 이 논설에서 볼 수 있듯이 민중들은 "황실을 보호하고 인민을 안도하게 한다"는 목적을 실현하기 위해 정부 관리들과 한 자리에 모여 한 마음으로 논의할 것을 요구했다. 그러나 정부 대신들이 약속 장소에 나타나지 않는다. 공동회 민중들은 대신들의 출석을 요구하며 철야농성에 돌입한다. 어렵사리 공동회 자리에 나타난 정부 대신들과 민중들은 서로 연설도 하고 공동토론도 벌이면서 '헌의 6조'로 알려진 건의서를 채택한다. 이처럼 공동회에 모인 민중들을 정부 대신들을 연결고리로 하여 자신들의 요구를 황제에게 전달하고자 했던 것이다. 이 과정에서 민중들은 그들의 대표인 총대위원을 내세워 수 차례에 걸쳐 상소를 올리며, 황제는 비지(批旨)를 통하여 상소에 답하거나 조서를 내리기도 한다. 「관민공동회 사실」을 계속 보도록 하자.

　①의정부 참정 신 박정양 등이 삼가 아뢰되 본월 29일에 인민 등이 크게 종로로 모여 관인과 백성의 공동회라 일컬어 나라의 폐단과 백성의 폐막을 가히 의논하여 없앨 것이 있다 이르고 정부 제신을 일동 청하삽더니, 신등이 그윽히 엎드려 생각하온즉 관원과 백성이 합동하여 상론하는 것은 비록 처음 있는 일이오나, 인민들이 이미 나라의 폐단과 백성의 폐막을 가히 의논하여 없앨 것이 있다 이르고 정부 제신을 일동 청하였삽더니, 신등이 그윽히 엎드려 생각하온즉 관원과 백성이 합동하여 상론하는 것은 비록 처음 있는 일이오나 인민들이 이미 나라의 폐단과 백성의 폐막을 의론하여 없애자고 말씀을 하였사온즉, 정부 관원 되고는 사리에 배각(排却)하기 어렵삽기로 서로 거느리고 회에 갔삽더니 회중 인민이 여섯 가지 조목 강령을 들어 의론을 들이는 자가 있는데, 일만

사람의 입이 소리를 한 가지 하여 한 말씀으로 옳다고 하옵고, 또 신 등에게 요청하여 그 강령을 잡아 아뢰어 달라 하옵는데, 신 등이 또 엎드려 생각건대 그 여섯 가지 조목은 이에 나라 체통을 높이고 재물 정사를 정리하고 법률을 공평히 하고 장정을 준행하자는 일이온지라. 다 합당히 행할 만한 일인 고로, 삼가 그 조목을 잡아 좌개(左開)하여 아뢰어 들으시옵게 하옵고 엎드려 성상께옵서 재가하옵시기를 기다리나이다.

② 조서하여 가라사대 요사이 장정을 정하매 율령이 차서(次序)라, 비록 예와 이제가 한 가지지 못함이 있으나 또한 족히 한 왕의 제도가 될지라. 진실로 정부 모든 신하로 하여금 실심으로 밟아 행하였으면 어찌 백성의 의론이 끊어오르랴. 짐이 심히 개연한지라. 이에 백성과 나라에 마땅한 일이 오늘날에 급히 힘쓸 것을 좌에 개열(開列)하여 서울과 각 시골에 포고하노니, 오직 너희 신하들은 늠준하여 소홀히 말고 짐이 다스림을 구하는 지극한 듯을 써 맞추라 하옵셨는데, 일(一)은 간관(諫官)을 폐지한 후에 말길이 막혀 위와 아래가 서로 권면하여 깨우고 가다듬는 뜻이 없으니 빨리 중추원 장정을 정하여서 실시케 할 일이며, 일(一)은 각 항 규칙은 이미 한번 정한 것이 있는데 각 회와 다못 신문도 또한 가히 방한이 없지 못할 것이니, 회규는 정부와 중추원으로 하여 재정하고 신문 조례는 내부와 농상공부로 하여금 각국 규례(規例)를 의지하여 재정하여 시행케 할 일이며, 일(一)은 관찰사 이하 지방관들과 및 지방대 장관들을 현임(現任)과 이미 갈린 것을 물론하고 만일 공전을 건몰(乾沒)한 자는 장률을 의지하여 시행하고, 백성의 재물을 빼앗은 자는 저저히 찾아서 본 임자를 내어준 후에 법률대로 증감할 일이며, 일(一)은 어사나 시찰들이 작폐하는 자는 그 본토 인민으로 하여금 내부와 및 법부에 호소함을 허락하여서 사핵(司劾)하고 궁구하여 징치케 할 일이며, 일(一)은 상공(商工) 학교를 설립하여서 백성의 업을 권면할 일이라.

①은 관민공동회에 참석했던 정부 대신들이 민중들의 의견을 수렴하여 황제에게 올린 상소문이며 ②는 이와 관련하여 황지가 내린 조서이다. ①에서 말하는 '여섯 가지 조목'이란 '헌의 6조'를 가리키는데, 그 내용은 첫째, "외국 사람에게 의지하여 붙지 아니 하고 관원과 백성이 마

음을 함께 하며 힘을 합하여 전제(專制) 황권을 튼튼히 굳게 할 일," 둘째, "광산과 철도와 석탄과 삼림(森林)과 빚 얻어 쓰는 일과 군사 빌리는 일과 무릇 정부에서 외국 사람과 무슨 약조하는 일들을 만일 각부 대신들과 중추원 의정이 합동하여 성명 쓰고 인을 찍지 아니한즉 시행 못할 일," 셋째, "전국 재물 정사는 물론 아무 세(稅) 하고 다른 부(部)나 부(府)나 사사 회사에서는 간섭을 못하게 하고, 예산(豫算)과 결산(決算)을 인민에게 공변되이 포고할 일," 넷째, "지금부터는 무릇 중대한 죄인을 별로히 공개하여 공변되이 심판하되 피고가 도저히 설명하여 필경에 자복한 후에야 시행할 일," 다섯째, "칙임관은 대황제 폐하께옵서 정부에 물으시와 그 가부간에 많은 수를 좇아서 벼슬을 시킬 일," 여섯째, "장정(章程)을 실시할 일"로 이루어져 있다. 이 '여섯 조목'과 황제의 조서에서 밝히고 있는 '다섯 조목'을 합친 열한 개의 조목은 공동회에 모인 민중들이 정부와 황제를 압박하여 얻어낸, 말하자면 '투쟁의 열매'였다. 그러나 정부 대신들의 음모와 배신으로 이 약속은 지켜지지 않는다.

정부측에서 합의한 약속을 차일피일 미루기만 하고 실천에 옮기기를 머뭇거리자 독립협회 회원들은 관과 민이 공의(公議)하여 합의에 도달한 '여섯 조목'과 조서에 담긴 '다섯 조목'을 국문과 한문으로 번역, "십만 장을 인출하여 서울 각처와 13도 각군 인민에게 일일이 전파하여 비록 짝지아비 짝지어미라도 황상 폐하의 성덕을 모두 환연히 알도록 하게 하자"고 작정한다. 그 '작정'이 실천으로 옮겨졌는지 여부는 분명하게 알 수 없지만, 민중들의 목소리와 황제의 목소리가 함께 국문으로 '번역'되어 홀아비와 과부라도 알아볼 수 있는 상황이 『독립신문』 지상에서 전개되고 있었던 것이다. 『독립신문』이라는 매체를 통하여 관료와 지식인층의 전유물이었던 상소뿐만 아니라 황제의 비지와 조서까지 '국문'으로 번역, 공개되는 시대가 도래한 것이다. 이는 가히 '의사소통의 민주화'가 그 싹을 틔운 '혁명적인 사건'이라 할 수 있을 터인데, 이런 의미에서 만민공동회는 근대적 매체를 통하여 민중을 동원하는 새로운 정치운동의 현장이었다고 할 수 있다.

하나 더 예를 들자면 1898년 11월 4일자 논설 「공동회 편지」는 만민
공동회의 대표들이 보낸 편지와 이에 대한 정부측의 답변을 싣고 있다.
③은 종로 만민공동회에서 뽑힌 총대위원 세 명이 정부 대신들에게 이
미 합의한 약속을 지킬 것을 요구하는 내용을 담고 있는 편지이며, ④는
이 편지에 대한 정부측의 대답이다.

③ 경계자는 성인이 다스림을 의논하시매 먹는 것을 버리고 신(信)을 두어 차
라리 죽을지언정 오직 신을 열지 아니함으로 중한 것을 삼으라 하셨으니, 이는
예[昔]와 이제[今]에 바꾸지 못할 이치라.

지난 달 29일에 관원들과 백성들이 함께 모여 이미 여섯 조건으로서 의논을
들인즉, 정부에 귀 제공이 이미 면대(面對)하여 옳다 하시고, 제공이 베풀어 아
뢰는 날에 또 성지를 내리사 정부로 하여금 조처하라 하옵셨으니, 이는 님군과
신하의 위와 아래가 뜻이 한 가지고 마음이 합한 일이라. ㅁ땅히 당일로 조처
하고 즉시에 실시함이 있을 것이어늘, 귀를 기울이고 기다리되 수일을 끌고 한
일도 손을 부치는 것이 없었으니, 일전에 옳다고 하던 것이 반드시 실상 마음
에서 나지 아니하고 먹는 것을 버리고 신을 둔다는 의(義)가 혹 부족한 것이 있
어서 그런 것이 아니니까.

일전에 베푼 바 여섯 조건이 진실로 먼저 법을 베풀어서 일을 따라 제변하는
땅이 많되, 재물 정사에 이르러서는 삼정과 광산과 각 둔토의 궁내부에 붙은
것과 토세와 상민에게 받는 세의 농상공부와 군부와 및 사사 회사에 붙은 것을
가히 아침에 의논하고 저녁에 결단할 것이어늘, 제공이 오늘날에 낯만 서로 보
고 날을 지내며 시를 느리게 하는 것이 극히 아혹한지라.

만일 이르되 궁내부에 붙은 바로 하루아침에 분장하여 황실비가 예산이 부족
한즉 비록 원수 밖에 배를 더하여 지출할지라도 재물의 모이는 바가 다른 까닭
이 없고, 쓰는 것을 한곳으로 말미암아 아래서 공을 빙자하여 사사를 경영하는
폐단이 없고, 위에서 때를 따라 군급(窘急)한 폐단이 없으리니, 제공이 이에 무
엇을 꺼려서 하지 아니 하나니까.

엎드려 생각건대 제공은 신(信) 두는 것이 중한 것을 생각하시고 백성의 원
(願)을 마땅히 좇을 것을 생각하사, 빨리 놀리고 급히 베풀어 이 바람에서 먹고

이슬에서 자는 백성으로 하여금 얻어 써 집에 돌아가 편안히 쉬어 성택(聖澤)에 함영(涵泳)케 하소서.

④ 경복자는 귀합(貴閤)은 접준하와 일체를 열실(閱實)하온지라. 여섯 조건 의논 드린 것을 정부로 하여금 조처하라 하옵신 비지를 이미 봉유하였사오나, 그때에 한 가지로 내리신 조칙을 흠준 거행하기가 급하기로 중추원 관제를 근일에 의정(議定)하여 겨우 아뢰어 재가를 물었는지라. 그 여섯 조건 조처할 일은 아직까지 겨를이 없어서 조금 지체하여 오늘날까지 이르렀은즉 스스로 마땅히 차제로 조처할 터이오니 조량하시고, 귀 첨원이 풍찬노숙하시는 일은 극히 민망하오니 이 답장 가는 대로 즉시 곧 걷어 돌아가서 써 타정을 기다리심을 바라압.

위의 만민공동회와 정부 사이에 오고간 '왕복서신'에서 볼 수 있듯이, 공동회는 자신들의 요구를 관철하기 위하여 긴장의 끈을 늦추지 않고 있었다. 그러나 정부측의 약속 이행 의지는 그다지 확고하지 않았던 듯하다. 1898년 11월 22일자 논설 「어저께 광경」에서 우리는 민과 관 사이에 놓인 불신의 심연을 확인할 수 있다. 이 논설에 따르면 11월 20일 밤, 의정부 의정 서리 김규홍, 탁지부 대신 민영기, 참찬 권재형, 경무사 민병한 등이 인화문 밖에 진복(進伏)하고 있는 관민공동회에 와서 이렇게 말한다.

우리들이 모두 정부 대관으로 평일에 당직 직책을 잃고 법률과 장정과 규칙을 지키지 못한 고로 인민들이 근 20일을 밤낮 불계하고 풍찬노숙하며 이렇게 신고(辛苦)들 하는 것을 우리 눈으로 친히 보니 실상 부끄러우나, 그러나 백성들이 황상 폐하께 누차 상소한 조건을 우리가 다 알았으니 5흉을 곧 명백히 재판하여 조율증판(調律證判)할 것과, 저번에 종로 만민공동회 할 때에 백성들이 정부 대신들을 대하여 여섯 가지 사건[에 관하여] 의론[을] 들여 대신들이 가자(可字) 써서 황상 폐하께 상주하였더니 5조[를] 첨부하여 처분 내리신 것과, 정부 대신들을 현량한 이로 가려서 여러 의론이 다 가로되 가(可)타 한 연후에 쓰실 일과, 협회는 전과 같이 복설하여 둘 것이니 회 이름과 회 규칙은 회중에서 양의(良議)하여 정부로 기별하면 그대로 허가하여 줄 것이니, 이 다음부터는 민국 간에 큰 관계되는 일이 있더라도 본회 사무소에서 별회(別會)를 하지 종로나 다른 데로는 개회 말며, 통상회는 의전(依前)하여 독립관으로 개회할 일이며, 부상들은 곧 물리칠 일을 진복하여 있는 관민공동회의 소원대로 모두 상주하여 쾌쾌히 처분[을] 물어 영구 실행케 하겠으니 관민들은 다 그렇게 알라.

그러자 '공동회 인민'들은 "우리 대황제 폐하의 성덕이 요순 같으시와 정부에 마련하여 주신 법률과 장정과 규칙이 다 어질고 아름답건마는 각부 대신네들이 하나도 봉행을 아니 하고 전국 백성들을 지우금(至于今) 속이기로 일을 삼아 신(信)이 없었으니, 지금 오신 대신네의 말씀이 비록 이렇게 확실하신 듯하나 우리들은 그래도 믿지 못하겠"다고 반박한다.

이렇듯 노골적인 불신을 드러내자 대신들은 공동회에 모인 사람들에게 온갖 맹세를 다 들이대면서 "우리 대신들이 이왕은 다 잘 못하였으니 오늘날 백성들에게 변변할 말이 없거니와 이 다음부터는 별로히 정신들을 차려 법률과 장정과 규칙을 각근(恪謹) 준행하여 백성들의 생명과 재산을 온전히 보호하여 주겠으니 백성들은 다시 정부 대신들을 의심 말고 튼튼히들 믿으라"고 설득한다.

정부 대신들과 만민공동회 사이에 수많은 논란이 오고가지만 불신의 골이 좁혀질 기미는 좀처럼 보이지 않는다. 정부는 민원(民願)대로 실시하는 흔적을 보이지 않자, 약속이 하루빨리 지켜지기를 바라고 있던 독립협회 회원들과 민중들은 자신들의 의지를 관철시키기 위해 황제를 직접 압박한다. 1898년 11월 26일 오전 10시, '수만 명'의 군중이 종로에 집결하여 약속 이행을 촉구하자 고종은 조칙을 내려 만민공동회측 대표 200명과 보부상측 대표 200명을 각각 오후 1시와 오후 3시에 궐문 밖으로 대령하도록 하라는 명령을 내린다. 『독립신문』 1893년 11월 28일자 논설 「국태민안」은 당시의 장면을 이렇게 전하고 있다.

종로에 모인 백성들이 궐문 지척 정동으로 절차 있게 옮겨가서 개회하고, 탑전에 들여보낼 일 아는 사람 이백 인을 공천으로 뽑아 소명을 공손히 기다리더니, 이윽하야 내부대신 서리가 황명을 받들고 회중에 나와서 지시한 이백 인을 부르거늘, 이백 인이 제제창창하게 칙사를 따라 인화문 밖에 황상 폐하 친임하옵신 탑전으로 들어가서 공손히 엎드려 황명을 기다리는데, 대소 관인들은 탑전 좌우로 모셔 있고 병정 순검들은 제차로 벌여 섰으며, 각국 공영사와 신사와 부인들은 또한 대례복을 갖추고 옹용히 모셔 있는지라.

황상 폐하께서 친히 하교하사 가라사대 너희들 소원대로 말길도 열어주고 중추원도 설시하고 독립협회도 복설하여 주니 회규(會規)대로 시행들 하며, 조병식 등 오신(五臣)은 잡는 대로 재판하여 정배(定配)하겠고, 정부 각 대신은 새로 조직하였으니 각기 직책들을 응당 다 잘들 할지라. 아직은 허물이 없으니 더 말할 것이 없고, 소위 보부상패는 전부터 민국간에 크게 폐단 되는 줄은 이왕 통촉하겠고, 그 부상패 두목에 길영수·홍종우·박유진 셋은 불가불 용서하여야 혁파당하고 물러가는 부상패들의 마음이 억울타 아니 하겠으니 그리들 알라 하옵시며 칙어를 내리시거늘, 지사한 이백 인이 공손히 받들어 엎대어 읽고 말하여 가로되, 상정(上情)이 아래로 미치고 하정(下情)이 위로 달함은 천지개벽 이후 처음이라. 이런 희한하고 황감한 일이 어디 있으리요 이전에는 항상 정부가 사이에 막히고 간세배가 중간을 가리우더니 오늘날은 군민간에 즉접(卽接)하야 화기가 융융하니 우리나라 중흥할 조증이 이에 있는지라 하고, 백성들이 감격한 눈물을 스스로 금치 못하며 소회(所懷)로 적어 아뢰기를 정부 각 대신은 시무 알고 백성의 물망을 좇아 시키시며, 조병식·민종묵·유기환·리기동·김근정 다섯 간신은 재판하옵시고, 십일조는 곧 실시하옵소서 하였더니, 이백 인 중에 만민공동회 회장 고영근, 독립협회 회장 윤치호, 부회장 리상재 삼 인을 탑전으로 더 가까이 불러들여 민폐에 관계되는 조건을 자세히 하순(下詢)하옵시거늘 일일이 대답하여 아뢴즉 다 그대로 실시하여 주마 하옵시더라.

황제가 친히 백성들을 탑전으로 불러들여 그들의 의견을 수용하는, 그야말로 전대미문의 사건이 벌어지고 있었던 것이다. 이 자리에서 고종은 만민공동회에서 제기한 모든 요구 사항들을 들어주기로 확약한다. 뿐만 아니라 다음과 같은 칙어를 내려 자신의 잘못을 반성하면서 막힌 것을 뚫고 닫힌 것을 열어서 상하가 서로 통하는 '통혁의 세계'로 나아갈 것을 약속한다.

너희 여러 백성들은 다 짐의 말을 들으라. 전후 조칙을 너희들이 많이 좇아 순히 않고 밤이 닳도록 궐문에서 부르짖고 통한 거리에서 장(帳)을 베풀어 써 횡행하고 패려(悖戾)하며 사람의 가산(家産)을 부수는 데 이르렀으니, 이것이 어찌 오백 년 전제(專制)의 나라에 마땅히 있던 바 일이냐. 너희는 시험삼아 생각하라. 그 죄가 어디 있나뇨. 나라에 떳떳한 법이 있으니 합하여 중한 법에 두겠으나 그러나 짐이 임어(臨御)한 이래로 다스리는 것이 뜻과 맞지 못하여 모두 서로 움직이게 하였으니 오직 네 일만 백성의 죄 있는 것이 내 한 사람에게 있는지라. 이제 이에 크게 깨달으니 짐이 심히 부끄러운지라. 비록 정부 모든 신하로써 말할지라도 능히 짐의 뜻을 대양(對揚)치 못하여 써 아래 백성의 정이 위로 달하지 못하게 하고 중간이 막히고 끊어져서 의심 스럽고 두려움이 굴러 생긴지라. 오직 너희 적자들이 먹는 것을 잃고 오오(嗷嗷)하니 이것이 어찌 너희들의 죄랴. 짐이 이제 궐문에 친어 하야 효유하기를 숱순히 하여 어린 아이를 품은 것 같아 글자 하나에 눈물이 하나라. 가히 써 도야지와 고기도 미쁘게 하고 나무와 석(石)도 감동할지라.

이제로부터 비롯하여 님군과 신하와 위와 아래가 마땅히 한 신자(信字)로써 지어가고 의(義)로써 서로 지켜 어질고 능한 이를 전국 안에서 구하고, 아름다운 말을 꼴 베고 나무 하는 백성에게도 캐어 쓸지니, 증거 없는 말은 너희도 거짓말이 없으랴. 묻지 아니한 죄는 짐도 마땅히 쓰지 말며, 오늘 새벽 이전은 죄가 있든지 없든지 간에 경하고 중한 것을 헤아리지 않고 일병 탕척(蕩滌)하며, 의심과 막힌 것을 통연히 해석(解釋)시키고 다 더불어 오직 새롭게 하노라. 슬픈지라. 님군이 백성 아니면 어디를 의지하며, 백성도 님군 아니면 어디를 이으리요. 이어 이제로부터 권한을 넘고 분의를 범하는 일은 길절히 통혁(通革)하라. 이같이 개유(開諭)한 후에 만일 혹 희미한 것을 잡아 깨닫지 아니하여 독립 기초로 하여금 능히 공고치 못하고 전제정치로 하여금 떨어져 손상됨이 있게 하면, 결단코 너희들이 충성하고 사랑하는 본래 뜻이 아니라 왕장이 삼엄하여 단정코 용대치 않겠으니, 그 각각 늠준하여 날로 개명한 테로 나아가라. 짐이 말을 먹지 아니 하리니 너희들은 삼가라. 회(會) 하는 백성과 장사하는 백성이

고루 이 짐의 적자라. 극히 지극한 뜻을 몸받아 은혜롭고 좋아하여 함께 돌아
가 그 업을 편안히 하라.

　광무 2년 11월 26일

　민중의 대표들을 부른 것은 황제였지만, 정확하게 말하자면 황제를
민중들이 불러낸 것이라 해야 옳을 것이다. 압박에 못이겨 민중들 앞에
선 황제 고종이 이 자리에서 민중들의 요구를 전폭적으로 수용하기로
약속하는 장면은 한국 근대 정치사의 맨 앞에 놓인 하나의 상징이라 할
수 있다. 그리고 그 전모가 바로 이 칙어에 압축되어 있다. 이 칙어는 위
에서 본 바와 같이 신문에 국문으로 번역되어 전국으로 퍼져 나간다. 신
문에서 '황제의 목소리'를 접한 사람들은 이를 '연설 교재'로 삼아 곳곳
의 민중들에게 이 사실을 전파한다. 이 시점에서 황제 고종의 '옥음(玉
音)'은 구중궁궐에서 몇몇 시종들과 고위 관리들만의 '전유물'이 아니라
뜻 있는 사람이라면 누구나 접할 수 있는 '인민 공유의 목소리'가 된다.
하지만 너무나 짧은 순간에 사라져 버린 섬광 같은 희망이자 가능성만
을 남겨둔 채, 황제의 목소리는 다시 기득권을 지키려 몸부림치던 세력
들이 쳐놓은 장막 속에 갇혀 버린다.

5. 열사의 탄생과 죽음의 정치학

　앞에서도 강조한 바와 같이 40여 일에 걸쳐 전개된 만민공동회는 민
중들이 자발적으로 참여하여 하나의 '국민'임을 경험한 축제의 현장이
었다. 장작불을 피워놓고, 장국밥을 먹으며, 기생에서부터 어린아이에
이르기까지 자신들의 생각을 쏟아놓았고, 직접 참가하지 못한 사람들은

물품과 돈을 제공함으로써 시위대에 동조를 표했다. 수많은 말들이 넘쳐 나는 현장을 각 신문들은 다투어 '중계'했고, 신문에 실린 뉴스들은 때로는 소문으로 그리고 때로는 풍문으로 대한제국 전역으로 퍼져나갔다.

> 수하동 소학교 학도 태억석, 장용남 두 아이는 연세가 겨우 십이삼이라. 만민 공동회에 다니면서 충애 의리로 연설하였는 고로, 옳은 목적 가진 이들은 그 두 아이를 칭찬 아니 하는 이가 없었다는지라. 지금 여항 전설을 들은즉 학부 대신 이도재씨가 그 학교에 훈령하여 그 학동 둘을 퇴학시키고 그 학교 교원을 감봉시켰다 하나, 우리 생각에는 믿지 못할 것이 이대신은 본래 학문도 유여할 뿐더러 학부 대신으로 각 학교 학도들의 학문을 도저히 권장하는지라. 연설하는 것도 또한 학문 속에서 나온 것이요, 그 연설이 더욱 충애하는 의리로 말미암음이라. 학부 대신이 그 학교 교원과 그 학동 둘을 더욱 포장(褒奬)하여 권면할지언정 감봉시키고 퇴학시켰다는 말은 사리에 합당치 않기로, 이에 기재하여 분명치 못한 여항 전설을 믿지들 말 줄로 분석하노라. (『독립신문』 1898년 11월 26일자)

만민공동회 현장에서 '충애 의리'로 가득한 연설을 했다는 이유로 퇴학 처분을 받은 소학교 생도 태억석과 장용남의 사례는 시위가 정치적 계몽을 담당하는 학교 역할을 톡톡히 했음을 보여주는 단적인 예이다. 그러나 사태는 예상 밖으로 격렬해졌던 듯하다. 폭력은 폭력을 낳게 마련, 시위 군중들은 이 시기의 '백골단'이라 할 수 있는 부상패와 대결하면서 수많은 사상자를 낳았고, 이에 분격한 나머지 대신들의 집을 부수기도 했다. 그러자 『독립신문』은 "만민 공동회 사람들이 부상패에게 맞아서 죽고 상한 까닭에 우리가 또한 충애하는 목적을 흠모하여 격분지심으로 모였으나 사람의 집을 부순다는 것은 실로 아만의 버르장머리"라면서, "그 집 임자 되는 사람들이 죄가 있지 그 사람의 사는 집들이야 무슨 죄가 있느뇨 이왕 부신 집들은 각기 백성들이 격분지심으로 부수었지 종로에 모인 만민회 중에서는 시키지 아니 하였으나, 이제부터는 우리 만민회 중에서 도저히 살펴서 남의 집 부수는 버릇은 일절 엄금하자고 작정들 하였다"고 전하면서 폭력을 경계하고 나선다.

그런데 1898년 한 해 동안 서울 전역을 뒤흔들었던 거대한 시위 만민공동회에서 한국 근대사상 최초의 의사(義士)가 탄생한다. 공덕리에서 부상패들과 싸우다가 이들의 모진 몽둥이를 맞고 절명한 김덕구가 바로 주인공이었다. 죽은 그의 몸에서 나온 것은 '신 깁는 송곳 세 개와 전당표 열 아홉 장'이었다. 김덕구의 죽음은 예견되어 있었는지도 모른다. 정부측의 사주를 받은 보부상들과의 싸움에서 사망하거나 부상한 사람들이 생겨나면서 시위에 참가한 민중들을 분노를 감추지 못한다. 격분한 나머지 "각기 몽둥이들을 가지고 장작불을 피우고 사면으로 방어하며 밤을 새고 날을 지내"면서 시위의 양상은 더욱 고조되는 한편, 각계각층의 '의리'도 밀려든다.

> 종로에 모인 장안 만민이 그저께 밤에 서로 의논하여 가라대, 만민 공동회 사람 중에 부상에게 맞아 죽은 사람들은 충애하는 목적으로 의에 죽었으매 우리 만민이 그저 있을 수 없으니, 그 시신을 우리 만민이 각기 의리로 부의(賻儀)하여 후히 장사 지내게 하고 그 부모와 처자들은 우리 만민 중에서 각기 출의 보조하여 얼마큼 부지하여 살도록 하여 주자고 한데, 만민이 다 손뼉들을 치며 그리 하자고 작정들을 하였다더라.

> 종로에 모인 장안 만민이 그저께 밤에 서로 의논하여 가라대, 관민 공동회 사람 중에 부상패에게 맞아서 중히 상하여 외국 병원으로 가서 치료하는 이들이 모두 충애 목적 가진 이들이라. 부상패에게 맞은 것도 또한 의리로 말미암은 것이니, 우리 만민 중에 총대 위원들을 그 치료하는 이들에게 보내어 위문도 하고 또 치료하는 이들 매인 명하에 위선 돈 오원 씩 보내어 치료하는 데 쓰게 하고 이어 또 돈을 보내야 치료지절에 끊기지 않게 하자 한데, 만민이 다 낙종하여 그대로 작정들이 되었다더라. (이상 『독립신문』 11월 24일 잡보)

그런 와중에 김덕구의 사망 소식이 전해진다. 신발 깁는 일을 업으로 하여 살아왔던 그는 독립협회 회원이 아니었다. 그러나 '충애의 의리'를 다하기 위해 부상패들과 격렬한 싸움을 벌였고, 그 '전쟁터'에서 부상패의 몽둥이에 맞아 사망한 그의 죽음을 애도하는 물결이 이어진다. 『독립신문』은 김덕구의 사망 소식과 장례식 준비 상황을 상세하게 알리는데, 다음은 1898년 11월 29일자 잡보란에 실린 「당당충애」라는 제목의 기사이다.

　　명동 사는 김덕구씨가 충애하는 목적을 사랑하여 만민 공동회에 참례하였다가 천만 의외에 부상패의 난봉(亂棒)중에 불행히 죽었다는 고로, 돌아간 일요일 독립협회 통상회에서 회원들이 공의하여 가라대 우리 독립 협회 회원들은 종로 공동회 만민과 전국 이천만 동포 형제를 대표한 총대라. 공동회 만민과 전국 동포가 곧 독립 회원이요, 독립 협회가 곧 전국 동포와 공동회 만민인즉, 만민 공동회와 전국 동포와 독립 협회가 무슨 분간이 있다 하리요

　　금번에 부상패에게 맞아죽은 김덕구씨는 비록 독립협회 회원은 아니라도 만민 공동회에 참례하였던 이인즉, 공동회 만민은 우리들 대표시킨 전체라. 우리가 어찌 그 전체되는 만민 중에 충의로 죽은 김씨의 죽음을 모른다 하여 심상히들 지내리요 하고, 독립 협회 회 중에서 우선 돈 십원을 그 죽은 김씨의 본집으로 보내어 상복들을 지어 입게 하고, 수전 위원 삼인을 뽑아 은행소에 앉아서 장례비 의조하는 돈을 받게 하며, 김씨의 장례에 호상할 위원 십인을 뽑아 일을 보살피게 하고, 음력 시월 십팔일 오전 팔시에 독립 협회 회원들이 일제히 사무소로 모여 김씨의 시신 있는 대로 가서 발인하여 산소로 가서 후히 장사 지내고 묘 앞에다 대한 충애하던 의사(義士) 김덕구씨의 비라 새겨서 세우기로 결정이 되었는데, 독립 협회 회원들과 방청하는 만민 제씨가 각기 충애하는 마음으로 김씨의 죽은 것을 의리로 알며 영화로 여기고 비감한 눈물들을 금치 못하며 각기 자원하여 당장에 장례비 백원이 되었다더라.

　　독립 회원 아닌 이들도 충애지심이 간절한 이들은 각기 높은 의리로 장례비들을 은행소로 와서 자원들 하여 오늘부터 오일 내로 다들 대기로 작정하였다는데, 사람들이 다 말하기를 김씨는 충애하다가 죽었으니 참 대장부라 죽어서 꽃다운 이름을 천추에 유전한다고 모두 칭찬들 하였다더라.

공동회에 모인 만민과 독립협회 회원들은 일심 합력하여 김덕구의 장례식을 성대하게 거행할 것을 다짐한다. 『독립신문』은 장례식의 풍경을 다음과 같이 전한다.

> 대한 광무 2년 12월 초일일 오전 9시에 공동회 만민과 전국 2천만 동포를 대표하는 독립협회 회원들이 종로에 모여 김씨의 신체를 엄토한 쌍룡정으로 나가서 제문을 준행하여 소렴 대렴하고 입관하여 큰 상여로 운상하여 장사 지낼 산지로 향하여 발인하는데 명정에다 '대한제국의사광산김공덕구지구(大韓帝國義士光山金公德九之柩)'라 써서 상여 앞에 높이 들고 공포와 운삽 하삽은 좌우에 벌려 섰으며, 김씨의 부인은 소교를 타고 뒤에 따랐으며 각 학교 기호와 각 동리 기호는 의기 있게 특별히 들었는데 동서양 각국의 점잖은 손님들도 김씨가 충의에 죽은 것을 모두 흠애하여 다 와서 보며 본국 남녀노소 상하귀천 아동주졸(兒童走卒)이 구름같이 모여 거리거리 길이 메이는지라.

모여든 군중들은 앞을 다투어 상여를 맸고, 거리에는 '애국가'가 울려퍼졌다. 그리고 남대문 밖 연못가에서는 노제가 엄숙하게 치러져 영어학교 퇴학생들과 찬양회 부인 회원들 그리고 사립흥화학교 및 이화학당의 교원들이 축문을 지어 바쳤다.

> 덕구가 평소에 충애가 깊고 검소하여 날마다 신 깁기로 생업을 삼아 겨우 몸과 아내와 두 딸 네 식구가 호구하더니, 불의에 부상패가 달려들어 관민이 창황한 날을 당함에 충분이 버티고 의기가 다질려 앞장을 나서서 맹세코 불의한 것들을 제하려 하더니 어찌하여 몰륜만봉(沒倫萬捧)이 무례하였는지 가련하다 빈주먹으로 죽었는지라. (『독립신문』12월 5일)

의사 김덕구의 노제에서 낭독된 축문의 일절이다. 1898년 12월 1일, 차가운 겨울비가 내리는 가운데 서울 변두리에 있는 갈월리에서 거행된 신기료장수 김덕구의 장례식 현장, 운구 행렬을 지켜보기 위해 운집한 수많은 군중들은 그의 행적을 치하하며 눈물을 훔쳤다. 그리고 상여를 번갈아 메고 가던 사람들은 다음과 같이 '투쟁가'를 노래했다.

> 어화 우리 동포들아 충군애국을 잊지 마라.
> 대한 의사 김덕구씨는 나라를 위하고 동포를 사랑하다가
> 옳은 의리에 죽었으니 그런 의리가 또 어디 있느냐.
> 어화 우리 회원들아 의리 이(二) 자 잊지 마라.
> 의리로만 죽는다면 만인 일심 흠모하여
> 김덕구 같이 장사하겠노라.
> 어화 우리 만민들은 제 몸 하나를 잊어버리고,
> 나라 일만 열심히 하여라.
> 김덕구의 일신은 살아서는 무명타가
> 죽으니까 의사로다.
> 사는 것을 좋아 말게 죽어지니 영화로다.
> 김덕구의 의사 이름 천추만세에 유전이라.

"불쌍한 동포를 보호하고 독립 기초를 지탱하려는 충량지민(忠良之民)을 함지(陷地)에 넣어 살해하고 나라까지 망하게 하려는 몇몇 역신배"들과의 싸움은 반제국주의 투쟁과 반독재 민주주의 투쟁 그리고 인권 및 생존권 투쟁으로 이어지는 일련의 힘겨운 투쟁을 알리는 예고편에 불과했는지도 모른다. 한국 근현대사는 안중근·윤봉길·김주열·전태일·박종철·이한열·강경대를 비롯하여 수많은 의사와 열사들을 낳았으며, 소중한 생명을 바쳐 불의에 저항한 이들의 정신이 지금의 우리를 지탱하는 소중한 양식(또는 신화)이라는 점에 이의를 제기할 사람은 없을 것이다. 그리고 의사 또는 열사를 논할 때 "어리석은 보부상들이 충군애국하는 백성을 살해하려 함을 보고 장부의 당당한 의기에 분기를 참지 못하여 적수공권으로 앞장을 서서 난민 중에 들어가 마침내 난민의 손에 죽어 귀한 피를 흘려 충애(忠愛)를 드러낸"(『제국신문』 1898년 12월 1일) 민중 김덕구는 한국 근현대사가 낳은 열사의 계보에서 맨 앞자리에 놓여야

마땅하다.

　물론 무명의 백성을 일약 '국민적 영웅'으로 만들어 숭배의 대상으로 삼는 '죽음의 정치학'이 안고 있는 문제점을 간과해서는 안 된다. 근대 국민국가는 수많은 '무명전사'들을 희생양으로 하여 그 자체의 존립을 위한 이데올로기를 강화해 왔다. 예컨대 수많은 민초들을 국민이라는 이름으로 전쟁에 동원하여 죽음으로 내몰고, 이들 '무명용사'를 애국자로 기리는 국가의 의례(儀禮)는 비판받아 마땅하다. 넓게 보자면 '충군애국'의 깃발 아래 죽어간 김덕구도 그러한 희생양 가운데 하나였다고 할 수도 있다. 하지만, 권리와 정의를 위해 자발적으로 싸우다 죽음을 맞이한 이들의 '뜻'을 평가절하해서는 아니 될 것이다. 김덕구는 국가가 아니라 민중의 이름으로 '의사'의 반열에 오른 사람이기에 더욱 그렇다. 우리의 역사에 수많은 의사와 열사들이 있었지만, 그들의 맨 앞자리에 놓여 있는 김덕구만큼 관심에서 멀어진 사람도 드물다. 지금 우리가 의사 김덕구를 다시금 기억해야 하는 이유도 여기에 있다.

6. 다시 만민공동회라는 텍스트를 읽기 위하여

　수많은 민중들이 모여 시위를 벌이고 있는 상황에서 외세와 '간세배'에 기댄 채 노심초사하고 있던 황제 고종은 12월 23일 급기야 군대동원을 명령하였고, 수구파들의 꾐에 넘어가 술을 마셔버린 집회 군중들은 군대의 총검과 보부상의 가혹한 몽둥이에 쫓겨 해산하고 말았다. 1898년 12월 25일, 우리 역사상 그 유례를 찾아볼 수 없었던 만민공동회 민중들의 대대적인 시위와 농성이 외세의 사주를 받은 보수세력과 그들을 등에 업은 보부상들의 폭력에 의해 와해의 길로 접어들었다. 이와 함께 민중들의 변혁을 향한 갈망을 대변하던 독립협회마저 집요한 공작에 의해 역사의 뒤안길로 사라졌다.

만민공동회가 해산된 뒤, 이 시위의 공과를 둘러싸고 '후일담'이 오르내린다. 1898년 12월 28일자 『독립신문』의 논설은 「공동회에 대한 문답」이라는 제목으로 그 내막을 이렇게 전하고 있다.

> 어제 밤에 본사 탐보원이 서촌 한 친구의 집에 갔더니 마침 유지각한 四五인이 있더니, 앉아서 공동회 일절로 수작이 난만한 것을 듣고 그 종요(긴要)한 것을 뽑아서 좌에 기재하노라.
>
> (문) 공동회를 파한 후에 시비가 분출하여, 혹은 공동회에서 실수를 많이 하였다 하고 혹은 정부에서 잘못하였다 하니 누구의 말이 옳은지.
>
> (답) 대한 사람들은 몇 백년 압제에 물려서 무엇이던지 정부가 하는 일은 감히 평론 못하는 것을 이치로 아는 고로 정부에서 옳다면 옳은 줄 알고 그르다 하면 당초부터 정부에서 그 직분을 잘 하셨으면, 공동회 시작한 후에라도 정부에서 잘못한 것을 깨닫고 민론을 쫓아서 항상 폐하의 성칙을 받들어 시행하였으면, 공동회가 근 이십일이나 끌었을 리가 없고, 또 만민 모인 데에서 언어 동작에 실수한 일이 있더라도 몇 달을 두고 총명을 옹폐하ㅁ 인민을 괴롭게 한 정부의 허물에 비하면, 공동회에서 정부보다는 잘못한 일이 없는 것은 삼척동자기로 어찌 모르리요.
>
> (문) 정부에서도 성책을 봉행치 못한 죄가 많거니와 인민이 정부의 명령을 거스르는 것이 어찌 책망이 없으리요.
>
> (답) 맹자 말씀에 몸을 굽히고 남을 곧게 하는 자는 없다 하셨으니, 정부는 백성을 인도하고 교훈하는 선생이라. 선생된 자가 먼저 그 도를 이뤄서 위로 황상 폐하의 성의를 받들지 못하고 아래로 인민을 도탄에 넣으면, 이것은 정부가 백성을 옳은 길로 인도하지 못함이니 먼저 그 직분을 잃어버리고 아래 사람이 실수하는 것만 책망하는 것은 공평치 못함이라. 인민으로 하여금 정부의 명령을 좇게 하려면 정부에서 먼저 성상의 은덕을 널리 베풀고 백성에게 신을 보임이 제일 상책이로다.
>
> (문) 이번 공동회에 무슨 뒤가 아무 것도 없으니 어찌 부끄럽지 아니하뇨.

(답) 이는 대한 사람이 평생 타국에 의지하는 마음을 면치 못함이라. 몇 십년 이래로 혹 청국 혹 일본 혹 아라사 등국에 의지하여 사계를 도모하거나 국사를 경영한 사람들이 있었으나, 공동회는 본래 목적이 위로는 황상 폐하의 상덕만 의지하고 아래로는 인민의 공론을 힘입어서 다만 혀와 붓만 가지고 바른 의논을 주장하여 민국에 이익을 보고자 함이라. 그 믿는 것도 민심이요 뒤받쳐 주는 것도 민심이라 어찌 달리 믿을 것이 있으며 다른 뒤가 있으리요

(문) 그러하면 공동회를 다시 시작하는 것이 어떠하뇨

(답) 서양말에 좋은 일도 너무 하면 멀미난다 하였으니, 지금 공동회를 다시 하면 민심이 지루하게 여겨서 도리어 괴롭게 알기가 쉬우니 민심만 믿고 하는 회를 어찌 민심을 어기며 하리요 하물며 황상 폐하의 조칙이 내리사 공동회의 충의 목적은 통촉하시고 물러가라 하셨으니 어찌 또 주저하여 성칙을 받들지 아니 하리요

(문) 그러하면 정부에서 무슨 일을 하여 성칙을 받들지 아니하여 인민을 괴롭게 하여도 다시는 만민의 말도 못하랴

(답) 어느 때든지 정부에서 다시 그른 일로 위로 황실을 위태히 하고 아래로 백성을 괴롭게 하여, 민심이 비등하여 시민이 청전하고 학도가 책을 덮고 만구 일성으로 공론을 이렇게 정부에서 잘못하는 죄를 황상 부모께 명원하게 될 지경이면 자연히 만민회가 되는 것이니, 그렇지 못하고 다만 구경꾼이나 모여서 시간이나 허비할 것 같으면 다시 회하여 무엇하리요 그러나 이 때를 당하여 인민과 정부가 합심하여 나라 일을 하지 아니하면 십삼도 강산이 타인의 물건이 될 것이니, 정부 제공들은 공동회를 무서워하지 말고 각기 그 직분을 지켜서 황상 폐하의 덕택이 전국 동포에게 믿게 하면 민심이 자연 안도락업할 것이니, 백성을 책망하지 말고 정부에서 밝은 일만 하기를 바라노라.

정부에서 황실을 위태롭게 하고 백성을 괴롭게 하여 민심을 잃으면 언제든지 제이, 제삼의 만민회가 생길 수 있다는 얘기다. 이 논설에서 물음에 답하는 사람의 말에서 알 수 있듯이, 1898년 12월 24일 해산되긴 했지만 만민공동회는 정부가 제몫을 제대로 수행하지 못하고 민심에서 이탈할 때엔 얼마든지 부패하고 타락한 권력에 압력을 가할 수 있는 하

나의 정치적 전범이 되기에 충분한 사건이었다.

만민공동회는 근대적 성격을 명확하게 보여주는 정치운동이었다. 소박하게 말해 지금과는 다른 삶을 구성하고자 하는 일련의 행위에 '정치적'이라는 관형어를 붙일 수 있다면, 만민공동회는 정치공동체의 구성원이 스스로의 정치적 입장을 적극적으로 표명했다는 점에서 한국 근대사의 초입에서 강력한 에너지를 발산한 정치적 운동의 장이자 근대적 공론의 형성 과정을 볼 수 있는 텍스트라 할 수 있다. 특히 인쇄자본주의의 전개를 대표하는 근대적 신문들이 이 운동을 대대적으로 보도했으며, 신문이라는 근대적 미디어를 통하여 이 운동이 서울을 벗어나 전국으로 전파되었다는 점을 주목할 필요가 있다. 그리고 신문이 하나의 '운동 교재' 역할을 담당함으로써 시위현장뿐만 아니라 장터와 거리에서 토론과 연설이 광범위하게 행해졌다는 사실도 놓쳐선 안 된다.

또 하나 만민공동회라는 텍스트를 읽는 과정에서 주목해야 할 점은 정치공동체 구성원들이 이 정치운동을 통해 스스로가 '국민'의 일원임을 발견했다는 것이다. 다시 말해 직접적으로든 간접적으로든 이 운동에 참가한 사람들은 빈부귀천과 남녀노소를 막론하고 충군개국이라는 깃발 아래 하나의 '국민'임을 확인하는 장으로 만민공동회를 경험했다. 어린 소년에서 콩나물장수 할머니에 이르기까지, 여염집 아낙네에서 산중의 도적들까지 타락한 권력에 저항하고 외세에 항거하는 장으로서 이 운동을 체험했던 것이다. 그 과정에서 민중들은 그들이 단순히 지배의 대상이 아니라 통치의 방식이나 틀을 결정할 수도 있는 권리를 지녔다는 사실을 몸소 학습했을 터이다. 요컨대 만민공동회는 정치적 관심을 환기하는 계몽의 장이었고, 민중들이 스스로를 정치적 주체로 세울 수 있다는 가능성을 확인한 정치적 훈련의 시공간이었다.

만민공동회라는 텍스트는 오랫동안 관심의 대상 밖에 놓여 있었다. 그 이유를 분명히 알 수는 없지만, 이제부터라도 한국 근대 정치사상의 맹아를 간직한 이 텍스트가 지닌 의미를 촘촘히 읽어갈 필요가 있다. 식민지시대의 일련의 저항운동과는 분명히 구별되는 만민공동회의 정치적 또는 정치사상적 의의를 재구성함으로써 우리는 근대계몽기의 역사를 훨씬 다양한 시각으로 바라볼 수 있을 것이다. 이 글은 앞으로 만민공동회라는 텍스트를 보다 입체적이고 구체적으로 읽기 위한 하나의 예비작업을 크게 넘어서지 못한다.

3부

슬픔과 허무의 그늘

김영랑 시의 낭만적 성격과 관련하여

1. 프롤로그

1930년대 시의 가장 두드러진 특성 가운데 하나는 그 개성화 내지 개체화에 있다. 여기서 개성화란 1930년대의 시가 개인적인 세계 또는 '나'의 노래 쪽으로 기울어졌음을 뜻한다. 그리고 이는 앞선 시와 대조되는 경우 그 특성이 더욱 두드러지는데, 즉 신경향파와 카프의 시는 이념 곧 공적인 세계를 향하고 있었고, 이와 마주선 자리에서 전통의식에 정신적인 닻을 내리고 있었던 민족문학파 역시 또 다른 이데올로기를 형상화하는 데 집중하고 있었다는 점에서 그러하다.[1] 시문학파를 중심으로 한 독자적인 자아추구의 입장과 서정·단곡화(短曲化) 현상은 이후 모더니즘 계열의 시와 함께 1930년대 한국시의 주요한 흐름을 형성, 『시인부락』·

---

1) 金容稷, 『韓國現代詩史』, 한국문연, 1995, 36~37면 참조.

『시원(詩苑)』·『문장』 등의 발표지를 빌어 순수 서정시를 시의 전형으로 보고 창작 활동을 한 많은 시인들에게 적지 않은 영향을 미쳐왔다.

이렇게 볼 때 시문학파의 핵심 멤버였으며, 지속적으로 '나'를 중심으로 한 순수 서정시를 고집했던 영랑 김윤식(1903~1950)이 1930년대 한국 시와 한국 근대 시사에서 차지하고 있는 위치는 뚜렷하다. 그 위상에 걸맞게 그와 그의 시에 대한 평가도 많은 논자들에 의해 꾸준히 이루어져 왔다. 즉, 아름답고 여린 정서를 곱게 다듬어진 언어와 시형(詩形)으로 노래한 시인, 프로문학의 생경한 관념성과 도식주의가 퇴조하기 시작하는 1930년대 초 『시문학』을 통해 등장하여 문학의 미적 가치를 실천·옹호하고 순수서정의 세계를 개척·심화한 인물, 1920년대식의 애상과 영탄을 보다 고양된 심미적 차원으로 이끌어 올려 이른바 순수시의 한국적 모범을 제시함으로써 그 이후의 시사에 값진 영향을 끼친 선구자 등 비교적 긍정적인 평가가 주류를 이루고 있다.[2] 그런데 이러한 긍정적인 평가는 김영랑과 함께 시문학파를 주도하고 그 이론적 근거를 마련한 박용철(朴龍喆)이 김영랑의 시를 "가슴에 저릿저릿하게 감각의 기쁨을 일으키게 하는 한 폭의 풍경화"[3]로 본 데서 그 원형을 찾을 수 있다. 이어서 서정주는 김영랑의 시를 정지용의 시와 비교하여 "영랑은 한 情緖의 持續을 그의 시간 위에 維持하려 애써 온 詩人"[4]이라 평가함으로써 김영랑의 시에 대한 새로운 인식을 촉구했다. 그리고 정한모(鄭漢模)는 영랑 시를 세밀히 분석, 김영랑 연구의 새로운 방향을 제시했다. 그는 먼저 시 형태를 분석하여 70여 편 중 4행 소곡이 40여 편에 이른다는 통계를 보여 주었고, 이어서 시어와 운율에 관한 분석을 시도하여 영랑의 시

---

2) 그렇다고 부정적인 평가가 전혀 없는 것은 아니다. 식민지적 상황과 김영랑의 토착 지주로서의 성격 등을 통해 그의 시를 바라본 김흥규의 연구가 부정적인 평가의 대표적인 것이라 할 수 있다. 김흥규, 「永郎의 詩와 世界認識」, 『文學과 歷史的 人間』, 창작과비평사, 1980 참조.
3) 朴龍喆, 「丙子 詩壇의 一年 成果」, 『朴龍喆全集』 II, 東光堂書店, 1940, 106면.
4) 徐庭柱, 「永郎의 抒情性」, 『文學』 2권 3호, 1950, 121면.

가 언어에 대한 여성적 섬세함, 음향을 위해 새로운 시어를 창조하기까지 했다는 사실 등을 지적하고 있다. 마지막으로 영랑의 시어 '내'·'마음'·'가슴' 등의 시어가 압도적인 비중을 차지하고 있는 것으로 보아 그의 시세계의 본질이 외계 또는 공적인 세계에서 벗어난 '나'의 탐색에 있다는 점을 밝히고 있다.5) 한편 김용직은 김영랑에 대한 일련의 내재적 연구6)를 통해 그의 시의 특질을 분석하고 있다. 그는 김영랑 시의 특질로, 관념 또는 사상을 배제한 순수시의 단면을 드러낸다는 점과 아주 세심한 배려 속에서 언어를 사용한다는 점 그리고 형태적인 측면에서 독특한 울림을 갖는 어미들을 사용하여 시의 음악성 내지 율조를 강조한다는 점 등 세 가지를 들고 있다.7)

김영랑은 『시문학』 창간호에 「동백닢에 빗나는 마음」을 비롯한 13편의 시를 발표함으로써 시단에 등장했다. 그 뒤 같은 잡지 2호와 3호 그리고 『문학』 1~3호에 모두 37편의 시를 발표하고 1935년 박용철에 의해 53편의 시가 실린 『영랑시집』이 시문학사에서 발간된다. 그리고 1949년 초판 발간되었다가 1956년에 재간행된 『영랑시선』에는 『영랑시집』에 있던 12편이 빠지고 19편을 새롭게 덧붙여 모두 60편의 시가 실려 있다. 이렇게 보면 『영랑시집』과 『영랑시선』에서 볼 수 있는 시는 모두 합쳐 72편이 되는 셈이다.8) 그런데 『영랑시집』과 『영랑시선』에 실린 시에는

---

5) 鄭漢模, 「金永郎論―조밀한 抒情의 彈奏」, 『文學春秋』 1권 9호, 1964.

6) 「『詩文學派』 研究」, 『서강대 인문론집』, 1969; 「金永郎의 詩語」, 『文學思想』, 1974.9; 「남도 가락의 純粹抒情―金永郎論」, 『文學思想』, 1986.9 등 참조.

7) 이외에도 베를렌느나 키이츠 등 외국문학과의 영향관계를 구명하려는 비교문학적 연구를 비롯하여 성장 배경과 체험 내용을 중심으로 한 연구 등 영랑 시에 대한 다양한 연구가 있어 온 것이 사실이긴 하나 시 텍스트를 중심으로 한 연구가 주류를 이루어 왔음은 어렵지 않게 인정할 수 있다.

8) 『영랑시선』의 재발간 경위에 대해서는 李軒求의 다음과 같은 증언을 참고할 수 있다. "1950년 10월 29일 오후, 怡山兄과 더불어 沈鬱과 悲痛과 虛無와 無表情으로 뒤덮인 明洞거리를 거닐다가 實로 偶然히도 이미 다 南下하고 남은 한 구석 좁은 거리의 冊房 속에서 『永郎詩選』 두 권을 發見했던 것이다. (…중략…) 그러던 중 千萬多幸으로 1949년 發刊된 兄의 自選인 『永郎詩選』의 紙型이 남아 있다는 말을 듣고 수소문하여 알아 본

제목이 없이 일련번호만이 매겨져 있는데 이것이 의미하는 바는 무엇일까.9) 『영랑시집』을 간행할 때 박용철이 가졌던 의도, 곧 "시에 번호를 붙일 뿐 페이지도 매기지 않을 생각이네. 시 넘버와 頁가 거진 맞먹는 데서 착상이네. 세계에서 유례가 없으리"10)에서 볼 수 있는 바와 같이, 이는 김영랑의 시가 한 페이지를 넘지 않는 짧은 시가 대부분이라는 것을 의미하며, 또한 시의 제목을 붙이지 않고 번호만을 붙인 것은 그의 시 전체를 하나의 연작으로 볼 수 있을 정도로 시세계가 일관되어 있음을 뜻하는 것이라 할 수 있다.11)

이 글은 기존의 연구 성과를 바탕으로 하여 김영랑의 시가 비교적 일관된 세계 인식에 근거하여 쓰여졌다는 전제 아래 그 낭만적 성격의 구명을 목표로 한다. 여기에서 1930년대 정치적 경제적 상황의 악화와 이에 따른 공적 · 집단적 상상력의 위축에서 비롯된 문화의 총체적 위기는 이 시기에 생산된 텍스트를 읽어내는 데 고려해야 할 주요 항목이며, 또 근대 시사의 맥락에서 순수 서정시를 내세움으로써 이념 편향으로부터 벗어나려는 노력이 김영랑을 중심으로 한 시문학파12)에서 본격적으로

結果, 奇蹟처럼 大韓印刷公社 倉庫 속에서 兩次의 敵侵을 받으면서도 이것만이 그대로 고스란히 남아 있었다는 것은 하나의 天幸이 아닐 수 없는 것이다." 이헌구, 「再版의 序에 代하여」(『永郞詩選』, 正音社, 1956), 그리고 『영랑시집』과 『영랑시선』에 실린 72편 외에 「千里를 올라간다」(『白民』 21호)와 「墓碑銘」(『朝光』, 1939.12) 등도 김영랑 시의 전모를 파악하기 위해서는 놓치지 말아야 할 것이다. 「千里를 올라간다」와 「墓碑銘」에 대해서는 김윤식, 「永郞論」, 『韓國現代詩論批判』, 일지사, 1975, 43~44면 참조.

9) 단, 『영랑시선』의 경우는 책의 뒤쪽에 시의 제목이 달려 있다.
10) 박용철, 『박용철 전집』 II, 깊은샘, 2004, 356면.
11) 金澤東은 김영랑의 시를 『詩文學』과 『文學』에 발표된 일련의 초기 시와 1940년 前後에 발표된 후기 시로 구분, 그의 초기 시가 고요하고 섬세한 感覺과 자아의 內面, 곧 '마음'의 世界로 집중되어져 있는 데 반해서 그 후기 시는 이런 감각과 內向性에서 벗어나 自我를 사회로 향해서 擴大하고 '죽음'을 강렬히 의식하기 시작한다고 기술하고 있다. 김학동, 『韓國現代詩人研究』, 민음사, 1977, 41~43면 참조. 그러나 김영랑의 시에 있어 시적 주체가 사회로 향하는 예를 보여주는 시는 「바다로 가자」나 「천리를 올라간다」 등 극히 소수에 불과하며, 「忘却」이나 「杜鵑」 등에서 볼 수 있듯 죽음을 노래하는 시도 그의 전 작품을 통해 보았을 때 기본적인 자아 인식의 태도를 크게 벗어나지는 않는다. 따라서 그의 시를 전기와 후기로 구분하는 것은 큰 의미가 없어 보인다.

진행되었다는 점 역시 고려해야 할 것이다. 그러나 이러한 고려 항목들은 시 텍스트를 읽는 과정에서 자연스럽게 확인되어야 할 성질의 것이라는 점을 분명히 해둘 필요가 있다.

2. 슬픔과 좌절의 원천―잃어버린 '연' 그리고 '무덤'

　김영랑의 시가 한국 근대 시사에서 순수 서정시의 세계를 새롭게 개척했다는 이론의 여지가 없는 듯하다. '순수'시의 의미를 ① 짧은 시, ② 반도덕적·비조작성, ③ 음악성 등의 요건을 갖춘 시로 보든[13] 아니면 자아와 세계의 미분화 상태에서 음향만이 있고 모습이 없는 상태를 일컫는 것이든,[14] 김영랑의 시가, 해방의 감격을 노래한 「타다로 가자」를 비롯한 극소수의 작품을 제외하면, 대부분 애상이나 그리움을 기본 정서로 한 사적 세계를 표출하고 있다는 점은 쉽게 알아차릴 수 있다. '울음'·'슬픔'·'설움'·'외로움'·'허무'·'헛보람'·'쓸쓸함' 등 그의 시 전편을 통하여 곳곳에서 발견되는 이러한 시어들이 담아내는 정서를 '나'의 세계로의 침잠에서 비롯된 낭만성이라 규정한다면 그 근원을 시 텍스트에서 발견하는 일은 맨 앞자리에 놓여야 마땅하다. 그렇다면 김영랑의 시에 나타나는 핵심적인 정서인 슬픔과 좌절의 원천은 구엇일까.

　　하늘은 파―랗고 끝없고
　　편편한 연실은 조매롭고

---

12) 시문학파의 형성과 문학적 방향에 관해서는 유승우의 『시문학파연구』(민족문화사, 1992)가 상세하다. 특히 19~52면 참조.
13) 金容稷, 앞의 책, 87~92면 참조.
14) 金允植, 앞의 글, 42면.

오! 힌연 그새에 높이
아실아실 떠놀다 내 어린날!

바람이러 끊어지든날
엄마 아빠 부르고 울다
히끗 히끗한 실낫이 서러워
아침 저녁 나무밑에 울다

—『영랑시선』 23 「연 1」 부분

좀평나무 높은가지끝에 얼킨 다아 해진
흰 실낫을 남은 몰라도
보름전에 산을넘어 멀리가버린 내연의
한알 남긴 서름의 첫씨
태여난뒤 처음높이 띄운보람 맞본보람
안 끈어젓드면 그럴수 없지
찬바람 쐬며 코ㅅ물 홀리며 그겨을내
그실낫 치어다보려 다녔으리
내인생이란 그때버텀 벌서 시든상 싶어
철든 어른을 뽐내다가도 그실낫같은 病의 실마리
마음 어느한구석에 도사리고있어 얼신거리면
아이고! 모르지
불다 자는 바람 타다 꺼진 불ㅅ동
아! 인생도 겨래도 다아 멀어지든구나

—『영랑시선』 24 「연 2」 全文

어린 날 띄어 올린 연은 '나'의 보람이었다. 이는 바람에 그 보람이 끊어지던 날 '나'는 아침저녁 울었고 좀평나무 높은 가지 끝에 얼킨 다 헤진 연실은 '설움의 첫씨'가 되어 남는다. 여기에서 연실을 끊어버린 '바람'이 무엇을 의미하는지는 명확하지도 또 중요하지도 않다. 다만 높이 띄어 올렸던 연을 잃어버림으로써 시적 주체인 '나'는 누구도 알지

못할 상실감에 빠져 버렸고 '내 인생이란 그때버텀 벌서 시든상 싶어'라
고 말하고 있는 것이 중요할 따름이다. 이 연은 "내옛날 온꿈"(『영랑시선』
22 「내옛날 온꿈」)이었다. 어린 시절 자신의 보람과 삶의 의미를 모두 싣고
날아가 버린 연은, 그의 대표작으로 손꼽이는 「모란이 피기까지는」의
'모란'이나 「가늘한 내음」의 '내가 잃은 마음' 등에서 보듯 곳곳에서 변
용되어 나타난다.15) 「연 1」이 '아슴풀하다'나 '조매롭고' 등의 감각적이고
도 섬세한 시어를 사용하고 있다는 점이나, 그가 즐겨 선택한 4행 소곡의
연장선상에 놓인다는 점 등이 지적되어야 하나, 이와는 별도로 「연 1」과
「연 2」는 그의 시가 낭만적 성격을 지닐 수밖에 없는 이유를 밝힐 수 있
는 실마리를 제공한다는 점에서 주목할 필요가 있다.

　「연 1」과 「연 2」를 통해 볼 수 있듯 어린 시절의 상실감은 그의 시 전
편에 그 그늘을 드리우고 있으며, 정작 김영랑 시의 기본적 정조를 규정
하는 정신적 외상(Trauma)으로 자리잡고 있다. 이론적·사상적 측면에서
낭만주의(romanticism)가 계몽시대를 휩쓸었던 문학적 아카데미즘에 대한
반항이자 비판의 근거로 제기된 것이었다는 점을 감안하면,16) 의식적으

---

15) 그 구체적인 예를 보이면 다음과 같다.
　① 오! 그수심뜬 보랏빛 / 내가 잃은 마음의 그림자(『영랑시선』 1 「가늘한 내음」)
　② 뻐처오르든 내보람 서운케 문허졌느니(『영랑시선』 3 「모란이 피기까지는」)
　③ 시들고 못피인꽃 어서떠러지거라(『영랑시선』 8 「물보면 흐르고」)
　④ 샘은 애끈한 젊은꿈 이제도 그저 지녔으리(『영랑시선』 16 「수풀아래 작은샘」)
　⑤ 오! 모도다 못도라오는 / 먼—지난날의 놓친마음(『영랑시선』 20 「땅검이」)
　⑥ 내옛날 온꿈이 모조리 실리어간 / 하늘갓 닷는데 기쁨이 사신가(『영랑시선』 22 「내
옛날 온꿈이」)
　⑦ 떠날러가는 마음의 파름한 길을 / 꿈이런가 눈감고 헤아리려니(『영랑시선』 40)
　⑧ 눈물속 빛나는보람과 웃음속 어둔슬픔은 / 오직 가을 하늘에 떠도는 구름(『영랑시
선』 45)
　⑨ 바람에 나붓기는 깔닢 / 여울에 희롱하는 깔닢 / 알만 모를만 숨쉬고 눈물맺은 / 내
청춘의 어느날 서러운 손ㅅ짓이여(『영랑시선』 51)
16) 이와 관련하여 로맨티시즘운동을 자유주의 발전의 맥락에서 고찰하고 있는 B. 크로
체의 논의는 많은 도움이 된다. B. 크로체, 김정남 역, 『자유발전의 역사』(홍신문화사,
1991) 제3장 참조. 여기에서 크로체는 비판적 사유적 로맨티시즘과 윤리적 로맨티시즘
으로 분류하고 전자를 자유 발전에 있어 긍정적인 역할을 한 것으로, 후자를 병적 세

로든 무의식적으로든 전시대의 문학이 강조했던 계몽성이나 이념성에 반발, 외적인 힘을 빌어 정신적 외상을 치유하려는 의지를 포기한 지점에서 영랑의 시는 움틀 수 있었던 것이다. 물론 자신의 상처를 내보이는 것이 치유의 계기를 마련할 수도 있을 터이지만, 공적 상상력이 극도로 위축되어 있었다는 외재적 요건과 순수 서정시[17] 선택이라는 내재적 요건이 맞물린 상황에서 영랑은 '설움의 첫씨'를 키우는 사람이 되기를 자처한다. 이때 그 씨앗을 움트게 하고 열매 맺게 하는 자양분이 바로 섬세한 감각을 지닌 언어였으며 시의 음악성이었다. 이렇듯 사회학적 상상력을 극도로 배제한 채 내면으로만 향하는 시를 두고 순수시라 하여 높이 살 수도, 또는 역사의식이나 사회의식을 망각한 자기 위안의 시라 하여 비난할 수도 있겠으나, 김영랑의 시가 상실감이라는 정신적 외상을 모체로 하고 있다는 사실만은 분명히 해둘 필요가 있다.

김영랑의 시를 관통하는 기본적인 정서인 슬픔과 좌절의 원천으로서의 상실감은 가까운 사람의 죽음을 서러워하는 노래에서 더욱 구체화한다. '무덤'의 주인이 누구인가는 중요하지 않다. 다만 무덤 곧 죽음을 노래한 시를 통해 그의 시가 슬픔의 또 다른 모습인 외로움과 그리움으로 향할 수밖에 없는 이유를 밝히는 일이 중요하다.

> 쓸쓸한 뫼앞에 후젓이 앉으면
> 마음은 갈앉은 앙금줄 같이
> 무덤의 잔듸에 얼굴을 부비면
> 넉시는 향맑은 구슬손 같이

기의 질환인 로맨티시즘이라 하여 비판적으로 파악하고 있다.

17) 공리적 목적의식을 배제하고 동시에 개인의 순수감정을 바탕으로 하는 예술의 절대적 독립과 가치를 전제로 하는 문학을 순수문학이라 규정할 때, 그 정신사적 기반을 낭만주의 또는 낭만성에 두고 있다는 점은 아놀드 하우저가 지적한 바와 같다. 즉 낭만주의는 세상으로부터의 정신의 소외를 보상하기 위하여, 부르조아지와 속물들의 정신 적대적인 태도에 대한 방패막이로 그의 개인주의를 극단화시켰던 것이다. Arnold Hauser, 염무웅·반성완 공역, 『文學과 藝術의 社會史─近世篇』 下, 창작과비평사, 1981, 209면.

산ㅅ골로 가노라 산ㅅ골로 가노라
무덤이 그리워 산ㅅ골로 가노라

—『영랑시선』 17「쓸쓸한 뫼앞에」 全文

좁은 길ㅅ가에 무덤이 하나
이슬에 저지우며 밤을 새인다
나는 사라져 저별이 되오리
뫼아레 누어서 희미한 별을

—『영랑시선』 33 全文

누구의 것이든 죽음은 바라보는 사람에게 적지 않은 정신적 충격을
주는 것이겠지만, 무덤의 주인이 그 '무덤의 잔듸에 얼굴을 부'빌 만큼
그리운 사람이라면 충격의 강도는 높아질 수밖에 없을 것이다. 더구나
어린 시절의 꿈이었던 '연'을 바람에 날려보내고 나무 가지 끝에 걸린
연실만 바라보며 깊은 상실감에 빠져 있는 사람에게 죽음은 삶의 의미
또는 삶에 대한 의지를 송두리째 앗아가기에 충분했을 것이다. 죽음은
'나'에게 '연'을 잃은 상실감에 못지 않은 정신적 외상으로 다가오고, 그
상처를 치유하기엔 너무나 연약하고 섬세한 '나'는 실체가 없는 대상에
대한 그리움에 떠돌다[18] '나는 사라져 저별이 되오리'라는 진술에서 보
듯 죽음을 그리워하는 상황에 이르게 된다.
 시적 주체인 '나'가 왜 이러한 상황에까지 이르게 되었는가라는 질문
은 무의미할 수도 있다. 대체로 보아 언어의 음악적 효과를 강조하는 낭
만주의적 성격의 시는 의미의 합리적인 재구(再構)를 허락하지 않으며,

---

18) 그 단적인 예를 다음과 같은 시들에서 볼 수 있다.
 ① 사개틀닌 古風의 툇마루에 업는듯이안저 / 아즉 떠오를괴척도 업는달을 기둘린다 /
아모런 생각업시 / 아모런 뜻업시(『영랑시집』 49 부분)
 ② 밤ㅅ사람 그립고야 / 말없이 거러가는 밤ㅅ사람 그립고야 / 보름넘은 달그리매 마
음아이 서어로아 / 오랜밤을 나도혼자 밤ㅅ사람 그립고야(『영랑시선』 34)
 ③ 바람이 부는대로 차저가오리 / 흘린듯 기약하신 님이시기르 / 행여나! 행여나! 귀
를종금이 / 어리석다 하심은 너무로구려(『영랑시선』 26「한박눈」 부분)

따라서 '나'의 내면은 객관적 인식의 밖에 놓일 수밖에 없기 때문이다. 그러나 언어가 기본적으로 의사소통을 전제로 하는 약속의 체계이고 넓게 보아 시의 언어 역시 이러한 언어의 성격으로부터 자유로울 수 없을 것이라는 점을 받아들인다면 위의 질문은 여전히 유효할 것이다. 따라서 슬픔과 좌절의 원천인 잃어버린 '연'과 그리운 사람의 '무덤'에서 시적 주체인 '나'가 죽음으로 가는 행정(行程)을 가늠하기에 앞서 김영랑의 시가 왜 그렇게 '나'의 세계에 집착하는지 살핌으로써 그의 시세계를 '합리적'으로 재구해 볼 필요가 있다.

3. 나르시시즘의 미학 – '마음' 또는 '나'의 세계

김영랑의 시에서 시적 주체가 거의 '나'라는 사실은 그의 시가 사적 영역에 머물러 있다는 것을 의미한다. 사상이나 이념이 공적 영역을 의식하고 공적 영역과의 부단한 대화를 통해 개인이 수용한 일련의 체계를 일컫는 것이라 한다면, 이러한 사상이나 이념을 배제한 자리에서 개인이 말할 수 있는 것, 즉 담론의 내용은 개인적인 정서의 차원을 크게 벗어나지 못한다. 시적 담론도 예외는 아니다. 이와 관련하여 김영랑 시의 어휘를 검토함으로써 영랑 시 연구의 새로운 장을 열었던 정한모의 다음과 같은 지적은 주목을 요한다.

> (영랑의 시세계를—인용자) 하나로 요약한다면 '내·마음'의 세계라고 할 수 있다. 서정시가 개인적인 정감을 표현하는 데서 출발했고 오늘날도 그 거점에서 크게 벗어나 있지 않은 만큼 '내·마음'의 세계가 새삼스러운 것은 아니지만 유독 영랑에게는 그와 같은 것이 짙게 새겨져 있다.

전 70편 중에서 '마음'이 51건, '마음'과 같은 뜻으로 쓰여진 '가슴'이 5건, 도합 56건의 '마음'이 등장한다. 또한 '나는', '나의', '내', '나'에 속하는 말들이 61건이 나오고 있다. 이 밖에도 '마음'이나 '나'의 말을 쓰지 않고 그러한 뜻을 나타낸 것은 더 많다. 나타나 있는 건수로는 '내'와 '마음'이 거의 같은 비례로 전편에서 많은 비율을 차지하고 있다. 여기에 비하여 '우리'는 일건이 해방의 감격을 노래한 「바다로 가자」에서 취급되었을 뿐이다. "자네 소리하게 내 북을 잡지"로 시작된 「북」에서 자네 '너'와 '나'를, 「불지암과 「춘향」에서 '그'를 노래한 것이 있을 뿐 여타는 모두 '내·마음'을 노래하고 있는 것이다.[19]

통계 숫자가 지니는 자체적 함정은 충분히 경계해야 마땅하지만 그럼에도 불구하고 이러한 통계가 김영랑의 시 전반을 이해하는 데 있어 의미를 가질 수 있는 것은 '내·마음'이라는 시어가 차지하는 비중이 워낙 압도적이기 때문이기도 하거니와, 동시에 '내·마음'이라는 시어가 의미하는 바가 무엇인지를 밝히는 일이 그의 시를 온전히 이해하고 그 미학적 성격을 구명하는 데에 필수적이기 때문이기도 하다. 그렇다면 '마음'은 어떠한 성격을 지니고 있으며, 시적 주체는 왜 그렇게 '마음'에 집착하는가를 살펴보아야 할 것이다. 김영랑의 시에서 '마음'은 다음과 같은 것이다.

① 오! 그 수심뜬 보랏빛
내가 잃은 마음의 그림자
한이틀 정렬에 뚝뚝 떠러진 모란의
깃든 향취가 이가슴 놓고 갔을 줄이야
—『영랑시선』 1 「가늘한 내음」 부분

② 불빛에 연긴듯 히미론 마음은
사랑도 모르리 내혼자 마음은
—『영랑시선』 11 「내마음을 아실이」 부분

---

19) 鄭漢模, 앞의 글, 182~183면.

③이청명에 폭은 취여진 내마음
감각의 시원한골에 돋은 한낫 풀닢이라
평생을 이슬밑에 자리잡은 한낫 버러지로라

—『영랑시선』19「淸明」부분

④ 오랜세월 시닷긴 으스름한 파스텔
애닯은듯 한
좀 서러운듯 한

오! 모도다 못도라오는
먼 지난날의 놓친마음

—『영랑시선』20「땅검이」부분

⑤떠날러가는 마음의 파름한 길을
꿈이런가 눈감고 헤아리려니
가슴에 선뜻 빛갈이 돌아
생각을 끊으며 눈물 고이며

—『영랑시선』40 전문

⑥ 본시 평탄했을 마음 아니로다
구지 톱질하여 산산 찢어놓았다
(…중략…)
아신 마음 끝네 못빼앗고
주린 마음 끄득 못배불리고

어차피 몸도 괴로워졌다
바삐 棺에 못을 다져라

아모려나 한줌 흙이 되는구나

—『영랑시선』55「한줌 흙」부분

'나'의 마음을 색채로 표현한다면 ①·④·⑤에서 볼 수 있듯 '수심뜬 보랏빛'이며 '오랜세월 시닷긴 으스름한 파스텔' 톤이자 '파름한' 것이다. 이는 모두 '애닯은듯한' 또는 '서러운듯한' 성질의 색채이면서 사랑도 모르는 '희미론' 것이기도 하다. 아슴한 분위기만 있을 뿐이어서 그 정체를 파악하기가 쉽지 않은 무엇 또는 아예 남이 알려고 드는 것을 원천적으로 봉쇄하는 듯한 그 무엇이 '나'의 '마음'이다. 이는 내밀한 감정이나 정서의 차원에 속하는 것으로 언어에 의한 합리적인 이해를 허락하지 않는다. 나아가 시적 주체가 '마음'의 정체를 명확히 파악하고 있는지도 의심스럽다. 또한 남이야 이해하든 못하든 '마음'은 시적 주체가 간직하고 지켜내야 할 소중한 것이겠지만 ③에서 보듯 '나'의 마음은 '평생을 이슬밑에 자리잡은 한낫 버러지'같기도 하며 끊임없이 눈물을 흐르게 하는 것이기도 하다. 그리하여 결국은 실체를 모를 누군가에게 빼앗긴 마음을 다시 찾지 못하고 '주린 마음 끄득 못버불리'는 시적 주체는 괴로워하면서 차라리 자신의 몸을 담은 관에 '바삐 못을 다지'라고 말한다.

앞서 살폈듯이 김영랑의 시에 있어 시적 주체가 생을 절망과 좌절의 시선으로 바라보게 된 계기는 잃어버린 '연'과 '죽음'이었다. 이러한 체험이 시인이 직접 체험한 것이든 아니면 허구의 것이든 시적 주체는 이를 일종의 확실한 체험으로 받아들이고 있으며, 텍스트 안에서 의미심장한 또는 '의미성(Bedeutsamkeit)'을 지닌 체험으로 고양시키고 있다.[20] '연'

---

20) 서정적 발화의 체험문학적 성격과 허구문학적 성격을 종합하여 이해하려는 디이터 람핑의 논지에 따르면 체험문학으로서의 서정시는 서정적 자아를 시인－자아(Dichter-Ich)와 동일시한다는 데 근거를 두고 있다. Dieter Lamping, 장영태 역, 『서정시 : 이론과 역사－현대 독일시를 중심으로』, 문학과지성사, 1994, 164~167면 참조. 그런데 이 글은 일차적으로 김영랑의 시 텍스트의 의미 맥락을 파악하는 데 목표를 두고 있는 까닭에 우리는 시적 주체와 시인을 동일인으로 보지 않는다. 이와 관련하여 서정시는 일인칭으로 쓰여지는 것이지만, 시에 나오는 '나'를 작자와 동일시하지 않도록 해야 한다는 M. H. 아브람스의 견해도 참고할 만하다. M. H. Abrams, 최상규 역, 『문학용어사전』(보성출판사, 1991) Lyic항, 150면 참조.

과 '무덤'이 남겼던 정신적 외상이 '나'의 슬픔과 절망의 원천이었다면 이 원천을 들여다 보다 시적 주체가 발견한 것이 '마음'이었으리라고 추측할 수 있다. 상실의 체험이 '마음'을 발견하고 지키려는 욕망으로 이끌어 올려진 것이다. 그러나 '마음'은 오랜 세월에 시달린 나머지 으스름한 파스텔 톤으로만 인식되는 것이며 실체를 파악할 수 없는 분위기에 지나지 않는 것이다. 더구나 "본시 평탄했을 마음 아니로"되 누군가 "구지 톱질하여 산산 찢어 놓은" 모습으로 비치기까지 한다. 그리하여 "아! 내 세상에 태어났음을 원망 않고 보낸 / 어느 하루가 있었던가 「虛無한듸!」 허나 / 앞뒤로 덤비는 이리 승냥이 바야흐로 내마음을 노리매 / 내 산체 짐승의 밥이되어 찢기우고 할퀴우라 네맛긴 신세임을 // 나는 毒을 차고 선선히 가리라 / 마금날 내 외로운 魂 건지기 위하여"(『영랑시선』 56 「毒을 차고」 부분)에서 보듯, '내 마음'을 빼앗으려 덤비는 자들을 향한 절규와 원망 그리고 독한 마음먹고 '외로운 혼'을 지키려는 굳은 다짐을 해 보건만 '마음'은 이미 어린 시절에 날아가 버린 '연'과 같은 것이어서 허무만이 남고 마는 것이다. 그리고 그 허무의 극단에서 시적 주체는 죽음을 꿈꾼다.

공적 세계와의 의사소통 통로를 차단해버리고 자신의 체험에 매여 끝없이 내면으로 침잠하는 정신적 경향을 나르시시즘으로 이해한다면, 김영랑 시의 시적 주체는 '내 마음'의 세계에서 아예 탈출하려는 시도조차 포기한 채 그 속으로 끝없이 빠져 들어간 전형적인 나르시스트라 할 수 있을 것이다. 이렇게 볼 때, 공적인 사유나 이념을 철저히 배제하고 스스로가 만들어 놓은 으스름한 파스텔 색조의 분위기에 잠겨 흔들리는 실체를 찾으려 언덕으로 들판으로 떠도는 시적 주체의 모습을 그리고 있는 것이 김영랑 시의 중심 줄기라는 판단이 가능해진다. 김영랑 시의 시적 주체가 보여주는 정신적 경향이 나르시시즘에서 멀지 않다는 점을 다음 시는 극명하게 보여준다.

마당앞
맑은새암을 드려다본다

저 깁흔 땅밑에
사로잡힌 넉 잇서
언제나 먼 하날만
내여다보고 계심 가터

별이 총총한
맑은새암을 드려다본다

저 깁흔 땅속에
편히누은 넉 잇서
이밤 그눈 반작이고
그의것몸 부르심 가터

마당앞
맑은새암은 내령혼의얼골

—『영랑시집』 50 전문[21]

    나르시스트로서의 시적 주체가 '새암'에서 찾은 것은 무엇일까? 샘도 외롭고 '나'도 외로운 상황에서 '나'가 샘의 끝에서 발견한 것은 무엇일까? 구체성을 획득하지 못한 '마음'은 메아리로 울릴 다름인데 실체 없는 메아리를 찾으려 '외로히' 떠돌던 시적 주체가 마지막으로 도달한 곳은 어디었을까? 이제 김영랑 시의 텍스트 내적 의미를 재구성하는 데 있어 그 마지막 자리에 놓일 것을 찾아 볼 차례이다.

---

21) 이 작품과 함께 「수풀속의 작은샘」 역시 동일한 맥락에서 읽을 수 있다. "해도 저물녁 그대 종종거름 흰듯 다녀갈뿐 샘은 외로워도 / 그밤 또 그대 낮과 샘과 셋이 도른도른 / 무슨 그리 향그런 이야기 날을 세웠나 / 샘은 애끈한 젊은 꿈 이제도 그저 지녔으리 / 이밤 내 혼자 나려가볼꺼나 나려가볼거나"(『영랑시집』 16 「수풀아래 작은샘」 부분).

4. 허무와 죽음, 그 낭만적 성격

    깊은 상실감에 비애를 노래하던 과정을 거쳐 '마음'을 찾으러 깊은 '새암'으로 '홀로' 내려가고자 했던 시적 주체가 마지막으로 도달했던 지점은 절망과 허무 그리고 그 극단적 형식의 표현인 죽음이다.

    아퍼누어 혼자 비노라
    이대로 가진 못하느냐

    비는마음 그래도 거짓잇나
    사잔욕심 차저도 보나
    새삼스레 잇슬리 업다
    힘업고 느릿한 피ㅅ줄하나

    오! 그저 이슬가치
    예사 고요히 지렴으나
    저긔 은행닙은 떠나른다

                           —『영랑시집』 41 全文

    降仙臺 돌바늘끝에
    하잔한 인간 하나
    그는 버―르서
    불타오르는 湖水에 뛰어내려서
    제몸 살읫드라면 조핫슬 인간

    이제 몇해뇨
    그황홀 맛나도 이몸선듯 못내던지고
    그찰란 보고도 노래는영영 못부른채
    저저드는 물결과 싸우다 넘기고

실달린 마음이라 더러 눈물 매젓네

降仙臺 돌바늘끝에 벌서
불살윗서야 조핫슬 인간

—『영랑시집』 48 全文

죽음에의 의지가 삶에의 의지를 압도해버린 형국이다. '사잔 욕심 그
래도 차저 보려하지만' 삶에의 의욕은 어디서도 찾을 수 없다는 것을 고
백해 놓은 셈이다. 시적 주체가 자신을 하찮은 인간으로 인식하고 생에
의 의지를 포기한 이유는 '그황홀 맛나도 이몸선듯 못내던지고'나 '그찰
란 보고도 노래는 영영 못부른채'라고 말한 부분에서 찾을 수 있다. '모
란'처럼 섬광으로 다가온 삶의 보람이 '자취도 없이' 사라져 버린 것을
의식했을 때, 시적 주체는 「모란이 피기까지는」에서 보듯 수동적이긴
하나 찬란한 슬픔의 봄(모란 또는 보람)을 기다리겠다는 의지와, 생의 황홀
이나 찬란을 영영 노래하지도 못하는 자신을 벌써 '톹살윗서야 조핫슬
인간'이라고 표현한 데에서 보듯 죽음에의 충동 사이에서 끊임없이 갈
등하고 있는 것이다.

죽음은 존재의 현실을 완전히 부정한다. 죽음은 시간의 최종적인 부정
성이고, 즐거움은 영구성을 의욕하기 때문이다.22) 순간의 황홀경을 영원
한 것으로 끌어올리고자 했던 시적 주체는 이미 그 욕망의 좌절을 예상
했어야 했을 것이다. 왜냐하면, "수풀과버레는 자고깨인 어린애라 / 밤 새
여 빨고도 이슬은 남었다 / 남었거든 나를 주라 / 나는 디청명에도 주리나
니 / 방에 문을달고 벽을향해 숨쉬지않았었느뇨"(『영랑시선』 19 「淸明」 부분)
라고 노래한 데서 알 수 있듯 '이슬'을 먹으며 삶의 순간적 황홀을 기다
리는 시적 주체는 야위어 갈 수밖에 없었을 것이고, 건강한 삶의 부정으
로서의 야윔은 지속적인 욕망을 견인하지 못하도록 방해했을 것이기 때

---

22) H. Marcuse, 김종호 역, 『에로스와 文明』, 양영각, 1982, 258면.

문이다. 시적 주체의 이러한 정신적 상황은 그가 상실감이라는 정신적 외상을 고스란히 안고 있었다는 데에서 비롯되었던 것이라 볼 수도 있을 것이다. 즉 유년시절에 날아가 버린 '연'은 그의 무의식 속에서 끊임없이 출몰하며 그를 사로잡고 있는 셈인데, 그것을 되찾을 수도 없을뿐더러 이 세상에는 이를 보상할 아무것도 없다는 인식에 이르는 순간 시적 주체는 죽음을 생각하지 않을 수 없었던 것이라 할 수 있다. 그에게 있어 '연'으로 표상된 보람이나 순간적 황홀경이 없는 삶은 의미가 없기 때문이다. 이렇게 본다면, 시적 주체가 죽음을 꿈꾸는 것은, 김영랑 시의 텍스트 내적 관점에서 볼 경우, 돌발적인 것이 아니라 당연한 귀결이라 할 수 있을 것이다. 그리하여 죽음은 잊어버리려고 해도 잊혀지지 않고 끊임없이 시적 주체를 사로잡는다.

> 걸든거름 멈추고 서서도 얼컥 생각키는것 죽엄이로다
> 그죽엄이사 서룬살적에 벌서 다 이저버리고 사라왔는듸
> 웬노릇인지 요즘 작고 그죽엄 바로닥처온듯만 싶어져
> 항용 주춤서서 행길로 호기로히 달리는 行喪을 보랐고있느니
>
> 내 가버린뒤도 세월이야 그대로 흐르고 흘러가면 그뿐이오라
> 나를 안어길든 山川도 萬年한양 그모습 아름다워라
> 영영 가버린 날과 이세상 아모 가낄것 없으매
> 다시 찾고 부를인들 있으랴 億萬永劫이 아득할 뿐
>
> ―『영랑시선』 60 「忘却」 부분

낭만주의는, 합리성이란 이름으로 인간의 삶의 양식을 바꾸었던 이성이 이제 스스로가 인간을 억압하는 방향으로 기우는 데 대한 저항정신의 한 표현이었다. 이러한 낭만주의적 경향은 시간이 흐르면서 본래의 성격을 상실하고 다양한 모습으로 변형되는데, 그 가운데 자기 환상에 빠져 아무것에도 만족하지 못하며 사회적 책임을 피하고 이상적 꿈만

꾸는 '자아숭배(나르시시즘)'의 경향은 낭만주의의 부정적 성격을 여실히 보여준다.[23] 이러한 성향을 지닌 인간은 비극적인 눈으로 세상을 바라보며 인생과 인간을 증오한다. 그 극단이 죽음일 터인데, 이러한 맥락에서 본다면, 김영랑 시의 시적 주체가 도달한 죽음은 결국 나르시시즘의 연장선상에 놓여 있는 것이라 할 수 있을 것이다. 순간에서 영원을 바랐던 것[24]이 김영랑의 시에서는 '서름의 첫씨'였던 동시에 죽음으로 귀결되고 마는 비극의 씨앗이기도 했던 셈이다. 그리고 그 씨앗이 맺은 열매는 '죽음의 자랑찬 소리'였으며, 자신의 노래는 이승에서는 받아들여지지 않는 '저승' 곧 영원을 향한 외로운 울림이었다.

> 무섭ᄉ정 드는 이새벽 가지울리는 저승의 노래
> 저기 城밑을 도라나가는 죽음의 자랑찬소리여
> 달빛 오히려 마음어둘 저 흰등 흐느껴가신다
> 오래 시들어 팔히한마음 마조 가고지워라
>
> ―『영랑시선』 58「杜鵑」 부분

5. 에필로그

우리는 지금까지 김영랑 시 텍스트에 나타나는 시적 주체의 정신적 경향을 읽어왔다. 순수 서정시의 선구자로서 1930년대 시단의 중심에 있

---

23) H. G. Schenk, 이영석 역,『유럽 낭만주의의 정신―문화사적 개념의 연구』, 대광문화사, 1991, 159~167면 참조.
24) 순간을 영원으로 묶어 두려는 시적 주체의 의지는 다음의 시에서 뚜렷이 볼 수 있다. "새벽 잠ᄉ결에 언뜻 들이여 / 내 무건머리 선듯 싯기우느니 / 황금소반에 구슬이 굴렀다 / 오 그립고 향미론 소리야 / 물아 거기좀 멈췃스라 나는그윽히 / 저창공의 銀河萬年을 헤아려보노니"(『영랑시집』44 부분).

었던 김영랑이 자신의 시를 통해 무엇을 말하고자 했는가라는 질문이
이 글의 출발이었다. 이 질문에 대한 우리의 잠정적인 대답은 김영랑 시
의 시적 주체가 파악한 삶은 상실감에서 비롯된 슬픔의 현실이었으며,
이러한 비극적 인식이 그를 '마음', 즉 내면으로 향하게 했고 그 필연적
인 귀결이 허무와 죽음이었다는 것이다. 그리고 이것은 김영랑 시가 보
여주는 정신적 경향이 낭만주의의 부정적인 측면에 부합하는 것으로 보
았다.

그러나 시 텍스트와 텍스트로서의 시대 현실 또는 시인의 삶을 포괄
적으로 아우르지 못한 것은, 이 글의 성격상 어찌할 수 없었다고 해도,
한계일 수밖에 없다. 또한 형식적인 측면에서 김영랑의 시가 추구한 음
악성이 낭만주의적 경향이라는 내용과 어떤 관계에 놓인 것인지, 그리고
1920년대 이른 바 '백조파'의 시에서 볼 수 있는 낭만적 성격과는 어느
점이 같고 또 다른지를 밝히는 일도 남은 문제이다. 이들을 포괄하는 연
구가 김영랑의 시가 시사(詩史)에서 차지하는 위치를 제대로 밝혀줄 것
임은 두말할 나위도 없다.

관심의 넓이와 인식의 깊이

정한숙 초기 단편의 분단 현실 인식

1. 시작하는 말—정한숙 소설 다시 읽기

1948년 『예술조선(藝術朝鮮)』에 현진건의 「빈처」를 생각나게 하는 「흉가(凶家)」로 문단에 나온 정한숙(鄭漢淑)은 1952년 이후 지속적으로 작품을 발표함으로써 이른바 '전후 신세대 작가'로서의 자신의 위치를 확고히 했다. 180여 편에 가까운 중·단편소설과 장편소설은 숫자상으로 보았을 때도 적지 않은 것이거니와 그 관심의 폭 또한 대단히 넓어 그를 이러이러한 작가라고 규정하는 것을 쉽게 허락하지 않는다. 그리하여 그는 소재의 측면에 뿐만 아니라 주제와 기법의 측면에서도 '지정된 특약점(特約店)'이 없는 '다채다양(多彩多樣)한' 작가, '끈질긴 탐구정신의 작가'라는 평가1)를 받아 왔다.

---

1) 문덕수, 「內容과 手法의 多樣性」, 『현대한국문학전집』 5, 신구문화사, 1968, 448면; 오탁번, 「끈질긴 探究精神의 所産」, 『한국현대문학전집』 23, 삼성출판사, 1978, 435면.

그런데 40년이 넘게 지속되어 온 정한숙의 소설이 독자들에게 정당하게 받아들여졌는지에 대해서는 의문이다. 물론 「금당벽화」(1955)나 「전황당인보기」(1955) 등 몇몇 작품을 통해 그의 작품이 비교적 널리 알려져 있는 것은 사실이다. 하지만 담징의 예술적 삶과 애국심을 묘사하고 있는 「금당벽화」의 '강요된' 독해(讀解)나, 전통적 예술의 깊이를 이해하지 못하는 세태를 우의적으로 그리고 있는 「전황당인보기」에 대한 '과도한' 관심은 그의 작품 전반을 가로지르고 있는 소설 인식의 범위를 상당히 좁혀 놓은 것 또한 부인할 수 없다. 이렇게 볼 때 분단 이후 한국인의 다양한 삶을 다양한 각도에서 보여주고 있는 그의 소설들을 다시 읽을 필요성이 대두한다. 요컨대 「금당벽화」나 「전황당인보기」류에 집중된 정한숙 소설의 의미를 다른 시각에서 바라볼 이유가 충분히 있다는 데 필자의 의도가 있다. 그 새로운 의미를 찾기 위해 우리는 정한숙의 초기 단편에 주목할 것이며, 동시에 그의 작품이 전후소설의 한 줄기를 형성하고 있다는 점을 상기할 필요가 있다.

이러한 견해를 근간으로 한 단편적인 언급들에 이어 정한숙 소설에 대한 본격적인 연구는 김영화 · 김선학 · 강명불 · 이주형 · 장성수 등에 의해 이루어졌다. 먼저 김영화는 주제의 측면과 다양한 인물들의 양상에 주목하여 정한숙 단편소설의 분류를 시도한다. 김선학 역시 몇몇 단편소설을 중심으로 주제를 분류 검토하면서 역사와 대응하는 인간의 의지, 인간존재의 생동하는 모습이 보다 치열하게 표현될 수 있었더라면 하는 아쉬움을 내보이고 있다. 강명불은 「古家」와 『끊어진 다리』 그리고 『암흑의 계절』을 주 텍스트로 하여, 정한숙 소설에서 보이는 분단의 과정과 분단의식에 주목하고 있다. 한편 이주형은 한국 현대사의 현장을 다룬 소설을 중심으로 정한숙 소설의 역사인식의 수준과 한계를 밝히면서 『끊어진 다리』에서 극명하게 볼 수 있는 '자유'라는 주제의 관념성과 피상적 형상화를 지적하고 있다. 그리고 장성수는 작품의 외형적 다양성에도 불구하고 그 속을 관류하는 작가의 주된 문학적 관심 또는 일관된 작가의식을 발견할 수 있다는 전제하에, 한국전쟁이 남긴 상처와 그 파장 그리고 해결 방법의 모색이 1950년대 정한숙 소설의 주류를 이루는 것으로 파악하고 있다.

자세한 내용은 김영화, 「白色의 世界」, 『현대문학』 316, 1981.4; 김선학, 「정한숙론 –좌절과 의지의 인간학」, 『문학사상』 186, 1988.4; 강명불, 「정한숙 소설에 나타난 분단문학의 양상–「고가」와 『끊어진 다리』를 중심으로」, 동국대 석사논문, 1988; 이주형, 「정한숙 소설에서의 한국 현대사 인식」, 『한국현대작가연구』(이주형 외), 민음사, 1989; 장성수, 「전후현실의 문학적 진단과 처방」, 『1950년대의 소설가들』(송하춘 · 이남호 편), 나남, 1994 등 참조.

문학과 사회 상황이 긴밀한 관련을 맺고 있다는 관점에서 보면 전후 소설은 전쟁의 본질 및 민족의 진로 그리고 물리적·정신적 폐허에서 살아가야 하는 인간 실존에 대한 질문과 가능한 대답을 어떤 식으로든 포함할 수밖에 없다. 그리하여 폐허 위에서의 새로운 삶의 모색이 1950년대 문학의 중심 항목으로 자리했다는 사실을 승인한다면 정한숙의 단편소설 역시 여기에서 크게 벗어날 수는 없을 것이다. 그러나 현실은 생각처럼 일목요연하게 파악되지 않는다는 점 또한 우리는 인정해야 한다. 작가 정한숙이 이를 인식하고 있었는지의 여부와 상관없이 그의 작품에서 드러나는 다양한 인물들의 삶과 이를 형상화하기 위한 다양한 소설적 기법은 이러한 사정과 관련이 있다고 볼 수 있다.

이 글은 「홍가」(1948)에서 「백자도공 최술(白磁陶工 崔述)」(1969)에 이르는 정한숙의 초기 단편2)을 통독하고 그 관심의 넓이와 현실 인식의 수준을 파악하는 것을 목적으로 한다. 이 기간에 그는 중편 모두 63편의 중·단편3)을 발표했는데 산술적인 양도 양이려니와 그 내용과 기법 또한 다양

---

2) 정한숙의 초기 작품 활동을 1960년대 말까지 설정하는 것은, 그의 작품이 폭넓은 관심을 보여주고 있다는 점과 관련이 있겠지만, 상당 부분 자의적일 수밖에 없다. 그러나 필자의 판단으로는 4·19혁명을 기점으로 1960년대에 생산된 정한숙의 단편은, 예외적인 것이 없진 않지만, 이전의 작품들과 비교할 때 주목할 만한 변모를 보이지 않고 있어 1950년대와 1960년대의 작품 활동을 초기로 보는 것이 가능하다. 또한 분단시대의 한국문학을 그 문학정신의 방향에 따라 ① 해방에서 6·25에 이르는 시기, ② 1950년대 초기에서 1960년대 후반, ③ 1970년대 이후 현재까지 세 단계로 구분한 권영민의 견해도 참조할 수 있다. 권영민, 『한국현대문학사, 1945~1990』, 민음사, 1993, 24면.

3) 단, 이 가운데 1952년 12월 피난지 부산에서 발행된 『新生公論』에 발표되었다고 하는 「ADAM의 行路」는 보지 못했다. 그리고 필자의 조사에 따르면, 1954년 '조선일보 신춘문예 현상 모집'에 입선했다고 하는 「背信」은, 당선작 없이 가작으로 뽑힌 최창대의 「별」과 選外 佳作으로 뽑힌 것인데, 작가가 鄭昇으로 되어 있고, 「별」만을 연재하고 있어 실체를 확인할 수 없었으나, 1959년 9월 『新天地』 67호와 첫 창작집 『猫眼猫心』(정음사, 1958)에 실린 「峻嶺」이 아닌가 생각한다. 餓死 상태에 처한 빨치산 동수와 철민이 상사인 상수를 죽이고 자유를 찾아 귀순한다는 작품의 내용도 '배신'이라는 제목과 밀접한 관련이 있다. 또한 「火田民」(1957)과 「山情」(1964)은 같은 작품인데, 「산정」에서는 「화전민」의 앞 부분과 뒷 부분을 생략하고 있다. 기법 문제 때문에 그렇게 한 것인지는 알 수 없으나 두 작품의 공통된 부분이 완전히 일치하고 있다는 점에서 그리고 「산정」이 미진한 결말을 보이고 있다는 사실에서 그 이유를 이해하기가 어렵

해서 이들을 전부 논하는 일은 산만함을 무릅쓴 모험일 수 있다. 따라서 이 글에서는 초기 단편을 꼼꼼히 읽고 그 가운데 현대사 비극의 원점인 한국 전쟁과 분단 문제에 관련된 작품을 중심으로 정한숙이 보여주고 있는 역사적 현실에 대한 관심의 폭과 인식의 수준을 가늠해 보고자 한다.

2. 불행한 역사와 인간의 운명, 그 소설적 형상학

월남민(越南民)으로서 전쟁과 분단의 직접적 희생자인 정한숙은 민족사를 불행한 역사로 파악하고, 소설을 통해 그 의미와 불행의 극복 방법을 탐색한다. 제국주의 지배로부터의 해방에 따른 새로운 사회 건설

다. 이 글에서는 「산정」에 비해 「화전민」이 완결성을 보이고 있다고 판단하여 이것을 주 텍스트로 볼 것이다.

참고로 이 글에서 다룬 작품 외에 정한숙 초기 단편(중편 「IYEU島」 포함)을 그 주제를 중심으로 정리하면 다음과 같다.

A. 실업과 가난 : 「흉가」(1948), 「恐怖」(1956), 「만나가 내리는 땅」(1964)
B. 현대인의 불안과 지식인의 허위의식 : 「描眼描心」(1955), 「駱山房椿事」(1958), 「탈」(1958), 「풍화하는 바위」(1959), 「선글라스의 목욕탕 주인」(1969)
C. 세태의 풍자와 비판 : 「囚人共和國」(1957), 「道程」(1959), 「毛髮」(1961), 「雙花店」(1963), 「청개구리와 게와의 대화」(1965), 「陋巷曲」(1966), 「왕거미」(1969), 「삐에로」(1964)
D. 전통적 삶과 예술적 삶의 의미 : 「田黃堂印譜記」(1955), 「金堂壁畵」(1955), 「바위」(1956), 「히모도 손징 畵伯」(1966), 「白磁陶工 崔述」(1969)
E. 원시적 삶 또는 운명적 삶 : 「嘘嘘嘘」(1959), 「執着」(1956), 「해랑사의 慶事」(1957), 「두메」(1960), 「海女」(1964), 「옹달샘이 흐르는 마을」(1969)
F. 자유와 이상의 추구 : 「IYEU島」(1960), 「熊女의 後裔」(1964)
G. 사랑의 심리 : 「눈매」(1956), 「어머니」(1958), 「올드 미쓰」(1959), 「默珠」(1959), 「羅一囉」(1959), 「굴레」(1960), 「靑孀時代」(1957)
H. 기타 : 「忠臣과 逆臣」(1956), 「나루」(1959), 「그날」(1959), 「挫頓」(1967), 「禮成江曲」(1956), 「유순이」(1968)
* 이 분류는 순전히 필자의 판단에 따른 것이다.

의 모색이 채 매듭지어지기도 전에 이 땅을 휩쓴 한국전쟁은 사회주의 대 자본주의라는 이념 간 힘겨루기의 파괴적 표출이었다. 그리고 일제의 식민 통치가 그 근원적 요인을 제공했다는 정치·경제사적 해석을 접어둔다 하더라도, 이 민족이 안고 있었던 근대사의 질곡을 비극적으로 해결하려 했다는 점에서, 그리고 그 해결 방식이 결과적으로 바람직하지 않았을 뿐더러 민족 동질성 회복과 재통일이라는 난제(難題)를 이 민족에게 남겨 놓았다는 점에서, 역설이긴 하지만, 한국전쟁은 곳곳에 미해결의 장을 마련하는 계기로 작용했다. 따라서 3년 1개월 간 계속된 한국전쟁이 가진 의미는, 이 전쟁이 '민간인을 포함하여 450만 명의 인명피해'와 '남한의 경우 43%의 산업시설과 33%의 주택 전파(全破)'라는 산술적인 손실에 머무르지 않는다.4) 곧 한국전쟁은, 치유하기 힘든 정신적 상처를 남겼고 그 후유증이 제도적 측면뿐만 아니라 일상적 측면에까지 편재하고 있어 상황에 따라 얼마든지 우리의 삶을 억압·조종할 수 있다는 의미에서 현재진행형이라고밖에 말할 수 없는 성격을 지닌다. 많은 동시대의 작가들과 마찬가지로 정한숙 역시 한국전쟁이라는 미증유의 비극을 초래한 원인과 그것이 남긴 상처를 밝히고 치유하려는 데 관심을 기울인다. 특히 그의 소설에서 도드라져 보이는 것은 이념이라기보다는 보이지 않는 이념으로 인해 손상된 인간들의 지극히 일상적인 삶의 묘사이다. 한국전쟁이라는 희유(稀有)의 '사건'의 배경은 무엇이고, 그 결과는 어떠했으며, 전쟁이 남긴 상흔의 깊이는 어느 정도인가. 정한숙의 초기 단편이 형상화하고 있는 과정을 재구성하는 것이 우리의 몫이다.

---

4) 『브리태니커 백과사전』 17(한국어판), 377면.

1) 비극의 전사(前史)

남북한의 상이한 상황을 목격하고 뒤이은 민족사의 최대 비극을 직접 체험한 정한숙은 해방 공간과 전쟁을 거치면서 분단이 고착화하는 과정 및 그 비극의 현장을 살아가는 인물들의 모습을 그려내려는 작업과 아울러 그는 그 전사(前史)로서 한국 근대사의 질곡(桎梏)을 함께 제시한다. 「닭」(1955), 「화전민」(1957), 「돌쇠」(1964), 「설화(說話)」(1967) 등이 그것이다.

「닭」은 동학농민운동의 원인과 그 비극적 결말을 '억쇠'라는 인물을 통하여 상징적으로 보여준다. 고부군수 조병갑을 위시한 지배층의 민중 착취가 극에 달해 있는 상황에서 고문에 아버지를 잃은 억쇠는 민보(民洑) 파괴와 조병갑 체포에 앞장선다. 구금된 조병갑이 도망치자 그를 잡으러 나갔다가 자신이 체포되어 안핵사로부터 고문을 당하고 형장(刑場)으로 간다. 억쇠와 길녀 그리고 칠봉이를 한 축으로, 그리고 조병갑과 안핵사 이용문을 다른 한 축으로 하여 피지배층의 저항과 그 패배를 보여주고 있는 「닭」은 무거운 주제에도 불구하고 독특한 구성 방식을 통하여 동학 농민운동이라는 근대사의 한 정점을 압축하여 그려내고 있다. 할아버지가 두 손주에게 이야기를 들려주는 장면과 억쇠의 저항 과정을 번갈아 보여주면서 동시에 역사는 현재적 의미를 잃지 않고 있다는 사실을 손주의 입을 통하여 명백히 한다. 구성 방식이 역사와 현실의 대화를 자연스럽게 끌어내고 있다는 점에서 다음 장면은 주목할 필요가 있다.

> 형장으로 가는 억쇠 뒤엔 길녀(억쇠의 누이동생—인용자)가 죽은 강아지 모양 딸려 갔다.
> 억쇠의 눈앞엔 아무것도 뵈질 않았다.
> 언뜻 칠봉이랑 쇠돌이가 자기를 구하러 올 것 같은 생각이 들자, 새로운 악이 다시 한번 치받쳤다.
>
> ○
>
> (…중략…) "할아버지, 억쇠가 바보다, 바보여……"

"왜?"

할아버진 큰놈의 얼굴을 들여다보며 반문했다.

"바보아니구……아버지가 (민보 개축—인용자)동원에 끌려나갈 때 구장댁에 씨암탉 한 마리 갖다 주었으면 다 죽지 않지……."

"건 무슨 소린고?……."

"할아버지두……인수 아버진 노무동원에 나가지 않고 있지 않냐. 거 왜 그런지 몰라?"

할아버진 말문이 막혔다.

무서운 소리였다. (「닭」)

이와 함께 양반과 부패한 정치에 불만을 품고 있는 '돌쇠'와 '거북이'가 주인인 참판의 보이지 않는 조종에 놀아나, 자신들의 생각과는 달리 교조신원운동에 참가한 동학도들을 지배층의 편에서 탄압한다는 역사의 아이러니를 보여주고 있는 작품 「돌쇠」도 「닭」의 연장선상에서 읽을 수 있다.

한편, 「화전민」에서는 두메 산촌을 찾아든 징병기피자 '형식'과 화전민의 딸 '먹석'이 그리고 먹석이의 약혼자 '승렬'의 애정 갈등을 그리고 있다. 극에 달한 식민지 통치의 손길은 원시적 공간인 화전촌까지 미치고 생명력으로 가득찬 산골처녀의 순정한 사랑을 짓밟고야 만다. 징병기피자를 체포하러 온 경찰과의 대결에서 원시적 공간은 살상의 현장을 목격하고 먹석이의 애타는 부름을 뒤로한 채 형식 일행은 독립군의 길을 따라 떠난다. 민족사의 시련은 역사와 무관해 보이는 순수 공간 마저 파괴하고 마는 것이다.[5] 1920년 경 만주 지방에서 활약하는 독립군의 활동을 다루고 있는 「설화(說話)」는, 독립군의 무기구입 자금이 돈에 눈

---

[5] 뒤에 발표된 「산정」에서는 먹석이가 총에 맞아 신음하고 있는 형식을 구출하는 장면과 후반부 형식 일행이 독립군이 되겠다고 떠나는 장면이 생략되어 있다. 따라서 「산정」은 정한숙 소설의 또 다른 줄기인 원시적 생명력과 자연과의 교감 그리고 순수한 사랑을 그린 작품 계열에 포함시킬 수 있을 것이다. 예컨대, 「두메」(1960)와 「海女」(1964)가 대표적이고 넓게 본다면 「그날」(1959)과 「유순이」(1968)도 이에 속한다.

이 먼 '나기섭'이라는 조선인의 밀고로 인해 일본 경찰의 손에 넘어가는 과정과 물고 물리는 배반의 사슬에 얽매인 인간들을 묘사하고 있다. 돌아가신 어머니가 작가에게 들려준 '어부(漁夫)는 항상 아는 바위에 걸려 좌초(坐礁)당하고, 농부(農夫)는 낯익은 도끼에 발등 찍힌다'는 '설화'를 역사 현실에서 다시 한번 확인하고 있는 셈이다.

요컨대 「닭」과 「돌쇠」가 지배층의 수탈과 권력의 횡포를 형상화함으로써 비극적 현대사의 전개를 암시하고 있고, 「화전민」과 「설화」는 그 연장선에서 제국주의 지배하의 삶의 모습과 가치상실의 모습을 그려내고 있는 것이다. 그런데 이들이 비극적 현대사와의 관련성을 간접적으로 제시하는 것이라면, 「고가(古家)」(1956)와 「석비(石碑)」(1959) 그리고 「닭장 관리」(1963)에서는 직접적으로 분단과 전쟁의 원인을 제시하고 있다.

그의 대표작으로 평가를 받아 온 「고가」에서 작가는, 종손인 '필재'와 그의 삼촌이지만 첩의 자식인 '태식'이 해방 후 각기 상이한 길을 택한다는 데 관심을 기울임으로써, 봉건사회의 제도적 모순이 분단과 전쟁의 원인(遠因)이 되었다는 사실을 밝히고자 한다. 종의 자식으로 태어나 '공산당을 하지 않으면 무엇을 하며 살겠느냐'는 태식의 물음은 조선시대를 지탱해 온 신분제도가 아직도 엄연히 남아 있는 상황을 대변하는 것이라 할 수 있다. 여기에서 분단이라는 비극의 씨앗이 싹을 틔우고 있었던 것이다. 그러나 진보적 생각을 가진 삼촌을 존경하면서도 종손으로서 할아버지의 눈치를 보아야 하는 필재의 행동은 이중적이다. 종의 딸인 '길녀'에 대한 애정도, 태식이에 대한 동정도 확실한 근거를 갖지 못한다. 따라서 남아 있는 재산을 모두 처분함으로써 '종가도 종손도 허물어질 것이다'는 필재의 판단은 지극히 안이한 것이라 할 수 있다. 그러나 이러한 비판에도 불구하고 분단의 원인을 봉건적 신분제도의 존속에서 찾았다는 사실은, 우리의 논의와 관련하여, 시사하는 바가 적지 않다.

「석비」는 분단의 근원 탐색과 극복의 어려움을 동시에 보여주고 있다. 이 작품은 배 모양을 한 한 마을에 중과 풍수쟁이의 말을 따라 선돌이 세워지고 선돌이 비극적 현실을 조장했다는 점을 우의적으로 강조하고 있다. 한 마을이 이물동과 고물동으로 나뉘어 선돌을 둘러싸고 많을 갈등을 빚다가 급기야는 좌우로 분열한다. 이제 두 마을 사이의 갈등은 쉽사리 해소되지 않고 증오는 자꾸만 커간다. 주인공 '승호'는 선돌 대신 '평화의 여신상'을 세우려고 하나 이 역시 쉽지 않다. 해방 이후 전개된 분단의 역사를 한 마을의 분열을 통하여 상징적으로 그리고 있는 「석비」는 승호가 할아버지에게서 들은 선돌의 내력을 설화로 삽입[6]하여 그 현재적 의미를 찾는다.

> "내가 밑도리 벗고 다닐 때니까 다섯 살 먹었을까, 그때도 노상 싸움이었지 싸움이야…… 지금은 우리 고물동이 이긴 셈이지. 그놈의 선돌이 끝내 밭머리에 굴려져 있는 채니까…… 그러니 이게 무슨 꼴이냐. 원수 아닌 사람들이 원수 짓고 사니…… 에이 고약한 놈이지. 죄가 있다면야 그 중놈과 풍수쟁이지…… 땅 파고 고기 잡아먹는 사람들에게야 무슨 죄가 있겠느냐. 공연한 딴소리를 해서 마을 사람들만 못살게 만들고 골탕을 먹여서 원수짓게 망쳤지……" (「석비」)

선거철 고물동과 이물동의 적대관계 해소를 주장하다 봉변을 당하고 돌아 온 승호에게 들려준 할아버지의 말은 분단과 전쟁의 근본적 원인이 중놈과 풍수놈으로 상징되는 외세에 있음을 강조하는 것이라 할 수 있다.

분단과 전쟁의 근본 원인이 일본과 미국 그리고 소련 등 외세에 있다는 작가의 인식은, 한국 현대사를 우화적 기법[7]을 빌어 서술하고 있

---

6) 설화적 상상력을 이용, 설화를 소설적 현실과 관련시켜 작품의 진실성을 강화하고 있는 작품으로 「석비」 외에 「禮成江曲」(1956), 「해랑사」(1957), 「만나가 내리는 땅」(1964), 「삐에로」(1964), 「옹달샘이 흐르는 마을」(1969) 등이 있는데, 단편소설에서 설화가 갖는 구성적 기능과 관련하여 상세히 논구할 가치가 있다.
7) 「닭장 관리」처럼 정한숙의 초기 소설 가운데 우화적 기법을 빈 것들로는 「옹녀의 후예」(1964)와 4 · 19와 6 · 3을 그리고 있는 「청개구리와 게와의 다 화」(1965), 그리고 거미를 등장시켜 '권력의 거미줄'론을 펼쳐 보이고 있는 「왕거미」(1969) 등을 들 수 있다.

는 「닭장 관리」에서도 여실하게 볼 수 있다. 닭장 속에 갇혀 있는 닭의 운명은 불행한 역사를 살아 온 백성들의 비유이다. 관리인으로부터 종자개량을 강요당하고 차별대우를 받아오던 닭들은 그가 떠나자 혼란에 빠진다. 흩어진 질서를 수탉들이 회복하려 하지만 쉽지 않다. 이런 와중에 닭장은 남과 북으로 나뉘어 우직하고 음흉한 북쪽 관리인과 능글맞은 남쪽 관리인의 지배를 받는다. 두 관리인 아래에서 남북의 수탉들은 또다시 피를 보이는 싸움을 벌인다. '관리인에겐 환한 낮인지 몰라도 닭들에겐 언제까지나 가시지 않는 어둠만이 이 한낮에도 내리고 있는' 것이다.[8]물론 이 어둠은 닭들이 제자리를 찾지 못해 야기된 것이기도 하다.

2) 이데올로기의 대립과 인간의 운명

이렇듯 전근대적 지배 방식 및 제도의 온존(溫存)과 식민통치, 외세의 개입 등 복합적인 요인이 상승작용을 일으켜 폭발한 한국전쟁은 모든 가치질서뿐만 아니라 인간의 본성까지 파괴했다. 정한숙은 「준령(峻嶺)」(1954), 「고추잠자리」(1959), 「목우(木偶)」(1960) 등에서 한계 상황에 처한 인간의 모습과 무지하지만 순수한 인물이 이데올로기와 전쟁에 어떻게 희생되는가를 보여줌으로써 전쟁이란 무엇인가에 대한 질문을 던지고 있다. 그리고 「그늘진 계곡(溪谷)」(1957)에서는 아무리 잔인한 전쟁일지라도

---

8) 그런데 현대사의 비극을 우화적으로 보여주고 있는 「닭장 관리」는 그 현실 인식의 깊이에도 불구하고 소설적 형상화에는 실패하고 있다는 점은 지적해 두어야 한다. 우선 평면적 진술로 일관하고 있어 긴장감을 전혀 갖고 있지 못할 뿐만 아니라 시점의 혼란과 잦은 작가의 개입 등이 소설의 구성력을 현저히 떨어뜨리고 있다. 그리고 작가의 소망이 투영된 것으로 보이는 닭들이 품고 사는 전설 곧 '날아 오른 닭이 학이 되었다. 그 학이 다시 한 쌍의 봉황으로 변하여 오동나무에 앉아 울면 날이 새고 동이 트리라'는 전설은 작품 전체와 동떨어진 안이한 결론을 끌어냄으로써 구성의 유기성을 확보하지 못하고 있다.

순수한 인간의 본성까지 파괴할 수 없다고 확신한다.

'아지트 15호에 목숨을 걸고 아사(餓死)를 기다리는 자유'만을 가지고 있는 빨치산들의 고통을 묘사하고 있는 「준령」은 다분히 반공적인 색채⁹⁾를 띠고 있다는 한계를 지니고 있음에도 불구하고, 이데올로기에 휩쓸린 인간이 전투의 현장에서 겪는 고뇌를 처음으로 토여준 작품이라는 점에서 의미를 갖는다. 군량미가 바닥난 상황에서 죽음의 공포에 휩싸인 빨치산 '동수'는 '주의와 사상이 피보다 진할 수 없다'는 것을 몇 차례 전투에서 충분히 경험했음에도 불구하고 아사(餓死)냐 귀순이냐는 선택을 두고 고민한다. 아사를 기다릴 수는 없다. 그렇다고 귀순을 제안할 경우 '무자비'한 처단만이 있을 뿐이라는 것을 누구보다 잘 알고 있다. 망설임 끝에 그는 귀순을 택한다.

> "왜! 왜! 총으로 달을 쏘아 본 것이 그른가? 노루도 산돼지도 사냥 못하는 총으로 달을 쏘았다고 혁명이 안되는가? 철민이! 총으로 자유를 구한다는 그것부터 큰 착오임을 나는 비로소 깨달았어⋯⋯ 철민이, 무기란 사람을 구속하기 위하여 만든 것일 거야⋯⋯ 하하⋯⋯ 바보들이지, 바보야⋯⋯자 이젠 나에겐 총이 쓸데없네⋯⋯ 자네에게 이 총을 주면 나를 구속하고 자네 자신의 자유를 억압할 뿐일세⋯⋯"
>
> 동수는 낭떠러지의 으슥한 그늘을 향하여 들고 있던 장총을 동댕이쳐 버렸다. (「준령」)

그리하여 동수는 '인정이 흐르는 속에 가난할망정 근심과 공포의 위

---

9) 민족애나 자유라는 또 다른 이데올로기를 형상화의 과정을 거치지 않은 채 작위적으로 노출하고 있는 작품들은 소설의 핍진성(逼眞性)을 현저히 약화시키는 것이 사실이다. 「금당벽화」(1955)와 우화 형식을 빌어 엄마곰(자유)을 잃어버린 새끼곰들의 방황을 그리고 있는 「웅녀(熊女)의 후예(後裔)」(1964)가 대표적인데, 이에 비하면 「준령」은 작중 인물의 심리 묘사에 충실한 편이긴 하다. 이들과 함께 작가의 목소리가 지나치게 개입하여 작품을 관념적으로 조작하고 있다는 느낌을 떨칠 수 없게 하는 것으로 「만나가 내리는 땅」(1964)과 「IYEU島」(1960)를 들 수 있다. 이러한 작품들은 서사론적 관점에서 면밀히 연구할 필요가 있겠으나, 이는 이 글의 범위를 벗어나는 것이다.

협이 없는' 마을을 향해 가고, 철민 역시 동지들이 남아 있는 토굴을 폭파하고 동수의 뒤를 따른다.

'금성상회'라는 이름의 재목상과 그 주변을 개처럼 묵묵히 지키는, 무지하고 충직하기 짝이 없는 '원보'가 겪는 경험은 동시대 대부분의 민중들의 그것이라 할 수 있다. 「목우(木偶)」의 원보에게는 자신을 알아주는 친구라고는 '와크'라는 개가 유일하다. 그러던 그가 주인집 아들 '영철'이 심부름으로 벽보를 붙이면서 '자신도 모르게' 이데올로기의 소용돌이에 휩쓸린다. 나무인형과 다름없는 존재인 원보마저도 역사적 현실에서 자유로울 수가 없었던 것이다. 해방 공간에서 '사변'에 이르는 과정에서 이념에 희생되는 원보의 사정에는 아랑곳하지 않고 가진 자(금성상회 주인)와 권력(순경)의 거래는 의연히 이루어진다. 중공군이나 미군이나 원보에게는 두려움이 없듯이 '원보 동무'라 부르는 것도 별 의미가 없다. 그는 그저 시키는 대로 할 뿐이다. 전쟁의 와중에 주인이 죽고 주인 마누라의 성적 노리개로 전락하면서도 원보는 충실하게 재목상을 지키고 있을 따름이다.

'나무 인형' 원보와는 달리 「고추잠자리」의 '바우'는 적극적이다. 나무하러 갔다가 원보는 부상(負傷)한 빨치산 대원('군관동무')을 구출해 준다. 그를 따라 어머니와 누이동생 곱순이를 남겨두고 빨치산 대원이 되었다가 전쟁이 나자 이제 자랑스러운 인민군 전사가 된다. 그러나 어머니와 곱순이가 인민재판을 받는 장면을 목격한 그에게는 인민군 전사로서의 자랑스러움은 순식간에 사라지고 만다. 인정도 사정도 없이 냉혹한 논리만이 지배하는 전쟁의 현실을 바우는 견딜 수가 없었던 것이다.

"대장동무!"
바우는 겨우 이렇게 소리쳤다.
"내 어머니와 누이동생을 모르겠우?"
대장동무의 얼굴엔 싸늘한 비웃음이 흐르고 있었다.

순간 바우는 크게 실망했다. 아니 그의 머릿속엔 원망이 구름일 듯했다. (「고추잠자리」)

'조국해방을 앞둔 마당에 누구의 여하한 사정(私情)도 있을 수 없'다는 군관동무의 말에 바우는 그를 쏘고 가족과 함께 인민재판의 현장을 빠져 나온다. 잠시 푸른 하늘이 그리워 맴돌았던 '고추잠자리' 바우는 다시 어머니와 곱순이를 앞세우고 산 속(집)으로 향한다.[10)

그러나 전쟁터가 그렇게 두려움과 공포로만 가득찬 것은 아니다. 이데올로기의 대열에서 벗어났을 때 곧 부대에서 떨어져 나와 혼자 되었을 때 적은 적이 아니라 같은 인간이자 민족이라는 확신을 「그늘진 계곡」은 분명히 보여주고 있다.[11) 부대에서 떨어져 혼자 남았을 때 불안에 떨며 적병을 경계하던 '경수'는 부상한 그를 껴안고 '그늘진 계곡' 즉 불행한 역사의 현장을 내려온다.

"자 나를 붙잡고 일어서 봐……"
그는 경수의 한쪽 팔에 의지하면서도 잘 일어서질 못하는 것이었다.
"내 목을 쓸어안고 일어서 보라니까."
경수의 말투는 심술궂은 동생을 타이르다 못해 신경질을 부리는 듯 싶은 짜증조였다.
"자 내 목을 단단히 붙잡아야 해."
경수는 힘껏 그의 허리를 쓸어안은 채 한 걸음을 옮겨 보았다.

---

10) 「목우」와 「고추잠자리」가 좌익의 이데올로기를 정확한 역사적 근거 없이 비난하는 입장에 서 있다는 비판은 가능하지만, 전후 50년대의 시대 상황을 고려한다면 충분히 이해할 수 있다. 북진통일과 반공 이데올로기가 지배하고 있었던 상황에서 좌우의 이데올로기를 균형 있게 바라본다는 것은 분명 쉽지 않았을 터이기 때문이다.
11) 한국전에 첨가한 흑인 병사 '죠'와 백인 병사 '폴'이 부대에서 이탈해 단 둘이만 남았을 때 품었던 흑인과 백인이라는 적대감을, '김진'이라는 한국 병사가 한국전쟁의 원인을 들려주자 잊는다는 내용을 담고 있는 「검은 렛텔」(1962)도 같은 맥락에서 읽을 수 있다. 여기에서 김진은 폴에게 "우리가 일본의 식민지가 아니었다면 미소 양국이 남북으로 진주하지 않았을 테니까……"라고 말하는데, 이는 한국전쟁의 원인을 일제의 식민통치에서 찾고 있다는 점에서 우리의 논의와 관련하여 주목을 요한다.

한쪽 다리에 힘을 주지 못하고 몸 전체의 무게를 경수에게 의지하는 형편이니 자칫하면 한쪽으로 기울어져 쓰러지기가 일쑤였지만 경수는 그럴 때마다 총대에 의지하여 가며 디룽디룽 돌 바위가 쌓여 있는 계곡을 내려가는 것이었다.

짙어가는 계곡의 그늘 속엔 이슬을 재촉하는 찬바람이 엉기는 것 같았다.

경수는 그를 부축하고 내려가기가 퍽 힘에 겨웁긴 해도 아까 혼자 내려올 때 모양 호젓하지는 않았다. (「그늘진 계곡」)

경수가 적병이어도 상관은 없다. 총부리를 겨누던 사람들이 그 총을 지팡이 삼아 서로 의지하고 바위투성이인 '그늘진 계곡'을 내려올 때, 그 누구든 경수처럼 '그와 더불어 맞붙잡고 엉엉 울고 싶'어질 것이기 때문이다. 복잡다단하게 얽힌 이념적 대립이 이렇게 쉽게 그 해결될 리는 만무하지만, 작가가 이러한 잠재적 소망을 현대사의 비극을 막음할 수 있는 소중한 자산으로 생각하고 있다는 사실은 중요하다 하지 않을 수 없다. 소중한 인간관계를 말살하고 적대감만을 조장하는 전쟁의 파괴적 성격을 역설적으로 말해주고 있어 더욱 그러하다.

3) 전쟁이 남긴 상처의 깊이

그러나 전쟁이 남긴 상처는 쉽게 치유되기에는 너무나 깊은 것이어서 전쟁이 끝난 다음에도 여전히 남는다. 자식을 잃고 미쳐버리거나 헤매는 어머니들, 남편을 잃고 방황하는 아내들 그리고 삶의 근거를 잃고 절망하는 외국군인들 등 다양한 인물들이 안고 있는 전쟁의 상처는 잊혀지거나 치유되지 않은 채 끊임없이 부침(浮沈)한다.

「광녀(狂女)」(1952)는 부산역 앞의 쓸쓸한 풍경을 무대로 남편과 아들을 잃고 미쳐버린 한 광녀의 모습을 통해 전쟁이 인간의 삶을 얼마나 철저하게 파괴할 수 있는가를 보여주는 작품이다. 분수도 그늘도 그리고 차리고 나선 사람의 그림자도 찾아볼 수 없는 부산역 광장엔 '광녀와 지겟

군과 깡통을 뒤흔들고 서 있는 빨가숭이와 그리고 다리가 피곤스러워 잘리운 다리가 그리워 먼 하늘을 바라보고 있는 상이군인 한 사람이 앉아 있을 뿐이다. 어느 소녀의 등에 업힌 아이를 보고 잃은 자식의 이름을 부르는 광녀 앞에 떠도는 것은, '39도 동부전선에서 벌어져 있는 전투보다 치열한 선거'를 홍보하는 '사치한 삐라'뿐이다. 정치꾼들이 한갓 미친 여자에게 관심을 둘 리가 없다. 그리하여 '영원히 기뻐야 할 광복절 날 밤도 광녀는 진정 견딜 수 없는 슬픔을 이기지 못하여 말라붙은 젖줄을 어루만지며' 아무도 없는 밤거리를 헤맬 따름이다.

전쟁통에 외아들을 잃고 그 무덤마저 기억을 못한 채 미아리 공동묘지를 방황하는 한 어머니의 모습도 광녀의 또 다른 모습이다.

> 세상에…… 외아들 무덤을 잃어버리는 몹쓸 늙은이가 어디 있겠느냐……
> 영민아! 네가 어디 누워 있니…… 너를 잃어버리고 사오년 늘 눈에 암암해서 곧 찾아오기만 하면 네 무덤을 찾을 것 같았는데 이렇게 허둥거리는 늙은이가 어디 있겠느냐……
> 야속하구나…… 이런 속없는 주책 늙은이가 어디 있겠니 …… (「미아리 근처(彌阿里 近處)」)

미아리 공동묘지는 전쟁이 남긴 상흔이며 그 근처를 헤매는 어머니는 상처를 안고 몸부리치는 군상의 이미지이다. 그래서 「광녀」와 「미아리 근처」(1958)에서는 두 여인의 절망으로 가득찬 울부짖음만이 공허하게 울려 퍼진다.

「내일에의 번민(煩悶)」(1953)은 남편을 잃은 두 여인이 현실에 어떻게 적응해 가는가를 그리고 있다. '연숙'의 남편은 전사했고, 그녀의 시누이 '정애'의 남편은 납치당했다. '미망인이나 다름없는' 정대는 여러 남자를 만나며 살지만, 연숙은 권태와 외로움의 덫에서 빠져 나오질 못한다. 연숙은 '잡초에 얽혀 영양부족이 된 듯싶은 단 한 대뿐인 글라디올러스'를 닮아갈 자신의 모습을 생각하며 두려움에 떨지만, 그것은 '숙명'이어서 어찌할 수가 없다. 살아갈 길이 막연하다.

> "언니, 어떡헐테유?"
> "이렇게 살아가지!"
> "이렇게라니요?"
> "날더러 그렇게 묻고 있는 정애 자신도 막연하지 않어?"
> "나야 막연할 것이 뭐 있수? 이렇게 살아가려고 결심한 바에야……" (「내일
> 에의 번민」)

두 미망인의 대화는 답답하다. 사실 그 답답함은 삶의 빛이 보이지 않
는 캄캄한 현실에서 비롯된 것이라 정애식으로 살든 연숙의 방식으로
살든 앞날의 삶이 막연하기는 마찬가지다.

전쟁이 남긴 상처는 비단 광녀나 영민의 어머니 그리고 연숙에게만 남
아 있는 것은 아니다. 「눈 내리는 날」(1956)은 이국 땅에서 불안에 떨며 지
내온 한 미국 병사의 절망을 빌어 한국전쟁의 후유증이 어디까지 미치고
있는지를 진단한다. 오랫동안 헤어져 있었다는 이유로 미국에 있는 아내
에게 버림받은 병사 '다미엘'은 돌아갈 곳이 없다. '함'이라는 양공주가
있기는 하지만 귀국하는 날 아내로부터 마지막 편지를 받은 그가 이국
땅에서 택할 수 있는 방법은 무엇이었을까. 그는 재산을 양공주에게 전해
달라는 유언을 남기고 자살한다. 장례를 집도한 군목(軍牧)의 말대로 다미
엘도 그의 아내도 아니다. 그리고 「어느 동네에서 울린 총소리」(1963)는
간호원으로 미군 '마크'와 결혼한 '미숙'의 비극적 종말을 다루고 있다.
10여 년의 세월이 흘렀음에도 상처는 아물 줄 모른다.

정한숙은 그의 초기 단편에서는 전쟁이 할퀸 상처를 치유할 방법을
모색하지 않고 있다. 어찌 보면 그 상처란 휴전 상태에 놓여 있는 이상
치유될 성질의 것이 아니라고 파악했는지도 모른다. 또 상흔의 쥐어뜯으
며 몸부림치거나 극단적인 선택으로 치닫는 불안한 눈길의 인물들을 제
시함으로써 한국전쟁이 남긴 상처를 선명히 부각시켜 비극적 현대사의

의미를 두고두고 되새기게 하려는 의도를 갖고 있었는지도 모를 일이다.

3. 마무리―남는 문제

　지금까지 보아 온 바와 같이 정한숙의 초기 단편은 역사적 현실에 대해 폭넓은 관심을 담고 있다. 분단과 전쟁의 근원을 탐색하고 이를 형상화하고 있다는 측면에서 본다면 관심의 넓이만큼 역사 인식의 깊이도 만만치 않은 것임을 알 수 있다. 그러나 「준령」이 보여주듯 그의 적지 않은 작품이 한쪽(자본주의 진영 또는 남한)의 입장을 옹호하는 듯한 인상을 주고 있어 포괄적이고도 깊이 있는 역사 인식에는 도달하지 못하고 있는 것도 사실이다. 하지만 단편소설에서 이 모두를 기대한다는 것은 무리라 아니할 수 없다. 동시에 이러한 한계가 1950~60년대의 시대적 제약에서 비롯되었다는 사실도 부인해서는 안 된다. 그의 소설이 보여주는 역사 인식의 깊이는 그의 대표적 장편으로 꼽히는 『암흑의 계절』(1959)과 『끊어진 다리』(1963) 그리고 1960년대 이후에 발표된 작품들을 함께 검토해야만 그 전모가 드러날 것이다. 또한 '다양한 기법을 구사하는 작가' 정한숙의 소설의 서사론적 분석도 문제로 남는다.
　문학을 포함한 모든 예술 작품들의 의미는 현재의 관점에서 끊임없이 되찾아야 할 무엇이다. 어떤 논의도 확정적일 수 없다. 텍스트의 새로운 독법을 통한 의미 재생산의 가능성을 열어놓을 때 작품들은 우리가 살아내고 있는 시대와 더불어 호흡할 수 있을 것이기 때문이다. 그리고 각종의 이론(서구에서 생산된 것이 대부분인데)으로 작품의 의미를 재단하는 것 역시 바람직하지 않다는 것이 필자의 생각이다. 물론 다양한 이론이 제공하는 '안경'을 빌어 텍스트의 의미를 새롭게 바라볼 수는 있겠지만, 이 또한 이론뿐만 아니라 그 이론을 생산한 토대에 대한 깊이 있는 인식을 전제해야 한다. 사장(死藏)되다시피 한 텍스트를 정확히 읽고 그 의미를 '지금 여기 우리의' 시각에서 다시 찾아내는 것이야말로 무엇보다 선행되어야 할 작업일 터이다. 그러한 이유로 정한숙의 초기 단편을 이 글에서와 같은 방식으로 읽어낸 것도 일정한 의의를 지닐 수 있을 것이다.

한(恨)의 탐색, 아우름의 비평

천이두론

1. 시작하는 말

언어를 포함한 모든 표현 방식은 인간이 지닌 근원적 욕망을 보다 적절하게 드러내려는 목표를 지향할 수밖에 없다. 일상적인 영역에서부터 창조적인 영역에 이르기까지 문자를 통한 자기 표현 행위 역시 의식적으로든 무의식적으로든 자신의 욕망을 외면화하려는 동기에서 출발하는 것이다. 그러한 근원적인 욕망 혹은 꿈의 정체가 무엇인가를 밝히는 또 다른 표현 방식을 비평이라 일컫는다면, 비평 또한 공공연한 방식으로든 은밀한 방식으로든 글쓰기 행위를 빌어 비평가 자신의 욕망을 드러내는 방식이라 할 수 있을 것이다.

그러나 어떤 표현 방식을 빌어서든 자신의 모습을 있는 그대로 드러내기란 쉬운 일이 아니다. 1959년 『현대문학』을 통해 평단에 등장한 이래 최근에 이르기까지 한결같이 문학 비평의 길을 걸어온 한 비평가는 글쓰기(비평)를 "주리 틀리는 고통"(「글쓰는 일의 어려움」, 1989 : 26)[1]의 연속이라 말하고 있거니와, 이는 자신의 은밀한 욕망 표출 방법의 어려움을, 바꿔 말해 자신의 존재 근거를 내보이는 행위가 공적인 담론의 영역에서 수행될 때 따르는 개인의 내면적 고민을 고백한 것이라 할 수 있다.

그런데 글쓰기 행위가 주리 틀리는 고통인 줄 알면서도 그리고 이를 끊임없이 자각하면서도 그 굴레를 벗어나지 못하는 것을 두고 우리는 운명이라 부를 수 있을 터인데, 운명을 거부하지 못하는 이유는 애초의 선택을 포기하지 못하는 삶의 자세 때문이기도 하겠지만 이보다는 오히려 자신의 존재 근거를 확인하려는 꿈이 완강하게 버티고 있기 때문이라 할 수 있을 것이다. 자신의 존재 이유(raison d'être)를 확인하기 위한 방법으로서의 글쓰기를 우리는 동경과 환멸로 이어지는 여행에 비유할 수 있을 것인데, 삶이 이러한 여행에서 자유로울 수 없는 것이라면, 이 또한 운명의 모습이라 할 수 있지 않을까. 동경이 산문적 현실과 부딪칠 때 싸늘한 환멸로 귀결된다 하더라도 '동경과 환멸의, 그리고 환멸과 동경의 끊임없는 내왕 속에서 생애의 리듬은 빚어지는 것'이기에 여행에의 꿈을 저버릴 수 없는 것이다. 이런 의미에서 글쓰기의 여행이란 "동경의 한 실현 행위요, 동시에 거기에 필연적으로 부수되기 마련인 환멸에의 확인 행위"(「여행」, 1989 : 55)라 할 수 있는 것이다.

수많은 문학 작품들이 지금껏 생산되어 왔고 거기에 따른 질문과 대답도 헤아리기 힘들만큼 있어 온 것이 사실이다. 논자에 따라 다른 입장

---

1) 천이두는 지금까지 다음과 같은 모두 여덟 권의 저서를 냈다. 『한국 현대소설론』(형설출판사, 1969), 『종합에의 의지』(일지사, 1974), 『한국소설의 관점』(문학과지성사, 1980), 『문학과 시대』(문학과지성사, 1982), 『한국문학과 한』(이우출판사, 1985), 『삶과 꿈 사이에서』(청한, 1989), 『한의 구조 연구』(문학과지성사, 1993), 『천하명창 임방울』(현대문학사, 1994)이 그것이다. 이외에 그는 창극 대본 『천하명창 임방울』(1994)을 직접 쓰기도 했다.
   * 인용 부분은 ( ) 안에 이 저서들의 초판 연도와 쪽수를 밝히기로 한다.

을 내세울 수도 있겠지만, 그 과정에서 문학 비평은 문학이란 무엇이며, 현실의 연결체로서의 역사란 무엇인가, 그리고 그 안에 살고 있는 우리 인간의 삶이 궁극적으로 지향해야 할 바는 무엇인가 라는 물음, 그 물음에 답하기 위한 모색이자 정신적 여정이었다고 할 수 있다. 그렇다면 40년에 가까운 비평 활동 기간을 여행에 비유할 때, 비평가 천이두가 도달한 지점은 어디쯤일까? 문학 곧 삶이 아직도 동경의 대상으로 남아 있을까, 아니면 환멸만을 확인하게 해주었을까? 우리는 그가 거쳐온 길을, 그 길 어느 지점에서 방향을 가늠하기 위해 방황하며 고민했는가를, 그리고 한(恨)이라는 한국인의 원형적 정서가 왜 그를 사로잡았는지를 살필 것이다. 그리고 어디에서든 비평이라는 의사소통의 채널을 빌어 그가 드러내고자 했던 의도(욕망)는 무엇인가, 나아가 우리 시대에 소설이 그리고 문학이 지니는 의미는 무엇인가 라는 질문이 따라야 할 것이다.

2. 근대소설—부정과 비판정신의 형상화

비평이란 무엇인가를 문제삼을 경우, 비평가가 해석의 대상으로서의 텍스트를 '어떻게' 읽어 내느냐, 곧 비평방법론에 관한 질문은 불가피하다. 공적인 담론의 영역에서 수행되는 문학 비평은 문학적 텍스트와의 대화를 전제할 수밖에 없다는 점을 고려한다면, 우리는 비평을 텍스트에 넘나드는 타자와 나누는 의사 소통의 통로라 할 수 있을 것이다. 그 과정 속에서 비평가는 텍스트가 펼쳐 보이는 세상과 타협할 수도, 그 세계에 저항할 수도 있을 터인데, 그렇다면 우리는 비평을 주체의 욕망을 구체화하는 방법론적 장치라 말할 수 있다.

문학 비평가 천이두는 소설을 주 텍스트로 삼아 자신의 의미 해독 작업을 수행한다. 시에 관한 평론이 전혀 없는 것은 아니지만 그것은 그의 전체적인 비평 활동을 고려하면 이상하리만치 미미하다고 할 수 있을 정도이다.[2] 근대소설과 그의 시대에 생산된 소설들이 그의 주된 관심 사항이었음을 쉽게 짐작할 수 있거니와 그는 소설들을 읽어내는, 즉 텍스트의 의미 내용을 읽어내는 작업을 그의 비평 활동의 거점으로 삼는다. 그런데 그가 소설에 관심을 두는 근원적인 이유는 무엇이었을까라는 물음에 답하기란 쉽지 않다. 이 물음은 비평가 자신의 내면적인 욕구와 긴밀하게 관련되어 있는데, 비평이라는 담론 양식이 그 내면을 온전하게 드러내 주지 않기 때문이다. 그러나 우리는 비교적 초기 비평에 속하는 그의 글 여기저기서 그가 유독 소설에 관심을 보이는 이유를 읽어 낼 수 있다.

> 그러나 파토스적 측면만으로써 소설은 이룩되지 않는다. 그것은 산문의 예술이기 때문이다. 거기에는 그 속성적 조건으로서의 구체적 시대 현실이 전제로 되지 않으면 안 된다. 현실이란 소설 문학에 있어서 으뜸가는 흥미가 되는 인간 액션의 터전이기 때문이다. 인간은 숙명적으로 어떤 주어진 시대 현실 안에서 방황하고 고민하는 것이고, 소설은 그러한 액션을 그려내는 문학 형식이기 때문이다. 말하자면 소설가는 자기 시대 현실의 조직자이다. 이런 점에서 소설은, 작자 자신의 감정적 측면을 주된 흥미의 대상으로 하는 서정시와는 그 기본적 성격에 있어서 차이가 있다. 이 말은 문학의 효용론과 관련된 명제이기에 앞서 그 양식론의 차원에서 밝혀져야 할 명제이다. 요컨대 소설과 현실과의 관계는 고기와 물 사이의 관계이다. (「한과 인정」, 1969 : 124~125)

---

2) 그의 시에 관한 글은 손가락으로 꼽을 수 있을 정도이다. 예컨대 「임의 미학—김소월」(1974), 「지옥과 열반—서정주」(1974), 「詩人에 있어서의 이디엄考—서정주의 시세계를 중심으로」(1982), 「自然과의 역설적 만남—박두진의 『水石列傳』」(1982), 그리고 「현대시의 난해성에 대하여」(1985) 등이 그것이다. 이러한 비평 편력에 대해 그는 "내 발언이 대체로 소설을 중심으로 한 것이었을 뿐 시문학에 관계되는 것은 극히 적었고, 그나마도 단편적인 것에 지나지 않았음에 스스로 놀라지 않을 수 없다"(1985 : 222)라고 밝히고 있다.

그의 비평의 기조를 이루고 있다고 말해도 지나치지 않을 이 언급은 그의 글 전체를 통하여 변주·반복된다. 근대소설은 소설(산문)−시대 현실−액션의 긴밀한 관계망을 바탕으로 해야 한다는 그의 소설관은 그의 비평이 소설에 집중되고 있는 이유의 일단을 보여준다. 즉, 소설이라는 매개를 통하여 그는 시대 현실의 사상적 의미를 조망하고자 했으며, 동시에 그 현실을 살아 내는 생동감 있는 인간 군상들의 면면을 짚어 내고자 했던 것이다. 그리하여 소설은, 특히 산문정신을 그 근거로 하는 근대소설은 구체적 현실을 살아가는 구체적 인간들의 모습을 구체적으로 그려내야 한다는 요구는 그의 비평의 맥락에서 보자면 당연한 것이다.

이 지점에서 근대소설이 필수적으로 갖추어야 할 산문정신의 의미를 분명히 해둘 필요가 있다. 시대 현실에 대한 냉철한 비판정신, 구체적으로는 작중 현실 안에서 리얼리티를 추구하는 것을 핵심으로 하는 산문정신은 "시대 현실에의 고차원의 지적 인식인 동시에 작품의 조건 안에서의 구체적 형상화를 의미하는 것"(「관념과 소설」, 1969 : 84)이다. 그에 따르면 '산문적'이라는 말 속에는 지적 인식이라는 철학적인 측면과 구체적 형상화라는 방법론적 측면이 불가 분리의 양면성으로 함축되어 있다. 따라서 '산문정신이란 인습이나 상식에 도전하는 부정정신이요, 올바른 표현을 추구하여 마지않는 탐험정신이라' 할 수 있는 것이다. 요컨대 산문정신을 표현하는 대표적인 장르인 (근대)소설은 비판정신과 부정정신 그리고 탐험정신을 함께 포괄해야만 현실이라는 '산문적 대지(大地)' 위에 뿌리를 내릴 수 있는 것이다. 그렇지 못할 때, 예컨대 인습이나 상식에 도전하는 부정정신을 근간으로 하지 않을 경우, 소설은 통속성으로 떨어지고 말아 독자의 인식의 확대를 차단하는 부정적인 측면을 강화하는 것이다(「대중문학의 성격과 기능」, 1985 : 155 참조).

산문정신을 주축으로 하는 소설의 인식론적 측면과 함께 그는 소설의 형상화 과정 곧 방법론적 측면을 아울러 강조한다. 소설이 제아무리 사회적 기능에 충실하고 또 현실에의 비판과 부정을 단행한다손 치더라도 서사 양식으로서의 소설이 갖추어야 할 미학적 측면을 간과한다면 그것은 훌륭한 소설로 설 수 없다는 것이다. 즉 문학과 사회의 긴밀한 관련성을 인정한다 하더라도 "문학이라는 발언행위는 실제적 발언행위와는 명백히 성질을 달리하는" 것으로서 "자기 충족적인 형식(form)"(「문학과 사회」, 1982 : 36)임을 망각해는 안 되는 것이다. 이러한 그의 입장은 김동인·나도향·염상섭·현진건 등 이른 바 현대소설의 선구자들의 초기 단편을 논하는 자리에서 확연하게 드러난다(「현대 소설의 선구자들」, 1969 : 18~75 참조). 즉 작가는 김동인처럼 독자의 정서와 이성을 자신의 전단적(專斷的) 설복의 굴레 안에 예속시켜서는 안 되며, 나도향의 경우에서 볼 수 있는 것처럼 작중인물이 처한 상황에 정서적으로 동화된 나머지 감상성을 내보이는 잘못을 범하지도 말아야 한다. 나아가 한국 사실주의문학의 선구자라 할 수 있는 염상섭의 경우, 일상 현실의 내면적 리얼리티를 확보하지 못한 채 현실 묘사의 피상적 정확성에 집착해 사실만을 나열할 뿐 인물들의 갈등이 표출되는 사건이 미흡하다는 점은 한국 사실주의 소설의 맹점일 수밖에 없으며 이는 박태원의 『천변풍경』으로 이어진다. 그리고 현진건의 초기 단편에서 볼 수 있듯 사건 전개를 작중 현실 자체 내의 필연성에 의하여 전개하지 않고, 부자연스러운 조작을 부린다는 것도 감상성에서 연유한 것이라 할 수 있으며 이는 소설이 구성상 지녀야 할 필연성을 놓치고 있는 것이다. 이러한 소설의 미학적 방법론적 측면에 관한 관심은 소설의 인식론적 측면에 대한 관심과 함께 그의 비평 전반을 떠받치고 있는 두 기둥이라 할 수 있다.

천이두는 이러한 두 관점에 입각해 한국 근대소설 및 현대소설과의 대화의 통로를 마련한다. 물론 그의 비평이 갖는 관심의 주된 범위는 1950년대와 1960년대 그리고 1970년대를 넘나드는, 말하자면 그가 지속적으로 읽어 왔던 그의 시대의 소설들이다. 그러나 여기에서 그치지 않고 1920~30년대 한국 근대소설과의 맥락을 놓치지 않으려는 아우름을 향한 노력은 그의 비평이 지니는 특징적인 면이라 할 수 있다. 이것을 우리는 '계보학적 비평' 또는 '아우름의 비평'이라고 부를 수 있을 것인데, 그 단초는 그의 초기 비평에서부터 뚜렷하게 볼 수 있다.[3]

우선 『한국 현대소설론』의 '한국 소설과 사회 참여'라는 부제가 붙은 「관념과 소설」에서 그는 이광수·최서해·채만식·김성한·선우휘·최인훈·남정현 등을 한 자리에 놓고 그 소설사적 계보와 의미를 탐색한다. 그에 따르면, 주어진 객관 현실을 숙명적 속성으로 반영할 수밖에 없는 것이 작가의 조건인 이상 작가가 자기 시대의 현실 조건에 일정한 관심을 갖는다거나 그런 관심을 작품 속에 반영하는 것은 비난받을 일이 아니다. 그러나 문제는 "그러한 관심이 얼마만큼 자신의 작가적 성실성에 뿌리박고 있느냐, 다시 말하면, 관심(혹은 관념)이 자기 작품의 현실 속에 얼마만큼 형상화되고 있느냐"(1969 : 78~79)에 놓여 있다. 그런데 한국의 사회 참여문학은 관념이 선행한 나머지 작중 현실과 독자 사이의 산문적 교환(交歡)은 사실상 봉쇄해버린 채, 심판자의 문학이 되어 버려 형상화 이전의 관념의 그림자를 짙게 남긴다. 이러한 사실은 요설적인 설화체 문장, 독자와의 대화를 차단하는 작가의 노기에 찬 육성 등 근대소설의 미학적 규범을 무시한 데서 여실하게 드러난다. 이와 함께 이효석·김유정·김동리·황순원·오영수·하근찬 등을 아우르면서 한국 소설에 끊임없이 나타나는 '순수주의'의 의미를 묻고 있는 '한국의 순수주의'라는 부제가 붙어 있는 「한과 인정」이라는 글에서, 그는 이 계열의 문학이 한국적인 고유성(한적·인정적 특질)을 전형적으로 드러내고 있다는 점은 적극적으로 평가해야 하나, 소설 미학적 측면에서 보았을 때 이

---

3) 문학의 학문적 연구와 비평의 거리를 좁히려는 의도를 그가 갖고 있었는지의 여부는 분명하지 않다. 다만 천이두에게 있어 문학 연구와 문학 비평은 상호 긴밀하게 맞물려 있어 그 구별이 어려울 경우가 많다. 이러한 사실은 그의 초기 저작에서 두드러지게 나타나며 동시대의 비평을 통해서도 지속적으로 볼 수 있다. 구체적인 점은 글이 진행되면서 분명해질 것이나, 그의 이러한 노력은 연구와 비평을 별개의 것으로 인식하는 경향이 짙은 요즘의 평단에 시사하는 바가 적지 않다고 생각한다.

들은 "산문을 배반한 자리에서 그 스타일을 이룩한 셈"(1969 : 125)이어서 근대소설로서의 함량을 갖추지 못하고 있는 것으로 파악하고 있다. 그리고 인식론적 측면에서 보았을 때도 이 계열의 작품들은 조선적 과거에 매몰되어 역사적 퍼스펙티브를 확보하지 못하고 있을 뿐만 아니라 산문정신의 핵심인 부정과 비판정신을 형상화하는 데서 멀리 떨어져 서정시적 이미지의 자리에 머물고 있다는 것이 그의 판단이다. 이어서 '불안 문학의 계보와 내성적·자의식적 문학의 특질'이라는 부제하의 「상황과 에고」라는 평문에서도 우리는 그의 소설에 대한 인식의 단초를 읽어 낼 수 있다. 염상섭·유진오·이상(수난의식으로서의 불안)·장용학·손창섭·김승옥(피해의식으로서의 불안) 등의 작품을 검토, 에고의 존재 양식의 한국적 성격을 살피는 자리에서 그는 이들이 「표본실의 청개구리」에서 볼 수 있는 것처럼 주정적·감상적인 상태에 빠진다거나 객관적 현실의 표면에 머물면서(유진오) 또는 이 현실을 처음부터 회피함으로써(이상) 산문적 대지인 현실을 망각했을 뿐만 아니라, 지나친 피해의식에 사로잡혀 현실을 객관적으로 인식하고 그 현실 속의 자아의 문제를 추구하는 데 실패하고 말았다(장용학과 손창섭의 경우)고 평가한다. 동시에 이들이 김승옥을 제외하고 상황에 대처하는 에고의 내면 풍경을 소설적으로 형상화해 내는 방법에 대해서도 부정적이다.[4]

이와 같은 그의 평가와 판단이 보는 사람에 따라서는 많은 문제점을 내포하고 있는 것이 사실이지만 그럼에도 불구하고 소설사적 안목에서

---

4) 이와 관련하여 전위적인 현대문학의 의의를 검토하고 있는 「현대의 인간과 문학」은 주목을 요하는 글이다. 이 글에서 그는 다음과 같이 주장하고 있다. 즉 "일련의 전위적인(난해한-인용자) 현대 문학이 기존 문학에 대하여 끊임없는 반역을 시도함으로써 오늘날 문학의 지평이 한결 광활하게 열어진 것이 사실이고, 또 일찍이 예기하지 못하였던 새로운 경이를 발굴하여 온 것도 사실이지만 그러나 그것만이 현대 문학의 전부일 수도 없고 또 주류일 수도 없다. 문학의 전통이라는 큰 흐름 위에서 볼 때는 그것 역시도 결국은 문학의 전통 속에 변증법적으로 포용되지 않으면 안될 안티테제에 불과한 것이다. 안티테제는 안티테제로서의 정당한 존재 이유가 성립된다 하겠으나, 그것은 어디까지나 창조적인 종합을 전제로 할 때에 한하는 것이다."(1982 : 22~23)

동시대의 작가들의 위상을 밝히려는 노력은 그의 비평이 지닌 중요한 미덕이라 할 수 있을 것이다. 그 이유는, 비유컨대, 소설사로 편입된 작품들과 동시대의 작품들을 같은 자리에 놓고 그들 간의 대화를 주선하는 자리에서 비평가는 각 작품의 이해와 해석에 있어 보다 포괄적인 시야와 객관적인 통찰력을 확보할 수 있었을 것이기 때문이다. 그리고 이러한 비평 방법은 대부분의 작가론과 작품론 속에 지속적으로 드러남으로써 구체성을 획득한다.

그런데, 그렇다면 그가 주장하는 한국 소설이 지향해야 할 바는 무엇인가? 1950년대와 1960년대 소설의 특징을 논하는 글에서 그는, 각 시대의 소설들이 지니는 소설사적 의미를 평가 절하할 수는 없지간 이를 충분히 고려한다 하더라도, 1950년대 소설이 지니는 직선적 교훈주의와 1960년대 소설의 다음과 같은 위험, 즉 "산문가가 현실 상황에 대하여 완전히 냉담해져 버릴 때, 그에게는 이미 대지를 떠난 안테우스의 비극"(「교훈과 유희」, 1974 : 232)이 기다리게 될 위험을 동시에 경계하그 있다. 이와 관련하여 「풍속과 윤리」는 주목에 값한다.

> 문학 특히 소설 문학은 그 민족의 고유한 생활 풍습 및 인정 세태(人情世態)를 기반으로 하고 있다는 점에서, 무엇보다도 먼저 그 민측의 탁월한 풍속의 반영이라 할 수 있는 반면, 그 시대 현실의 가장 업투데이트한 명제와의 긴밀한 대결 속에서 이룩되어져야 한다는 점에서, 또 당대의 윤리적 이슈를 반영 제시하는 가장 효과적인 장르라 할 수 있다. (…중략…) 그런데 불행하게도 오늘날의 한국 문학, 특히 소설 문학의 경우에 있어서 풍속의 측면과 윤리의 측면은 씨와 날로서의 행복한 상호 보족적(相互補足的)인 관계 위에 있어 왔다기보다도, 오히려 상호 배타적 이율배반적 관계 위에 있어 왔다고 생각하는 것이 필자의 솔직한 견해이다. 말하자면 한국적인 고유성에 집착하는 작가들은 그 기반이 되는 한국적 풍속의 원형(archetype)에 집착하는 나머지, 업투데이트한 시대 현실의 이슈와의 부딪침 속에서의 그 풍속의 끊임없는 가변성(可變性)에 대하

여는 눈을 돌릴 겨를이 없었던 것이며, 시대 현실의 업투데이트한 이슈에 관심을 집중하는 작가들은 또 그것에의 추종에만 성급한 나머지, 그것이 뿌리 박아야 할 기반으로서의 풍속과의 엄청난 굴절 과정에 대하여는 깊이 성찰할 겨를이 없었다는 것이다. (「풍속과 윤리」, 1974 : 211, 강조-인용자)

풍속과 윤리의 이율배반적 관계가 한국 근대소설을 지배해 왔다는 이와 같은 진단은 그가 소설을 산문정신에 토대를 둔 비판정신과 부정정신의 구체적 형상화라고 주장했다는 것을 상기하면 쉽게 이해할 수 있는 성질의 것이다. 그렇다면 상호 보족적인 씨와 날로 엮어져야 할 풍속의 측면과 윤리의 측면의 완고한 양분법의 장벽을 뛰어넘지 못하고 이를 우리 소설이 궁극적인 한계로 간직해야만 했던 이유는 무엇인가. 그것은 바로 주체성의 결여로 일관하여 온 우리의 신문학 전 과정 속에 내재해 있다고 보아야 한다. 즉 "민족적 고유성에 대한 투철한 자각과 당대 현실에 대한 민감한 관심의 반영을 동시적으로 가능하게 하는 통일된 주체성을 간직하지 못했"(같은 글, 213면)기 때문이다. 결국 한국 소설이 수행해야 할 주된 과제는 풍속과 윤리 사이의 이율배반을 효과적으로 극복하는 일이며,[5] 당대의 현실 속에 구체적으로 생동하는 한국인을 창조하는 일로 귀결한다. 이 과정에 주체성의 확보가 중심적인 항목으로 자리잡게 되며 당연하게도 그는 주체성과 전통의 현재적 의미, 그리고 민족문학이 나아가야 할 방향을 모색한다. 그 모색의 과정에서 한(恨)이라는 그의 화두는 구체적인 모습을 갖추어 그의 역저 『한의 구조 연구』(1993)에 이르게 된다.

---

5) 한국 근대소설이 지닌 이러한 이율배반의 극복 가능성을 보여준 것으로 천이두는 김동리의 「까치소리」와 「등신불」 등을 들고 있다. 김동리 문학의 이원적 구조를 한국 근대소설의 그것과의 관련 아래 검토하고 있는 「虛構의 形而上學－金東里의 문학」 (1980)은 이러한 맥락에서 보자면 시사하는 바가 크다 할 수 있다.

3. 한(恨)의 의미─한국 문학의 원형 탐색

내용과 방법 사이에 그리고 풍속과 윤리 사이에 가로놓여 있는 장벽을 제거하여 소설이 명실상부한 '종합에의 의지'를 실현할 수 있는 길은 과연 있는가. 있다면 그것의 정체는 무엇인가. 또 한국 근대소설이 상황 논리에 몸을 맡긴 채 운명적으로 짊어져야 했던 '산문 전통의 빈곤'을 타개할 수 있는 방법은 무엇인가. 지적 인식론적 측면과 미학적 방법론적 측면을 두 축으로 삼아 소설 텍스트의 의미를 해독하는 과정에서 비평가 천이두를 사로잡았던 이러한 물음들은 그의 초기 비평에서부터 이미 자리하고 있었다.6) 그는 한국 문학의 전통과 주체성의 현재적 의의를 이 질문의 해결을 위한 실마리로 삼는다. 그리고 전통론과 민족문학론을 통해 질문에 대한 답을 구체화하며 나아가 한국 문학의 근원적 형성력으로서 한을 탐색하는 길로 나선다.

한 문화 집단 혹은 문학 집단의 동일성(identity)을 표상 하는 것, 당대 작가들의 창조적 유인(誘因)으로 현존하고 있는 것 그리고 당대 문학과의 변증법적인 교호 관계를 지속해 나가면서 끊임없이 저편성되고 재확인되어 가는 것으로서의 문학적 전통을 한국 문학의 조건 속에서 찾는다면 그것은 과연 무엇이겠는가. 그는 주저하지 않고 '한의 가락이 주조로 되는 서정시의 흐름 속에서 찾을 수 있다'고 단언한다. 「정읍사」, 「가시리」, 「서경별곡」 황진이와 매창(梅窓) 등의 시조에서부터 유신(儒臣)들의 모군가(慕君歌)와 김소월 한용운 그리고 서정주의 시에 이르기까지 서정시는 문학적 전통의 핵심인 한과 긴밀한 관련성을 유지해 왔다. 이에 비해 산문문학의 전통은 그다지 투철하지 못할 뿐만 아니라, 문학 전통의 여성적 서정시적 경향이 남성적인 서사문학으로 꽃 피게 하는 데에는

---

6) 그 대표적인 것으로 황순원의 『카인의 후예』를 논하고 있는 「청상(靑孀)의 이미지─오작녀」(1969)를 들 수 있다.

결정적인 장애 요인으로 작용했던 것이 사실이다「전통의 계승과 그 극복」, 1974 : 6~9 참조). 따라서 서정문학에서와는 달리 산문문학(소설)의 입장에서 보았을 때 이러한 문학적 전통은 극복의 대상이 되는 것은 당연하다.[7]

서정문학 쪽에서는 계승해야 할 전통이 분명히 있으나 산문문학 쪽에는 그렇지 못하다는 사실은 한국 산문문학의 전통을 발견하려는 과정에서 부딪히게 된 곤경이 아닐 수 없었을 것이다. 한 민족의 문학적 조건 속에서 배태된 전통으로서의 한이 '문학' 전반을 아우를 수 없다면 이는 한 민족의 정체성을 보장하지 못하는, 이를테면 반쪽의 전통이 될 것이기 때문이다. 이러한 난관을 타개할 방법을 모색하고 있는 글에서도 우리는 그가 근대소설의 형성 과정을 고찰하면서 산문문학의 전통적 맥락을 짚어 내는 데 고민하고 있음을 볼 수 있다.

시가문학의 경우처럼 뚜렷한 것도 아니고, 편재적(遍在的)인 것도 아니라는 유보 조항이 붙어 있긴 하지만, 고대소설−신소설−『무정』으로 이어지는 한국 소설의 흐름 가운데서도 한이라는 전통적 동일성의 지속을 찾을 수 있다는 것을 그는 구명하고자 한다. 그 동일성이란 이러한 한국 소설의 흐름 가운데 등장하는 일련의 여주인공들의 모습에서 한적(恨的)인 여인상을 찾을 수 있다는 사실 바로 그것인데, 즉 심청이와 춘향, 사씨 부인 그리고 장씨 부인(『유충렬전』) 등의 모습에서 한적 여인상으로서의 일정한 성격적 패턴을 볼 수 있고, 이는 신소설에 있어서의 옥련(『혈의루』)이나 이씨 부인(『치악산』) 그리고 『무정』의 여주인공 박영채에게서도 발견되는 것이다. 나아가 이러한 흐름은 이른바 '한적 인정적 소설'로 이어지면서 오작녀(『카인의 후예』)에게서 뚜렷한 예술적 패턴을 성취하는 것이다(「근대 소설의 형성 과정의 고찰−李光洙의 「無情」을 중심으로」 → 1985 :

---

7) 그런데 한에 관한 연구를 본격화하면서 그는 문학적 전통으로서의 한을 소극적 퇴영적 과거 지향적이라는 부정적 측면과 함께 적극적 진취적 미래 지향적 성격도 동시에 지닌 것으로 파악한다(자세한 것은 뒤에 서술하기로 한다). 그렇다면 한의 긍정적인 측면은 산문문학이 적극적으로 계승・확산시켜 나가야 할 전통으로서의 제자리를 찾아야 할 것이 된다.

67~68 참조). 그런데 이는 한국 근대소설의 전통 단절론을 반박하기 위한 논의로써 충분히 수긍할 수 있는 것이기는 하나, 이들 한을 지닌 여주인공들이 '근대' 소설에서 수행하는 기능이 구체적으로 무엇인가가 밝혀야만 그 의의가 보다 분명해질 것이다.8)

이와 관련하여 우리는 그가 주체성 또는 주체의식에 대해 적지 않은 관심을 보여 왔다는 사실을 짚고 넘어가야 한다. 근대문학의 전통 단절론을 극복할 당위적인 방법인 주체의식은 그의 민족문학론 구상에 있어 근간을 이루고 있다는 것을 어렵지 않게 확인할 수 있다.

> 주체성 혹은 주체 의식이란 무엇보다도 먼저 '자기'를 올바르게 인식하는 자각 정신이요, '자기'를 에워싼 객관적 상황에 대하여 '자기'의 독자성을 굳게 지켜 나가는 성실성이라고 할 수가 있다. '자기'를 올바르게 인식하는 자각 정신이란 항상 '자기'를 반성하고 성찰하는 투철한 자기비판의 정신이라고 할 수 있다. 외적 상황이 부딪쳐 온다 할지라도 그런 외적 상황에 대한 맹목적 추종이나 비속한 야합을 거부하고 '자기'로서의 한결같은 신념과 양심을 지켜 나간다는 것이라고 할 수 있다. (「주체 의식에 대하여 I」, 1989 : 194)

> 완고한 복고주의가 민족문학의 주체적 추진력이 될 수 없는 것과 꼭 마찬가

---

8) 『무정』 및 한적 인정적 소설 그리고 『카인의 후예』에 이르기까지 전통적(한적) 성격을 지닌 여주인공들이 산문적 작중 현실에서 그 생동감을 얻지 못하고 있다는 점을 지적하면서도, 단속적으로나마 그러한 전통적 인물들이 근대소설 속에 등장하는 내적 필연성을 밝히지 못하고 있다는 사실은 근대소설의 전통적 맥락을 찾는 데 있어 그의 고민의 흔적을 보여주는 것이라 할 수 있을 것이다. 물론 『무정』의 경우, 영채의 등장은 서사 방법까지 바꿔 버릴 정도로 강력한 영향력을 행사하여 이형식을 중심으로 한 근대적 성격과 이원적 대립 구도를 이루고 있다는 점을 구명, 『무정』이 내용적 형식적 측면에서 근대소설과 전대 소설이 내적 긴장 관계를 유지함으로써 시대 현실을 적실하게 그려내고 있다고 지적한 것은 주목에 충분히 값한다. 그러나 이것이 "하나의 통일된 주체 의식이 자기 앞에 부딪쳐 오는 새로운 것에 대응하여 치열한 新舊의 대립, 갈등을 통하여 그 변증법적인 종합을 성취해 가는 의식"(1985 : 63), 곧 전통의식을 보여 주는 지점까지 나아갔는지는 여전히 의문으로 남는다.

지로 코즈머폴리턴적인 이상주의가 또한 민족문학의 주체적 역량을 형성해 나가는 데 있어 효과적인 모체가 될 수도 없다. 그 두 가지 방향이 각기 일면의 긍정적인 측면을 간직하고 있다고는 할지라도, 확고한 동일성(고유성)을 견지하면서도 새로운 시대적 도전에 폭넓게 대처해 나갈 수 있는 통일적 주체로서의 민족문학의 성격을 완벽하게 드러내지는 못하고 있기 때문이다. (…중략…) 이러한 이율배반을 극복하기 위해서 시급하게 요청되는 것은 확고한 민족적 주체 의식이다. (「민족문학의 반성과 전망 II」, 1980 : 28)

"전통적인 것과 외래적인 것의 변증법적인 지양 종합"(「민족문학의 반성과 전망 II」, 1980 : 27)에서 민족문학론이 나아갈 길을 찾는 그의 민족문학론도 주체성 논의의 연장선상에서 파악될 수 있다는 것이 이로써 명백해 졌거니와[9] 사실상 각각 1965년과 1975년에 씌어진 이 두 글에서 읽어 낼 수 있는 그의 생각은 그의 비평 전체를 관류하고 있다고 해도 좋을 것이다. 제3세계 국가들이 근대화의 과정을 밟는 데서 필연적으로 직면할 수밖에 없었던 외래 문물과 정신의 혼류 속에서 '자기'를 지켜 가는 방법이 무엇이겠느냐는 물음은 피할 수 없는 것이었을 터이다. 문화 좁게 말해 문학의 경우, 사정은 더욱 절박했다 할 수 있으며 아직도 이러한 질문은 유효성을 잃지 않고 있다. 우리 문화에의 정당한 자각 위에서 외래문화를 받아들이게 될 때 우리 문화의 독자성은 더욱 깊어지고 넓어질 것이라는 그의 주장은 일견 당연한 것처럼 들리지만, 이를 비평 활동 과정에서 구체화·내면화할 수 있는 실마리를 찾는 데는 꽤 오랜 모색의 시간이 필요했던 것처럼 보인다.

'자기'를 지켜 가는 방법, 아니 그 방법을 찾을 돌파구를 마련해 줄 단서를 그는 판소리에서 찾는다. 판소리의 핵심이 한(恨)의 삭임에 있다

---

9) 1970년대 중반에 전개되었던 민족문학 논쟁은 1960년대의 참여−순수 논쟁의 뒤를 잇는 것으로서 그 비평사적 의의가 충분히 논의되어야 마땅하나 이는 본고의 범위를 벗어나는 것이다.

고 보고 여기에서 한국인의 문화적 정체성(正體性)을 고스란히 담아 내고 있는 한의 정체, 곧 한국 문학의 형성력으로서의 한을 찾아 나선 것이다. 사실 앞서 살펴보았듯이 한에 대한 그의 관심은 초기 비평에서부터 뚜렷하게 보인다. 그러나 이를 본격적으로 연구하고 체계화한 것은 1980년 대 중반에 들어서의 일인데, 그것은 한을 포괄적이고도 적극적으로 평가함으로써 지금까지 수행해 온 비평 활동에 튼실한 기둥을 제공하려는 노력의 일환이라 판단할 수 있다. 그렇다면 그가 판소리에서 본 한국적 정서의 원형으로서의 한이란 무엇인가.

> 판소리의 용어에 또 '그늘'이라는 말이 있다. 시김새(판소리 창자가 수련을 쌓아 가는 과정에서 그 가락이 제대로 잘 삭고 익어서 예술적인 멋을 성취하게 된 상태—인용자)가 차원 높게 성취된 경지에서만 기대될 수 있는 바, 그 소리의 바탕에 거느리는 충충하고 웅숭깊은 여유, 혹은 심오한 멋 같은 것을 이르는 말이다. 말하자면 하나의 씨가 땅에 떨어져 비와 바람을 견디며 끊임없이 자라는 과정을 시김새를 획득해 가는 과정이라 할 수 있다면, 거목으로 자란 나무가 울창한 가지를 드리우며 온갖 새들을 그 품안에 싸안는 너그러운 운치를 그늘이라고 할 수 있다는 것이다. (「恨과 판소리」, 1985 : 39)

윤리적 가치의 표상으로서의 한의 절정의 경지는 바로 이런 '그늘'과 상통하는 것인데, 즉 한이란 '그늘'과 마찬가지로 부정적인 의미와 긍정적인 의미를, 아니 부정적이기에 긍정적이요, 긍정적이기에 부정적인 양면성을 이원 대립의 양상으로서가 아니라 연속적·동시적으로 포괄하는 말이라 할 수 있다. 그런데 모질고 한스러운 세상살이를 겪어 내면서도 그런 모질고 한스러운 일들을 자기 안에서만 삭이고 익히는 과정에서 시김새가 붙고, 마침내는 그늘을 드리우기에 이르는 것이 삶의 궤적으로서의 한의 윤리적 표상이라고 할 때, 그것은 대타 관계에로 확산되어 가기가 매우 어려운 성질의 것임을 알 수 있다. 따라서 한국인의 원형적 정서로서의 한이 대립·갈등의 논리를 기반으로 하는 서사군학(특히 소설)에서 자신의 터를 잡기란 어려운 일이다. 여기에서 우리는 "한은 서사적인 것이기보다는 서정적인 것이고, 서정적인 것이기보다는 음악적인 것"(1985 : 43)이라는 그의 논지를 다시 한번 확인하게 된다. 그렇긴 하나, 원형적 정서로서의 한이 서사문학 속에서 자기의 위상을 뚜렷하게 확보하지는 못했다는 사실에도 불구하고 한의 예술적·윤리적 표상은 우리 민족이 성취할 수 있었던 가장 독자적인 가치 체계임에 틀림없다는 것이 그의 판단이다.

판소리에서 얻은 이러한 생각을 토대로 하여 그는 한국적 한의 특질을 학문적으로 체계화하는데『한의 구조 연구』(1993)가 바로 그 결과물이다. 이 연구에서 그는 지금까지 논의되어 왔던 한론(恨論)을 종합, 한국적 한이 그 부정적인 측면인 공격성(한풀이)·퇴영성을 초극해 가는 내재적 장치를 간직하고 있는 것으로 파악한다. 즉 한국적 한의 진정한 독자성은 "갈등의 심리를 끊임없이 초극하여 우호성·진취성을 획득해 가는 데 있는 것이며, 그리하여 점차 정서적 안정을 획득해 가는 데 있는 것이다."(「한의 다층성과 다면성」, 1993 : 80) 이러한 '삭임'의 기능을 핵심으로 품고 있는 한국적 한은 복수 또는 상극의 원리에 바탕을 둔 일본식의 한과는 판이하게 다르며, 니체와 막스 쉘러에게서 볼 수 있는 르상티망(ressentiment)과도 구별되는 것이다. 심청이나 춘향 홍보 등을 통해서 볼 수 있듯 한국적 한은 화해와 용서의 원리에 입각해 있기 때문이다. 한국적 한의 이러한 화해 지향성은 화해를 위한 화해, 용서를 위한 용서에 머무르는 것이 아니라 대결과 적대감을 새로운 삶을 위한 에너지로 전환할 것을 요구한다. 여기에 한국적 한의 긍정적·적극적인 측면이 부각되며, 이를 지금 여기에서의 삶을 생산적으로 향하게 하는 추동력을 삼아야 한다는 것, 이것이 비평가 천이두가 한을 학문적으로 연구하면서 도달한 결론이 아닌가 한다.

한의 의미, 곧 한국 문화와 문학의 형성력으로서의 한이 왜 그에게 절실한 것으로 다가왔는지는 명확히 알 수 없다. 다만 생래적으로 간직한 미결정의 결정체로의 한을, 판소리라는 구체적인 매개항을 통하여 확인하고 이를 한국 문학이 견지해야 할 정신적 거점으로 생각했기 때문이 아닐까 라고 추측할 수 있을 뿐이다. 그리고 『천하명창 임방울』(1994)을 통해서도 볼 수 있듯, 판소리에 관한 그의 해박한 지식과 폭넓은 이해가 문학 비평 본연의 범위를 넘어선 것이라 하더라도, 비평 행의가 자신의 존재 근거를 확인하려는 욕망의 표현 형식이라면, 그 무엇을 연결 고리로 하여 한국 문학의 심층에 다가가려 애쓰는 과정에서 그가 발견한 것, 그것이 한이 아니었을까. 이렇게 본다면 그의 비평 활동과 한국적 한에 관한 탐색은 긴밀한 연관성을 갖는 것이라 아니할 수 없다.10)

4. 맺으며

　문학의 위기니 소설의 위기니 하는 소리가 심심지 않게 들리는 요즘이다. 물론 문학이나 소설의 위기를 둘러싼 논의가 꽤 뿌리깊은 것이긴 하나 요즘의 위기설은 이른 바 포스트모더니즘론을 위시한 각종 사조(思潮)의 홍수 속에서 조금은 신빙성이 있어 보이기도 한다. 그러나 문학이 지금까지 그래 왔듯이 인간의 삶이 지녀야 할 필수적인 요소라는 것을 인정하는 사람들에게 이러한 위기설은 한갓 뜬소문으로밖에 들리지 않

---

10) 초기 비평에서부터 지속적으로 그가 한이 소설 속에서 어떤 인물들을 통하여 어떻게 형상화되었는지를 탐색해 왔다는 것은 앞에서 살펴 온 바와 같다. 이러한 그의 노력은 박경리의 『토지』를 논하는 자리에까지 이어지는데, 이 글에서 그는 여성 주인공을 중심으로 한국적 한의 의미를 물었던 종래의 태도를 남성적 인물에 있어서 한은 어떤 양상으로 드러나며 어떻게 소설 속에서 형상화되어 있는가를 밝히고 있다. 이는 그의 한에 관한 연구가 단편적인 '한적 인정적' 소설의 범위를 넘어서 역사 소설에까지 확산될 수 있는 가능성을 보여준 것이라 할 수 있다.

을 것이다.

　어느 비평 사조에도 쉽게 포함시킬 수 없는 한 비평가의 행적을 더듬어 오면서 우리가 확인할 수 있었던 것은 무엇보다도 문학은, 특히 소설은 '산문적 대지'(현실)에 뿌리를 두지 않으면 그 존립 근거를 상실하기 쉽다는 점이다. 여기에서 전통이 문제가 되고 역사와 현실 그리고 인간의 문제가 대두하는 것이다. 문학이, 내적 형상화의 원리를 견지하고 또 탐색하는 것은 바람직하나, 현실 세계와의 관련성을 포기한 채 황량한 기호의 세계로 치달을 경우, 이를 우리는 진정한 문학의 위기라 할 수 있을 것이며, 비평가 천이두가 암묵적으로 경계하고 있는 것이라 할 수 있다.

　우리는 다시 문학의, 소설의 현재적 의미는 무엇이며, 어느 방향으로 나아가야 할 것인가 라는 문제를 마주할 수밖에 없다. 그 문제의 해결을 모색하는 과정에서 소설을 산문정신에 입각한 부정과 비판정신의 형상화라고 말한 한, 비평가의 목소리가 방향타(方向舵) 역할을 할 수도 있을 것이다. 아울러 한국 문화와 예술의 심층에 자리한 원형으로서의 한의 의미 탐구는 단편적이고 표피적인 이해에 머무르기 일쑤인 우리 시대의 비평 방향에 시사하는 바가 적지 않을 것이다.

친일문학 연구, 역사의 상처와 대결하는 하나의 방법[1]

1. 해방 60주년, 상처와 적대감으로 되살아나는 역사

2005년은 한국이 일본 제국주의의 식민지 지배에서 해방된 지 60년이 되는 해이다. 여러 기관과 단체들은 해방 60년이 되는 8월 15일을 기념하기 위한 행사들을 준비하기에 바쁜 나날을 보내고 있으며, 방송사들은 이를 기념하는 드라마와 다큐멘터리 등을 방영하고 있거나 방영할 계획을 세워 놓고 마무리 작업에 분주한 모습들이다. 60년을 살아온 사람을 위해 회갑잔치를 치러주는 예에서 볼 수 있듯 한국에서 '60년'이라는 세월은 단순한 숫자 이상의 의미를 갖는다. 만 예순 살을 일컫는 '還甲'이

---

1) 이 글은 2005년 5월, 코넬대학 동아시아연구소 주관으로 열린 워크숍 '일본제국주의의 범아시아주의와 한국의 지식인'에서 발표한 것이다. 워크숍을 이끈 마이클 신 교수와 토론을 해준 드 베리 교수, 해리 하루투니언 교수, 빅터 코쉬만 교수, 사카이 나오키 교수, 요네타니 마사후미 교수 등에게 감사를 전한다.

란 말 그대로 육십갑자(六十甲子)의 '甲'으로 다시 돌아온다는 뜻을 지니고 있으며, 이는 그 동안 살아온 과정을 반추하고 평안한 노년의 시작을 알리는 시간적 매듭으로 인식되고 있다는 점에서 그러하다.

하지만 해방 60주년을 맞이하는 해라고 즐거워하기에는 적지 않은 장애물들이 놓여 있다. 먼저 분단 문제를 해결하지 못하고 있다는 것이 해방의 기쁨을 만끽하지 못하게 하는 커다란 걸림돌이다. '광복절'을 전후한 시기가 되면 늘 되풀이되어 온 것처럼, 우리는 남과 북이 통일을 이룩하지 못한 마당에 무슨 온전한 해방이라고 할 수 있겠느냐는 푸념 섞인 한숨을 올해도 어김없이 들어야 할 것이다. 또 민족의 해방을 위해 목숨을 바친 독립투사들의 원혼은 머나먼 이국 하늘을 떠돌고, 그 후손들은 쪽방 신세를 면치 못하는 상황에서 무슨 면목이 있어 해방을 즐겁게 맞이할 수 있겠느냐며 곱지 않은 시선을 보내는 사람들도 적지 않을 것이다. 분단 문제의 해결과 친일파2) 청산(이에 따른 독립투사의 복권)이 이루어지지 않는 한, '광복절'을 한국인 모두가 기꺼이 축제로 받아들일 수 있는 날은 예상보다 훨씬 멀리 있을지도 모른다.

해방 후 60년의 시간이 흐른 지금에도 한국에서는 친일파 청산 문제와 관련하여 논란이 거세게 일고 있다. 무엇보다 '친일진상규명법' 개정을 둘러싼 여야 정치세력의 대립에서 시작된 여론의 분열은 심각한 수준이다. 일본제국주의의 한민족 말살 작업에 일익을 담당했던 '민족반역자'들의 죄과를 밝히지 않고서는 민족정체성을 회복할 수도 없으며 한일관계를 포함하여 바람직한 미래를 설계할 수 없다는 입장과, 당면한 국가적 문제를 도외시한 채 과거에 연연하다가는 미래를 그르칠 수도 있다는 입장이 팽팽하게 맞서고 있다. 특히 이 법안에 반대하는 야당과 일부 언론은 이 법안의 '정치적 의도'를 강조한다. 즉, 야당의 유력한 차

---

2) 『표준국어대사전』을 보면 '친일'이라는 말은 ① 일본과 친함, ② 일제강점기에 일제와 야합하여 그들의 약탈 정책을 지지·옹호하여 추종함이라 정의되어 있다. 한국에서 '친일'이라는 말은 주로 두 번째 의미로 사용된다.

기 대선후보자 중 한 사람인 박근혜 대표의 아버지 박정희가 친일파였다는 것을 밝힘으로써 모종의 압력을 행사하려 한다는 것이다.

그런데 지난 3월 초, 우파 지식인 중 한 사람인 한승조 교수가 '일본의 식민지 지배는 축복'이었다는 요지의 글을 일본의 우익 잡지 『세이론(正論)』 4월호에 실었다는 소식이 전해지면서 한국사회는 다시 한번 논란의 소용돌이 속으로 빠져들었다. 그는 「공산주의 / 좌파사상에 근거를 둔 친일파단죄의 어리석음―한일병합을 재평가하자」라는 제목의 글에서 "북한의 친일청산 노선을 추종하는 것이 한국의 386세대와 노무현 정권"이라고 명시함으로써 친일파청산=북한정권에 동조하는 행위라는 등식을 명확히 했다. 나아가 그는 "일제통치하에서의 친일협력행위는 반드시 반민족행위였다고는 할 수 없다는 견해는 상식이 있는 많은 사람들이 마음속에 품고 있는 것인데, 해방 후 한국사회의 분위기 때문에 공개적으로 표현하지 못했다"라고 말하고, "친일행위자를 무조건 모두 반민족행위자로 몰아붙이는 좌파의 논리는 당시의 역사적·시대적·국제정치적 상황을 전혀 고려하지 않은 일방적인 역사인식"이며, 그러한 "주장은 그들 특유의 정치적인 사심(邪心)에서 나온 것"이라고 주장하면서 경계를 늦추지 말아야 한다고 주문했다.

한승조 교수의 발언 내용이 알려지자 대부분의 언론은 그를 향한 질타를 연일 대서특필했으며, 몇몇을 제외한 대부분의 네티즌들은 그를 일본으로 추방하라며 거센 분노를 쏟아냈다. 특히 이 '사건'은 일본 시마네현 의회의 '다케시마날' 조례 제정과 맞물려 한국인들의 일본에 대한 적대감에 기름을 부은 꼴이 되었다. 일본의 야스쿠니신사 참배와 독도 문제 그리고 역사교과서 문제 등 일본의 한국지배와 전쟁의 기억을 둘러싼 긴장이 높아지면서 노무현 대통령은 3·1절 기념식 연설에서 이례적으로 강도 높게 일본을 비판했다. 이렇듯 한국(인)의 일본(인)에 대한 불신의 골은 더욱 깊어만 가고 있으며, 그러는 사이 과거의 기억은 한국인들에게 좀처럼 아물 것 같지 않은 깊은 상처를 남기고 있다. 그리고 그 한복판에 친일파청산을 둘러싼 논란이 있다. 우리는 과연 복잡다단하게 뒤얽힌 고르디우스의 매듭을 단번에 끊어버릴 수 있는 비법을 찾을 수 있을까. 여기에서 이 문제를 더 이상 길게 거론할 수는 없는 노릇이다. 다만 이것이 해방 60주년을 맞이하는 한국사회의 우울한 풍경이라는 것만을 말해 두기로 한다.[3]

2. 해방 후 문학자들의 자기 비판

1945년 8월 15일 식민지 조선의 해방은 함석헌의 말대로 '도둑처럼' 찾아왔다. 일본의 패배를 믿을 수 없었던 많은 문학자들은 혼란에 빠져 잠시 당황하는 듯했다. 도둑처럼 찾아온 해방이라 해도 해방은 해방이었다. '해방된 조국'에서 문학자의 길을 다시 걷기 위해 그들에게 가장 필요한 것은 과거의 잘못을 반성하는 것이었다. 당시 자신의 존재 이유를 새롭게 설정하기 위해서라도 문학자들의 '자기 비판'이나 '자기 반성'은 반드시 필요한 것으로 인식되었다. 그 상황을 살필 수 있는 대표적인 문건이 좌담회 「문인들의 자기 비판」(『인민예술』 제2호, 1946.10)이다. 김남천·이태준·한설야·이기영·김사량·이원조·한효·임화 등 내로라하는 좌파 문학자들이 참석한 이 좌담회에서 이원조는 "앞으로 신국가가 수립

---

3) 한국사회에서 제국주의 일본의 한국 지배와 '친일파'를 둘러싼 기억들은 사소한 충격에도 엄청난 파장을 몰고 오곤 한다. 문학자들도 여기에서 자유로울 수가 없다. 시인 유치환과 서정주, 소설가 채만식, 평론가 조연현 등을 둘러싼 최근의 논란도 이러한 사정을 정확히 반영한다. 문학자들뿐만이 아니다. 대중가수 백년설, 언론인 장지연, 화가 김기창 등 많은 인물들이 일제의 지배에 동조 또는 협력했다는 사실이 밝혀지는 순간, 거대한 논란의 소용돌이에 휩쓸리고 만다. 그 소용돌이 속에서 후손들과 지역주민들까지 서로 등을 돌리는 일이 속출한다.

되어도 우리 민족이 언제든지 반성이라는 것을 잊어서는 훌륭한 국가로 발전하지 못할 것"이라고 하면서 "엄격한 자기비판이 없이는 민족의 향상은 있을 수 없다"고 단언한다.

그러나 한효의 말처럼 "이번 전쟁(대동아전쟁 – 인용자)을 통하여 조선 사람치고 어느 누구를 막론하고 협력적인 태도를 취하지 않은 사람은 없다고 말해도 무방할 것"임에도 불구하고, 자기 비판이나 자기 반성이라는 말만 무성했지 그 내용은 추상적인 자기 변명이나 자기 합리화의 수준을 벗어나지 못했다. 그러자 식민지시대 KAPF(조선프롤레타리아예술동맹)의 맹원이자 뛰어난 비평가였던 임화는 이렇게 말한다.

> 자기비판이란 것은 우리가 생각했던 것보다 더 깊고 근본적인 문제일 것 같습니다. 새로운 조선문학의 정신적 출발점의 하나로서 자기비판의 문제는 제기되어야 한다고 생각합니다. 그런데 자기비판의 근거를 어디에 두어야 하겠느냐 할 때 나는 이렇게 생각합니다. (…중략…) 가령 이번 태평양전쟁에 만일 일본이 지지 않고 승리한다 — 이렇게 생각해 볼 순간에 우리는 무엇을 생각했고 어떻게 살아가려고 생각했느냐고 묻는 것이 자기비판의 근원이 되어야 한다고 생각합니다. 이때 만일 내가 한 명의 초부로 평생을 두메에 묻혀 끝내자는 한 줄기 양심이 있었는가? 아니면 내 마음 속 어느 한 귀퉁이에 강렬히 숨어있는 생명욕이 승리한 일본과 타협하고 싶지는 않았던가? 이것은 내 스스로 느끼기 두려웠던 것이기 때문에 물론 입 밖에 내어 말로나 글로나 행동으로 표시되었을 리 만무할 것이고 남이 알 리도 없을 것이나, 그러나 나만은 이것을 덮어두고 넘어갈 수 없을 겁니다. 이것이 자기비판의 양심이 아닌가 하고 생각합니다. 이럼에도 불구하고 이 결정적인 한 점을 덮어둔 자기비판이란 하나의 허위상 가식이라고 생각합니다.

모든 참석자들은 '양심의 용기'를 강조하는 임화의 촬언에 동감을 표하지만, 사실상 그 누구도 자신의 '비밀'을 털어놓을 수 있을 만큼 철저하지 못했다. 김사량만이 자신의 일본어 창작을 적극적으로 변호하고 있을 뿐이며, 대부분은 엄격하게 자기를 비판할 수 있어야 한다는 원론을 벗어나지 못하거나 변명으로 일관하고 있다. 사실상 1938년 10월 제국주의 일본이 '동방의 마드리드'라 불리던 무한과 삼진을 함락시키는 장면을 지켜보면서 대부분의 문학자들은 현실을 받아들이는 방향으로 돌아선다. 그 후 그들은 다양한 방식으로 일본을 중심으로 한 세계 신질서를 옹호하면서 식민지 조선인들로 하여금 철저하게 일본인이 될 것을 독려했다(물론 뒤에서 서술하겠지만 어떤 식으로든 저항한 이들도 없진 않았다). 그런데 그렇게 믿어 의심하지 않았던 일본이 패망하고 난 뒤, 이제는 해방된 조국에서 살아가야 할 그들 앞에는 자신들이 저지른 '죄'를 반성하는 일이 풀기 어려운 숙제처럼 가로놓여 있었다. 이 어려운 숙제를 해결하는 데 필요한 열쇠가 임화가 말한 바 '양심의 용기'였던 것이다. 하지만 양심의 용기를 갖고 자신의 잘못을 엄격하게 비판하는 문학자들은 극히 소수에 불과했다.[4]

여기에서 우리는 미국과 소련의 군정 아래 있던 해방 공간(1945.8.15~1948.8.15 / 9.9)의 거센 좌우 대립의 소용돌이 속에서 문학자들이 자신의 잘못을 반성할 '시간적 여유'가 없었을 것이라는 점을 충분히 고려해야 한다. 해방이 되자마자 문학자들은 자기 비판보다 훨씬 중대한 문제, 즉 이념 선택의 문제에 직면해야 했다. 일제 잔재의 청산을 바탕으로 자주적 민족국가를 수립해야 한다는 역사적 과제가 좌우 이념 대립에 가려 그 해결의 실마리를 찾지 못하고 있었던 것이다. 이러한 상황에서 문학자들의 자기 비판은 이데올로기 선택에 자리를 내주고 만다.

친일분자들을 어떻게 처리할 것인가라는 문제가 수면 위로 떠오른 것은 남한과 북한에 각각 독자적인 정부가 들어선 후였다. 북쪽에서는 1948년 9월 9일 조선민주주의인민공화국이 수립된 후 대대적인 친일파 청산 작업에 착수했고, 남쪽에서는 1948년 8월 15일 대한민국 단독 정부가 수립된 후 '반민족행위처벌법'(1948년 9월 22일 법률 제3호)을 제정하고 '반민족

---

4) 여기에서 우리는 그 대표적인 예로 『탁류』·『태평천하』 등으로 유명한 리얼리스트 채만식의 「민족의 죄인」을 떠올릴 수 있을 것이다.

행위특별조사위원회'를 설치하여 친일파 청산작업에 나선다.[5] 당시 남한에서 간행된 보고서 성격의 자료를 보면 다음과 쓰여 있다.

> 민족의 이름으로 반역자는 처단된다!!
> 민족정기를 바로잡기 위한 반민족행위자 숙청의 반민법(反民法)이 공포된 지 3개월이 지난 오늘(1949년 1월 8일) 드디어 추상(秋霜)같은 반역자 처단의 막이 열리었다. 36년간 일제의 앞잡이로 조국과 동족을 좀먹던 친일파 민족반역자에 대한 불타는 원한과 울분을 이제 태극기 날리는 하늘 아러 우리 소리쳐 푸는 날이 돌아왔다.
> 생각하면 우리는 얼마나 비분에 가슴을 두드리면서 이들 매국도배들의 난무(亂舞)에 유린당하며 또한 조소를 받아 오며 오늘이 올 것을 기다리며 참아왔던가! 이 땅의 모든 산천초목이 또는 말없이 흐르는 구름마저 이들에 대한 원한에 불타고 있었으니 비록 군정 3년간의 후덕(厚德)으로 이들 친일파와 반역자들이 뼈를 깎는 듯한 참회 대신 간교한 변명을 일삼고 대로를 활보하는 양을 주먹을 처가며 보아왔으나 오늘 모든 요운(妖雲)이 걷혀버린 푸른 하늘 아래 우리 등에 채찍을 내리고 주검의 터전으로 우리를 몰아내던 이들 매국도배(賣國徒輩)를 조국과 민족의 이름으로써 우리 손으로 심판 처단하는 날이 돌아왔다.[6]

새로운 국가를 건설하기 위해 무엇보다 시급한 일이 민족정기의 회복이었다. 그리고 민족정기를 회복하기 위해서는 일제이 협력·동조하여 조국과 민족을 팔아먹은 '죄인'들을 처단해야 했다. 이 글의 필자는 식민지시대 조선의 대표적인 문학자였던 이광수와 최남선을 비롯하여 일본제국주의에 동조한 지식인·기업인·관료·경찰은 물론 친일단체에 가담한 사람들을 모두 '민족이라는 이름의 재판정'에 세워놓고 심판해야 한다는 강력한 의지를 표명하고 있다. 그러나 친일파가 대거 포진해

---

5) 이 글에서는 북한의 친일파 청산작업에 관해 상세하게 논하지 않기로 한다. 다만, 북한이 대대적으로 친일파를 숙청했다는 사실은 남한에서도 잘 알려져 있으며, 1970~80년대 이른바 운동권(주사파) 학생들 사이에서는 이것이 정권의 도덕성을 판단하는 준거로 받아들여졌다는 점만을 밝혀둔다.

6) 高元燮 編, 『反民者罪狀記』, 白葉文化社, 1949.

있던 이승만 정권의 조직적인 방해로 '반역자 청산'이라는 역사적·민족적 과제는 한국전쟁이 벌어지고 있던 1951년 2월 14일 '반민족행위처벌법 등 폐지에 관한 법률'(법률 제176호)이 발효됨으로써 무산되고 만다.

이후 반공과 멸공통일을 국시(國是)로 내세운 이승만 독재정권은 친일파 청산과 관련된 모든 논의를 봉쇄해버린다. 어디에서도 친일 전력이 있는 인사들의 반성의 목소리를 들을 수 없게 되었으며, 친일파 문제를 거론하는 자는 북한에 동조하는 자와 동일시되기에 이른다. 1960년 4·19혁명과 함께 부정부패로 얼룩졌던 이승만 독재정권이 무너진 뒤, 쿠데타를 통해 정권을 장악한 박정희는 '경제만이 살 길이다'는 슬로건 아래 강력한 개발독재를 펼친다. 일본 육군사관학교를 나온 그는 일본군 장교 출신으로서 누구보다 친일적인 인물이었다. 그런 그가 친일파 청산 문제를 공론화할 리가 없었다. 이승만과 마찬가지로 반공을 국시로 내걸었던 박정희는 자신의 전력(轉歷)을 은폐하기 위해서라도 친일파를 둘러싼 논란을 잠재울 필요가 있었다. 그리고 사회 각계의 주요 인사들 상당 부분이 친일 전력을 가진 인물들로 채워져 있었다. 미국과 일본의 후원을 등에 업은 박정희 독재정권이 내세운 '한국적 민족주의'라는 것도 결국은 어떠한 도덕적 정당성도 확보하지 못한 권력 강화의 수단 또는 체제 유지의 근거에 지나지 않았다. 이 과정에서 '반민족'이라는 말은 '친일'이라는 말로부터 분리되어 '공산주의'라는 말과 결합되어 버리고, 그리하여 친일 비판은 반공에 저촉된다는 이유로 금기시되기 시작한 것이다.

3. 친일문학 연구의 이정표, 임종국의 『친일문학론』

이렇듯 친일파 문제 자체를 금기시하던 상황에서 임종국의 『친일문학론』(1966)이 간행된다. 그는 이 책에서 친일문학을 "주체적 조건을 상실한 맹목적 사대주의적 일본 예찬과 추종을 내용으로 하는 문학"이라 정의하고, 1940년을 전후한 약 10여 년 간의 친제국주의적 친식민주의적 문학 ─ 중일전쟁을 전후하여 싹튼 전쟁문학, 그 후 총후의식(銃後意識)을 강조한 애국문학, 1940년대 전반의 국민문학과 결전문학(決戰文學) ─ 에 관하여 그 양상과 본질, 이념과 활동 상황 등을 구명하고 있다. 이 책은 반민특위 해산 이후 친일 문제를 본격적으로 다루었다는 점에서뿐만 아니라 당시 명문대 총장이었던 김활란과 유진오 등의 친일 전력을 공개했다는 점에서 사회적 센세이션을 몰고 왔다. 그뿐만 아니라 식민지시대 대표적인 문학자들로 알려져 있던 인물들이 대거 포함되어 있어 그 파장은 문학계 전체를 술렁이게 하기에 모자람이 없었다. 이광수와 최남선은 물론이고 노천명·모윤숙·채만식·주요한·김사량·최재서 등의 친일 행적을 실증적으로 보여주고 있는 이 책의 간행은 지금까지도 친일문학을 연구하는 학자들 사이에서 획기적인 사건으로 간주되고 있다. 식민지 과거를 망각하려는 집단적인 욕망이 분단·전쟁·독재로 이어진 한국현대사의 전개 과정과 맞물려 작동하면서 문학적 친일의 경험은 해방 이후 20여 년 동안 구비전승의 풍문으로 겨우 보존되어 왔다. 이런 상황에서 『친일문학론』은 이 '기억 상실'의 상태를 중지시키고, 문학적 친일 경험의 상세한 목록을 작성하고 분류함으로써 기억의 정치학을 다른 방식으로 작동시키기 시작했던 것이다.[7]

그러나 『친일문학론』은 일본 제국주의의 이념적 기반이었던 민족주의 또는 국가주의를 비판하고 있지 못하다는 점에서 뚜렷한 한계를 드러내고 있다. 다음 인용은 임종국이 민족주의적 또는 국가주의적 사고에서 벗어나지 못하고 있음을 보여주는 단적인 예이다.

---

7) 강상희, 「친일문학론의 인식구조」, 『한국근대문학연구』 제7호, 2003년 상반기, 42~43면 참조

우리는 서구적 개인주의 문학을 비판한 그들의 이론을 취사선택해야 할 것이다. 따라서 친일문학은 막연한 은폐의 대상이 되어서는 안 된다. 밝힐 것은 밝히고, 비판할 것은 비판하고, 버릴 것은 버리고 취할 것은 취함으로써 우리는 우리의 문학을 살찌게 해야 할 것이다. 이러기 위해서 주목할 점 의 하나가 문학에 국가의식을 강조한 그들의 이론이었다. 앞으로 한국의 국민정신에 입각해서, 한국의 국민생활을 선양하는, 한국의 국민문학을 수립하려는 사람들을 위해서 그들의 식민지적 국민문학은 좋은 참고자료가 될 것이다.[8] (강조-인용자)

임종국은 이 책의 결론 부분에서 반도 민중을 총력전에 동원함으로써 생명과 재산을 위협하였다는 점, 조선어를 박해함으로써 식민지 문화일망정 그 정상적인 발전을 저해하였다는 점, 민족정기를 흐리게 함으로써 역사에 오점을 남겼다는 점, 사대주의 폐풍(弊風)을 답습하여 역사상 최고로 난숙한 사대주의 문화를 건설하였다는 점, 반도 황민화운동에 동조하였다는 점을 친일문학자들이 범한 "천추에 용납 못할 죄악"이라고 말한다. 그런 다음, 위의 인용문에서 볼 수 있는 것처럼 그들이 국가주의 문학을 주장했다는 사실은 주목해야 한다고 강조한다. 그의 논리에 따르면 인간은 개성적 사회적 동물인 동시에 국가적 동물이며, 그런 까닭에 국가 관념은 문학에서 개성 및 사회의식이나 시대의식과 마찬가지로 강조되어야 마땅하다. 그럼에도 불구하고 한국에서 문학은 오랜 세월 동안 국가를 망각해왔다. 따라서 비록 친일문학자들이 섬긴 조국이 일본국이었지만 문학에 국가 관념을 도입했다는 사실만은 이론 자체로 볼 때 주목해야 한다는 것이다. 이와 함께 그는 친일문학자들이 동양에의 복귀를 주장하며 동양 고유의 이데올로기 발견을 모색했다는 점을 주목해야 한다고 말한다. 그들의 이러한 작업이 대미전쟁에 국민들을 동원하기 위한 수단으로 이루어지긴 했지만, 동양인에 위한, 동양인에 의한, 동양인의 동양을 건설하자고 주장한 것은 그 자체로서는 아무런 모순이 없다는

---

8) 임종국, 『친일문학론』(친일인명사전편찬위원회 출범 기념본), 민족문제연구소, 2002, 459면.

것이다. 나아가 그는 친일문학자들이 자유주의적 서구문명에 비판을 가하면서 문학을 대중화하려 했다는 사실도 주목해야 한다고 말한다. 결과적으로 그들이 걸은 길은 국책에의 야합이었고 대중 동원을 위한 프로퍼갠더로 시종하고 말았지만, 서양 근대정신의 붕괴는 오늘날 하나의 상식이요 예술 또한 만인의 것이어야 하기 때문이다.

여기에서 우리는 몇 가지 문제점을 지적하지 않을 수 없다. 임종국의 『친일문학론』이 그 동안 은폐되어 왔던 문학자들의 친일행적을 실증적으로 밝힘으로써 친일문학 문제를 공론화하는 데 크게 기여했음에도 불구하고 현재의 관점에서 보았을 때 뚜렷한 한계를 노정하고 있다. 먼저 친일문학이 문학에 국가 관념을 도입했다는 점을 평가해야 한다고 말한 것은 이 책의 저자가 국가주의로부터 자유롭지 못하다는 것을 분명하게 보여준다. 그리고 이는 해방 후 '새로운 국가'를 건설하여 일본제국의 국민 / 신민에서 대한민국과 조선민주주의인민공화국의 국민 / 인민으로 전환하는 과정에서 어떤 식으로든 식민지시대의 국민 경험이 내면화되어 있었다는 것을 반증한다.[9] 그리고 임종국은 "동양인을 위한, 동양인에 의한, 동양을 건설하자는 주장은 그 자체로서는 아무런 모순이 없다"고 말함으로써 제국주의 일본이 중일전쟁 이후 광범위하게 유포한 동양주의를 수락하는 듯한 태도를 보이고 있다. 이것은 자유주의적 서구문명에 비판을 가했다는 이유로 친일문학자들의 논리를 일정 정도 긍정적으로 바라보는 태도와 관련되어 있다.

서양의 근대를 극복하고 동양을 재발견함으로써 '대동아공영권'을 건설하자는 논리가 제국주의 일본의 폭력성을 정당화 내지는 합리화하는 데 크게 기여했다는 사실을 고려하면, 임종국의 이러한 주장은 많은 위험성을 내포하고 있다고 말하지 않을 수 없다. 요컨대 이와 같은 임종국의 관점은 친일문학자들의 반민족적 행위를 비판하면서도 그들의 행위

---

9) 이와 관련한 짧막한 언급은 김철, 『'국민'이라는 노예』, 삼인, 2005, 22~23면 참조.

가 '우리의' 국가와 민족을 위한 것일 때에는 충분히 의의를 지닐 수 있다는 논리로 이어질 수 있다는 점에서 국가주의와 민족주의의 폭력성을 정당화할 위험성을 안고 있는 것이다. 제국주의 일본의 국민으로 호명되고 동원되면서 비로소 '국민'으로 스스로를 자리매김할 수 있었던 조선인들은 해방 후 20년이 넘은 시점에서도, 아니 해방 60년을 앞둔 지금까지 식민지 경험으로부터 벗어나지 못하고 있다. 따라서 임종국의 '한계'는 임종국 개인의 문제가 아니라 한국의 근대화 과정과 긴밀하게 관련되어 있는 것이라 해야 옳다.

4. 1990년대 중반 이후 친일문학 연구의 흐름과 과제

1966년에 간행된 임종국의 『친일문학론』 이후 소강 상태를 보여왔던 친일문학 관련 연구가 최근 들어 그 어느 때보다 왕성하게 이루어지고 있다. 누가 강요하지 않았는데도 친일문학을 말하는 것 자체가 민족적 치부(恥部)를 드러내는 것으로 간주되는 환경 속에서 그저 '암흑기'라는 이름 아래 덮어두자는 동조 내지 묵인이 '관행'처럼 간주되던 때에 비하면 놀라운 진전이라 할 수 있다. 이는 "한국근대문학 연구 전반이 상처를 외면하고 민족적 자존을 지키려는 안이한 태도에서 벗어나고 있음"10) 을 보여주는 하나의 지표라 할 만하다.

물론 그 이전에도 친일문학에 관한 연구는 산발적으로 이루어져 왔다. 예컨대 『실천문학』 1985년 여름호부터는 '친일문학작품선'이 연재되었고, 1986년 이를 묶은 『친일문학작품선집』이 두 권으로 간행되면서

---

10) 류보선, 「친일문학의 역사철학적 맥락」, 『한국근대문학연구』 제7호, 2003년 상반기, 10면.

많은 사람들은 '괴로움'과 '곤혹스러움'에 빠지지 않을 수 없었으며, 다시 '친일 문제를 어떻게 할 것인가'라는 문제가 제기되기도 한다.[11] 그리고 1989년에 간행된 송민호의 『일제말 암흑기문학연구』는 전시체제하 엄혹한 탄압 속에서 일제의 전쟁 논리에 동조하고, 일본어로 글을 쓴 작가들을 집중적으로 조명하고 있다. 근대문학=민족문학이라는 등식이 '공리'처럼 간주되어 온 한국의 상황을 반영하듯이, 이 연구 역시 친일문학은 민족문학을 파탄으로 몰아넣었으며, 한국의 근대문학도 위기에 처할 수밖에 없었다고 진단한다.

이처럼 친일문학에 관한 관심이 전혀 없었던 것은 아니지만 대부분의 연구는 '일제 말기=암흑기'를 괄호 안에 넣고 생각하자는 인식이 널리 확산되어 있었다. 그런데 1990년대 중반 이후 지금까지 유례를 찾아볼 수 없을 만큼 지속적이고도 깊이 있는 연구들이 이루어지고 있다. 그렇다면 그 원인을 무엇일까.

먼저 '연구 환경'의 변화를 들지 않을 수 없다. 1987년 학생과 시민들의 대대적인 민주화투쟁의 결과 한국에서는 대통령 직접선거가 다시 도입되었으며, 1990년대 초반에는 30여 년에 걸친 군사독재정권이 물러나고 문민정권이 들어섬으로써 학문 연구의 자유가 급속히 확대되었다. 이와 함께 북한에 대한 적대적 태도가 완화되면서 친일 비판은 곧 공산주

---

11) 예를 들어 '친일문학작품선'이 발표된 후 감상을 적은 「친일문학 비판의 의미」라는 글에서 문학비평가 성민엽은 다음과 같이 말한다. "계간 『실천문학』 85년 여름호에 게재된 「친일문학작품선」을 읽는 일은 몹시 괴로운 일이다. 거기에 실린 11편의 시, 1편의 단편소설, 9편의 수필, 4편의 평론들이 보여주는 참상이 그 자체로 우리들을 고문하기 때문이기도 하지만, 또한 그것들이 인용된 형태로가 아니라 작품선의 형태로 공개적으로 활자화된 것이 해방된 지 40년 만에 처음 있는 일이라는 사실에서 그 괴로움은 더 많이 기인한다. 그 사실은 이른바 '친일문학'이라는 것이 40년이라는 긴 시간이 지나도록 비판·청산되지 못했다는 것, 그리하여 40년이 지난 이제 와서라도 그것을 들추어내 비판·청산의 계기를 마련하지 않을 수 없는 것이 우리들의 곤혹스런 처지라는 것, 그리고 그 비판·청산의 작업을 더욱 급박한 것으로 만드는 것이 오늘날 현저히 고조되고 있는 민족적 위기 상황이라는 것 등을 쓰디쓰게 재인식시키는 것이다."

의 정권에 동조하는 것이라는 정치적 논리가 현저하게 약화되었다. 민주주의의 진전을 이끌었던 이른바 '운동권세력'이 대거 학계에 등장하였고, 이러한 연구 환경의 변화를 배경으로 하여 식민지 경험으로부터 상대적으로 자유로운 젊은 연구자들은 친일파라는 역사의 상처와 적극적으로 대결할 수 있었던 것이다.

이러한 상황에서 근대문학=민족문학이라는 등식에서 벗어나 다양한 시각에서 한국 근대문학사를 바라볼 수 있게 되었다는 점을 두 번째 원인으로 들 수 있다. 즉, 이전까지는 해방 전 한국 근대문학을 '민족국가'라는 모더니티의 원리를 중심으로 계보화하고 정전(canon)들을 구성해왔다면, 최근 들어서 여성, 욕망, 미적인 모더니티, 동양적인 것, 주변부적인 것, 풍속적인 것 등 이제까지 침묵을 강요당했던 수많은 하위주체들이 호명되면서 상황이 변화했다고 할 수 있다.12) 그리고 최근 한국 학계에서 일련의 흐름을 이루고 있는 민족주의와 국가주의 비판도 한국 근대문학사와 일제 말기의 문학을 바라보는 데 일정한 역할을 담당하고 있는 것으로 보인다.13) 자기 성찰을 포기한 채 '피해자는 정당하다'고 주장하는 노예적 의식이야말로 식민지의 경험을 규정했던 제국—식민지의 구도를 밑에서부터 뒤집어엎는 방식이 아니라, 자리를 뒤바꾸어서 우리가 제국이 되어도 좋지 않으냐는 자기 합리화를 가능하게 하는 집단심리적 기제일 수 있다는 것이다. 이와 같은 국가주의와 민족주의 비판 그리고 일본적 파시즘에 대한 지속적인 연구는 일제 말기에 생산된 친일적=친식민주의적 텍스트들을 지금—우리의 제국주의적 욕망을 성찰

---

12) 류보선, 앞의 글, 10면 참조.

13) 예를 들어 『민족주의는 반역이다』라는 도발적인 제목의 책을 쓰기도 했던 임지현은 "한반도의 전후 세대가 식민지의 과거를 전유하는 전형적인 방식은 국가권력에 의해 조장된 세습적 희생자의식(hereditary victimhood)"이었다고 하면서, 한반도의 집단적 기억 속에 깊이 각인되어 있는 세습적 희생자라는 자기 규정은 잠재적 식민주의의 위험성에 대한 자기 성찰을 근원적으로 가로막는다고 비판한다. 임지현·사카이 나오키, 『오만과 편견』, 휴머니스트, 2003, 14~17면 참조.

하는 데 하나의 시금석으로 읽어내는 계기를 제공하고 있다.

세 번째로 친일문학과 관련된 다양한 텍스트들의 발굴과 발간을 들수 있다. 특히 일본어로 씌어진 텍스트들이 속속 발견되면서 연구 범위가 훨씬 넓어지고 있다. 앞에서 말한 『친일문학작품선집』을 비롯하여 이경훈이 엮은 『이광수 친일문학전집』, 김재용 등이 편역한 조선인 작가의 일본어 작품집 『식민주의와 협력』·『식민주의와 비협력』, 일본의 한국 문학 연구자 오오무라 마스오와 호테이 토시히로가 지속적으로 간행하고 있는 『근대조선문학일본어작품집』14) 등은 친일문학 연구를 위한 실증적 자료를 제공함으로써 연구의 폭을 넓히고 깊이를 더하는 데 중요한 역할을 하고 있다. 1980년대 말까지만 해도 월북작가들의 작품을 접하는 게 결코 쉽지 않았던 때를 생각하면, 그리고 반공을 근거로 하여 유명 문학자들의 친일적인 글들을 공개적으로 볼 수 없었던 때를 생각하면 놀라운 변화라 아니할 수 없다.15) 아직 미진한 부분이 없진 않지만 다양한 자료의 공간(公刊)은 연구자들에게 인식상의 전환을 강력하게 촉구하고 있다.

민주주의의 진전과 민족중심주의의 퇴조에 따른 다양한 연구 시각의 지원, 폭넓은 실증적 자료의 확보와 접근성의 제고 등 다양한 관점에서 일제 말기를 바라볼 수 있는 환경이 마련되면서, 최근 들어 친일문학 연구는 관련 학자들 사이에서 폭넓은 관심을 끌고 있으며 사회적 관심도 높아지고 있다. 어느 문학비평가는 친일문학의 역사는 낱낱이 밝혀져야 한다고 주장하면서 이렇게 말한다. "밝혀진 과거만이 미래의 빛이 된다. 그러나 문인들 개개인이 저질렀던 과오뿐만 아니라 그들이 감당하거나

---

14) 현재 총 17권이 간행되었으며, 호테이 토시히로씨의 말에 따르면 앞으로 계속 간행될 예정이라고 한다.
15) 하지만 자료 공간 문제는 여전히 많은 어려움을 안고 있다. 특히, 최저서처럼 아직 저작권이 유효한 경우에는 그의 글들을 공식적으로 간행하기가 어려운 형편이다.

감당하지 못했던 핍박의 상세한 내용도 함께 밝혀져야 한다. 우리가 한 문인의 친일문학 이력을 밝히자는 것은 그의 무덤에 침을 뱉고, 그의 기념관을 폐쇄하고, 그의 작품을 교과서에서 삭제하기 위해서가 아니다. 그의 불행한 이력은 민족사의 비극과 깊이 연결되어 있다. 그래서 친일 이력 밝히기의 본뜻은 그 인간적 고뇌의 짐을 역사의 이름으로 함께 나누어지자는 데 있어야 할 것이다."16) 사실 이러한 얘기는 전혀 새로울 게 없다. 해방 직후부터 최근까지 어렵지 않게 들을 수 있었기 때문이다. 하지만 구체적인 연구 성과가 이러한 인식을 뒷받침할 수 있었느냐는 물음에 대해서는 망설일 수밖에 없다.

그런데 최근의 연구 동향을 보면 친일문학 연구가 그 당위성을 넘어 구체적인 학문적 실천으로 향하고 있다는 것을 감지할 수 있는데, 무엇보다 최근 연구는 획일적인 민족주의적 관점에서 벗어나 식민주의=제국주의의 담론 전략과 피식민지 지식인들의 협력과 저항의 양상을 실증적인 자료를 바탕으로 하여 읽어내고 있다는 점에서 주목할 필요가 있다. 근대계몽기 친일적인 소설을 쓴 이인직에서부터 일제 말기 제국주의 일본의 지배 논리에 협력한 적지 않은 수의 문인들에 이르기까지 모조리 '처단'해야 한다는 획일적인 기준의 적용에서 벗어나, 그들이 식민주의에 협력할 수밖에 없었던 사유의 메커니즘과 그들이 경험해야 했던 분열과 모순의 양상을 보다 치밀하게 고구(考究)하려는 일련의 움직임은 지금까지 볼 수 없었던 것이다.

먼저 김재용은 그의 저서 『협력과 저항』에서 식민 주체는 호명되고 생산되는 것이 아니라 자발적으로 생성되는 것이라는 주체 철학을 전제로 하여 자신의 논리를 전개한다. 임종국과 마찬가지로 지금까지 대부분의 친일문학 연구자들이 일방적이고 강제적인 수탈과 저항의 관점에서 민족 문제를 사고하는 내셔널리즘에서 닻을 내리고 있었던 데 비해, 김

16) 황현산, 「친일문학의 짐과 역사의 짐」, 『국민일보』, 2005년 4월 5일자.

재용은 지배란 강제력에 의존하는 억압적 지배만을 뜻하는 게 아니라 동의에 기초한 헤게모니적 지배라는 측면을 함께 갖고 있다는 전제 아래, 친일 문제를 굴복이 아니라 협력이라는 관점에서 사고한다. 사실 우리가 알고 있는 바와 같이 제국주의 일본은 동아연맹체론에서부터 신체제론, 내선일체론, 대동아공영권론에 이르기까지 다양한 담론들을 동원하여 식민지 지식인들의 동의를 이끌어냈다. 그 담론 전략에 포섭된 예가 바로 이광수·채만식·서정주·최정희 등이다. 김재용에 따르면, 이들은 일본에 의한 동아시아 지배(나아가 세계 지배)를 내면화했으며, 억압이나 협박에 의해서가 아니라 자발적으로 식민주의에 협력했다.[17] 그들의 식민주의 협력은 일제 말기에 이르러 갑자기 나타난 게 아니라 내적인 논리를 갖추고 있었다. 근대적인 것을 맹목적으로 추종했던 이광수와 동양적인 것만이 서양을 이길 수 있다는 전도된 오리엔탈리즘에 사로잡힌 서정주가 그 좋은 예이다. 근대주의적 사고는 식민주의와 공모하고 있다는 점에서 식민주의의 폭력에 깊이 연루되어 있으며, 동양의 신화화 역시 서양의 신화화와 마찬가지로 폭력의 온상이 될 수밖에 없다는 것을 그들은 간과하고 있었던 것이다.

물론 협력만 있었던 것은 아니다. 김재용에 의하면, 일제 말기 폭력적인 상황 속에서 문학자들이 택할 수 있는 저항의 방법은 절필과 침묵, 우회적 글쓰기, 망명밖에 없었다. 절필과 침묵의 경우, 문제는 저항으로서의 침묵을 한 작가들과 다른 이유로 침묵한 작가를 구별하기가 쉽지 않다는 데 있다. 그러나 침묵하기 직전까지 지속적으로 글을 발표해왔고 또 식민주의적 정책을 비판했던 김기림은 이 예에 속하는 문제적인 인물이라 할 수 있다. 그는 1939년에 발표한 「동양의 미덕」이라는 글에서 서구 중심주의로부터 거리를 둘 것을 주문하면서 동시에 당시 평단을 풍미했

---

17) 그렇다면 문제는 피식민지 지식인들의 자발성을 이끌어낸 제국주의 일본의 담론 전략이 어떠했는가를 밝히는 게 과제일 터인데, 이와 관련해서는 차승기·류보선·김예림 등의 연구를 참조할 수 있긴 하지만, 깊이 있는 연구는 아직 이루어지지 않고 있다.

던 동양주의의 위험성을 경고함으로써 일본의 식민주의 정책을 비판한 바 있다. 우회적 글쓰기를 통한 저항은 KAPF의 맹원으로 활약했던 한설야의 「그릇된 동경(憧憬)」과 「피」에서 읽어낼 수 있다. 일본어로 씌어진 이 두 작품은 모두 일제가 표방한 내선일체의 구체적인 실천 중의 하나였던 내선결혼을 강하게 비판하고 있다. 망명을 통한 저항을 단적으로 보여주는 인물은 김사량이다. 일본어 소설 「천마(天馬)」와 「덤불헤치기」 등 우회적 글쓰기를 통해 식민주의에 저항했던 김사량은 이마저 불가능해지자 중국 망명을 선택한다. 김재용의 『협력과 저항』이 강조하고 있는 것도 바로 이 저항의 양상이다. 즉 그는 친일 / 비친일의 위치를 정확하게 구획함으로써 배제와 탈락의 과정을 거쳐 저항에 중요한 의미를 부여하고 있는 것이다. 김재용에게 "배제와 탈락의 과정을 거쳐 균질화된 한국근대문학을 상상하고, 확고한 자기동일성을 갖춘 문학사를 구축하려는 것은 혹시 아닐까"[18]라며 이의를 제기하는 것도 바로 이 때문이다.

일본어로 씌어진 글이면 모두 친일적이라는 딱지를 붙이는 것은 한국 근대문학 연구자들 사이에서 오랫동안 관행으로 간주되어 왔다. 따라서 일본어로 씌어진 글에서 식민지 지식인들의 복잡다단한 사상적 풍경을 읽어내는 것은 친일문학 연구사에서 주목할 만한 변화라 할 수 있다. 한국에서 근대문학은 곧 민족문학(또는 국민국가의 문학)이라는 인식이 널리 확산되어 있으며, 그런 만큼 민족문학은 민족어로 씌어져야 한다는 당위성에 이의를 제기하기가 쉽지 않다. 일본어로 씌어진 글에는 반민족문학이라는 낙인이 찍혔으며, 이 낙인을 피할 수 있는 작가는 극소수에 불과했다. 그런데 최근의 동향을 보면 일본어로 창작된 작품들을 적극적으로 읽어냄으로써 '민족문학은 민족어로 쓰여진 것이어야 한다'는 당위적 요청에 균열을 일으키고 있는 연구들이 적지 않다. 앞에서 언급한 김재용을 비롯하여 김윤식·정백수·윤대석 등은 일본어로 창작된 작품들의

---

18) 강상희, 앞의 글, 50면.

독해를 통해 일제 말기 피식민지 지식인들의 글쓰기 전략을 파악하고 그 문학사상사적 맥락을 복원하는 데 힘을 기울이고 있다. 김윤식은 일련의 논문들을 통하여 소설가들의 이중어 글쓰기(bilingual writing) 양상을 고찰하면서, ① 유진오·이효석·김사량, ② 이광수, ③ 최재서, ④ 한설야, ⑤ 이기영의 예를 들어 일본어로 씌어졌다 하더라도 그 사이에는 다양한 차이가 존재한다는 것을 보여주고 있다.[19] 김윤식이 달하고 있는 바와 같이 이중어 글쓰기란 무엇인가라는 물음은 근대문학은 국민국가의 문학이라는 문학관을 재고해야만 그 해답의 가능성을 찾을 수 있다.

근대문학이란 특정 국민국가의 언어인 '국가어'로 창작하는 문학이어야 한다는 관점에서 보면 한국 근대문학은 형식 논리적으로 말하자면 처음부터 성립할 수가 없다. 많은 연구자들이 확인한 것처럼 한국 근대문학사 중요한 작가들은 일본어 습작기를 거쳤으며, 중일전쟁 이후에는 일본어 창작이 조선어 창작을 압도했다. 이를 감안할 떠 일제 말기 일본어로 창작한 작가들의 작품이 탈국민국가(또는 탈근대)의 관점에서 새롭게 조명 받고 있는 것은 충분히 의미 있는 일이지만, 그것이 설득력을 얻기 위해서는 식민지의 언어 상황, 문학자들의 언어관과 문학관, 그들의 언어와 문학의 관련성에 대한 인식, 근대의 산물인 '국어'에 대한 이해 수준 등을 다각도로 검토해야 할 것이다.

이와 함께 친일문학의 분열·모순·복합성·불안정성 등어 주목하면서 친일문학의 참조 체계를 확대하고 있는 연구들도 새로운 경향으로 떠오르고 있다. 『문학 속의 파시즘』에 실린 글들이 그 대표적인 예인데, 이 책의 필자들은 파시즘이라는 새로운 인식론적 모드를 통하 한국에서의 모더니티를 해명하고자 한다. 이들은 파시즘을 하나의 역사적 체제로서 뿐만 아니라 모더니티의 한 속성으로 파악하고, 그것을 모더니티의 본질을 가장 잘 보여주는 정치적·문화적·사회적 형식으로 이해한다.

---

19) 김윤식, 『일제말기 한국 작가의 일본어 글쓰기론』(서울대 출판부, 2003) 및 김윤식, 『20세기 한국작가론』(서울대 출판부, 2004) 참조.

이들에 따르면 식민주의의 극복과 근대의 극복은 저항사적 관점의 사각지대에 묻혀 버린 근대적 경험의 온갖 굴절과 주름들, 그 복잡성과 중층성을 새롭게 비추고 발굴하고 분석하는 일에서 시작하지 않으면 안 된다. 이들의 연구는 민족적 / 반민족적, 비친일 / 친일이라는 이항대립적 구도를 해체하고자 한다는 점에서 그 의의를 인정할 수 있으나, 근대성의 중요한 속성 중 하나인 파시즘을 중심에 놓음으로써 문학적·사상적 텍스트가 보여줄 수 있는 식민 주체의 모순과 분열뿐만 아니라 피식민 주체의 분열과 모순을 소거해버리고 그 결과 균질적인 근대적 주체만이 전면에 위치하게 된다. 그 때문에 모순과 분열의 계기에 주목하고 이를 통해 성찰의 계기를 마련하는 해석하는 작업의 필요성이 제기될 수밖에 없다. 모순과 분열이 없는 곳에는 독백만 있을 뿐, 진정한 성찰은 존재할 수 없다.[20]

이 외에도 분열을 경험할 수밖에 없는 피식민 주체가 자신에게 강제되었던 억압과 회유를 이양하고 식민 권력이라는 주체를 복제하는 공간으로서의 만주의 의미를 밝히는 연구[21]와 젠더의 관점에서 일제 식민 담론의 남성적 속성을 밝히고, 민족과 국민국가를 탈자연화하고자 하는 연구[22]도 친일문학 연구의 새로운 흐름을 형성하고 있다. 특히 여성주의 시각은 친일 논리를 서사화하는 과정에서 식민지의 남성 작가가 자기 분열을 회피하기 위해 여성(성)을 전유하고, 결과적으로는 일제 식민 담론의 에피고넨에 머무르고 말았다는 사실을 명확하게 지적해낸다.

위에서 본 것처럼 1990년대 중반 이후 한국에서의 친일문학 연구는 이전의 민족 / 반민족의 구도에 균열을 일으키면서 폭넓은 스펙트럼을 형성하고 있다. 친일문학을 바라보는 시점의 다각화는 친일문학 비판이

---

20) 강상희, 앞의 글, 51면.
21) 윤대석, 「일본의 그늘」, 『작가』, 2002년 여름호.
22) 김양선, 「친일문학의 내적 논리와 여성(성)의 전유 양상」, 『실천문학』, 2002년 가을호.

제국의 경험을 복제하고자 하는 정치적·문화적 욕망을 (무)의식적으로 추동할 수 있는 개연성 자체를 차단하기 위해서라도 반드시 필요하다. 친일문학 연구가 식민주의의 폭력성을 돌파할 수 있으려면 지금까지의 연구를 시금석으로 하여 내실을 다질 수 있어야 하며, 그러기 위해서는 적어도 다음 두 가지 점에 주의를 기울여야 한다.

우선 한국의 식민 경험을 특권화할 것이 아니라 제국주의 일본의 영향권 아래 있었던 타이완이나 만주/중국, 오키나와 등의 경험을 폭넓게 참조해야 한다. 한국의 식민지 경험은, 동일한 문화권에 속하는 나라의 지배를 받았다는 점에서, 인도나 아프리카 그리고 라틴 아메리카 등의 그것과 명확하게 구별된다. 식민지시대 이전만 해도 문화적으로 우월했다는 정서가 널리 유포되어 있는 상황에서 한국의 식민지 경험의 성격을 입체적으로 파악할 수 있기 위해서는 서구 열강의 식민지 지배 전략과 차이를 보이는 일본의 식민지 정책이 이들 지역에서 어떻게 관철되었는지, 저항과 협력, 분열과 모순의 양상은 어떠했는지를 아우를 수 있어야 할 것이다. 최근 만주에 대한 연구가 싹을 틔우기 시작했지만, 타이완이나 오키나와 등의 경험에 대한 연구는 열악하기 짝이 없다. 그들과 과거의 경험을 공유함으로써 친일 비판=자기 동일성의 강화=폭력의 정당화로 이어지는 고리를 끊을 수 있는 '무기'를 예비할 수 있을 것이다.

다음으로 제국주의 일본이 생산한 담론들이 피식민 주체의 의식을 어떻게 분열시켜갔는지를 면밀하게 검토할 필요가 있다. 특히 1930년대 중반 이후, 정확히 말하자면 중일전쟁을 기점으로 하여 전면에 등장한 친제국주의적인 일본 지식인들의 저작들을 참고하지 않고서는 식민지 지식인들의 '변절'을 온전하게 이해할 수 없다. 국수주의자들뿐만 아니라 전향한 사회주의자들의 논리를 조선 지식인들의 친일 논리와 맞세워 놓아야 하며, 그 사이에서 철저하게 일본인-되기를 실천했던 사람과 그렇지 않았던 사람들의 고민, 불안, 동요를 읽어낼 수 있어야 한다. 그리고 이것은 '폭력의 진원지'를 밝히는 일과도 밀접하게 관련되어 있다. 그런데도 우리는 '근대초극론'에 관한 지극히 단편적인 이해에 머물러 있다. 일제가 생산하고 유포한 지식―권력이 식민지 지식인들 사이에서 어떤 경로를 거쳐 유통되었는지, 다시 말해 지식―권력의 폭력성에 식민지 지식인들이 어떻게 노출되어 있었는지를 확인하는 작업은 '친일파' 지식인들이 빠져든 국가주의와 제국주의의 그물망에 또다시 포획되지 않기 위해서라도 시급한 일이 아닐 수 없다.

5. 희망의 불빛을 찾아서

　식민지 경험은 지금까지도 한국인의 (무)의식 속에 끈질기게 들러붙어 있어 아무리 '사소한' 자극이라도 외면할 줄 모른다. 대부분의 한국인들은 자신이 아무리 좋아하고 존경하는 소설가나 시인이라 할지라도 일본어로 글을 썼다는 얘기만 들어도, 또 일제에 협력했다는 단서만 잡히면 그 자리에서 외면하고 만다. 이를 아는 까닭에 오랫동안 많은 문학자들의 친일 전력은 기억의 항아리 속에 봉인된 상태로 남아 있어야 했던 것이다. 그러나 용기 있는 자만이 역사의 상처와 대결할 수 있다. 그리고 역사의 상처와 대결할 수 있는 자만이 오늘과 미래를 얘기할 수 있다. 역사는 청산해야 할 대상이 아니다.

　지금 전에 없이 활발하게 진행되고 있는 친일문학 연구는 한국의 지식인들이 상처투성이인 과거와 대결하면서 그 치유 방법을 모색하고 있다는 증거이다. 그것이 아무리 부끄럽고 허망하며 곤혹스러운 것이라 할지라도 특정시대의 역사적 기억을 도려낼 수는 없는 노릇이다. 그렇다면 방법은 하나밖에 남지 않는다. 곤혹스러운 기억을 불러내어 숨쉬게 하고, 그것을 반면교사로 삼아 우리의 (무)의식 속에 자리 잡고 있는 원한을 달래야 한다. 원한은 원한의 악순환을 낳을 뿐이다. 적군과 아군을 구별함으로써 자기 동일성의 논리를 강화하는 길이 아니라 자본주의와 국민국가가 낳은 폭력의 고리를 끊을 수 있는 단서를 어쩌면 친일문학 연구가 제공할 수 있을지도 모른다.

하지만 폭력의 악순환을 끊기 위한 노력은 일본과 중국의 비판적인 지식인들과 연대를 통해서만 결실을 얻을 수 있을 것이다. 요즘 한국의 언론들은 연일 중국인들의 반일시위를 대서특필하고 있다. 이들은 미국의 등에 업혀 주변 국가들을 무시하는 일본은 스스로 고립을 자초할 수밖에 없을 것이라며 경고한다. 독도(일본명 다케시마)와 댜오위댜오(釣魚島, 일본명 센카쿠열도)를 둘러싼 영토분쟁, 역사교과서 문제, 종군위안부 문제, 일본총리의 야스쿠니신사 참배를 둘러싼 논란 등 한·중·일 삼국 사이에는 거센 파도가 일고 있다. 한국인과 중국인들은 일본 정치권력의 고압적인 외교 자세에서 펄럭이는 히노마루를 본다. 그것이야말로 제국주의 부활의 상징이며, 동아시아인을 죽음으로 내몰았던 전쟁의 표상이다. 이러한 일본의 태도는 한국과 중국에서 민족주의와 국가주의를 강화하는 데 기여한다는 것을 모르는 사람은 없을 것이다.

그렇다면 희망의 불빛은 어디에 있는가. 민족주의와 국가주의를 자신의 존립 근거로 하는 국가권력에서 이를 기대할 수는 없다. 한국과 중국 그리고 일본의 비판적 지식인들과 시민사회가 자민족중심주의 / 자국가중심주의에서 벗어나 평화·인권·생명 등 보편적인 가치를 추구하고, 공동의 네트워크를 구축, 연대할 수 있을 때 우리는 희망의 불빛을 발견할 수 있을 것이다. 이를 위해서는 머리를 맞대고 새로운 역사, 서로가 신뢰할 수 있는 역사를 함께 써나갈 수 있어야 한다. 이웃으로부터의 고립은 폭력을 초래할 수밖에 없다. 한국인과 중국인이 일본의 우경화를 걱정 어린 눈으로 바라보면서 경계할수록 한국과 일본의 국가권력은 이를 전용하여 민족주의와 국가주의를 공고히 할 것임에 틀림없다. 그리고 그 결과는 역사가 증명해 주는 바와 같다. 이렇게 묻기로 하자. 한국의 친일문학 연구가 희망의 불빛을 발견하는 데 길잡이가 될 수 있을까. 제 국주의의 논리에 포획되어 '대일본제국'의 국민이 되고자 했던 친일 문 학자들의 양심적 갈등과 공포의 체험이 유일한 종교로 떠오른 '국민국 가'를 넘어서는 데 하나의 발판이 될 수 있을까.

나쓰메 소세키 또는 근대의 이면을 투시하는 '고양이'의 시선

1. 일본의 '국민작가' 나쓰메 소세키

2001년 6월 일본의 유력 일간지인 아사히신문에서 실시한 '일본문학자 인기투표'에서 나쓰메 소세키(夏目漱石, 1867~1916)는 『겐지 모노가타리』의 작가 무라카미 시키부, 『료마가 간다』 등 역사소설로 일본 독자들을 사로잡고 있는 시바 료타로, 『은하철도의 밤』 비롯하여 적지 않은 걸작 동화를 남긴 미야자와 겐지, 「라쇼몽」, 「코」, 「신의 웃음」 등 뛰어난 단편소설로 사랑을 받고 있는 아쿠타가와 류노스케 등을 제치고 1위에 오른다. 이는 나쓰메 소세키가 일반 독자들부터 일본 역사에서 가장 뛰어난 작가로 평가를 받고 있다는 것을 보여주는 하나의 지표라 할 수 있다. 일반 독자들만이 아니라 좌파적 성향의 비평가와 우파적 성향의 비평가들도 그를 일본 역사가 낳은 최고의 작가라는 더 사족을 달지 않는다. 가히 '국민작가'라 일컫기에 모자람이 없어 보인다.

물론 '자연스럽게' 국민작가가 탄생한 것은 아니다. 문학사를 깊이 있게 들여다 본 사람이라면 출판자본주의와 문화권력의 치밀한 기획하에 국민작가가 '만들어진다'는 사실을 어렵지 않게 알 수 있다. 나쓰메 소세키의 경우도 예외가 아니다. 청일전쟁과 러일전쟁에서 승리한 후, '제국의 욕망'을 실현하기 위한 프로젝트를 진행하고 있던 근대 일본은 영국의 셰익스피어, 프랑스의 발자크와 스탕달, 독일의 괴테, 러시아의 톨스토이와 도스토예프스키 등과 맞먹는 국민작가를 창출하는 데 심혈을 기울인다. 그리고 나쓰메 소세키가 죽자마자 그를 국민작가로 '추대'하려는 대대적인 계획을 실천으로 옮긴다. 많은 비평가들이 그를 일본 근대가 낳은 최고의 작가로 떠받들고, 이에 호응하여 출판 자본은 그의 작품들을 전집과 교과서 등 다양한 형식과 루트를 통해 유포한다. 이리하여 서양 문명국가들의 국민작가에 맞먹을 수 있는 일본의 국민작가 나쓰메 소세키가 탄생했던 것이다.

그러나 아무나 국민작가가 될 수 있는 것은 아닐 터, 그렇다면 나쓰메 소세키가 일본에서 타의 추종을 불허하는 자리를 차지하게 된 이유, 바꿔 말해 메이지시대 말부터 지금에 이르기까지 폭넓은 독자층을 확보하고 있는 이유는 무엇일까. 이와 관련하여 비평가 한도 카즈토시는 "소세키의 작품은 현대소설로서 읽힌다. 그가 집필한 시기는 러일전쟁의 승리로 입신출세와 금권주의, 향락주의가 심해지는 한편, 장기불황으로 일본인들에게 염세주의가 확산되었던 불안의 시대로서 현대와 유사하고, 그가 세상을 직시하며 소설을 다룬 테마가 오늘날에도 통하기 때문"이라고 말한다. 즉 그의 작품은 현대 독자들과 동시대적 감각 및 고민을 공유하고 있어서 별다른 거리감을 느끼지 않는다는 것이다.

또 1990년대에 들어 지금까지 소세키 연구의 새로운 지평을 열고 있는 사람으로 평가받고 있는 고모리 요이치는 "소세키는 동시대의 풍속이나 사건을 절묘하게 끼워 넣어 독자의 관심을 유도한다. 그러면서도 수준을 떨어뜨리지 않고 작품마다 다양한 실험을 시도하여 다른 장르를 다룸으로써 하나도 유사한 작품이 없다. 순문학이면서 대중소설이기도 하다. 소세키는 20세기 초에 이미 근대문명의 어두운 면을 공포감을 느끼며 통찰하였다. 현대의 우리들도 동일한 근대적 시스템 하에 살고 있는 이상 앞으로도 소세키는 계속 읽혀질 것"이라고 확언한다. 이쯤 되면 일본에서 나쓰메 소세키가 차지하고 있는 위상은 가히 요지부동이라고 할 수 있을 터이다.

그렇다면 우리는 왜 나쓰메 소세키를 다시 읽어야 하는가? 결론부터 말하자면 나쓰메 소세키를 읽는 일은 긍정적이든 부정적이든 일본 근대정신의 원형(原型)을 탐색하는 것과 밀접한 관련이 있다. 그가 살았던 시대는 후발 근대국가 일본이 '문명개화'로 대변되는 '서양 따라잡기'에 골몰한 시기였다고 할 수 있다. 시간적·공간적 낙차를 극복하고 서양의 제국들과 동등해져야 한다는 초조감이 40여 년에 걸친 메이지시대를 지배하고 있었다. 어떠한 의심도 용납되지 않는 듯 보였다. 문명개화의 모델인 서양과 동등해지지 않는 한, 국가의 독립이나 개인의 독립도 보장할 수 없다는 불안과 공포감이 메이지시대 일본인들의 의식을 장악하고 있었던 것이다. 그러나 국가 권력이 중심이 되어 이끄는 근대화 과정은 서양에 대한 공포감과 콤플렉스를 잠재우지는 못했다. 아니 오히려 서양과 닮아갈수록 삶의 근거를 상실하고 말 것이라는 불안이 짙게 드리워져 있었다. 짙은 그림자를 거느린 문명의 빛! 일본 역사에 있어 미증유의 격동기라 하여 손색이 없는, 변화의 시대이자 기존의 사유 방식을 송두리째 뒤집어엎는 유신 또는 혁명의 시대를 살았던 소세키는, 그의 소설을 통해 문명의 빛과 그림자 사이에서 부침하는 근대 일본과 일본인의 모습을 그려낸다.

2. 영문학자에서 전업작가에 이르는 길

많은 사람들이 얘기하듯이 메이지시대를 온몸으로 살았던 나쓰메 소세키는 1867년 왕정복고 선언 → 1868년 메이지유신 → 1894~1895년 청일전쟁 → 1904~1905년 러일전쟁 → 1911년 메이지 천황 사망 → 1913년 대역사건(大逆事件) 등으로 이어지는 출렁이는 역사의 현장을 소세키는 놀라울 정도로 침착하게 주시한다. 그의 대표적인 작품들, 예컨대『산시로』·『그후』·『노와키(野分)』등은 근대 일본의 문명화 과정이 몰고 온 불안한 분위기와 세태 그리고 인간 군상들을 그리고 있으며,『마음』의 주인공 '선생'은 '메이지정신'을 표상하는 천황의 죽음과 함께 삶을 마감한다. '선생'의 죽음을 둘러싼 평가는 여러 갈래여서 한 마디로 압축할 수는 없지만,『마음』의 작가 소세키가 메이지시대를 자신의 삶과 포개놓고 여기에 자기 나름의 의미를 부여하고 있다는 점만은 확실하다.

메이지시대와 함께 태어나 그 시대와 더불어 살다가 메이지정신의 상징이 된 나쓰메 소세키, 그는 메이지유신으로 몰락한 도쿄의 나누시(名主: 촌장) 집안의 5남 3녀 중 막내로 태어났다. 아버지가 50이 넘었고 어머니도 40이 넘어서 태어난 그는 '수치스런 아이' '쓸데없는 아이' 또는 '귀찮은 존재'로 간주되었다. 양자로 갔다가 다시 본가로 되돌아오는 과정을 거치면서 순탄하지 않은 유년시절을 보냈는데, 이 유년시절의 '양자체험'을 근간으로 하여 씌어진 작품이 바로 돈이 지배하는 세계의 삶이 얼마나 삭막한지를 그리고 있는『미치쿠사』이며, 수필집『유리문 안에서』를 통해서도 그의 유년의 기억들을 읽을 수 있다. 10대에 어머니와 누이가 죽고, 20대에 들어서는 형 둘마저 결핵으로 사망하는 등 불행은 쉽사리 그의 곁을 떠나지 않는다.

한적(漢籍)을 가까이 하면서 동양적 교양에 친숙했던 나쓰메 소세키는 도쿄제국대학에 진학하여 영문학을 접하면서부터 본격적으로 새로운 세계를 경험하기 시작한다. 당시 '입신출세주의'가 만연해 있던 일본에서 영문학 공부는 하나의 출세 코스였다. 그러나 그의 영문학 공부는 그의 삶을 전혀 예기치 못했던 방향으로 끌고 가는데, 그 결정적인 계기가 2년에 걸친 런던 유학이었다. 그의 대표적 단편 「런던탑」·「칼라일박물관」과 '일기' 및 '편지'를 통해 명확하게 알 수 있듯이 영국 유학 체험은 그에게 적잖은 지적·정신적 충격을 몰고 왔다.

유학시절 구상한 『문학론』의 서문에서 그는 "런던에서 지낸 2년은 가장 불쾌한 2년이었다. 나는 영국 신사들 사이에서 이리떼 속에 낀 한 마리 삽살개처럼 비참한 생활을 했다"고 쓴 바 있다. 이리떼 속에 낀 한 마리 삽살개! 신체적 열등감과 문화적 거리감, 그리고 문명이 내뿜는 매연에 괴로워하던 그는 영문학 연구에서 소설 쓰기로 '업종'을 전환하기로 마음을 바꾼다. 아무리 매달려 공부를 해도 윤곽을 잡을 수 없는 "영문학에 속은 듯한 불안감"이 그의 뇌리를 떠나지 않았고, 급기야 이 불안감을 소설쓰기를 통해 돌파하고자 했던 것이리라. 1903년 귀국한 그가 고등학교와 대학에서 선생 노릇을 하는 한편 본격적으로 소설을 쓰기 시작한 것은 1905년이었고, 그 작품이 바로 『나는 고양이로소이다』이다. 1907년 어렵사리 얻은 도쿄제국대학의 강사 자리를 집어치우고 아사히 신문사에 소속되어 죽을 때까지 전업작가의 길을 걸었던 그에게 문학=소설은 생명과 삶을 짓누르고 있는 '근대의 망령'과 대결하는 데 필요한 일종의 '정신적 무기'였다고 할 수 있다.

그는 1907년 신문사에 입사하여 전업작가의 길을 걷기 시작한 그는 『우미인초(虞美人草)』, 『210일』, 『노와키』, 『갱부(坑夫)』, 『산시로』, 『그후』, 『문』, 『춘분 무렵까지(彼岸過迄)』, 『미치쿠사(道草)』, 『행인』, 『마음』 등을 쏟아놓는다. 그리고 미완의 작품인 『명암』을 집필하던 도중 1916년 12월 사망한다. 불과 10여 년 사이에 열 편이 넘는 장편과 『열흘밤 꿈』을 비롯한 단편들을 써냈던 것이다. 정신력도 정신력이지만 이 만큼의 글을 창작하기 위해서 여축해 두었던 그의 지적 에너지가 어느 정도였는지

짐작할 수 있다. 뿐만 아니라 처녀작에서 마지막 작품에 이르기까지 어느 것 하나 허투루 쓴 것이 없다고 해도 과언이 아니다. "나는 내 글로써 백대 후에 전해지기를 원하는 야심가"라고 말했던 그의 작품들은 어느 것 하나 소홀히 할 수 없을 정도의 무게를 지니고서 아직까지 그 영향력을 잃지 않고 있다. 그리고 "세계 전체를 상대하다가 책형에라도 처해져 형틀 위에서 아래를 굽어보며 이 바보들, 하며 마음속으로 경멸하며 죽어보고 싶"다고 말한 소세키의 '원망(願望)'이 이 작품들 곳곳에 새겨져 있다. 이제 그의 처녀작이자 출세작이었던 『나는 고양이로소이다』를 통해 일본의 '국민작가' 나쓰메 소세키가 무엇을 말하고자 했는지 윤곽을 그려보기로 한다.

3. 근대 일본(인)의 내면을 주시하는 '이름 없는 고양이'

그의 데뷔작이자 출세작인 『나는 고양이로소이다』(이하 『고양이』)를 통해 나쓰메 소세키는 일본의 근대와 근대인을 연구한다. 『고양이』의 화자는 "무릇 인간 연구라는 것은 자기를 연구하는 것이다. 천지산천이라 하고 일월성신이라 하는 것도 모두 자기의 이명(異名)에 불과하다", "사람이 설법하는 법 중에, 남이 말하는 가운데에, 다섯 수레에 넘치는 좀벌레가 먹은 수북한 책 속에, 자기가 존재할 까닭이 없다. 있다면 자기의 유령이다"라고 단언한다. 책 속에서는 '자기'를 발견할 수가 없다. 발견할 수 없는 까닭에 연구할 수도 없다. 책 속에 묻혀 있던 소세키는 '자기'를 연구하고 발견하기 위하여 소설을 쓰기 시작한다. 영문학자에서 소설가로의 변신이 시작된 것이다. 그리고 첫 작품인 『고양이』에서는 '이름 없는 고양이'의 시선을 빌어 근대 일본이라는 시공간에 존재하는 '자기', 즉 '인간'을 연구한다.

　자연주의 계열의 문학이 일본문단을 휩쓸고 있던 당시, 소세키는 새로운 형식의 소설을 모색하고 있었다. 이때 그가 떠올린 것이 로렌스 스턴의 『트리스트럼 샌디』였다. 이 작품에는 주인공이 등장하지 않을 뿐만 아니라 근대소설 문법에 익숙한 우리들이 보기에는 제대로 된 구조를 갖추고 있지도 않다. 무시무종(無始無終), 시작도 없고 끝도 없는 소설, 아리스토텔레스 이후 고수해 온 서구소설의 전통적 규범을 조롱하는 파격적 형식에 소세키는 매료되고 만다. 그는 이 작품을 전범(典範)으로 하여 『고양이』를 구상한다.

　대표적인 소세키 연구자 중 한 사람인 에토 준은 그의 대작 『소세키와 그 시대』에서 "나는 고양이이다. 이름은 아직 없다"는 이 작품의 시작은 그다지 새로운 게 아니라고 말한다. 이는 '나'라는 메이지의 지적·특권적 일본인들이 즐겨 사용한 일인칭과 별반 다를 게 없으며, 그러한 고양이를 화자로 하여 작품 전체를 이끌어가고 있다. 고양이뿐만 아니라 다른 동물 또는 '바보'들을 화자로 내세워 '정상적'이라 주장하는 인간들을 풍자하고 뒤트는 수법을 어렵지 않게 찾아볼 수 있다. 여기에서 중요한 것은 '이름이 없다'는 대목이다. 이름 없는 고양이는 무명(無名)의 세계, 즉 명사 이전의 세계에 속한다. 이름 없는 고양이를 내세움으로써 소세키는 '명(名)'의 세계를 일거에 뒤집어엎고, 뭐라 이름지을 수 없는 '무명'의 세계, 다시 말해 명사 이전의 시원적 세계를 '이름(언어)'의 세계와 대치하고자 했다. 언어의 기저에는 언어로 표현할 수 없는 어둡고 깊은 세계가 있다. 언어로 표현할 수 없는 무의 세계(또는 심리)를 소세키는 포착하고자 했던 것이다. 이는 영문학이 그에게 가르친 바 언어의 세계와는 뚜렷이 배치된다.

　'이름 없는 고양이'는 이렇게 말한다. "인간의 심리만큼 이해하기 힘든 건 없다. 지금 주인의 심정은 노여워하고 있는지, 싱숭생숭 하고 있는지, 또는 철학자의 유서에 한 가닥 위안을 찾고 있는지, 전혀 알 수가 없다. 세상사를 냉소하고 있는지, 세상과 사귀고 싶은지, 쓸데없는 일에 분통을 터뜨리고 있는지, 세상사 모든 일에 초연해 있는지, 도통 짐작이 안 간다." 도저히 표현할 수 없을 성싶은 인간의 내면을 탐사하는 무명의 고양이, 이 고양이는 지극히 정직한 우리의 분신이다. 분신은 매일 밤 읽지도 않을 책을 수고스럽게도 침실까지 가져와 머리맡에 놓고 '수면제' 삼아 잠드는 주인의 '겉멋'을 통렬하게 비판하며, 돈이 지배하는 세계를 실컷 조롱한다. '어두컴컴하고 음습한 곳'에 살다가 오만방자하기 이를 데 없는 인간 세상에 표연히 등장하여 세상을 바로 잡고자 자신을 아낌없이 바치는 이름 없는 고양이, 이는 근대 일본과 일본인의 이면을 투시하고자 했던 작가 소세키의 또 다른 모습이라 할 수 있을 것이다.

미치광이끼리 모여 아웅다웅 물어뜯고 으르렁대고, 욕설을 퍼붓고 빼앗고 하면서, 그 전체가 통틀어서 세포처럼 무너졌다간 다시 올라오고 올라 왔다간 다시 무너졌다 하면서, 살아가는 사회를 향한 비판이 『고양이』 전편에서 터져 나온다. 이는 근대인의 의식과 정신을 털고 훔치고 강탈하는 보이지 않는 권력에 대한 소세키식의 저항이라고 할 수 있을 터인데, 그의 저항은 통렬한 풍자와 반어를 동반하고 있어 한층 더 호소력을 지닌다. 예컨대, 러일전쟁 승리 이후 문명국 대열에 올라섰다는 흥분에 휩싸여 있던 일본의 상황을 두고 "20세기의 오늘날, 교통 발달이나 연회의 증가는 말할 것도 없고 러시아 정벌을 한 지 2년이 되는 이때, 우리들 전승국의 국민은 필경 로마 사람들을 본받아 이 목욕 구토의 방법을 연구하기에 이르렀다"고 말하면서, 근대문명과 근대정신의 파탄을 예고한다. 『고양이』는 근대와 대결하는 소세키의 정신적 고투를 알리는 작품이었으며, 이 작품을 관통하고 있는 근대 일본과 일본인에 대한 '연구'는 그의 전 작품에서 일관된 흐름을 형성하고 있다.

4. 고등유민(高等遊民) 또는 근대의 저주받은 선물

고양이에게 이름이 없는 것처럼『고양이』에 등장하는 인물들은 대개가 '무소속의 신사'들이다. 주인공처럼 보이는 구샤미가 선생으로 등장하긴 하지만, '선생' 노릇에 어떤 자긍심도 갖고 있지 않을 뿐만 아니라, 선생에 대해 도전적이기까지 하다. 미학자 메이테이, 유리알만 갈아대는 물리학자 간게쓰 등등 이 작품에 등장하는 인간들은 지극히 '비사회적인' 인물들이다. 이들이 하는 일이라곤 구샤미의 집에 모여 '허무맹랑한' 얘기를 하는 것뿐이다. 물론 '와룡굴(臥龍窟)'에서 성질이 고약한 굴조개처럼 서재에 달라붙은 채, 외계를 향하여 입을 연 적이 없는, 그러면서도 자기만은 지극히 달관한 척 살아가는 구샤미가 대표적인 인물이다.

이들을 일컬어 고등유민들이라 할 수 있을 터인데, 고등유민의 사상은『산시로』및『그후』이후에도 어렵지 않게 발견할 수 있다. 그렇다면 고등유민의 사상이란 무엇인가. 그들은 내부자이면서도 외부자를 자처한다. 내부성의 논리에 포섭되지 않고서 바로 그 내부성의 논리를 비판할 수 있는 존재라 할 수 있을 것이다. 러일전쟁으로부터 거리두기, 문명에 대한 비판, 근대가 발견한 최대의 전리품인 개성이나 자아에 대한 통렬한 풍자 등이 가능한 것도 바로 이러한 외부자의 시선을 견지하고 있기 때문이다. 바둑판으로부터 벗어나기! "바둑을 발명한 것은 인간이요, 인간의 기호가 그 구성에 나타난다고 한다면, 옹색한 바둑돌의 운명은 편협하고 구차스런 인간의 성질을 대표하고 있다 해도 무방하다." 그러나 '편협하고 구차스런 인간의 성질'을 아무리 고등유민이라 한들 완전히 탈각할 수 있을까. 여기에 바로 운명이자 숙명이라 해야 할 딜레마가 도사리고 있다.

물론『고양이』에 등장하는 지식인 곧 고등유민이 긍정적으로 그려져 있는 것은 아니다. 서재에 처박혀 침을 흘리며 낮잠이나 자면서 대단한

'면학가'인 체 하는 '쫌팽이' 구샤미는 말할 것도 없고, 남의 일에 끼여들기 좋아하는 허풍선이 메이테이, '목을 메어 자살하는 역학'이나 '개구리 눈알의 전동 작용에 대한 자외선의 영향' 따위로 독자를 우롱하는 미즈시마 간게쓰, 철학자인 척 문예가인 척하는 오치 도후와 야기 도쿠센 등은 우리들이 기대하는 지식인과는 한참 멀다. 우리 고양이의 말마따나 이들은 "시간을 보내기 위해 굳이 입을 운동시켜, 우습지도 않을 것을 웃기도 하고, 재미도 없는 것을 기뻐하는 것밖엔 별 재주가 없"는 사람들이다.

여기에서 우리는 메이지 말기 잔뜩 겉멋 들린 '얼치기' 지식인들의 세태를 읽어낼 수 있을 것이다. 하지만 그들의 대화 속에 도사린 '촌철살인'의 의미(의도한 것이든 그렇지 않든)를 읽어내는 게 훨씬 생산적이다. "속인이 알아듣지도 못하는 것을 자기만 아는 것처럼 떠벌리고, 알 만한 것을 알지 못하게 강의하고 해석하는 학자들"에 대한 비난에서 오는 '쾌감'에 만족해서는 곤란하다.

고등유민은 근대가 낳은 '잉여인간'들이라 할 수 있을 터인데, 이들은 '근대의 선물'이라 일컬어지는 개성의 해방이 얼마나 허구인가를 폭로하는 데 주저함이 없다. "앉으나 서나 '나', 자나깨나 '나', 내가 어느 곳에나 따라다니기에 인간의 언동이나 행위가 인공적으로 자질구레해질 뿐, 저절로 옹색해질 뿐, 세상이 괴로워질 뿐, 흡사 맞선을 보는 젊은 남녀의 심정으로 아침부터 밤까지 지내지 않으면 안 된다. 유유(悠悠)라든지 종용(慫慂)이라든지 하는 글자는 획은 있어도 의미가 없는 말이 되고 만다. 이 점에 있어서 현대인들은 탐정적이요, 도둑놈 심보다. 탐정은 남의 눈을 속이고 자기만 이로운 짓을 하려는 직업이므로, 자연히 자각심이 강해질 수밖에 없다. 도둑놈도 잡히느냐, 들키느냐 하는 걱정이 떠나지 않으므로 자연히 자각심이 강해질 수밖에 없다." 그토록 대단하게 여겼던 개성에 대한 자각이라는 게 그 근원을 따져보면 모두 '탐정적'인 기질에서 유래한다는 것이다. 현대인들은 어떻게 하면 자신에게 이익이 될까 혹은 손해가 될까를 오매불망 생각하는 까닭에 자연스럽게 도둑이나 탐정과 마찬가지로 자각심이 강해질 수밖에 없다는 진단이다. "사시사철 두리번두리번, 살금살금…… 무덤에 들어가기까지 잠시도 안심할 수 없는 게 현대인들의 마음", 어찌 문명의 저주라 아니할 수 있겠는가. 옛사람들이 나를 잊으라고 가르쳤다면 현대는 나를 죽어도 잊지 말라고 가르친다. 언제나 '나'라는 의식으로 충만해 있다. 따라서 한시도 편안할 때가 없다. 늘 '초열지옥(焦熱地獄)'이다!

　초열지옥의 삶이 바로 현대인이 삶을 영위하는 공간이다. 이를 조작하는 보이지 않는 힘을 어디에서 찾을 것인가? 소세키가 도쿠센의 입을 빌어 말하듯이, 자각심이 강해지는 만큼 친절을 베풀기도 힘들어진다. 문명이 진보함에 따라 살벌한 분위기가 없어지며 개인과 개인의 관계가 온화해진다고 보통 말하지만, 어불성설이다. 어찌 평온할 수 있단 말인가. 마치 씨름꾼들이 모래판 복판에서 서로 샅바를 붙잡고 꼼짝하지 않는 것과 마찬가지다. 옆에서 보면 지극히 평온하지만 당사자들의 심사는 얼마나 격렬하게 요동치고 있을 것인가. 우리의 구샤미 선생은 선언한다. 이런 기세로 문명이 진보해 나간다면 나는 살아 있다는 것 자체가 싫다! 소세키문학 전반에 걸쳐 짙게 드리워져 있는 '염세주의'가 선명하게 드러나는 지점이다. 따라서 신경쇠약은 필연의 귀결이다.

　개성이 중심으로 떠오른 것은 근대에 이르러서이다. 요컨대 '역사적 산물'이라는 말이다. 근대성을 구성하는 핵심 축인 개성이 인간을 초열지옥으로, 염세사상으로 내몰고 있다. 니체는 근대인들이 어느 시대 못지 않게 왜소해지고 있다고, 난쟁이가 되어가고 있다고 질타한 바 있다. 소세키는 역시 도쿠센의 입을 빌어서 니체를 이렇게 읽는다. "아무튼 인간에게 개성의 자유를 허용하면 허용할수록, 서로의 사이가 갑갑해질 것임에 틀림없다. 니체가 초인인가 뭔가를 떠받들고 나오는 것도 전적으로 이처럼 옹색하고 궁색한 상황을 면할 길이 없어 별 수 없이 그런 철학으로 변형한 것이다. 얼핏보아 그게 그 사람의 이상처럼 보이지만, 그건 이상이 아니다. 개성이 발전한 19세기에 기가 죽어서, 옆 사람에겐 스스럼없이 돌아누울 수도 없으니까, 대장께선 약간 약이 올라서 그런 난폭한 글을 끄적인 것이다." 신경병 환자로서 동류의식을 감지해서일까, 소세키는 니체를 깊이 동정한다. 그는 "니체의 글은 장쾌하기보다 차라리 가엾다"고 말한다. 몸부림이자 '발악'이기 때문이다. 소세키가 듣기에 그 목소리는 용맹전진의 소리가 아니라 원한과 통분의 소리다. 영웅이 사라진 시대, 니체의 목소리는 유쾌해 보이지만 쓸쓸하며, 깊디깊은 울음을 머금고 있다.

5. 풍자와 웃음 그리고 쓸쓸함의 정체

소세키는 『고양이』를 통해 무엇을 말하고자 했을까. 심심풀이로, 하이칼라의 고통을 토로하기 위한 출구의 하나로 이러한 글쓰기를 선택했는지 모른다. 따분한 생활을 돌파하기 위해서 말이다. "이 세상에 따분하다는 것만큼 견디기 힘든 일은 없다. 무슨 활기를 자극하는 사건이 없으면, 살아 있는 것이 괴로운 법이다. 놀려준다는 것도 결국 이 자극을 만들어서 노는 일종의 오락이다. 다만 다소 상대방을 화나게 하든지, 조바심치게 하든지, 난처하게 하지 않고선 자극이 되지 않는다." 풍자와 유머의 효용이라 해야 할까. 그러나 여기에 멈춰서는 안 된다. "농담이라면 농담이지만 예언이라면 예언일지 모"른다는 말에 주목해야 한다. 『고양이』의 '농담'이 진정 '예언'이었으며, 그것이 현실화하고 있다는 사실을 감각적으로나마 느끼지 못하는 사람들에게 소세키의 이 작품은 그야말로 한갓 시간 죽이기용 농담 정도로 그칠 것이다.

그러나 한바탕 '농담'이 지나고 난 뒤, 마지막에 그려져 있는 우리 이름 없는 고양이의 죽음을 반추한다면, 웃음의 이면에 짙은 비애 혹은 쓸쓸함이 가로놓여 있음을 어렵지 않게 알아차릴 수 있다. 고등유민 또는 '태평의 일민(逸民)'들이 마시다 만 맥주를 마지막 방울까지 다 시고 항아리에 빠져 허우적거리며 죽어 가는 고양이의 모습에서 작가의 쓸쓸한 심경을 읽어낼 수 있을 터인데, 여기에서 『고양이』의 의미가 고스란히 드러난다.

> 그때, 고통스러우면서도 이런 생각을 했다. 이런 고통을 당하는 것은, 결국 독 위에 올라가고 싶은 오직 그 욕심 때문인 것이다. 오르고 싶은 생각은 굴뚝같지만, 오르지 못할 것은 뻔할 뻔자다. 나의 발은 세 치도 안 된다. 설령 수면 위에 몸이 떠오르고, 떠오른 데서 한껏 앞발을 뻗어보았자, 다섯 치를 넘는 독 아가리에 발톱이 걸릴 턱이 없다면, 제아무리 발버둥치고 조바심 쳐고, 백년 동안 분신쇄골한들 빠져나갈 수가 없다. 나갈 수 없는 줄 뻔히 알면서도 애쓰는 건 무리한 노릇이다. 무리한 짓을 강행하려니까 고통스러운 것이다. 너절하다. 스스로 찾아서 고통을 겪으며, 스스로 좋아서 고문을 당하는 것은 너절하기 짝이 없다. "이젠 그만 하자. 멋대로 하려무나. 아등바등은 이제 더 이상 원치 않아. 질렸어." 앞발도 뒷발도 머리도 꼬리도, 될 대로 되라 하고 저항하지 않기로 했다. 차츰 편안해진다. 고통스러운지 고마운지 분간이 안 간다. 물 속에 있는지, 다다미방에 있는지 분명치 않다. 어디에 어떻게 하고 있든지 그건 상관없다. 그저 편안하기만 하다. 아니 편안함 그것조차 느껴지지 않는다. 일월을 베어 떨어뜨리고, 천지를 분쇄하여 불가사의한 평화 속으로 들어간다.

이 구절을 소세키의 독백으로 읽으면 무리일까? 가공할 '득심술(讀心術)'로 근대인의 이면을 통렬하게 보여주었던 이름 없는 고양이의 '편안한 죽음'. 이 세계가 죽지 않고서는 태평을 얻을 수 없는 곳이라는 걸 자각하는 순간, 죽음에 대한 욕망처럼 강렬한 게 또 두엇이 있을까. 물론 소세키는 죽지 않았다. 우리도 쉬 죽지는 않을 것이다. 그러나 고양이에게 투영된 죽음의 의미를 되새기면서도 살아야 하는 우리는 무엇이란 말인가! 삶이 이토록 힘겹고 어려운 건 이런 '자각' 때문이다. 동시에 그런 까닭에 자의식으로 무장한 우리의 삶은 비극적일 수밖에 없다. 그렇다면 이러한 인식 다음에 남는 것은 또 무엇일까. 끝 모를 고독감에 휩싸여 살아야 하는 고등유민의 비애? "그럭저럭 만족해하며 평생 이 선생네 집에서 살다가 무명의 고양이로 살고자"했던 고양이의 얼굴에 소세키의 모습이, 아니 우리의 모습이 오버랩되는 것은 무슨 까닭인가? "스즈키상의 말대로 돈과 다수에 복종할 수도 없고, 아마키 선생의 말대로 최면술로 신경을 안정시킬 수도 없고, 그렇다고 어느 진객의 말처럼 소극적인 수양으로 안심을 얻을 수도 없"는 이들의 비애, 그 안타까운.

문학비평의 탈영토적 상상력

고모리 요이치의 해체적 독법과 일본 근대 비판

1. 베이징, 2005년 1월

2005년 1월 10일부터 19일까지 나는 베이징에 머무르고 있었다. 새로운 세계에 대한 호기심에 들뜬 기분이었다면 과장이겠지만, 공항에 내리는 순간부터 나는 뚜렷하진 않으나 꽤 묵직한 긴장감에 건조한 겨울 바람에도 추위를 느끼지 못했다. 이질적인 시공간을 실감한다는 것은 비교적 안정된 정체성에 균열을 일으키게 마련인가. 나는 잠시 혼란스러웠다. 공항에서 도심으로 향하는 길가에 늘어선 자작나무들, 그 아래 한가롭게 겨울햇살을 즐기고 있는 양떼들, 순박하고도 당당한 표정의 시민들, 수많은 자전거들……. 비행기와 택시는 세 시간도 걸리지 않는 가공할 속도로 나를 베이징의 도심에 내려놓았다. 나의 혼란스러움 따위에는 조금도 개의치 않는 저 정확한 속도!

베이징에는 '다른 시간'이 흐르고 있었다. 다른 시간이란 1시간의 시차를 말하는 게 물론 아니다. 그 도시는 100년 아니 1,000년의 시간이 공존하는, '비동시적인 것의 동시성'을 여실하게 체감할 수 있는 시공간이었다. 천안문을 중심으로 배치된 거대한 국가상징물과 광장을 가득 메운 중국의 '국민', 나는 몇 년 전 도쿄에서 보았던 황거(皇居) 앞의 무서운 고요와 자금성 앞의 소란스러움을 함께 떠올렸다. 이는 일본과 중국의 근대가 역사적 기억을 어떻게 전유하는지, 기억의 전유를 통해 어떻게 국민을 동원했는지를 보여주는 두 개의 텍스트가 아닌가.

그러나 이런 인상들은 말 그대로 한갓 인상에 지나지 않았는지도 모른다. 이타카와 도쿄와 서울에서 온 지식인들이 베이징에서 모여 한판 난상토론을 벌이는 과정에서 나는 '한국인'으로서의 정체성을 심각하게 되묻지 않을 수 없었다. 귓등으로 스치는 이질적인 언어들의 흐름을 붙잡을 수 없어 나는 베이징에 머무는 동안 줄곧 일종의 '분열증'에 시달려야 했다. 루쉰(魯迅)을 통해 중국을 발견하고 이를 발판으로 일본이란 무엇이며 또 아시아란 무엇인가를 물었던 일본의 사상가 다케우치 요시미(竹內好)를 둘러싼, 중국 사회과학원의 쑨커(孫歌)와 코넬대학의 사카이 나오키(酒井直樹)의 대담을 지켜보고 또 토론하면서, 나는 이질적인 언어가 어떻게 소통할 수 있는가라는 문제에 다시금 직면해야 했다.

어쩌면 이질적인 언어가 만들어내는 공명의 장에서 나는 미묘한 긴장을 음미하면서 충분히 즐거웠는지도 모른다. 즐거운 분열증의 경험이라고나 해야 할까. 하지만 즐거운 분열증이 하나의 주체에 갇힐 때 그것은 소통 가능성을 스스로 차단하고 마는 까닭에 아무런 적극적인 의미도 지니지 못한다. 일종의 '전략적 분열증'으로서 과거와 현재와 미래를 아우르는 '두터운 현재'와 대결할 수 있는 힘을 확보할 수 있어야만 비로소 분열증은 비판적이고 생산적인 의미를 획득할 수 있을 것이다. 『변신』·『성』·『소송』의 작가 프란츠 카프카를 예로 들어도 좋으리라. 아니 이중언어에 맨몸으로 노출되어 심각한 분열증에 시달리면서 고투를 벌였던 식민지시대의 작가 이상(李箱)을 떠올리는 것만으로도 족할 것이다. 중국의 비판적 지식인들과 만나면서 공감을 표했던 것도 바로 이 대목이었다.

번역은 이질적인 언어와 만나는 장이자 주체가 분열되는 경험을 실감할 수 있는 장이다. 베이징대학 앞의 서점에도 번역이 넘쳐나고 있었다. 니체, 미셸 푸코, 루이 알튀세르, 프레데릭 제임슨, 질 들뢰즈 등의 저작들이 번역되어 있었고, 이들의 저작들을 해석하고 소화하기 위한 '지식분자'들의 노력이 그 옆에 나란히 쌓여 있었다. 이는 개혁·개방 이후 중국이 포스트 모던을 어떻게 이해할 것인가를 두고 힘겨운 싸움을 벌이는 현장의 축소판이라 할 수 있을 터인데, 주제넘게도 나는 서점에 진열된 책들을 보면서 번역을 통해 이질적인 언어=사유와 만나면서 중국의 지식인들이 겪을 분열증을 걱정하고 있었다. 그리고 진열대 한켠에 놓인 고모리 요이치의 『일본어의 근대』 중국어 번역판에 눈길이 쏠렸다.

2. '폭력'에 대한 비판과 성찰

중국과 한국에서 비교적 폭넓은 호응을 얻고 있는 고모리 요이치(小森陽一)는 어린 시절의 이질적인 언어 체험을 발판으로 일본 근대에 대한 비판적 사유를 전개하고 있는 인물이다. 자신의 사상 형성 과정을 기록한 『고모리 요이치 일본어를 만나다(小森陽一 ニホン語に出會う)』에서 그는 '프라하 체험'을 생생하게 전하고 있다. 아버지를 따라 프라하에서 어린 시절을 보내야 했던 그는 집에서 사용하는 일본어와 이질적인 언어 — 학교에서 배우는 러시아어와 또래집단이 사용하는 체코어 — 에 '내던져져' 있었다.

쉽게 추측할 수 있듯이 일본어를 '모어(母語)'로 하는 아이가 이질적인 언어를 유창하게 구사하기란 지극히 어려운 일이다. 말의 사용 방법이 다르다는 이유로 또래 아이들이 뿜어내는 모멸적인 시선, 언어 능력에 따른 차별과 폭력을 그는 일찌감치 체험했던 셈이다. 어른들 못지 않게 냉혹하고 차별적이며, 정치적인데다 권력적이기도 한 어린아이들 사이에서 언어 능력 때문에 겪어야 했을 고충을 짐작하기란 그리 어렵지 않다. '모국'인 일본으로 돌아와서도 그는 프라하에서 겪었던 것과 다를 바 없는 차별을 경험한다. 프라하에 있을 때 어머니가 일본어 교과서로 알려준 언어와 동년배 아이들이 생활 속에서 사용하는 언어가 확연하게 달랐던 것이다. 그래서 그는 말한다. "일본어는 언문일치가 아니다!"

표준화된 근대 국민언어의 폭력성에 대한 비판과 성찰은 그의 저작 『일본어의 근대』에서 여실하게 볼 수 있거니와, 고모리 요이치는 이러한 언어로 인한 자기 분열의 경험과 차별의 기억을 자양분으로 '만들어진 일본어', '언문일치라는 환상', '근대 일본의 허구성' 등과 대결한다. 그가 어린 시절 배웠던 러시아어와 러시아어가 신체에 새긴 행동 습관 등을 경멸의 시선으로 바라보는 일본인들 사이에서 그는 깊은 괴리감을 체험한다. 그는 나쓰메 소세키(夏目漱石)의 『나는 고양이로소이다』에 등장하는 '이름 없는 고양이'의 눈길로 일본인이 자명한 것으로 여기고 있는 문화적·사회적 자기 동일성의 허구, 그 깊은 '암흑'을 주시한다.

언어를 통해 세계를 인식하는 방법은 다양하다. 그러나 학교에서 '국어' 시간에 가르치는 소설은 어떠한가. 우리도 잘 알고 있듯이 도저히 하나로 포착할 수 없는 수많은 이질적인 이해와 해석들을 '교사'들은 '그렇게 하면 시험에서 틀린다'는 이유로 간단하게 묵살해버린다. 고모리 요이치는 일본의 교과서에 실린 나쓰메 소세키의 소설, 특히 『마음』이 획일적으로 독해되고 있다는 데 주목한다. 『마음』의 3부 「선생의 유서」에 나오는 저 유명한 '노기장군의 순사' 구절을 전면에 내세워 '국가주의'를 주입하는 학교교육이 획일성을 강요하는 폭력의 온상이라는 것을 밝히기 위해 그는 일본 근대의 '국민작가' 나쓰메 소세키를 다시 읽는 데 주력한다. 『세기말의 예언자 나쓰메 소세키』, 『나쓰메 소세키를 다시 읽는다』, 『사건으로서의 읽기』 등 그의 주요 저즈들이 나쓰메 소세키의 텍스트를 기반으로 하고 있는 것을 보면 알 수 있듯이, 전략적인 다시 읽기를 통해 고모리 요이치는 획일적인 언어교육과 소설 독해의 전복을 모색한다. 나쓰메 소세키 다시 읽기=해체적 독해는 표준적인 일본 근대국어에 대한 비판과 함께 그의 사유를 구성하는 또 하나의 테마이다.

언어와 문학을 통한 그의 일본 근대 비판은 천황제 비판에 이르러 빛을 발한다. 아이러니하게도 합리성을 사유의 근간으로 하는 근대는 지극히 비합리적인 '발견된 고대(古代)'에 의해 지탱된다. 신화는 근대를 떠받치는 중추(中樞)이며, 고대의 영웅은 근대 국민을 호명하고 동원하는 유력한 무기가 된다. 후지타니 다카시가 『화려한 군주』에서 적실하게 보여주고 있듯이 일본 근대국가를 형성한 핵심적인 힘 역시 '만들어진 신화' 천황제였다. 사진술에 의한 이미지 조작과 거대한 순례 등을 통해 일본인을 통합하고, 그들을 징집·동원하여 전쟁으로 내몬 것이 천황이라는 표상이었고, 이 표상은 국가에 의한 기억의 왜곡과 전유 그리고 언어조작을 통해 끊임없이 은폐되어 왔다.

그런데 일본의 비판적 지식인들 사이에서도 이러한 '폭력의 화신'인 천황을 비판하고 나서기란 쉬운 일이 아니다. '꼴통 우익'들의 테러 위협도 위협이겠지만, 어떤 젊은 일본 학자의 말을 빌면, 천황제라는 게 워낙 말로 표현할 수 없는 '미묘한 미학'과도 같은 것이어서 쉽게 접근할 수 없기 때문이다. 그런데 고모리 요이치는 『일본어의 근대』와 『1945년 8월 15일 천황 히로히토는 이렇게 말했다』(원제는 '玉音放送')에서 '천황의 일본어'를 비판함으로써 천황제의 허구성과 폭력성을 드러낸다. 활자들 사이에 은폐된 의미들을 다시 읽어냄으로써 일본 근대 국민국가의 표상에 균열을 일으키려는 그의 노력은 언어와 사유에 대한 탐색과 나쓰메 소세키의 해체적 독해의 연장선상에 놓여 있으며 그가 정치적 실

천의 장을 떠나지 못하는 이유도 미루어 짐작할 수 있다.[1]

1) '고모리 요이치 저작의 번역이 갖는 의미는 무엇인가'라는 물음에 답하는 형식으로 글을 써달라는 편집자의 부탁을 받고 나는 도쿄대학에서 공부하고 있는 친구 최진석에게 고모리 요이치가 어떤 사람인지 알려달라는 내용의 편지를 보냈다. 고모리 요이치의 제자이기도 한 최진석은 친절한 답장을 보내왔다. 이 자리를 빌어 최진석에게 고마움을 표하며 그 중 일부를 여기에 옮긴다. 사적인 인사는 생략했으며 어색한 표현은 바로잡았다. 이 점 양해를 구한다.

"고모리 선생은 등단한 80년대 중반부터 90년대 중반에 이르기까지는 바르트·주네트·바흐친 등 구조주의 비평 및 서사이론에 입각하면서 그리고 들뢰즈나 데리다 그리고 라캉 등의 서양사상이나 서양철학을 소화하여 나쓰메 소세키를 비롯한 일본 근대문학 작품들을 다시 읽는 비평작업을 했습니다. 특히 소세키의 『마음』에 대한 해체적 읽기로 인해 '『마음』 논쟁'을 일으켰습니다. 고모리 선생의 읽기는 일본 내셔널리즘이 밑바닥에 깔려 있는 제도로서의 일본 근대문학을 비판하고 해체하는 데 많은 기여를 했습니다.

90년대 중반부터 금년까지는 '문학'을 사상·역사·정치와 탈영역적으로 연결시키려 애쓰고 있습니다. 그것은 구조주의 비평 및 서사이론이 현재 부딪치고 있는 한계를 넘어서기 위해서입니다. 그 이론들은 원래 현실 상황을 움직이고 있는 구조를 읽어내고 그것을 비판하는 힘을 갖고 있었는데, 오늘에 와서는 작품 속에 갇혀버렸습니다. 문학 및 문학이론이 현실 상황과 역사 그리고 정치와 대응할 수 없다는 것. 그것은 일본만이 아니라 한국 그리고 세계적으로 말할 수 있는, 문학 및 문학 이론이 부딪치고 있는 한계라고 생각합니다.

고모리 선생은 그러한 문학 및 문학 이론의 한계를 넘어서기 위해서 어디까지나 자신이 지금까지 해온 연구를 바탕으로 하여 문학은 사상·정치·역사와 연결시키려 하고 있습니다. 그와 함께 문학 및 문학 이론이 갖고 있는 가능성을 재생시키려 하고 있지요. 고모리 선생 스스로 『포스트 콜로니얼』과 『옥음방송』의 밑바닥에 흐르고 있는 것은 서사이론이라고 술자리에서 말하고 있어요. 거기에는 서사이론이 갖고 있는 현실이나 자료를 읽어내는 시각에 대한 절대적인 신뢰가 가로놓여 있습니다.

그리고 고모리 선생은 현재 교과서 문제나 헌법 문제에 관한 집회에 아주 많은 힘을 기울이고 있습니다. 시민집회에서 강연을 부탁받으면 절대 거절을 하지 않고 일본 전국으로 나가며, 스스로 '헌법 9조를 지키는 회'를 비롯한 집회를 조직하는 일을 열심히 하고 있습니다. 저도 그 일에 협력하고 있는데, 고모리 선생은 학교에서 만날 때보다 집회에서 만날 때 더욱 빛이 납니다. 집회에서 강연할 때에도, 집회를 조직할 때에도, 고모리 선생은 문학이 갖고 있는 힘에 대한 믿음을 피력하곤 합니다. 어디까지나 말이 갖고 있는 힘이 정치·역사·사상을 재생할 수 있다는 것을 그리고 그러한 말의 힘에 대한 탐구가 바로 문학이라는 것을 자각하면서 집회에 나가고 있습니다. 이러한 자세는 문학 및 문학 이론을 탈영토적으로 역사·사상·정치에 연결시키려고 하는 고모리 선생의 자세와 동일한 것이지요. 이상이 제가 생각하는 고모리 선생의 연구 여정입니다."

3. 탈영토적 독법, 탈영토적 상상력

1980년대 중반 평단에 등장한 고모리 요이치는 이후 『구조로서의 말하기』, 『소세키를 다시 읽는다』, 『세기말의 예언자 나쓰메 소세키』, 『고모리 요이치 일본어를 만나다』, 『일본어의 근대』, 『포스트콜로니얼』, 『사건으로서의 읽기』, 『역사인식과 소설 – 오에 겐자부로론』, 『옥음방송』 등 일련의 저작을 내놓았다. 그 가운데 한국어로 번역된 것으로는 『일본어의 근대』(정선태 역, 소명출판)와 『포스트콜로니얼』(송태욱 역, 삼인) 그리고 『1945년 8월 15일 천황 히로히토는 이렇게 말했다』(송태욱 역, 뿌리와이파리)로 표제를 바꾼 『옥음방송』 등 세 권의 저작과 그가 다카하시 테츠야와 함께 편집한 『내셔널 히스토리를 넘어서』(이규수 역, 삼인)에 실린 「문학으로서의 역사, 역사로서의 문학」, 가와모토 고지·이노우에 겐이 편집한 『번역의 방법』(이현기 역, 고려대 출판부)에 실린 「번역이라는 실천의 정치성」 등이 있다.

그의 저작들에서 주목해야 할 것은 언어와 문학이 정치와 사상 그리고 역사와 긴밀하게 관련되어 있다는 전제하에 이를 '탈영토적'인 방법으로 다시 읽어내고 있다는 점이다. 그는 나쓰메 소세키의 텍스트들을 다시 읽음으로써 근대 일본 정신사의 이면을 투시하고자 하며, 소세키를 경유하여 역사의 준엄한 추궁을 회피하는 '파렴치한' 현대 일본의 빈곤한 정신적 풍경을 보여줌으로써 문학 텍스트를 읽는다는 것이 어떤 정치적 실천을 견인해야 할 것인지를 되묻는다. 그에게 문학은 현실과의 긴밀한 내적 연관성하에서 전개되는 사상의 스펙트럼을 분석하기 위한 하나의 '방법'이다. 그리하여 그에게 문학비평은 역사와 정치 그리고 현실의 삶과 만나는 장이며, 부당한 현실과 대결하기 위한 무기이다. 문학비평가가 문학비평가에 머물지 않고 역사교과서 문제와 일본의 재무장을 금지한 '헌법 9조' 문제 등 다양한 사회적 관심사에 주의를 기울이는 것도 그의 텍스트 독해 방법의 연장선상에서 이해할 수 있다.

『세기말의 예언자 나쓰메 소세키』,『소세키를 다시 읽는다』,『사건으로서의 읽기』등 일련의 저작에서 볼 수 있는 바와 같이 나쓰메 소세키의 문학에 각별한 애정을 보여왔던 그가 이 '국민작가'의 작품에서 발견한 것은 무엇이었을까. 잘 알려진 바와 같이 나쓰메 소세키는 그의 소설『산시로』,『그후』,『마음』뿐만 아니라「현대 일본의 개화」,「나의 개인주의」등의 평론을 통하여 지속적으로 근대문명을 비판한다. 소세키에 따르면 '서양 따라잡기'에 연연한 나머지 수박 겉핥기식의 문명개화에 끌려온 근대 일본이야말로 '황소를 삼킨 개구리'와 다를 바가 없다. 어디 그뿐인가. 근대국가는 '국민'을 획일적인 상자 안에 가두고서는 국가를 위해 나서라고 종용한다.『우미인초』의 저 유명한 장면, 박람회장의 불빛을 보고 몰려드는 사람들을 개미에 비유한 장면에서 확인할 수 있듯이, 근대인들은 휘황한 문명의 불빛에 들려 오직 한 방향만을 보고 내달린다. 고모리 요이치가 나쓰메 소세키에게서 발견한 것도 근대문명의 맹목성과 근대국가의 개인에 대한 폭력이었다. 예컨대『소세키를 다시 읽는다』에서 그는『쿠사마쿠라(草枕)』의 다음과 같은 구절을 인용하면서 '문명'과 '국가'가 개인을 포획하고 동원하는지를 설득력 있게 설명한다.

> 드디어 현실세계로 끌려나왔다. 기차가 보이는 곳을 현실세계라고 한다. 기차만큼 20세기 문명을 대표하는 것은 없을 것이다. 몇 백 명의 인간을 하나의 화차에 싣고서 우루루 달린다. 인정도 용서도 없다. 차에 실린 인간은 모두 같은 속력으로, 동일한 정거장에 정차하고, 그리고 같은 증기의 혜택을 입어야 하는 것이다. 남들은 기차를 탄다고 말한다. 나는 실린다고 말한다. 남들은 기차로 간다고 말한다. 나는 운반되어 간다고 말한다. 기차만큼 개성을 경멸하는 것은 없다. 문명은 할 수 있는 모든 수단을 다하여 개성을 발전시킨 후에, 할 수 있는 모든 방법을 동원하여 이 개성을 짓밟으려고 한다. 한 사람 당 몇 평 또는 몇 홉의 땅을 주고서는, 이 땅 안에서 자든지 일어나든지 마음대로 하라는 것이 현재의 문명이다. 동시에 이 몇 평 몇 홉의 주위에 철책을 둘러싸고, 철책

밖으로는 한 발도 나가서는 안 된다고 위협하는 것이 오늘의 문명이다. 몇 평 몇 홉 속에서 제 마음대로 누리던 자가 이 철책 밖에서도 제 마음대로 누리고 싶은 것은 자연의 추세이다. 가련한 문명국민은 밤낮 이 철책을 물고늘어져서 맹수처럼 소리를 지르고 있다.

기차는 문명세계의 대표적인 표상이며, 근대를 읽는 가장 의미 있는 기호 가운데 하나다. 전통적인 시간과 공간을 살해하면서 등장한 철도와 기차는 "몇 백 명의 인간을 하나의 화차에 싣고서" "인정도 용서도 없이" 내달린다. 물건처럼 기차에 실린 인간들은 "모두 같은 속력으로 동일한 정거장에 정차한"다. 기차를 타는 순간 인간들은 '물건'이 된다. 인간이 사물화하는 순간 개성 따윈 순식간에 사라져 버리고 만다. 개성을 한껏 발전시킨 이후에 무슨 심사에서인지 이 개성을 짓밟지 못해 안달하는 문명. "가련한 문명국민은 밤낮 (문명이 쳐놓은) 철책을 물고늘어져서 맹수처럼 소리를 지른다!" 고모리 요이치의 해석에 따르면, 20세기의 문명이 만들어낸 근대국민국가의 상징으로서의 '기차'는 국가권력과 개인의 관계를 드러내는 인식 장치이다. 20세기에 이르기까지의 개인의 형성은 문명의 힘에 의한 것이며, 또 개인의 자유도 문명에 의하여 지탱된다. 문명이 영국을 중심으로 하는 산업혁명과 세계시장의 형성을 의미한다면, 그 자유는 압도적 다수의 식민지인들의 개성을 짓밟고 나서야 성립하는 것이다.

맹수는 언제나 우리 안에 갇혀 소리만 지르고 있을 것인가. 소세키는 근대문명의 이율배반은 혁명을 예고하는 하나의 징후라면서 이렇게 말한다. "문명은 개인에게 자유를 주어서 호랑이처럼 사납게 한 뒤에, 이것을 우리 안에 가두어서 천하의 평화를 유지시키고 있다. 이 평화는 참된 평화가 아니다. 동물원의 호랑이가 구경꾼을 노려보거 드러누워 있는 것이나 다름없는 평화이다. 우리의 쇠기둥이 하나라고 ▌빠지는 날이면 세상은 아수라장이 된다. 제2의 프랑스혁명은 이때에 일어날 것이다." 마르크스는 자본주의는 스스로 제 무덤을 판다고 단언한 바 있거니와 나쓰메 소세키는 개인을 동일한 상자 안에 가둬놓고 획일성과 균질성을 강요하는 근대문명이야말로 혁명을 부르고 말 것이라고 진단한다. 위험으로 충만한 기차, 임계점을 향해 치닫는 근대문명. 소세키의 '예언'에 의하면 '기차' 즉 영토로 구획된 근대국민국가라는 틀에 갇힌 개인은 언젠가 자신이 인간임을 증명하기 위해서라도, 기만술에 박탈당한 개성을 되찾기 위해서라도 문명의 속도를 거스르는 방향으로, 혁명을 향한 방향으로 돌아설 것이다. 소세키가 기차에 화물처럼 실린 인간들의 모습에서 혁명의 징후를 발견했듯이, 고모리 요이치는 기차를 통해 근대국민국가 형성이라는 맥락을 복원한다.

　문학 텍스트를 이론적으로 분석하는 방법에는 두 가지가 있다. 하나는 텍스트 그 자체를 구조적으로 분석하는 것이며, 다른 하나는 텍스트를 구성하고 있는 언어의 역사적·사회적·문화적 콘텍스트, 넓은 의미에서의 문맥을 가능한 한 복원하는 작업이다. 두 가지 방법은 문학 텍스트를 독해하는 과정에서 상보적으로 작동한다. 일본 근대문학을 연구하는 과정에서 고모리 요이치는 이 두 방법을 함께 사용하여 언어 구조물인 문학 텍스트의 성격을 파악하고 동시에 역사적·문화적·사회적·정치적 의미를 복원하는 작업에 심혈을 기울인다. 하나는 텍스트 내적 독해라 할 수 있고 다른 하나는 텍스트 외적 독해라 할 수 있지만, 그렇게 간단히 정리될 수 없을 정도로 둘은 밀접한 관련성을 띠고 있다. 그런데 고모리 요이치가 보다 깊은 관심을 보이고 있는 것은 두 번째 방법인 듯하다. 그가 서사이론의 중요성을 강조하는 것은 충분히 고려해야 할 사항이지만, 이는 문학 텍스트를 '탈영토적'인 방식으로 읽기 위한, 이를테면 그 나름의 텍스트 독해 전략을 떠받치는 하나의 전술이라 할 수 있다.

　예를 들어보기로 하자. 『마음』과 더불어 '국민소설'로 일컬어지는 『도련님』 중 시골학교 교사인 주인공이 숙직실을 비우고 온천에 가 있는 사이, 학생들이 메뚜기를 숙직실에 풀어 선생을 골려주는 장면이 나온다. 그저 선생을 골려주려는 아이들의 치기 정도로 보아 넘길 법한 이 장면을 고모리 요이치는 다음과 같이 설명한다. 즉, 메이지시대의 '숙직실'이란 오늘날처럼 교사나 경비원이 먹고 자는 '평범한' 공간이 아니었다. 당시의 '숙직실'은 '교육칙어'와 '어진영(御眞影)'을 봉안하는 대단히 신성한 공간이었다. 당연하게도 '숙직' 교사의 임무는 '교육칙어'와 '어진영'을 목숨을 걸고 지키는 것이었다. 그렇다면 '도련님'의 행동은 명확히 교육 현장에서 근대천황제의 지배 구조를 위반하는 것이었다는 것을 알 수 있다. 더구나 이 신성한 공간에 메뚜기를 집어넣고 신발을 신은 채 돌아다닌 학생들도 '불경죄'를 저지를 것이나 다름없다!

이런 식의 독해에 익숙하지 않은 사람들에게 고모리 요이치의 '탈영토적' 읽기는 조금 낯설게 보일 수도 있을 것이다. 그리고 텍스트의 일부만은 과장해서 해석하는 것이 아니냐고 반문하는 사람들도 적지 않을 것이다. 이를테면 『문』이라는 소세키의 소설에서 지나가듯이 언급되고 있는 이토 히로부미 암살 사건을 둘러싼 등장인물들의 짧막한 대화를 근거로 조선의 식민지화라는 역사적 문맥을 복원하는 것(『포스트콜로니얼』)을 보면 참으로 집요하다는 생각이 들기도 한다. 그러나 이러한 '사소한 장면'을 역사적 문맥 속에 넣음으로써 그는 '국민작가' 나쓰메 소세키를 자기식으로 전유하려는 '우파' 문학 권력과 대결하고, 나아가 소세키를 보다 풍부하게 읽을 수 있는 계기를 제공한다. 문학 텍스트를 '문학'이라는 영토 안에 가두어 놓고, 역사적·현실적 문맥을 지워버리는 독해 방식에 대한 도전이자 비판적 옹호라 해도 좋을 것이다.

4. 국민의 언어 또는 천황의 언어

나쓰메 소세키를 다시 읽음으로써 일본 근대의 정신적 풍경을 역사적 문맥 속에서 복원하고자 했던 고모리 요이치의 관심은 이제 '표준일본어'와 '천황의 언어'에 대한 분석으로 향한다. 『고모리 요이치 일본어를 만나다』에서 볼 수 있듯, 그가 어린 시절 몸소 체험했던 언어에 의한 차별의 기억은 일본 근대 국민국가가 만들어낸 인공의 표준어가 다양하고 이질적인 사유의 흐름을 어떻게 차단하고 억압해 왔는가를 피력하고 있는 글에서 적극적인 비판의 형식으로 재생된다. 그는 『일본어의 근대』에서 학자들과 국가권력이 합작하여 만들고 학교·군대·신문·잡지·소설 등 일련의 근대적 제도를 통해 유포한 표준어가 '국민'들의 위계질서와 차별을 공고화하는지를 다양한 실례를 들어 보여준다. 예컨대 교과서에 수록되어 있어 중등교육을 받은 사람이라면 모르는 이가 없는 가와바타 야스나리의 소설 「이즈의 무희」를 분석하면서, 그는 표준어를 사용하는 자가 방언을 사용하는 자보다 '우위'에 서게 되는 언어실천 메커니즘을 폭로한다. 왜 도쿄라는 특정 지역의 언어가 특권화하여 다른 지역의 '방언' 위에 군림하는가라는 물음에 대한 답은 표준어가 만들어지는 역사적 과정을 구명함으로써만 드러난다. 고모리 요이치는 '표준어는 표준어'라는 동어 반복적인 진술이 은폐하고 있는 국가권력의 폭력성을 일종의 계보학적 방법을 통해 드러냄으로써 표준어가 '국민'의 사유를 획일화하기 위한 정치적 전략의 일환이었음을 반복적으로 확인시켜준다.

지속적인 훈육과 배제를 통해 표준어는 전혀 자명하지 않음에도 자명한 것으로 인지되며, 언어 사용 능력 정확히 말하자면 인공어인 표준어 사용 능력이 특정한 사람을 판단하는 지표가 된다. 왜 비루해 보이는 시골 노파는 방언을 사용하며, 같은 지역에 사는 사람인데도 고상해 보이는 사람은 표준어를 사용하는가. 왜 여성의 언어와 남성의 언어가 다른 가. 왜 식민지 지배자와 피지배자는 같은 일본어를 사용함에도 불구하고 다르게 들리는가. 꼬리에 꼬리를 무는 질문들이 이어진다. 잘 알고 있는 바와 같이 근대 민족국가의 형성과 긴밀한 관련을 맺고 있는 '국어'는 폭력적인 방식으로 구성되게 마련이며, 국가의 후원을 등에 업은 '표준국어'는 '방언' 사용자를 배제하면서 순수성을 강화한다. 그리고 이는 '국민'의 순수성을 강화하는 방향으로 나아간다. 1923년 일본 열도를 강타했던 간토대진재 당시 일본인들이 조선인들을 구별해내어 학살한 결정적인 단서가 '표준일본어'였다는 고모리 요이치의 지적은 표준국어가 차별과 배제에 어떻게 동원되는지를 극명하게 보여주는 예라 할 수 있다.

자명성을 가장한 표준어의 폭력성에 대한 구명은 언어가 국민의 신체에 새겨지는 과정에 대한 분석으로 이어진다. 특히 그는 '교육칙어'와 '군인칙유'를 해체적 방식으로 독해함으로써 국가권력이 언어를 통해 국민의 신체를 길들이고 동원하는 메커니즘을 촘촘하게 읽어낸다. '충량한' 천황의 '신민'들은 근대적 제도인 학교에서 의식(儀式)이 있을 때마다 교육칙어를 반복적으로 봉독하고 암송하는 과정에서 '자연스럽게' 천황=국체와 합체를 경험한다. 그리고 '충용한' 천황의 군인들은 군인칙유를 통해 천황의 뜻을 내면화하고 스스로가 '신민'으로서의 동일성을 획득할 수 있을 것이라는 환상을 실체화한다. 이렇게 천황의 언어를 신체에 새긴 신민들은 '대일본제국헌법' 제1조에 명시된 바 국가의 주권자인 천황의 명령에 따라 침략전쟁에 동원되며, 기꺼이 천황을 위해 죽는 자랑스러운 '총알받이'가 된다.

이처럼 고모리 요이치의 언어 — 정확히 말하자면 일본 근대가 가공한 표준어와 천황의 언어 — 에 대한 분석은 국가권력의 폭력성이 언어를 통해 국민의 신체와 (무)의식에 어떻게 새겨지는가와 맞닿아 있다. 날카로운 시각을 갖지 못한 범인(凡人)들이 언어에 새겨진 권력의 문신(紋身)을 간파하기란 쉬운 일이 아니다. 아니면 그 실체를 알면서도 짐짓 모르는 체하는 것인지도 모른다. 고모리 요이치는 이러한 무지와 비양심적인 태도에 저항하기라도 하듯 집요할 정도로 '국어'와 '천황의 언어'를 물고 늘어지며, 『1945년 8월 15일 천황 히로히토는 이렇게 말했다』에서는 천황의 '종전선언'과 '인간선언'이라는 텍스트를 분석함으로써 근대 일본의 자기 은폐와 폭력성을 폭로한다. 그리고 전쟁을 수행한 국가의 주권자이자 주체이기도 한 쇼와 천황 히로히토의 전쟁 책임, 즉 군사 행동의 명령 주체가 져야 할 책임을 명확하게 밝혀야 한다고 주장한다.

　그는 9·11 사건 이후 세계를 향한 미국의 폭력이 정의와 자유의 이름으로 자행되고 있는 현실을 마주하면서, 정치가 종교적인 일체감 아래 행해지고 있는 상황에 강한 위기감을 느낀다. 그는 천황처럼 행동하는 부시 미국 대통령의 모습을 보면서 일본인들은 물론 수많은 아시아인들을 전쟁터로 내몰았던 천황의 부활을 목도한다. 역사가 의미를 갖는 것은 현실에 대한 성찰을 뒷받침하는 준거가 되기 때문이다. 고모리 요이치는 수많은 억울한 생령(生靈)들을 죽음으로 내몰았던 '대원수' 히로히토의 말 한 마디 한 마디를 재검토함으로써 패전 후 일본에서 줄곧 침묵의 대상이었던 히로히토의 담론이 담고 있는 기만성을 읽어낸다. 문학자로서 그는 '종전조서'가 '생산'되는 과정을 밝히고, 정치적 수사가 은폐하고 있는 천황제의 신화=일본 근대국가의 신화를 폭로한다. 그의 판단에 따르면 만세일계의 결코 변하지 않는 군주='국체(國體)'라는 신화적 망상이 법의 세계마저 지배하게 된 것이 히로히토 천황제의 가장 큰 특징이었으며, '종전조서'와 1946년 1월 1일 연두교서 형식으로 발표된 천황의 '인간선언'에서도 그러한 망상은 파기되지 않았다. 누구도 전쟁에 책임을 지지 않으며, 반성은 원천적으로 봉인되어 버린다. 고모리 요이치는 '종전조서'를 비롯한 관련 텍스트를 분석하면서 이렇게 말한다.

　　'종전조서'에 기초를 둔 '대동아전쟁'의 역사적 의미 부여는 천황으로부터 주어진 평화, 천황에게 전쟁에 패배한 책임을 계속해서 참회하는 '국민', 천황의 배후에 집적된 '수십 만'의 '영령', 살아남아 있으므로 그 영령'들에 대해 마음의 부담감을 느끼고 있는 '국민'을 낳았다. 그 '국민'이 가까운 사람들의 죽음에 대해 느끼는 마음의 부담감이 국민과 마찬가지로 살아남은 천황을 향해 나날이 정신적으로 동원되는 구조를 창출했던 것이다. 여기에는 패전 후 일본의 극히 전형적인 정신적 풍경이 각인되어 있다. (『1945년 8월 15일 천황 히로히토는 이렇게 말했다』, 113면)

일본 수상의 야스쿠니 신사 참배와 이를 둘러싼 아시아 국가들의 비난은 반복되는 연례행사가 되어 버린 지 오래다. 미국과 일본이 합작한 전쟁 책임 회피극의 '심오한 뜻'을 나로서는 이해할 능력이 없다. 다만 히로히토를 이용함으로써 미국은 '무혈침공'이 가능해졌고, 700만 군대가 무장해제 되었기 때문에 그 후의 점령정책 실시에서도 천황의 이용가치는 충분했을 것이라는 고모리 요이치의 말에 고개를 주억거릴 수 있을 따름이다. 그러나 분명한 것은 '종전조서'와 '인간선언'은 제국주의 일본을 지탱해온 천황제의 폭력성을 은폐하면서 재생산하는, 역사를 말살하면서 동시에 되살리는 이중의 사기극을 논리적으로 뒷받침하는 텍스트라는 사실이며, 이들 텍스트 이면의 '이야기되지 않은 이야기'를 드러내고자 하는 문학비평가 고모리 요이치의 노력은 '상살(相殺)'을 정당화하는 국민국가의 신화와 대결하려는 의지의 표명이라는 점이다. 일본 고위층의 야스쿠니 신사 참배와 잇단 '망언'들의 뒤에 버티고 있는 '알 듯 모를 듯한' 천황제! 이를 집요하게 비판하는 고모리 요이치를 통해 나는 역사와 현실을 함께 사는, 문학자이자 비평가이기 이전에 부조리한 현실과 치열한 싸움을 벌이는 지식인의 모습을 본다.

5. 마무리—사유의 균열을 위하여

새삼스러운 말이지만 우리는 번역을 통해 우리와 다른 생각을 갖고 있는 사람들의 다양한 사유를 대면할 수 있다. 번역은 우리들의 상식적인 판단에 균열을 일으키고 다른 방향에서 바라볼 수 있는 시각을 제공한다. 특히 한국의 근현대사를 되돌아볼 때 일본의 비판적 지식인들이 제국주의 일본을 어떻게 바라보고 있는가에 주목하는 것은, 피해자들이 갖기 쉬운 '당한 우리는 정당하다'는 뒤틀린 노예적 인식 구조를 내파하고 보다 거시적인 안목으로 새로운 세계를 상상할 수 있게 한다는 점에서 각별한 의미를 지닌다. 지금 당장 떠오르는 것만 꼽아도 최근에 번역된 책들, 예를 들면 『화려한 군주』, 『근대 일본의 천황제』, 『일본단일민족신화의 기원』, 『사쿠라가 지다 젊음도 지다』, 『전장의 기억』 등등은 우리에게 역사와 현실을 바라보는 새로운 문제 설정을 요구한다. 적어도 나에게는 그러하다.

나쓰메 소세키의 텍스트를 읽으면서 나는 우리에게 이미 잘 알려진 가라타니 고진을 만났고 또 고모리 요이치를 만났다. 아니 거꾸로 얘기해야 옳을 것이다. 가라타니 고진의 『일본 근대문학의 기원』과 『마르크스 가능성의 중심』 등을 읽으면서 소세키를 보다 폭넓게 볼 수 있었으며, 고모리 요이치의 책들을 읽으면서 소세키와 일본의 근대를 보다 비판적인 눈으로 볼 수 있었다고 『세기말의 예언자 나쓰메 소세키』, 『소세키를 다시 읽는다』, 『사건으로서의 읽기』 등이 번역된다면, 문학 텍스트를 역사·사회·정치 등을 가로지르면서 그 문맥을 복원하는 고모리 요이치의 독해 방법을 보다 쉽게 이해할 수 있을 것이다. 내가 생각하기에 그의 저작을 번역하고 읽는 이유는 바로 여기에 있다. 문학 텍스트를 문학이라는 '영토'에 가두지 않고, 탈영토적인 방식으로 다시 읽어내어 역사적 문맥을 복원하고 이를 자양분으로 삼아 현실에 개입할 수 있는 상상력을 길어 올리는 것, 이것이 고모리 요이치의 글이 지닌 미덕이다.

　베이징에서 만난 중국의 지식인들은, 자신의 전공이 문학이든 역사든 아니면 사회사든, 한결같이 사상을 얘기했다. 현실과 긴밀한 내적 관련성을 지닌 사상은 오늘의 문제를 돌파하기 위한 동력이다. 그런데 우리의 경우는 어떠한가. 전공이라는 '저주의 사슬'에 묶여 현실적 힘을 지닌 사상에는 아예 눈길도 주지 않는 것은 아닌가. '국어'와 '표준어'의 폭력성을 비판하면서 근대국민국가를 넘어서는 사유를 전개하고 있는 고모리 요이치에게서 우리가 배워야 할 것은 무엇일까. 다시 말하거니와 번역은 이질적인 언어=사유와 만나는 장이자 주체의 분열을 실감할 수 있는 장이다. '번역된 사상'을 접하면서 나는 종종 사유의 균열을 경험한다. 분열증에 대한 두려움과 함께. 그리고 묻는다. 이 분열증을 즐길 수 있는 방법은 없는가. 이질적인 언어가 빚어내는 사유의 축제에 동참할 수 있는 방법은 무엇일까. '탈영토적 상상력'에서 끌어올린 물을 현실에 쏟아붓기 위해서는 어떻게 해야 하는가. 이런 물음에 답하기 위해 우리는 친구를 초대해야 한다. 그는 기꺼이 우리의 고민을 함께 할 것이다.

'잔인한 천재' 도스토예프스키, 그 삶의 뒤안길

> 신은 당신 마음과 당신 가슴의 작은 씨앗들과 보배들이 없어지지
> 않도록, 아니 그 반대로 풍부하고 화려하게 자라서 꽃을 피우도록 하
> 기 위해 당신을 내게 맡기셨소. 성숙하고 한결같으며 마음의 빛을
> 흐리는 모든 미미한 것들로부터 구원받은 온전한 모습의 당신을 내
> 가 신께 내세움으로써 나의 크나큰 죄를 당신이 보상하도록, 신이 당
> 신을 내게 주신 것이오
> ─도스토예프스키가 안나 그리고리예브나에게 보낸 편지에서

1. 프롤로그

한두 해 전, 나는 내가 공부하는 연구실에서 개설한 '도스토예프스키
를 읽는다!'라는 제목의 강좌를 통해 스물네 번에 걸쳐 도스토예프스키
의 전집을 집중적으로 강의한 적이 있다. 마침 국내 출판사에서 그의 전
집이 간행된 터라 그 순서에 따라 1권에서 25권까지 차근차근 읽어가자
는 게 기본적인 강의 목표였다. 하지만 작품들을 읽어 가는 과정에서 19
세기 러시아의 정치적 상황 및 사상적 지형도를 파악하는 일을 피해갈
수는 없었다. 잘 알려져 있다시피 도스토예프스키의 작품은 다양한 방식
으로 당시 러시아가 처한 제반 상황과 불가분의 관계를 맺고 있다. 그런
까닭에 그의 텍스트를 보다 깊이 있고 풍부하게 읽어내기 위해서는 러
시아의 역사와 사상사, 종교적 스펙트럼, 서구화 과정 등등을 이해하는
것은 필수항목에 속하는 일이다.

그리하여 콘스탄틴 모출스키가 쓴 도스토예프스키의 '평전'을 위시하여 E. H. 카의 『도스토예프스키론』, 고바야야시 히데오의 『도스토예프스키의 생활』, 베르자예프의 『도스토예프스키의 세계관』은 물론이고 차크스의 『러시아사』 및 랴자노프스키의 『러시아의 역사』, 니콜라스 체르노프의 『러시아정교회사』, 아니킨의 『러시아 사상가들』 등을 뒤져가면서 강의노트를 작성했다. 요컨대 나에게 도스토예프스키를 만나는 일은 러시아와, 적어도 19세기 러시아와 만나는 것과 맞먹는 일이었던 셈이다. 그런데도 채워지지 않는 아쉬운 부분이 남아 있었다. 그의 두 번째 아내 안나 그리고리예브나 도스토예프스키가 쓴 도스토예프스키에 관한 회고록을 참조할 수 없었기 때문이다. 나는 부랴부랴 이 회고록의 영역판을 구해 읽고서야 아쉬움을 달랠 수 있었다.

안나 그리고리예브나는 1866년부터 속기사로서, 아내로서, 그의 성실한 독자이자 비평가로서 도스토예프스키를 가장 가까이에서 지켜본 사람이다. 따라서 그녀의 기록은 한 위대한 작가의 일상적인 삶과 행적뿐만 아니라 글쓰기 과정에서 드러내곤 했던 그의 '자잘한' 습관과 버릇까지 아우르고 있는, 말하자면 도스토예프스키와 그녀를 주인공으로 한 하나의 '문학적 텍스트'라 해도 전혀 손색이 없다. 안나 그리고리예브나를 만나기 전까지 도스토예프스키의 결혼생활은 참으로 불행했다. 유형지에서 만난 아들이 하나 딸린(그 아들이 이 회고록에 등장하는 빠벨 알렉산드로비치이다) 과부 마리야와의 결혼은 그녀가 지병인 결핵으로 사망함으로써 끝이 난다. 『노름꾼』에서 볼 수 있듯이 수슬로바라는 처녀와 열애 중이었던 도스토예프스키는 아내 마리야의 죽음으로 혹독한 정신적 시련을 겪는다. 그 과정에서 만난 사람이 1881년 2월 죽을 때까지 이 '비극적 영혼'을 곁에서 지킨 안나 그리고리예브나이다.

2. '광인'의 탄생

"인간 심성의 가장 깊은 곳까지 꿰뚫어 보는 심리적 통찰력으로, 특히 영혼의 어두운 부분을 드러내 보임으로써 20세기 소설문학 전반에 깊은 영향을 끼친 작가"로 알려진 표도르 미하일로비치 도스토예프스키! 왜 지금 도스토예프스키이며, 도스토예프스키를 어떻게 읽을 것인가? 그의 작품을 만날 때마다 되살아나는 물음이다. 이 질문에 답하기 위해 우리는 먼저 도스토예프스키가 등장하기까지 러시아 근대문학의 전개를 간략하게나마 살펴볼 필요가 있다.

1838년 공병학교에 다니던 도스토예프스키는 형 미하일에게 다음과 같은 편지를 쓴다. "나는 한 가지 계획을 갖고 있습니다. 미치는 것입니다." 미치겠다는, 미치고 말겠다는 계획 아닌 계획, 그렇다면 그는 도대체 왜 미치고자 했을까. 미치지 않고서는 견디지 못할 필연적인 이유라도 있었던 것일까. 그는 같은 편지에서 해답의 실마리를 제시한다. "사람의 넋의 분위기는 하늘과 땅의 합류(合流) 속에 있습니다. 사람은 어쩌면 그렇게도 반합리적인 어린이일까요. 정신적인 자연의 법칙이 깨어져 있습니다. (…중략…) 이 세계는 죄 깊은 상념으로 흐려진 천국의 정령을 위한 연옥(煉獄)처럼 느껴집니다. 이 세상은 부정적인 뜻을 취했기 때문에 고원하고 우아한 정신적인 것에서 사티르가 나온 것이다, 이렇게 생각합니다. (…중략…) 인간이란 정말 천박하기 짝이 없습니다." 다음 해인 1839년 그는 또 이렇게 쓴다. "나의 영혼은 이전처럼 사나운 충동을 느끼지 않게 되었습니다. 마치 비밀을 숨긴 사람의 마음처럼 아주 고요합니다. '인간 및 인생은 무엇을 의미하는가'를 배우는 점에서는 나도 상당한 진보를 보였습니다. (…중략…) 나는 자신 있습니다. 인간은 신비롭습니다. 그것을 풀어내야만 합니다. 만일 평생 그것을 계속해서 풀어나간다면 시간을 허비했다고는 말할 수 없을 것입니다. 나는 이 신비와 대결하고 있습니다. 왜냐하면 인간이 되고 싶기 때문입니다." 그에게 인간은 합리성을 거부하는 어린이와 다를 바가 없다. 그런데 합리성이라는 척도로만 재단하는 순간 인간은 '고원하고 우아한 정신'을 상실하고 만다. 그런 인간은, 도스토예프스키가 보기에, 천박하기 이를 데 없다. 『지하로부터의 수기』에서 볼 수 있듯 2×2=4라는 수학적 공식에 기대고 있는 근대적 인간관은 인간을 천박하기 짝이 없는 조잡한 물질의 조합으로만 파악할 따름이다. 그는 이와 같은 인간관에 정면으로 도전한다. 그에 따르면 인간은 이성만으로는 재단할 수 없는 신비한 존재이다. 그 신비와 대결하기 위해 그는 미칠 수밖에 없었던 것이며, 『죄와 벌』, 『악령』, 『미성년』, 『백치』, 『까라마조프씨네 형제들』 등 그의 걸작은 '광인'이 그려낸 신비로운 인간의 형상들로 가득하다.

'인간 영혼의 심연을 파헤친' 작가 도스토예프스키의 등장은 돌발적인 것이 아니라 짧지 않은 기간 동안 러시아 근대문학사를 이끌어왔던 여러 시인과 작가들의 정신과 사상을 자양분으로 하여 자신의 영역을 구축했다고 보는 게 옳을 터이다. 그런 까닭에 러시아 근대문학사의 전개를 살피지 않고서는 그의 문학사적 위상을 놓치기 십상이다. 먼저 러시아 근대문학의 형성과 표트르 대제(1682~1725)의 개혁은 불가분의 관계에 놓여 있다. 표트르 대제의 개혁은 근대적인 문명의 수용과 근대문학에 있어 중요한 전환점이 된다. 그는 즉위와 동시에 정치·경제·문화 등 모든 영역에 걸쳐서 서구의 문명을 너무 빠르다싶을 정도로 대담하게 받아들인다. 많은 교육기관의 설립과 대대적인 서적의 출판 그리고 신문발행 등 그의 개혁은 국민의 일상생활과 언어·문자에 이르기까지 그 영향을 확대해 나간다. 그의 사후 문학은 교회의 지배에서 벗어나 세속적인 내용을 소재로 씌어졌으며 당대 러시아의 현실세계와 깊은 관련을 맺는다. 이 시기 문학적 흐름을 고전주의라 명명하는데, 통상 1730년에서 1770년에 이르는 시기를 일컫는다. 고전주의문학은 주로 민족국가와 민족문화의 형성기에 등장한다. 그리고 고전주의는 중세의 기독교의 신비적 종교사상이나 미신과 대치되는 당대의 국가적 사회적 이상과 이념을 존중하며 그 토대는 이성과 지식이다. 그런데 프랑스 고전주의 영향 아래 형성된 러시아의 고전주의는 대체로 시민적이고 민주적인 경향을 보여준다. 그것은 현실에 대한 강한 관심과 사회적인 악 즉 전제정치와 농노제에 대한 적극적인 비판으로 특징지을 수 있다. 칸체미르(1708~1744), 트레지아코프스키(1703~1769), 로모소노프(1711~1765), 수마로코프(1719~1777) 등이 이 시기를 대표하는 작가들이다.

하지만 예카체리나 2세의 반동정치가 등장하면서 이러한 문학적 경향도 감상주의로 급선회한다. 집권 초기 계몽군주로 자처한 예까체리나 2세는 농노제를 강화하면서 반동적인 정치를 펼친다. 그리하여 러시아 사회는 농민의 궁핍과 경직된 분위기가 지배하게 되며 그 결과 1773년에서 1775년에 걸쳐 뿌가쵸프의 반란이 일어난다. 뒤숭숭한 상황에서 문학 역시 감상주의적 경향으로 흐르지만 사회 비판적 성격을 잃지는 않는다. 이 시기 러시아 감상주의문학의 특징은 고전주의식의 이성 존중에 반대되는 감정과 공상을 중요시함으로써 인간의 개인생활과 내면적 심리 묘사를 강조한다는 점이다. 제르쟈빈(1734~1816), 크냐즈닌(1742~1791), 폰비진(1745~1792), 라지시체프(1749~1802), 카람진(1766~1826) 등이 대표적인 작가들이다. 특히 『여단장』과 『미성년』 등을 쓴 폰비진은 이 시기의 가장 뛰어난 극작가인데, 그는 당시의 지배적인 분위기였던 프랑스의 문학적 취향에 반대하면서 자신의 비판적 정신을 키워나간다. 다시 말해 반프랑스적인 민족주의를 지향했던 것이다. 여기에서 우리는 도스토예프스키가 치열하게 고민했던 이른바 서구주의와 슬라브주의의 대립 구도의 맹아를 볼 수 있다.

푸쉬킨의 등장은 새로운 러시아 문학의 탄생을 알리는 신호탄이었다. 많은 연구자들이 동의하듯이 본격적인 러시아 근대문학은 푸쉬킨(1799~1837)에서부터 시작한다. 잘 알고 있다시피 19세기 초 러시아는 전국민을 소용돌이로 몰고 간 '1812년 조국전쟁'을 치른다. 이 전쟁에서의 승리는 애국적 감정과 민족적 각성을 고조시켰으며, 러시아 현실에 대한 비판과 농노제 및 전제정치에 대한 적대감 그리고 자유를 향한 동경을 불러일으켰다. 그러나 현실을 변화하지 않는다. 농노제와 행정기관의 부패 그리고 권위주의에 대한 반발은 제카브리스트운동으로 표출되며 이는 19세기 전반에 걸쳐 진보적인 지식인들의 혁명적 운동으로 계승된다. 그리고 그 중심에 푸쉬킨이 있었다. 그는 인민의 입장에 서서 전제정치를 비판하고 농노제를 저주하며, 러시아사회를 향한 개혁의 호소와 자유수호사상이 그의 작품의 주조를 이룬다. 『예브게니 오네긴』, 『청동기사』 등이 그의 대표적인 운문이며, 소설로는 『벨킨 이야기』, 『대위의 딸』, 『스페이드의 여왕』 등을 손꼽을 수 있다. 특히 『스페이드의 여왕』은 푸쉬킨 산문의 최고봉으로 일컬어진다.

레르몬토프(1814~1841)는 푸쉬킨 이후 러시아의 황금시대를 마지막으로 장식한 시인이라 할 수 있다. 푸쉬킨의 죽음을 몰고 온 러시아사회를 저주한 『시인의 죽음』에서 볼 수 있듯 그의 시는 격렬한 어조가 주류를 이룬다. 특히 낭만적인 힘과 사실적인 힘이 조화를 이루고 있는 소설 『현대의 영웅』은 그의 대표작이라 할 만한데, 사실상 레르몬토프 작품의 특성은 낭만적인 것과 사실적인 것의 종합에서 드러난다고 할 수 있다. 그는 현실세계를 뛰어난 직관으로 포착하고 인식하는 힘(낭만적 정신)에 입각하여 현실을 부정적으로 그려내고자 했던 것이다. 레르몬토프의 낭만적 정신은 암울한 시대의 반영과 전조(前兆)로서 주어져 있는 미래의 예견으로 가득 차 있다.

도스토예프스키는 "우리는 모두 고골리의 '외투'에서 나왔다"고 말한 바 있다. 그만큼 고골리가 러시아 근대문학에서 차지하고 있는 위치는 각별하다. 고골리 문학의 특징은 현실에 대한 부정적 형상화라 할 수 있는 바, 이와 관련하여 벨린스키는 "고골리 작품들의 근본적인 특징은 부정이다. 이 부정은 생생하고 문학적이긴 하지만 이들은 이상(理想)의 이름으로 등장할 수밖에 없었다"라고 단정한다. 고골리 문학의 이러한 이상과 부정 사이에는 바로 러시아의 현실이 있었던 셈이다. 결국 현실에 대한 작가의 관계 속에서 현실의 구체적인 구현으로서 드러난 것이 바로 고골리의 문학작품이라 할 수 있을 터인데, 이는 대개의 경우 부정이라는 계기를 통해 실현되었다. 그러나 이 관계에서 작가가 현실에 대한 전망을 상실하게 될 때 그 부정은 다시 현실을 떠난 이상으로 귀결되고 만다. 고골리에게 있어 이상의 문제는 그의 부정의 정신과 연관되어 굴곡을 겪게 마련이다. 그가 부정의 정신으로 충만한 상태에서 제시하는 이상의 전망은 대단히 혁명적이었지만 부정과 이상의 긴장감이 결여되었을 때에는 정반대의 현상이 나타난다. 이른바 '고골리의 비극'! 고골리는 말년에 신비적인 종교적 세계관에 감염되어 전제정치와 농노제를 옹호하고 나선다. 이에 대해 벨린스키는 이렇게 말한다. "진리와 인간의 이름을 모욕하는 것은 견딜 수가 없다. 어떤 사람이 종교의 탈을 뒤집어쓰고 덕성의 이름을 빌어 학정과 허위와 불명예를 설교하는 것을 그냥 두고 볼 수 없다. (…중략…) 당신의 발 아래를 굽어보라. 당신은 깊은 나락의 언저리에 있다!" 널리 알려져 있다시피 『외투』와 『검찰관』이 그의 최고의 작품이며 특히 『외투』의 주인공 아카기 아카기예비치라는 하급관리는 도스토예프스키 작품에서도 변주되어 등장한다. 그 외에 『죽은 혼』과 『대장 불리바』도 빠뜨릴 수 없다.

"러시아는 세 번의 혁명을 치렀지만 러시아의 오블로모프들은 여전히 남아 있었다." 이것은 러시아사회의 정체성·기생성·원시성을 지적한 레닌의 말이다. 곤차로프(1812~1891)의 문학사적 의의는 『흔히 있는 일』, 『오블로모프』, 『단애』라는 세 장편소설에서 집중적으로 드러난다. 그는 이 작품들에서 농노제적 질서와 지주에 의해 생산되는 타성과 구습, 귀족적 무의도식, 자유주의 등을 비난하며 삶에 대한 적극적 태도를 반어적으로 제기한다. 특히 도브롤류보프가 '오블로모프주의'라는 용어를 사용하고 있는 데서도 알 수 있듯 곤차로프는 러시아의 기생적 계층을 신랄하게 비판하는 데 전력을 기울인다.

곤차로프와 더불어 러시아 근대문학을 거론하는 자리에서 빼놓을 수 없는 인물이 서구주의자 투르게네프이다. 『아버지와 아들』, 『처녀지』, 『사냥꾼의 수기』 등을 쓴 투르게네프(1818~1883)는 가볍고 싱싱한 자연 묘사와 풍부한 러시아어 활용을 통해 19세기 중반 러시아 리얼리즘문학 의 발전에 새로운 활력을 불어넣은 작가로 일컬어진다. 베를린에 유학하 던 그는 바쿠닌과 그라노프스키를 비롯한 진보적 지식인들과 친교를 맺 고 서구주의자로서 일정한 사상적 영향을 받는다. 러시아문학의 무겁고 어두운 분위기를 어느 정도 벗어나 밝고 명랑한 정조를 창조하게 되는 것 역시 "독일이라는 바다에 푹 빠져 있던" 그가 수용한 서구주의의 영 향이라 할 수 있다. 시대 상황에 대한 예민한 촉각, 러시아 농민과 자연 에 대한 섬세한 서정적 묘사, 완벽한 미학적 원칙 구사, 진보적 사상에 대한 동조 등을 투르게네프문학의 장점이라 한다면 혁경적 변혁사상 거 부, 서구 부르주아사회에 대한 동경 등은 약점으로 지적할 수 있다. 도 스토예프스키와 투르게네프의 만남과 헤어짐에서 보듯, 도스토예프스키 는 그에 대해 묘한 양가감정을 지니고 있었던 듯하다.

이제 도스토예프스키가 등장한다. 러시아 근대문학에서 우리는 두 갈 래 흐름을 발견할 수 있다. 푸쉬킨과 레르몬토프가 두 흐름의 원천이다. 푸쉬킨과 같이 낭만주의에서 출발한 독창적인 천재인 레르몬토프는 푸 쉬킨의 후계자이긴 하지만 그와 분명히 다르다. 즉 푸쉬킨이 객관적인 태도로 생활 현상과 인간심리의 제양상을 뚜렷이 재현하는 조화의 천재 라고 한다면 레르몬토프는 내면의 혼돈스런 고민과 불안과 초조와 분열 을 주관적으로 강하게 표현하려는 반역자형의 작가라 할 수 있다. 이를 테면 푸쉬킨의 창작이 넓은 친화력을 지닌 인생긍정의 예술이라면 레르 몬토프의 예술은 인생에 대한 저주와 도전의 예술이라고 할 수 있는 것 이다. 푸쉬킨의 예술은 곤차로프·투르게네프·톨스토이·체홉 등에 의 해 계승되어 러시아문학의 리얼리즘을 형성하며, 레르몬토프의 예술과 정신은 고골리와 도스토예프스키 등에 의해 계승되어 러시아문학의 다 른 한 축을 형성한다. 이로써 도스토예프스키의 위상은 어느 정도 밝혀진 셈이다. 이제 안나 그리고리예브나가 그녀의 회고록을 통해 보여주는, 잔인한 천재나 위대한 영혼이 아닌, 인간 도스토예프스키의 삶의 이면을 살펴볼 차례다.

3. 잔인한 천재와 불행한 영혼의 수호자

회고록 『도스토예프스키와 함께 한 나날들』은 1911년에서 1916년까지 여러 시기로 나누어 노트 몇 권에 기록한 것들을 재편집한 것이다. 이 회고록의 필자인 안나 그리고리예브나가 표도르 미하일로비치 도스토예프스키를 만난 것은 그녀가 스무 살이 되던 해, 그리고 도스또예프스키가 마흔 다섯 살이 되던 해인, 1866년 10월 어느 날이었다. 1866년이면 『가난한 사람들』과 『죄와 벌』의 전반부의 성공으로 명성을 날리고 있던 때였다. 25년이라는 세월의 간격! 그렇다면 둘의 관계는 어떠했을까. 안나는 회고록의 말미에서 이렇게 말한다. "실제로 남편과 나는 '완전히 다른 구조, 다른 기질, 다른 사고방식'을 지닌 사람들이었다. 그러나 '언제나 자신의 모습으로 남아' 조금도 서로를 흉내내거나 서로에게 아부하지 않고 자신의 정신세계를 갖고 있어 나는 남편의 심리에, 또 그는 나의 심리에 말려들지 않았다. 그렇게 남편과 나, 우리 두 사람은 자신이 자유로운 영혼임을 느끼며 살았다. 인간 정신의 심오한 문제들에 관해 혼자서 많은 시간을 생각하곤 했던 표도르 미하일로비치는 내가 자신의 정신세계에 개입하지 않는 점을 높이 샀다." 흔히 안나를 두고 도스토예프스키를 '지극정성으로 내조한 여성' 정도로 말하는 사람들이 적지 않지만, 위의 진술을 보면 그들의 관계는 독자적인 정신세계를 침범하지 않는 범위 안에서 각자의 정신세계를 지키면서도 대화와 토론을 통해서 서로의 영혼을 사랑한 관계였다고 해야 옳을 것이다. 이런 그들에게 20년이라는 나이 차이는 그다지 중요하지 않았다.

그의 편지를 일별하면 알 수 있듯이 도스토예프스키도 그러했지만 특히 안나는 그녀의 남편을 때론 어린 아이를 대하듯 다독거리고, 때론 지쳐 돌아온 동지를 대하듯 그의 상처를 어루만져 주었다. 그런 까닭에 그녀가 그의 죽음을 마주하고서 다음과 같이 생각한 것은 조금도 이상하지 않다. "최후의 순간이 오자 나와 아이들은 절망에 목을 놓았다. 우리는 울음을 터뜨리고 통곡했다. 아직 채 식지 않은, 우리가 사랑했던 망인의 얼굴과 손에 입을 맞추며 무슨 말인가를 하기도 했다. 이 모든 것이 내게는 어렴풋하게 떠오른다. 하지만 내가 분명하게 의식한 것이 딱하나 있었다. 그것은, 끝없이 행복으로 가득했던 나 자신의 삶이 그 순간 끝났다는 것, 내 마음은 영원히 고아가 되었다는 사실이었다. 나는 그렇게 뜨겁게, 모든 것을 초월하여 내 남편을 사랑했다. 나는 드물게 보는 이 고귀한 도덕적 품성의 소유자가 우정으로 나를 대하고 나를 사랑하고 존경한다는 사실에 크나큰 자긍심을 가졌다. 그를 잃은 것은 그 무엇으로도 보상받을 수 없었다. 그 자리에서 나는 바로 심장이 터지거나 정신이 나갈 것만 같았다." 안나는 누가 뭐라 해도 도스토예프스키를 '고귀한 도덕적 품성의 소유자'라고 믿어 의심치 않았다. 도스토예프스키의 '고귀한 도덕적 품성'을 증명하는 일화는 이 회고록 곳곳에서 어렵지 않게 발견할 수 있다. 그와의 만남을 안나는 인생의 축복으로 여겼고, 그와 함께 한 14년 동안의 삶은 참으로 행복했노라고 스스럼없이 말한다. 하여, 도스토예프스키가 죽음의 강을 건넌 후 그녀의 마음이 '영원한 고아'가 되었다는 진술은 절절한 고백으로 와 닿는다.

스뜨라호프가 톨스토이에게 보낸 편지에서 읽을 수 있듯 도스토예프스키는 '자신이 행복하다고 상상하고 자신을 주인공으로 생각했던, 그리고 자기 자신만을 자애롭게 사랑했던 정말 불행한 악인'이었는지도 모른다. 그리고 '질투심이 강하고 방탕한 사람'이었는지도 모른다. 스뜨라

호프는 도스토예프스키를 『지하로부터의 수기』에 등장하는 그 병적인 주인공, 『죄와 벌』의 스비드리가일로프, 『악령』의 스따브로긴과 다를 게 없는 인물이라 단정하지 않았던가! 그러나 안나 그리고리예브나는 도스토예프스키를 일컬어 '지혜롭고 선하지만 모든 이에게서 버림받은 것 같은 불행한 사람'이라고 말한다. 이 불행한 영혼을 지키는 것, 그것이 그녀의 사명이라면 사명이었을 터, '불행한 영혼의 수호자' 안나는 그를 적극적으로 옹호하면서 후기 걸작들을 낳는 데 산파 역할을 자임한다.

누구나 짐작하겠지만, 1866년 11월 8일의 청혼에서 결혼에 이르기까지의 과정은 결코 순탄하지 않았다. 특히 도스토예프스키 자신의 자의식은 깊고도 지독했다. 그의 말마따나 늙고 병든 사람, 빚에 시달리는 사람이 이처럼 건강하고 젊고 낙천적인 아가씨에게 무엇을 줄 수 있었겠는가. 하지만 안나는 '늙고 병든 데다 빚에 시달리는' 도스토예프스키의 자상한 보호자였을 뿐만 아니라 그의 성실한 독자이기도 했다. 아니 독자 그 이상이었다. 그녀는 말한다. "『죽음의 집의 기록』을 읽고는 얼마나 많은 눈물을 흘렸는지 몰라요! 내 가슴에는 강제노역의 끔찍한 생활을 견뎌낸 도스토예프스키에 대한 동정과 연민이 가득 찼어요. 그런 감정을 안고서 당신 집에 일하러 갔던 거예요. 내가 크나큰 감동을 받은 작품을 써낸 사람의 삶의 무게를 조금이라도 가볍게 하는 데 도움을 주고 싶었어요." 다른 평론가들이 도스토예프스키의 소설들을 형식도 제대로 갖추지 못한, 잡다한 사건들의 집합에 불과한 미완성품이라고 혹평했을 때에도 그녀는 그의 능력을 조금도 의심하지 않았다. 이러한 정신적 후원자가 없었더라면 과연 도스토예프스키의 대작들이 탄생할 수 있었을까.

도스토예프스키가 '앓고' 있던 질병 중의 하나가 '도박중독증'이었다. 속기사의 자격으로 도스토예프스키와 '함께' 『노름꾼』을 받아 적기 시작하던 때의 상황을 안나 그리고리예브나는 이렇게 묘사하고 있다. "우리는 둘 다 새 소설의 주인공들의 삶 속으로 뛰어들었다. 표도르 미하일로비치가 그런 것처럼 내게도 좋아하는 인물들과 원수 같은 이들이 생겨났다. 나는 재산을 탕진한 노파와 에이슬리 씨에게 호감을 가졌고 뽈리나와 소설의 주인공에게선 경멸을 느꼈다. 나는 그의 무기력함과 도박에 대한 집착을 용서할 수 없었다. 표도르 미하일로비치는 전적으로 '노름꾼' 편이었다. 그는 주인공이 느낀 여러 감정과 인상들은 자신이 경험했던 바라고 말했다. 그는 강한 성격을 소유하고, 사는 동안 이를 입증할 수 있지만, 그렇다고 해도 룰렛에 대한 집착을 이겨낼 힘은 없노라고 강변했다." 그럼에도 불구하고 안나 그리고리예브나는 자신이 도박중독자였던 도스토예프스키를 용서했다. 아니 용서가 아니라 그의 도박 심리를 이해하고 감싸안았으며 급기야는 도박에서 창작으로 그를 되돌려놓는 데 성공한다.

4년 동안 빚에 쫓겨 유럽을 전전하고 있을 때, 그들은 집세 걱정에 하루도 편할 날이 없었다. 그럼에도 도스토예프스키의 도박벽은 사라질 줄 모른다. "내 사랑하는 남편에게 이런 단점이 있다는 것을 인정하는 것이 괴롭고도 화가 났다. 하지만 나는 곧 깨달았다. 이것은 단순한 '의지박약'의 문제가 아니라, 인간을 완전히 삼켜 버리는 욕망이며 통제 불가능한 어떤 것이어서 아무리 강한 성격의 소유자라 할지라도 그에 맞서 싸울 수 없다는 것을. 도박은 복종하지 않을 수 없는 그 무엇이다. 도박에 빠지는 것은 병으로 보아야 하며 그것을 막을 방법은 없다. 유일한 투쟁 방법은 도망치는 것이다." 그러나 도망칠 수가 없었다. 돈이 없었기 때문이다. 이 회고록에 따르면 안나는 도스토예프스키가 돈을 잃었다고 해서 책망한 적도 결코 없었으며, 그 문제로 그와 말다툼을 벌인 적도 없었다고 한다. 뿐만 아니라 자신의 물건들을 기간 내에 되찾지 않으면 팔리고 만다는 것을 알면서도, 그리고 집주인과 소소한 빚쟁이들에게 불쾌한 일을 당하면서도 그녀는 아무런 불평 없이 마지막 남은 돈까지 그에게 내주었다는 것이다. 왜 그랬을까. 이와 관련하여 안나는 다음과 같이 적고 있다. "나는 한 순간도 돈을 따는 것을 기대한 적이 없다. 희생해야만 할 100탈러가 너무 아까웠지만, 나는 이전의 경험을 통해 알고 있었다. 새로이 격렬한 감정을 체험하고 도박과 모험을 향한 자기 마음을 충족시키고 나면 표도르 미하일로비치는 안정된 마음으로 돌아올 것이고, 돈을 따겠다는 희망이 얼마나 공허한지 확신하면서 새로운 힘을 소설에 매진하여 2, 3주 안에 잃은 돈을 모두 되찾을 것이라는 사실을."

도스토예프스키의 도박중독증을 이해하기란 쉽지 않다. 그러나 '악령'처럼 끊임없이 그를 괴롭힌 생활비의 압박과 빚 독촉이 도스토예프스키를 도박장으로 내몰았다는 추정은 가능하다. '2만 5천 루블에 달하는 빚'을 그들은 13년 동안 갚아야 했다. 도스토예프스키가 죽기 1년 전에야 마침내 빚을 다 청산했다고 한다. 빚이라는 또 다른 질병! "그렇게 떠맡은 빚이 없었더라면, 그래서 서두를 필요 없이 원고를 인쇄에 넘기기 전에 다시 검토하고 다듬으면서 소설을 썼더라면, 남편의 작품은 예술적 측면에서도 성공할 수 있었을 것이다." 안나의 이 말은 조금도 과장이 아니다. 톨스토이, 투르게네프, 곤차로프 등은 건강하고 유복한 사람들로서 자기 작품을 충분히 구상하고 다듬을 여유가 있었다. 하지만 도스토예프스키는 간질병이라는 힘겨운 질병에 시달렸고 대가족과 빚을 짊어지고 있었으며 내일에 대한, 절박한 빵에 대한 괴로운 생각들에 짓눌린 사람이었던 까닭에 늘 쫓기면서 원고와 씨름해야 했다. 이러한 정신적 고통을 이해하고 있었던 안나는 기꺼이 자신의 패물을 팔아가면서까지 그를 '격렬한 모험'의 현장으로 내보낸다. 이것을 우리는 어떻게 받아들여야 할까.

도스토예프스키를, 아니 안나 그리고리예브나를 괴롭힌 것은 도박중독증만이 아니었다. 간질 발작이 천형처럼 그의 심신을 후벼팠고, 안나는 이를 고통스럽게 지켜보아야만 했다. "나는 간질 환자들이 일반적으로 발작이 시작되면 내지르는 사람의 소리라 할 수 없는 울부짖음을 수십 번이나 들어야 했다."(『백치』에서 뮈시킨 공작이 발작을 일으켰을 때의 모습을 상상해 보라!) 이 회고록에는 맏딸 소피아의 아들 알료샤의 탄생과 죽음이 비교적 상세하게 그려져 있는데, 이 아이들의 죽음은 도스토예프스키를 걷잡을 수 없는 소용돌이 속으로 몰아넣었고 그의 지병을 치명적으로 악화시킬 수도 있었다. 안나의 말을 들어보자. "표도르 미하일로비치는 이 죽음으로 크나큰 충격을 받았다. 그는 어찌된 일인지 알료샤를 특히 사랑했다. 마치 그 아이를 잃게 될 것이라는 걸 예감이라도 한 듯한 병적인 사랑이었다. 표도르 미하일로비치를 특히 짓누른 것은 아이가 자신으로부터 유전된 병인 간질로 죽었다는 사실이었다. 그는 우리를 짓밟은 운명의 일격을 겉으로는 담담하고 용감하게 견뎌냈다. 하지만 나는 자신의 깊디깊은 슬픔을 그렇게 자제하고 있는 것이 그렇지 않아도 약해져 있던 그의 건강에 치명적인 사태를 불러올 것 같아 정말 우려되었다." 그러나 그의 곁에는 정신적 동반자 안나가 있었다. 그녀는 그처럼 고통스러워하는 그의 모습을 지켜보면서, 그리고 그의 고통을 나누면서 어머니처럼 또는 의사처럼 그의 발작을 조금씩 치유해갔다. 따라서 도스토예프스키가 이렇듯 절박한 상황에서도 쉬지 않고 글을 쓸 수 있었던 것은 그의 천부적 재능을 인정하고 그것이 넘쳐 나오도록 보살핀 안나의 보살핌이 있었기 때문이라고 해야 할 것이다.

안나 그리고리예브나의 회고록에서도 중요하게 다루어지고 있듯이 1867년 겨울에서 1871년 7월에 걸친 이들 부부의 유럽 여행은 도스토예프스키의 창작 여정에서 전환점이라고 할 수 있다. 베를린－드레스덴－바덴바덴－제네바－밀라노－플로렌스 등으로 이어지는 4년 간의 유럽여행, 아니 고립생활이 지닌 내적인 의미는 무엇이었을까? 안나는 여행을 마친 뒤 러시아로 돌아온 뒤의 정황을 이렇게 쓰고 있다. "걱정이 끊일 날이 없고 늘 돈이 부족했으며, 가끔은 가슴 답답한 향수에 시달렸지만 이 모든 것에도 불구하고 장기간의 고립생활은 남편의 마음속에 언제나 존재했던 기독교사상과 감정이 성숙하게 발현하는 데 도움을 주었다. 해외에서 돌아와서 우리가 만난 친지들은 표도르 미하일로비치가 몰라볼 정도로 성격이 좋아졌다고, 부드럽고 선량해지고 사람들에게 관대해졌다고 내게 말했다. 그에게 익숙한 완고함과 참을성 없는 성격은 거의 사라지고 없었다." 시베리아 유형이 그의 삶에서 전기가 됐다는 사실은 잘 알고 있는 바와 같다. 이와 함께 유럽여행은 도스토예프스키의 정신을 단련하고 한층 성숙하게 한 계기였음을 어렵지 않게 이해할 수 있다.

그 정신적 성숙의 과정, 그러니까 그가 어떤 사람들과 어떻게 만났으며, 어떤 책들을 읽고 무엇을 보았는지를 이 회고록은 생생하게 전해준다. 예컨대 라파엘로의 「시스티나의 마돈나」, 『악령』과 『미성년』에서 황금시대라 예찬해 마지않았던 끌로드 로랭의 「풍경」, 한스 홀바인의 「그리스도의 시신」 등이 그를 어떻게 사로잡았는지를 안나 그리고리예브나는 담담한 필치로 보여준다. 한 구절만 보도록 하자. "한스 홀바인이 그린 그림은 모진 고문을 견딘 뒤, 이미 십자가에서 끌려 내려와 썩도록 방치된 예수 그리스도를 형상화한 것이었다. 부풀어 오른 그리스도의 얼굴은 피투성이가 되어 있었고 그 모습은 처절했다. 그림은 표도로 미하일로비치를 압도했다. 그는 그 그림 앞에 아연실색한 표정으로 멈춰 섰다. 나는 도무지 그 그림을 쳐다볼 수가 없었다. 특히 홀몸이 아니었던 나는 너무나 참혹한 느낌이 들어 다른 전시실로 들어갔다. 15분인가 20분쯤 뒤에 돌아와 보니 표도르 미하일로비치는 그 그림 앞에 붙박힌 듯 계속 서 있는 것이었다. 그의 흥분된 얼굴에는 겁에 질린 듯한 표정이 어려 있었다. 그것은 간질 발작이 시작되는 순간에 내가 여러 번 본 적이 있는 표정이었다. 나는 가만히 남편의 팔을 잡고 그를 다른 전시실로 데리고 가서 의자에 앉혔다." 도스토예프스키가 미술작품에 남다른 관심을 보였다는 것은 그의 작품 곳곳에서 어렵지 않게 발견할 수 있거니와, 위의 회고는 그의 대작들의 행간을 읽는 데 쏠쏠한 즐거움을 제공할 것임에 틀림없다.

4. 에필로그

안나 그리고리예브나의 이 회고록에 의하면 도스토예프스키는 1877
년 12월 24일자 메모에 다음과 같이 적어놓았다고 한다. "[평생의 경고]
1. 러시아판 캉디드를 쓸 것. 2. 예수그리스도에 관한 책을 쓸 것. 3. 나
자신에 관한 회고록을 쓸 것. 4. 40제(祭)에 관한 대하소설을 쓸 것." 하
지만 그의 약속은 1881년 그의 죽음으로 지켜지지 못했다. 『카라마조프
씨네 형제들』을 비롯한 몇 작품에 간헐적으로 보일 따름이다. 그럼에도
불구하고 그는 우리에게 위대한 작가로 남아 있다. 새삼스러운 말이지만
20세기에 접어들어서 아니 오늘날에 이르기까지도 도스토예프스키는 가
장 널리 읽히는 19세기 소설가로 손꼽힌다. 시몬즈(E. J. Simmons)에 따르면,
그 까닭은 아마 그가 소설 속에서 제1·2차 세계대전 사이의 세대 및
전후세대를 괴롭힌 도덕적·종교적·정치적 문제들을 효과적으로 형상
화했기 때문이다. 독일의 철학자 니체는 도스토예프스키의 영향을 받았
다고 인정했고, 나치 지배 이전의 한 독일 비평가는 마르틴 루터 다음으
로 독일에 가장 큰 정신적 영향을 끼친 인물은 바로 도스토예프스키라
고 말한 바 있다.

20세기 프랑스의 경우, 소설가 앙드레 말로는 도스토예프스키가 자기
세대의 지성사에 깊은 영향을 미쳤다고 말했으며, 철학자 장 폴 사르트
르는 자신의 실존철학은 이성의 횡포에 대한 도스토예프스키의 비난에
서 영감을 얻었노라고 고백했다. 그리고 레닌이 도스토예프스키의 소설
에 대해 "나는 그런 쓰레기를 읽을 시간이 없다"라며 평가절하했다고는
하지만, 도스토예프스키의 작품은 소련에서도 널리 읽혔으며 유명한 소
련 작가들은 그의 작품에서 적지 않은 영향을 받은 게 사실이다. 자신의
이상을 독자들에게 전달하고 독자들의 체험을 변형시키는 능력이 작가
의 위대성을 가늠하는 척도가 된다면 도스토예프스키는 20세기 현대소

설 전반에 강력한 영향력을 행사했다고 보는 게 옳을 것이다. 확신을 갖지 못한 채 회의라는 질병에 허덕이며 신음하는 현대소설의 인물들은 도스토예프스키의 반영웅적 주인공들로부터 창조된 형상이기 때문이다.

우리의 경우도 예외는 아니다. 식민지시대 많은 작가들의 영혼을 사로잡았다는 사실은 어렵지 않게 확인할 수 있거니와, 지금도 작가들뿐만 아니라 문학을 사랑하는 사람들이라면 반드시 통과해야 할 '늪'으로 남아 있다. 힘겹긴 하겠지만 도스토예프스키라는 늪을 통과하는 순간 우리는 삶에 관하여 조금은 깊이 있게 얘기할 수 있을는지 모른다. 그리고 그 과정에서 안나 그리고리예브나 도스토예프스키가 들려주는 위대한 작가 도스토예프스키의 삶의 내면 풍경은 우리에게 튼실하고도 믿음직한 길라잡이가 될 것임에 틀림없다. 간결하고 명료한 문체로 진솔하게 씌어진 이 회고록이 있어 우리는 이제 '잔인한 천재' 도스토예프스키에게 한층 가까이 다가갈 수 있을 것이다.

5부

동아시아 담론, 배반과 상처의 기억을 넘어서

1. 19세기 말~20세기 초의 '(동)아시아연대론'과 그 배반

안중근(1879~1910)은 뤼순감옥에서 서른 한 살의 짧은 생애를 마치기 직전에 쓴 동양평화론이라는 미완성 유고에서, 한국과 청국의 인민들이 "(일본 군대의) 짐을 나르고 길을 닦고 정탐을 돕는 등" 수고를 아끼지 않고 일본이 러일전쟁을 승리로 이끄는 데 기여한 이유가 구엇인지 스스로 물음을 던진 다음, 이렇게 대답한다.

러일전쟁을 개전할 때 일황의 선전포고문에 "동양평화를 유지하고 대한 독립을 공고히 한다" 운운했으나, 이같은 대의가 청천 백일의 빛보다 더 환하였기 때문에 한·청 인사들은 지혜로운 사람이나 어리석은 사람을 물론하고 일치동심하여 오로지 감화하고 복종했음이 그 하나이다. 더구나 러일전쟁은 황인종과 백인종의 경쟁이라 할 수 있으므로 지난날 원수로 어겼던 마음은 하루아침에 사라지고 도리어 한번 크게 같은 종족을 사랑하는 마음으로 한편이 되었으니 이것 또한 인정의 순서요, 이치에 합당한 것이 또 하나이다. 통쾌하도다! 장하도다! 수백 년 동안 악한 일을 하던 백인종의 선봉을 북을 한번 쳐서 공격하여 크게 부수었으니 천고에 드문 일이며 만방이 기념할 자취이다. 당시에 한·청 두 나라의 뜻 있는 이들이 아무 논의도 없이 함께 스스로 이긴 것처럼 기뻐한 것은 일본의 정략이나 일을 처리해 나가는 것이 동서반구 천지가 열린 이래 가장 우뚝한 큰 사업이며 상쾌한 일이라고 스스로 헤아렸기 때문이다.

하지만 청일전쟁과 러일전쟁에서 잇달아 승리하면서 동아시아의 새로운 강자로 떠오른 일본은 한국과 청국의 많은 지식인들의 원망(願望)을 철저하게 배반한다. 일본의 배반은 사이고 타카모리(西鄕隆盛)나 이타가키 타이스케(板垣退助) 등 정치가들의 정한론(征韓論)에 바탕을 둔 아시아지배전략뿐만 아니라, 메이지시대 최고의 계몽사상가 후쿠자와 유키치(福澤諭吉, 1835~1901)의 저 악명 높은 탈아론(脫亞論)에서 이미 예고되어 있었다. 일본의 근대사 전개를 일별하면 어렵지 않게 알 수 있듯이, 일본의 지식인들과 정치가들이 기회가 있을 때마다 내세웠던 아시아연대론이나 동양평화론의 이면에는 아시아뿐만 아니라 세계를 지배하고자 하는 제국의 욕망이 도사리고 있었다. 즉, 외부(서양)의 위협을 강조함으로써 아시아 각국의 반발을 무마하고, 스스로 아시아의 맹주가 되어 백인종의 침략으로부터 황인종을 지켜야 한다는 명분이 이들 논의를 뒷받침하는 근거였던 것이다. 이는 "우리나라는 이웃나라의 개명을 기다려 함께 아시아를 일으킬 여유가 없다. 오히려 그 대오를 벗어나 서양의 문명국과 진퇴를 함께 하여, 지나나 조선을 대하는 방법도 이웃나라라고 해서 특별히 사정을 봐주지 말고, 바로 서양인이 그들을 대하는 방식으로 처리하면 그만"이라는 후쿠자와의 탈아론의 주장과 불가분의 관계에 있었다.

예고된 배반! 그래서일까, '도덕지심(道德之心)'을 상실한 채 무력으로 치닫는 백인종의 위협으로부터 황인종을 보호하고, 나아가 한·중·일 3국의 제휴로 구미열강의 침략에 대항함으로써 세계평화에 기여할 수 있을 것이라고 믿었던 '평화주의자' 안중근의 글 곳곳에서는 자신의 '순진한 발상'에 대한 통렬한 회한이 묻어난다. 서세동점(西勢東漸)의 거센 물결 속에서 동양평화론이라는 이름의 신념이 식민지로 전락할 위기에 직면한 민족의 운명을 구원할 수 있을 것이라 믿었던 사람은 안중근만이 아니었다. 동양 3국의 긴밀한 연대에 의해 생존을 모색해야 한다는 논의는, 각자 그 용법에 있어 차이를 보이긴 하지만, 1880년대 김옥균의 '삼화주의(三和主義)', 1890년대 독립협회운동 세력의 '한일제휴론', 1900년 안경수의 '일청한동맹론(日淸韓同盟論)', 손병희의 '삼전론(三戰論)', 1905년 이후 대한자강회와 대한협회 등의 '일본의 한국부식론(韓國扶植論)'에서 볼 수 있는 바와 같이,[1] 사상적 성향에서 대단히 이질적인 지식인들 사이에서 폭넓은 호응을 얻고 있었다. 그만큼 생존 문제가 절박했고, 동양 3국이 지닌 역사적·문화적 동질성에 대한 신뢰가 두터웠던 탓이리라. 그러나 일본발 동양평화론[2]은 그들의 기대를 보기 좋기 저버렸다. 어떤 사람들은 현실을 현실로 받아들이고 일본의 논리를 내면화했으며, 또 어떤 사람들은 투쟁을 위해 풍찬노숙(風餐露宿)의 길을 택했다. 러일전쟁 이

---

1) 도면회, 「자주적 근대와 식민지적 근대」, 『국사의 신화를 넘어서』(임지현·이성시 편), 휴머니스트, 2003, 214~215면.

2) 메이지 시기 일본에서 '아시아주의'·'동양주의' 등으로 불린 연대론은 그 폭이 상당히 넓은 편이며, 그 의미 내용도 많은 차이를 보인다. 그리고 '일본발 동양평화론'이라 했지만, 인종론과 문명론에 입각하여 서양(백인)의 위협으로부터 아시아를 지키기 위해 연대해야 한다는 논의는 한국뿐만 아니라 중국의 지식인들 사이에서도 활발하게 이루어지고 있었다. 예컨대 아나키스트 류스페이(劉師培)는 1907년에 발표한 아시아 현정세와 연대론에서 이미 아시아에서 백인종의 강권을 배척하기 위해 아시아 민중들이 연대해야 한다고 피력했으며, 리다자오(李大釗)도 신아시아주의에서 서양의 약탈주의와 일본의 '대아시아주의'를 비판하고, 아시아 민족의 해방과 민족자결주의를 실행한 후 대연합으로 나아가야 한다는 내용의 '신아시아주의'를 제창한다. 쑨원(孫文)은 대아시아주의에서 중국과 일본이 원동력이 되어 아시아의 연대를 도모해야 한다고 말한다. 최원식·백영서 편, 『동아시아인의 '동양' 인식—19~20세기』, 문학과지성사, 1997; 조성환·김용직, 「문명과 연대로서의 동아시아—근대중국과 한국 지식인의 동아시아 인식」, 『대한정치학회보』 9집 제2호, 2001 참조. 이처럼 19세기 말 20세기 초 '(동)아시아연대론'은, 각각 의미 내용에 있어서는 적지 않은 차이점을 지니고 있지만, 한·중·일 3국에서 널리 받아들여지고 있었다.

후의 아시아 근대사가 증명해 주는 것처럼, 동양평화론과 아시아연대론은 일본의 아시아 지배를 합리화하기 위한 기만적인 담론이었다는 것을 깨닫는 데는 그렇게 많은 시간이 걸리지 않았다.

사회진화론이 신앙처럼 떠받들어지고 우승열패(優勝劣敗)와 약육강식(弱肉强食)의 논리가 지배하는 세계, 그 험난한 세상에서 살아남기 위해 약소국의 많은 지식인들은 제국주의 일본이 선도한 '아시아의 연대와 공영'이라는 구상에 기꺼이 동의를 표했다. 하지만 사정은 그렇게 간단하지가 않았다. 뒤늦게 자본주의 체제에 승선한 일본의 극심한 서양콤플렉스는 이웃 민족과 국가들을 식민지화함으로써 서양과 동등해질 수 있을 것이라는 욕망을 끊임없이 부추겼다. 일본의 아시아연대론이나 동양평화론이라는 것도 이 욕망을 실현하기 위한 수단에 지나지 않았다. 그리고 그 욕망은 청일전쟁과 러일전쟁의 승리, 한국의 식민지화 등으로 '결실'을 맺는다. 일본제국의 실질적 지도자이자 일본식 동양평화론의 '전도사'이기도 했던 이토 히로부미를 살해한 안중근의 '테러'는 자신의 욕망을 채우기 위해 믿음을 배반한 자를 향한 복수의 표현이었다. 요컨대 "러시아보다 더한 만행을 일삼는 일본"을 질타하면서 "동양평화 문제에 관한 의로운 싸움"을 펼치고자 했던 안중근의 고투(苦鬪)는 세계사의 격랑이 밀려올 때마다 반복되는 '(동)아시아 구상'이 얼마나 매력적이며 또 얼마나 위험천만한 것인지를 웅변하는 단적인 예라 할 수 있을 터이다.

2. '대동아공영권', 제국의 욕망과 상처의 기억

하지만 일본의 세계 제국을 향한 야망은 아시아의 맹주가 되는 선에서 그치질 않는다. 1931년 중일전쟁 이후 1945년 8월 15일 패전에 이르기까지 제국주의 일본은 "영국과 미국의 귀신들을 축출"하고 새로운 세계를 건설한다는 기치 아래 '올인 전략'을 감행한다. 아시아의 황인종들을 이 '성전(聖戰)'에 동원하기 위해 꺼내든 카드가 '대동아공영권'이었다. 오카쿠라 텐신(岡倉天心)이 "아시아는 하나다"라는 선언으로 시작되는 『동양의 이상』에서 말하고 있는 바와 같이, 아시아 문화의 역사적 부(富)를 유일하게 간직하고 있는 일본, "연면한 만세일계의 통치권이라는 비할 바 없는 축복, 정복된 적이 없는 민족이라는 자랑스러운 긍지, 그리고 팽창을 희생하여 전래의 관념과 본능을 지켜낸 섬나라의 고립 등으로 말미암아 아시아의 사상과 문화라는 신탁물을 저장할 진정한 보고(寶庫)"인 바로 그 일본이 중심이 되어 타락한 자본주의가 지배하고 있는 서양을 평정하는 데 다시 한번 아시아가 '히노마루'의 깃발 아래 결집할 것을 종용하고 나섰던 것이다. '일본의 위대한 특권'을 사실로서 수락하고, 위대한 일본 민족이 수행하는 세계사적 과업에 동참하라는 명령이 아시아인들에게 내려졌다. '대동아공영권' 또는 '대동아신질서'의 수립이 다시금 슬로건으로 등장했다. 과거의 이상이 살아 숨쉬는 동양의 정신적·영적 가치가 타락한 서양의 가치를 대체하여 근대를 '초극'할 수 있을 것이라는 발상이 지식인들을 사로잡는 것도 이 시기에 이르러서다.

1937년 제국주의 일본이 중일전쟁을 일으키면서 동양평화론 또는 아시아연대론은 '대동아공영권'이라는 새로운 이름으로 전면에 떠오른다. 당시 일본의 총리대신이었던 코노에 후미마로(近衛文麿)는 "말할 것까지도 없이 우리의 진의(眞意)는 동양문화를 공유하고 있는 일만지(日滿支) 3국의 제휴로써 동양안정의 추축(樞軸)으로 삼고, 이를 통하여 세계평화의 확립에 자주적으로 참여한다"는 훈령을 내린다. 이후 1940년 8월 1일, 마츠오카 요스케(松岡洋右) 일본 외상은 담화를 통해 대동아공영권을 공식화하는데, 그 요지는 "아시아 민족이 서양 세력의 식민지배로부터 해방되려면 일본을 중심으로 대동아공영권을 결성하여 아시아에서 서양 세력을 몰아내야 한다는 것"이었다. 일본·중국·만주를 축으로 하여 프랑스령 인도차이나, 타이, 말레이시아, 보르네오, 네덜란드령 동인도, 미얀마, 오스트레일리아, 뉴질랜드, 인도를 포함하는 광대한 지역의 정치적·경제적인 공존과 공영을 도모한다는 것이 그 핵심이었다. 그리하여 이 훈령과 담화에 바탕을 둔 '대동아공영권'·'신체제'·'동아신질서' 등을 키워드로 한 담론이 식민지 조선의 각종 매체를 장악한다.

새로운 제국 일본을 중심으로 아시아인이 일치단결하여 서양 세력을 몰아내고, 아시아인 모두가 천황의 적자(赤子)가 되어 평화를 구가해야 한다는 환상. 조선의 지식인 대부분이 이를 실체화하려는 전방위적인 훈육 프로그램에 동원되었으며, 이른바 '애국운동'으로 포장된 '국민총동원령' 아래에서 수많은 민중들은 희생과 수탈을 강요당해야만 했던 것이다. 예컨대 식민지 조선의 대표적인 계몽주의자이자 문명론자였던 이광수는 1941년 12월에 있었던 '미영타도대강연회'에서 다음과 같이 말한다.

> 그러면 황국신민은 어떤 일을 해야 하는가. 황국신민은 이 국토와 제 재산과 자녀와 자신의 생명이 천황폐하의 것, 폐하께서 받자온 것으로 믿습니다. 이것이 일본정신입니다. 그러므로 황국신민에게는 황국신민에게는 영미인이 생각하는 바와 같은 개인도 없고 자유도 없습니다. 자유가 있다면 오직 천황을 섬기는 자유가 있을 뿐이니 이 자유야말로 가장 귀중한 자유여서 생명으로써 지키는 자유입니다. 황국신민에게는 영미식 자유의 개인이 없고 오직 대어심(大御心 : 천황의 마음)을 체화(體化)하여서 천황이 하랍시는 일을 순순히 할 따름입니다. 이것을 충(忠)이라고 합니다. 모든 선(善)은 오직 천황께 충성하려는 데 있습니다. 이것이 일본정신입니다.[3]

미국과 영국을 치라는 천황의 거역할 수 없는 명령을 따라야만 온전한 '일본 국민'으로 태어날 수 있다고 믿어 의심치 않았던 이광수는 천황을 위해 모든 것을 기꺼이 바쳐야 한다고 말한다. '천황의 마음'으로

---

3) 이광수, 「思想과 함께 英米를 擊滅하라」, 『춘원 이광수 친일문학전집』 2(이경훈 편역), 평민사, 1995, 313~314면.

수렴하는 '일본정신'을 받들어 생명과 자유를 모두 헌납하는 것, 이를 통해서만 '우매한 조선인'은 '대일본제국 국민'으로 개생할 수 있으며, 이를 통해서만 '대동아(大東亞)'의 평화뿐만 아니라 세계의 평화를 실현할 수 있을 것이라는 신앙에 가까운 신념이 그를 '대동아공영권'의 전도사로 만들었던 것이다. 이광수의 경우를 두고 비판적 지성의 결여나 판단력 마비의 극치를 보여주는 예라고 몰아세우기는 쉽다. 그러나 천황을 향한 충성을 '보살행'에 비유했던 그의 강력한 신념은, 일본의 근대가 정점에 이르러 제시한 대동아공영권의 '황홀한 비전'을 배경으로 하고 있는 것이어서, 논리적으로 격파하기란 생각처럼 만만한 일이 아니다.

이광수의 친식민주의적 글쓰기에 대한 비판은, 한국이 걸어온 식민지적 근대의 특수성과 일본이 도달한 식민지주의적 근대의 특수성에 대한 깊은 성찰을 동반하지 않는 한, 피상적인 비난의 수준을 벗어나기가 어렵다. 이는 이광수 비판에만 해당되는 것이 아니다. 식민지시대 최고의 리얼리스트 중 한 사람이었던 채만식 역시 기존의 모든 개인주의와 자유주의적 행동을 부정하고 '신체제' 건설에 매진해야 한다고 주장하고 있는 것을 보면, '대동아공영권' 이데올로기가 저항하기 어려운 흡인력을 지니고 있었음을 알 수 있다.

> 과연 인류는 바야흐로 새로운 역사를 창조하려 위대한 아침을 맞이했다. 그리고 방금 몰락하고 있는 구라파적인 자본주의와 더불어 탄생하여 성장하고 더불어 번영을 누려오던 자유주의니 개인주의도 그와 더불어 몰락 또한 같이 할 운명을 짊어진 자이어서 지금에 그 종언을 고하게 될 것이다.
> 새로운 역사의 거대한 행진과 발을 맞추어 우리는 시방 동아(東亞)의 전역에서 세계 신질서의 일환인 신동아 신질서 건설의 대업을 수행하고 있는 중이다.
> 이러한 새로운 역사의 추진력으로써 그리고 명일의 세대를 담당한 태세로써 우리는 내부적으로 신체제를 이미 가지게 되었다. 소화유신(昭和維新)이라는 역사적인 국민운동이 외부의 그와 같은 객관적 정세와 호응하여 마침내 적극적인 실천운동으로 발전을 했던 것이다.[4]

어디 이광수와 채만식뿐이겠는가. 중국과 만주 그리고 시베리아 등지를 전전하며 반제국주의 저항운동을 펼쳤던 독립운동 세력과 극소수의 지식인들을 제외한 대부분의 지식인들은 대동아공영권과 신체제 건설이라는, 제국주의 일본이 유포한 담론의 자장으로부터 자유롭지 못했다고 하는 게 진실에 가까울 것이다. 그만큼 '아시아의 연대'나 '아시아의 공영'은 뿌리치기 힘든 유혹이었다고 할 수 있을 것이다. 물론 반체제적이고 반시국적인 인사들에 대한 감시와 협박과 처벌, 인쇄매체에 대한 삼엄한 검열 등으로 인한 불가피한 굴복을 고려하지 않을 수 없다. 그러나 그렇다고 해서, 서정주가 "일본이 이렇게 허망하게 무너질 줄 꿈에도 몰랐다"고 했듯이, 서양의 열강과 어깨를 나란히 하고 싸우는 제국주의 일본의 '위력'이 지식인들의 현실 저항 의지를 꺾어버릴 정도로 막강했을 것이라는 판단이 의미를 상실하는 것은 아니다.

어찌됐든 "새로운 역사의 거대한 행진과 발을 맞추어" 아시아연대론과 동양평화론이 '대동아공영을 위한 신체제론'으로 이름을 바꾸어 다시금 역사의 전면에 등장했고, 그 논리는 19세기 말과 20세기 초의 그것과 마찬가지로 식민지 조선의 많은 지식인들을 끌어들이는 블랙홀의 기능을 유감 없이 수행했다. '대일본제국'을 정점으로 하여 서양의 '야만적인 문명'의 침략을 격퇴하고, '영적이고 정신적인 동양의 문명'으로 이를 대체함으로써 모든 아시아인의 행복을 보장할 것이라는 대동아공영권의 전도된 문명론은, 헤아릴 수 없는 수의 사람들을 죽음으로 내몰았을 뿐만 아니라, 아직까지도 치유되지 않은 깊은 상처를 남기고 있다. '평화'와 '공영'으로 위장한 제국주의 일본의 폭력성이 낳은 비극은 자본주의를 동력으로 하는 근대국민국가의 욕망이 얼마나 파괴적인지를 말해주는 증거라 할 수 있다. 따라서 일본발 '(동)아시아프로젝트'의 파탄이 말해주듯이, 기회만 닿으면 끝 모를 탐욕으로 치닫는 근대국민국가

---

4) 채만식, 「文學과 全體主義―우선 新體制 공부를」, 『채만식전집』 10, 창작과비평사, 1989, 230~231면.

체제의 작동원리를 철저하게 비판하지 못하는 한, '연대론'이나 '공영론'은, 그것이 어떤 이름으로 불리든, 새로운 비극을 낳는 씨앗이 될 수도 있다는 점을 명심해야 한다. 엄중한 역사적 교훈에서 아무것도 배우지 못한다면 두 번에 걸친 일본발 '(동)아시아프로젝트'가 남긴 상처는 언제든 재발하여 우리의 비판 능력을 무력화하고 말 것이다.

3. 20세기 말~21세기 초 한국발 동아시아론—왜 다시 동아시아인가?

이렇듯 치유하기 힘든 배반과 상처의 기억을 안고 있는 '(동)아시아론'이 지금—여기의 지식인들 사이에서 그 세력을 확장하고 있다. 아시아주의론, 아시아연대론, 동양평화론 그리고 대동아공영권에 입각한 신체제론 등등으로 이름을 바꿔가며 두 번에 걸친 중대한 역사적 전환기에 맹위를 떨쳤던 담론이 이번에는 한국의 지식인들 사이에서 격렬한 반향을 불러일으키고 있는 것이다. 『창작과비평』·『당대비평』·『황해문화』등 계간지들이 새로운 동아시아론의 구상에 지속적인 관심을 기울여 왔으며, 새로운 동양학 또는 동아시아학이 필요하다는 인식하에 간행되기 시작하여 지금까지 꾸준히 이어지고 있는 '서남동양학술총서'는 개별 연구뿐만 아니라 동아시아 담론의 방향을 제시하는 데 있어서도 중요한 몫을 담당하고 있다. 특히 이 '총서'의 기획과 편집에 처음부터 참여해 의욕적인 활동을 펼치고 있는 최원식과 백영서의 글은 그들이 구상하는 동아시아 담론의 성격과 위상이 어떠한지를 잘 보여주는 사례라 할 수 있다. 다음으로 '국사(national history)'와 '민족주의'에 래디컬한 비판을 가하면서 한국의 근대와 동아시아의 근대가 안고 있는 문제가 무엇인지를 탐색하고 있는 '비판과 연대를 위한 동아시아 역사포럼'을 주목하지 않을 수 없다. 그리고 한·중·일 지식인들의 소통의 중요성을 강조하면서 중국과 일본 그리고 대만 지식인들의 관련 논문들을 번역·출간하고 있는 '동아시아의 비판적 지성' 시리즈도 우리의 관심을 끈다.5)

그렇다면 왜 다시 동아시아인가? 역사의 기억으로부터 자유로울 수 없는 우리는 1990년대 중반 이후 새롭게 등장한 동아시아 담론에 기대에 찬 눈길을 보내면서도, 그 내실이 무엇인지, 다시 말해 기존의 (동)아시아론과 어떠한 질적 차별성을 지니고 있는지 묻지 않을 수 없다. "세계사적 모순의 가장 난해한 결절점(結節點)의 하나"인 동아시아에 위치한 한반도의 문제를 해결하기 위해서 맨 먼저 고려해야 할 동아시아 각국과 각 민족에 대한 정확한 인식이 서구 편향적 지적 분위기에서 거의 불모지에 가까운 형국에 처해 있다는 진단 아래, "전체주의에 깊이 물든 20세기의 우울한 황혼을 진정으로 넘어설 새로운 문명을 머금은 사상의 씨앗이 자라나 한반도 문제의 진정한 평화적 해결을 바탕으로 아시아의 평화, 나아가 인류사의 새로운 도정이 열릴 바로 그 단서가 발견되기를 바란다"는 게 '서남동양학술총서'의 기획 의도이다. 이 진술에는 20세기 말의 세계사적 지각변동과 함께 동아시아와 한반도가 아시아의 평화와 세계의 평화의 향방을 가늠할 수 있는 바로미터로서 다시 전면에 나서야 한다는 인식이 내재해 있다. 이러한 인식은 다음과 같은 '선언'에서 더욱 명확하게 드러난다.

---

5) 이들뿐만 아니라 동아시아와 관련한 글들은 그 스펙트럼이 넓어서 일목요연하게 정리하기가 쉽지 않다. 예컨대 최근 '동아시아 정체성을 묻는 오늘의 시각'이라는 이름 아래 사상·여성·역사·정치로 나누어 기획물을 간행하기 시작한 '성균관대학교 동아시아 유교문화권 교육·연구단'의 연구도 동아시아 담론의 지형도를 파악하는 데 많은 도움을 준다. 이 연구들이 갖는 의미를 평가하는 것은 나의 능력을 벗어나는 일이다. 그리고 동아시아를 대상으로 하는 글이면 모두 '동아시아 담론'이라는 틀로 묶을 수 있으리라는 발상도 별 의미가 없어 보인다. 여기에서는 일단 지금 한국에서 전개되는 동아시아론을 이해하는 데 하나의 시금석이 될 만하다고 판단되는 글들, 특히 최원식과 백영서의 문제 설정에 주목하여 논의를 전개하기로 한다.

지금 동아시아는 제2의 '서구의 충격'에 버금가는 형국을 맞이함으로써 탈냉전 시대로의 평화적 이행이 가능한가를 시험받고 있다. 등아시아는 특수한 지역사가 아니라 세계사의 향방에 관건으로 작용할 가능성을 풍부하게 내포한 세계사적 지역이다. 그 관건의 중심에 중·일과 미·러가 착종한 한반도가 자리하고 있다. 따라서 한반도에 작동하고 있는 분단체제를 푸는 작업은 풍부한 문명적 자산을 공유해왔음에도 파행으로 점철되었던 동아시아가 새로운 연대 속에 거듭나는 계기로 되며, 미·소 냉전체제 이후의 새로운 시대를 여는 종요로운 단서를 제공할 것이다. 그리고 그것은 서구적 근대의 진정한 대안을 모색하는 작업과 긴밀히 맞물린 사업이기도 하다.6)

최원식은 사회주의권이 몰락하면서 냉전체제가 해체되고 신자유주의에 기반한 세계화의 물결에 실려 미국의 패권주의가 그 폭력성을 더해가고 있는 상황에서 한반도 분단체제를 푸는 작업이야말로 "동아시아가 새로운 연대 속에 거듭나는 계기"가 될 것이며, "냉전체제 이후의 새로운 시대를 여는 종요로운 단서"를 제공하고 나아가 "서구적 근대의 진정한 대안"을 모색하는 출발점이 될 것이라는 견해를 피력한다. 또한 "한반도를 풀면 동아시아가 풀리고 세계가 풀릴지도 모른다"는 낙관적인 기대를 감추지 않는다. 그의 견해에 따르면 분단체제를 푸는 작업이 민족 독립을 넘어 새로운 차원의 민중 세상을 열어나가는 도정에서 중대한 전진으로 기록될 것이며, 분쟁으로 얼룩졌던 동아시아에 진정한 평화를 가져올 새로운 세계 형성의 원리로 된다는 자각이 한국 민족민주 운동의 갱신에 더없이 절실하다.

한반도 분단 문제의 해결 → 동아시아의 평화 확보 → 새로운 세계의 형성 원리로 이어지는 그의 문제의식은 한반도를 중심으로 하여 동심원을 그리며 확대된다. 20세기 세계사적 모순의 상징인 분단체제의 극복이 새로운 세계의 형성 원리라는 그의 논의 전개가, 지금—여기에 살고 있

---

6) 최원식, 「탈냉전 시대와 동아시아적 시각의 모색」, 『동아시아, 문제와 시각』(정문길·최원식·백영서·전형준 편), 문학과지성사, 1995, 94면.

는 지식인의 고뇌에서 우러나온 것이라는 점을 충분히 감안하더라도, 한반도의 상황을 특권화하는 길로 나아갈 위험성을 내포하고 있는 것은 아닌지 경계하지 않을 수 없다. 편협한 민족주의적 시각에서 벗어나 동아시아적 시야를 확보해야 한국 민족민주운동의 갱신이 가능할 것이며, 그리해야 분단 문제의 해결도 가능할 것이라는 주장에 동의하지 않는 것은 아니지만, 어떻게 해야 한반도(특히 남한)가 세계사적 문제를 해결하기 위한 출발점이 될 수 있는지 구체적인 방법론을 제시해야 설득력을 얻을 수 있을 터이다. 하지만 다음과 같은 그의 발언은 대단히 추상적이라는 비판을 면하기 어려울 것이다.

> 한국의 동아시아론은 기존의 중심주의들(중국의 중화주의와 일본의 동양주의—인용자)을 비판하고 새로운 중심을 세우는 것이 아니라, 중심주의 자체를 철저히 해체함으로써 중심 바깥에, 아니 '중심'들 사이에 균형점을 조정하는 것이 핵심이다. 중국 중심주의와 일본 중심주의가 간단없이 충돌을 거듭함으로써 한국의 민중은 물론 중국과 일본의 민중조차도 가해자이자 피해자로 고통받았던 역사적 기억의 창고인 한반도에서 '동아시아'는 그래서 '중화'와 '동양'을 넘어 새로운 대안을 찾는 탐구의 발진점이 될 수밖에 없었던 것이다.[7]

이처럼 그는 한국의 동아시아론이 중심주의를 재생산하는 민족주의의 단순한 확대가 아니어야 한다고 말한다. 보상심리에 근거하여 한국을 일방적으로 특권화하는 동아시아론은 "근대 이전의 중국식 중화주의와 근대 이후의 일본식 동양주의의 희극적 모방으로 떨어지기 십상일 것"이라고 하여 경계를 늦추지 않는다. 그리고 중국과 일본에 권고한다. 중국과 일본은 서양의 모방에서 벗어나 아시아로 귀환해야 한다고 한반도를 고리로 하여 동아시아 지식인들의 소통이 이루어져야 냉전시대의 틀에서 벗어날 수 있다고 이 바탕 위에서만 서구 자본주의와 동구 사회주

---

7) 최원식, 「한국발 또는 동아시아발 대안?」, 『발견으로서의 동아시아』(정문길·최원식·백영서·전형준 편), 문학과지성사, 2000, 44면.

의, 동아시아형 자본주의와 동아시아형 사회주의를 넘어서 새로운 문명적 대안을 찾는 작업이 제대로 발진할 수 있을 것이라고, 한반도가 "동아시아의 균형추" 역할을 담당할 테니까 중국과 일본의 지식인들은 한반도를 연결고리로 하여 소통을 확대하면서 새로운 문명적 대안을 찾아야 한다는 것이다.

그러나 과연 일본제국주의와 미·소 냉전의 희생물로 전락하여 고통의 세월을 보낸 한반도가 중국과 일본을 매개하고 주변국의 동의를 끌어냄으로써 세계 평화에 기여할 수 있을 것인가? 근대사가 남긴 흉터가 그 보증이 되지 않을 것임은 자명하다. 중화주의의 재건을 꿈꾸는 중국을 주변부의 시각에서 비판할 수 있으려면, 제국에 대한 향수를 아직껏 버리지 못하고 있는 일본을 역시 주변부의 시각에서 비판할 수 있으려면, 그리하여 그들을 소통의 장으로 끌어내어 새로운 세계를 구상할 수 있으려면, 무엇보다 한국 민족주의가 갖는 문제점이 무엇인지를 깊이 있게 성찰하고 비판할 수 있어야 한다. 동아시아의 어떤 국가보다 혈통과 언어, 문화 등의 측면에서 강한 동질성을 지니고 있는 한반도가 '단일민족신화'라는 주술에서 벗어나지 못하는 한, 화해와 평화를 위해 나가자는 우리의 손길을 쉽게 받아들이지 않을 것이다. 근대 계몽기 그 누구보다 열렬한 민족주의자였던 단재 신채호가 민족주의와 제국주의가 동전의 양면을 이루고 있다는 점을 간파하고 아나키즘을 거쳐 사회주의로 나아갔다는 것을 기억해야 한다.

저항 민족주의가 우리의 역사에서 민족과 민중의 해방에 기여했다는 점은 숨길 수 없는 사실이다. 그리고 우리가 지금─여기에 살고 있는 민족적 정체성을 폐기 처분할 수도 없다. 그러나 지금도 한국의 민족주의가 저항적 성격을 상실하고 있지 않은지, 아니면 민족주의라는 이름 아래 (무)의식적으로 다양한 역사적 기억을 전유하고 있는 것은 아닌지 분명히 해야 한다. 역사의 저층에는 민족이나 국가로 호수되지 않는 수많은 기억들이 내장되어 있다. '민족사' 또는 '국사'라는 이름 아래 억압·

은폐되어 온 과거를 다양한 채널을 통해 불러냄으로써 지금─여기에서 '기억의 내전'을 치를 수 있도록 해야 미래의 연대 가능성을 다각도로 모색할 수 있을 것이다. 요컨대 한반도 양쪽에서 여전히 그 위세를 잃지 않고 있는 민족주의의 파괴적인 성격을 냉정하게 비판하지 않는 한, 부활의 움직임을 보이고 있는 중국과 일본의 새로운 국가주의와 민족주의를 비판할 자격을 스스로 놓쳐버리고 말 것이며, 한국발 동아시아론도 자기 만족의 차원에서 한 치도 벗어날 수 없을 것이다.[8]

4. '복합국가론' 구상 비판

한국의 지식인들 사이에서 상당한 '인기'를 끌고 있는 '동아시아 담론'에 관심을 보이는 사람들은 이렇게 묻곤 한다. 동아시아를 함께 아울러 연구하고 공동의 삶을 추구한다는 의도는 충분히 알겠는데 그래서 어떻게 하겠다는 것이냐 라고. 한·중·일 3국의 지식인들이 네트워크를 만들어 21세기에 어울리는 새로운 사유를 모색하는 것의 의의는 인정하지만, 그들이 각자가 속한 국가의 '국민'이라는 엄연한 사실을 무시하지 못할진대, 원론에서는 동의를 끌어낼 수 있다손 치더라도 구체적인

---

8) "전지구적으로, 전인류적으로 가장 중요한 동양, 그 중에도 한국, 한국 중에서도 남한이 중요하다 이겁니다. 여기서 인류와 지구의 사회적 위기와 환란을 해결할 수 있는, 창조적 대안이 나올 때 이걸 중심으로 해서 국가의 모든 정책이라든가 제도와 문화·과학·경제 등이 자기를 혁파하며 이것을 따라가게 될 거라는 겁니다. 환경문제를 촉매로 삼아 자기를 바꾸면서 창조적으로 세계화할 때 한반도가 새 문명의 새로운 중심이 된다는 겁니다. 이것은 저 유구한 '남조선 사상'이 전하고 있는 사실입니다." (김지하, 「'기우뚱한 균형'에 관하여」, 『동아시아, 문제와 시각』, 442면) 이러한 김지하의 '한국 중심적' 사고가 아시아의 지식인들, 특히 일본과 중국의 지식인들 사이에서 과연 공감을 얻어낼 수 있을까?

실천에 이르러서는 각국의 이해관계가 충돌하는 것은 불가피하지 않겠느냐는 것이다. 어떤 사람은 아예 '동아시아론자'들이 주장하고자 하는 바가 뭐냐, 그것이 무슨 실효성이 있겠느냐며 따지듯이 묻기도 한다. 동아시아론을 제대로 이해하지도 못하고 던지는 질문이라고 외면해버리면 그만이다. 그러나 이러한 물음들은 동아시아 담론의 구체적인 지적 실천 가능성과 관련된 것이어서 무시하기 힘든 의미를 지니고 있다. 이 질문들에 답하기 위해서는, "동아시아론이 이 지역에 특히 우심한 일국주의 또는 국가주의를 넘어서기 위한 훈련이라면,"[9] 자연적 또는 혈연적 관계 등에 따라 다양하게 흩어져 살던 사람들을 단일한 정치집합체로 통합하려는 운동 속에서 탄생한 '국민'과 그 국민을 하나로 묶는 정치공동체인 '국민국가'의 역사를 탐색·비판하는 논의가 선행되어야 한다.

이와 관련하여 한국에서 전개되고 있는 동아시아론의 현주소는 어떠한가. '이념형으로서의 아시아', '방법으로서의 아시아', '사상과제로서의 아시아', '프로젝트로서의 동아시아', '문명론으로서의 아시아', '지역연대로서의 아시아' 등등 아시아 또는 동아시아를 둘러싼 다양한 논의가 이루어졌고 또 진행되고 있는 가운데, 현재 동아시아론을 진두 지휘하고 있는 사람 중 하나인 백영서는 '지적 실험으로서의 아시아'라는 개념을 내세워 자신의 '복합국가론' 구상을 펼친다. 그는 우선 1990년대에 들어 동아시아 담론이 각광받는 이유를 한국의 민족문화운동 진영의 이론적 모색에서 찾는다. 1990년대 이후 변화한 국제정세에 맞춰 새로운 이념을 모색하는 과정에서 민족주의를 다시 보게 된 결과 일국적 시각과 세계체제적 시각의 매개항으로 '동아시아적 시각'이 제기되었다는 것이다. 그가 말하는 동아시아적 시각이란 '지적 실험으로서의 동아시아'를 뜻한다.

다른 지역을 배제(또는 차별)하는 특권적 태도를 취하지 않는 한 역사적으로

---

9) 최원식, 「주변, 국가주의 극복의 실험적 거점」, 『주변에서 본 동아시아』(정문길·최원식·백영서·전형준 편), 문학과지성사, 2004, 322면.

나 현실적으로 다른 지역보다 상대적으로 가까운 이곳은 당연한 관심의 대상이다. 그리고 '대국'도 '소국'도 아닌 중간 규모의 한반도에서야말로 '지적 실험으로서의 동아시아'를 구체화할 과제를 수행할 충분한 조건이 갖춰진 셈이 아닐까. 이를 통해 작게는 한국 자본이 해외로 진출하면서 현지(특히 동남아)에서 초래하는 반발과 한국에 찾아온 노동자(그 일부는 불법체류자)의 인권 문제를 지역 연대의 차원에서 해결하는 일에서부터, 분단체제를 극복하면서 새로운 형태의 복합적 정치공동체를 창발적으로 구상하고, 전지구적 자본의 획일화 논리에 저항하는 커다란 과제를 실현할 거점을 확보할 수 있을 것으로 기대된다.[10]

인권 문제의 해결과 분단체제의 극복 그리고 전지구적 자본의 획일화 논리에 대한 저항의 거점이 되는 '지적 실험으로서의 동아시아'. 그런데 여기에서 우리는 한반도가 '지적 실험으로서의 동아시아'를 구체화할 과제를 수행할 충분한 조건을 갖추고 있다는 진술이 어디에 근거를 둔 것인지 명확하지는 않지만, 다른 지역 또는 국가를 배제하지 않아야 한다는 단서가 따라다님에도 불구하고, 자칫하면 한반도(특히 한국)의 역할을 과대평가 또는 특권화하는 방향으로 흐를 수도 있다는 점에 유의해야 한다. 그리고 "'대국'도 '소국'도 아닌 중간 규모의 한반도"라는 애매모호한 규정도 문제삼지 않을 수 없다. 이 말이 설득력을 얻을 수 있으려면 어떤 점에서 한반도가 중간 규모라는 것인지, 중간 규모의 민족 또는 국가가 왜 '지적 실험으로서의 동아시아'라는 과제를 주도적으로 수행해야 하는지를 보다 분명하게 제시해야 할 것이다.

그렇다면 "동아시아를 어떤 고정된 실체로도 간주하지 않고 항상 자기 성찰 속에서 유동하는 것으로 파악하는 사고와 그에 입각한 실천의 과정을 의미"하는 '지적 실험으로서의 동아시아'는 어떤 유용성을 갖고 있을까. 백영서는 먼저 일본에서는 일본이 동서 문명 융합을 주도하고 그 과정에서 형성될 '신문명'을 아시아에 확산시키려는 지향 곧 아시아

---

10) 백영서, 「중국에 '아시아'가 있는가?」, 『동아시아의 귀환』, 창작과비평사, 2000, 66면.

주의로 귀결되었으며, 중국에서도 동양문명은 곧 중국 문명이라는 사고를 벗어나지 못한 까닭에 문명 융합의 주체가 중국인일 수밖에 없었다고 하여 '문명론으로서의 아시아'가 그 의의를 상실한 것으로 파악한다. 그리고 국가 권력 수준에서 추진하는 아시아 지역 연대가 현실 정치 속에서 기존 국가 체계(특히 그 연장인 제국주의)에 전유당함으로써 지역 연대의 가능성이 소멸되기 쉽다는 점과 민간 차원에서의 지역 연대를 추진했던 아나키즘 사상가들의 구상도 일반 민중의 일상생활 속의 실감과 거리가 있었기 때문에 단명하게 끝나고 말았다는 이유를 들어 '지역 연대로서의 동아시아'에 대해서도 비판적인 입장을 견지한다. 그런 다음 그는 자신이 창안한 '지적 실험으로서의 동아시아'가 갖는 유용성을 다음과 같이 제시한다.

첫째, '지적 실험으로서의 동아시아'는 복합적인 국가 구조를 창안하는 과제의 중요성을 부각시킨다. 그에 따르면 20세기는 '국민의 역사'인 동시에 '국민 강제의 역사'라는 양면성을 지니고 있다. 따라서 이제는 국민국가를 감당하면서도 그것을 극복하는 이중 과제를 동시에 수행하는 과정에서 그 모습이 구체화될 '복합국가'에 대한 사고가 절실한 시점이라는 것이다. 이것은 '단일 국가'가 아닌 온갖 종류의 국가 결합 형태, 즉 각종 국가 연합과 연방 국가를 포용하는 가장 외연이 넓은 개념이다. 둘째, '지적 실험으로서의 동아시아'는 세계 자본주의 체제와 그것의 작동을 원활하게 해주는 국민국가의 중간 매개항인 동아시아의 역할을 또렷이 인식하도록 촉구한다. 여기에서 말하는 동아시아는 지역적이면서도 전지구적 자본주의의 변혁에 개입하려는 지향을 내포한다.[11]

그가 '복합국가론'의 구상을 밝히면서 예로 드는 것이 중국이 홍콩을 통합하면서 적용한 1국가 2체제 또는 홍콩과 타이완을 포괄하는 1국가 3체제 제안인데, 이는 근대의 산물인 국민국가에 대한 깊이 있는 논의를

---

11) 백영서, 위의 글, 위의 책, 63~64면.

결여하고 있다는 점에서 지나치게 낙관적인 주장이라 아니 할 수 없다. "국민국가를 감당하면서도 그것을 극복하는 이중과제"를 수행할 수 있기 위해서는 근대 국민국가가 보여준 폭력적이고 파괴적인 측면을 철저하게 드러내고 비판할 필요가 있다. 왜냐하면 그렇지 못할 경우 '국민국가라는 괴물'은 모든 지적 실험들을 자신의 욕망을 충족시키는 방향으로 흡수·전용(轉用)하거나 제압해버릴 것이기 때문이다. 그리고 국민국가를 단위로 하는 어떤 연합도 내부의 위계질서를 낳을 수밖에 없으며, 국가들 사이의 위계화는 필연적으로 차별과 억압을 동반할 수밖에 없다는 점에도 유의해야 한다. 한·중·일 3국 모두 공공연하게 '강국의 꿈'을 버리지 않고 있는 게 엄연한 현실이지 않은가.

근대의 산물인 국민국가는 표면적으로는 평등을 내세우면서도 이면에서는 구성원들 간의 차별을 은폐하고 차이를 억압함으로써 지탱되어왔다. 자신의 욕망을 충족시키기 위해서라면 그 어떤 차별과 억압도 서슴지 않는 게 국민국가의 본성이라는 사실은 중국의 소수민족 탄압·흡수와 일본의 제국주의화 과정이 보여준 바와 같다. 또 동아시아가 "지역적이면서도 전지구적 자본주의의 변혁에 개입"할 수 있기 위해서라도, 그리하여 자본주의를 넘어선 세계를 상상하기 위해서라도, 자본주의와 불가분의 관계를 맺고 있는 국민국가에 대한 비판이 선결과제라 아니 할 수 없다. 국민국가를 극복해야 한다는 당위론을 되풀이할 게 아니라, 왜 국민국가를 넘어서야 하는지 끊임없이 묻고 대답하면서 그 시스템 자체에 균열을 일으키는 지점까지 나아가야 동아시아 담론은 자체 생명력을 더욱 강화할 수 있을 것이다.[12]

---

12) 백영서는 "한민족공동체 같은 새로운 공동체가 지속적으로 존속하려면 제도적 틀로서 통상적인 국민국가가 아닌 복합국가 모형이 필요하다"고 한 자신의 한반도 복합국가 구상이 성급한 표현이었다고 밝히고 있다. 한반도 안팎에 걸쳐 있는 한민족공동체를 정치적 영역에서 공식제도로 통합한다면, 다시 말해 하나의 정치체제로 포괄하려 한다면 부작용이 생길 뿐만 아니라 용이한 일도 아닌 것 같다는 이유에서이다. 대신 그는 정치적인 복합국가 모형보다는 오히려 경제적·문화적 영역에서 형성되는 한민족

5. 저항적 사유의 모험을 위하여

1990년대 중반 이후 본격적으로 전개되기 시작한 동아시아론은 한두 편의 글로 정리할 수 없을 만큼 다양한 양상을 보이고 있다. 동아시아론은 사회주의권의 몰락과 완강했던 분단체제의 동요를 경험한 한국의 지식인들이 한반도라는 울타리에서 벗어나 동아시아적 시각에서 우리 삶을 파악하고 새로운 역사적 전망을 획득하기 위해 기획·생산하기 시작한 담론이다. 동아시아론이 민족주의나 국민국가에 갇힌 편협한 사유를 비판하고 폭넓은 시야를 확보하는 데 중요한 기여를 하고 있다는 점은 평가받아 마땅하다. 그리고 한국발 동아시아론이 일본과 중국의 지식인들 사이에서 일정 정도 호응을 얻고 있는 것도 사실이다. 하지만 동아시아론이 일회성으로 그치지 않으려면, 또 국가권력에 도섭되지 않고서 저항적 사유의 모험을 이어나갈 수 있으려면, 무엇보다 먼저 동아시아 근대사의 교훈을 깊이 새길 수 있어야 한다. 아리프 딜릭의 다음과 같은 '충고'에 귀기울여야 하는 것도 이 때문이다.

동아시아라는 개념은 세계성이라는 오늘의 문제에 대하여 구체적으로 설명할 수 있을 때, 그리고 '과거'와 '서구' 모두의 산물인 오늘의 현실을 출발점으로 하는 경제적·정치적 정의의 문제에 해결책을 제시할 수 있을 경우에만 의미가 있다. 따라서 계획으로서의 동아시아는 과거를 다시 쓸 것을 요구한다. 민족주의 역사학에 의해 다시 씌어진 것과 같은 것이 아니라 민족적이고 국제적인 조직의 현재적 기준에 대한 대안을 통하여 동아시아인의 문화와 정치에 대한 역사적 경험이 드러내야 했던 것이 무엇인지에 주목하려면서 써야 한다는 것이다. '서양'에 대해서 단순히 문화적 정체성을 주장하는 것으로는 더 이상 충분하지 않다. 이는 '서양'이 이미 뗄 수 없는 동아시아의 한 부분이 되었기 때

공동체의 정체성이 중시되어야 할 것이라는 의견을 개진한다. 자세한 내용은 백영서, 「20세기형 동아시아문명과 국민국가를 넘어서」, 위의 책, 45~47면 참조.

문만이 아니라 그러한 주장들이 새로운 문화적 가면 아래에서 사회적 불의와 억압을 계속 연장하는 데 도움을 줄지 모르기 때문이다.[13]

동아시아 근대사의 비극적 경험을 되풀이하지 않기 위해 우리는 동아시아 근대사의 격변기에 등장했던 다양한 흐름의 (동)아시아론을 참조하면서 과거를 다시 써야 한다. 그러기 위해서는 일본과 중국에서 생산된 관련 텍스트들을 번역해 내는 게 급선무이다. '서남동양학술총서'만 해도 1차 텍스트를 번역한 것은 『동아시아인의 동양인식 — 19~20세기』에 실려 있는 게 전부라 해도 과언이 아니다. 번역이라는 기초작업을 외면하는 한 지금 전개되고 있는 동아시아론에 대한 언어를 달리 하는 지식인들 사이의 생산적인 비판과 논쟁은 제대로 이루어질 수가 없다. 확언하건대 한·중·일 3국의 근대 지식인들의 다채로운 동아시아론을 현재의 시점에서 실감하고 소수자들의 고투의 과정을 재발견함으로써 우리는 동아시아 담론을 보다 입체적으로 구성해나갈 수 있다. 그래야 역사는 비로소 현재와 미래를 사유하는 데 유효한 텍스트가 될 수 있을 것이며, 의미 있는 교훈을 제공할 수 있을 것이다.

이 글을 시작하면서 역사적 격변기에 등장했던 (동)아시아론이 배반과 상처의 기억으로 얼룩져 있었고, 그 파장이 어떠했는지를 조금은 장황하게 설명한 바 있다. 일본발 (동)아시아론이 아시아의 지식인들과 민중들에게 치유하기 어려운 배반과 상처를 안긴 핵심적인 이유는 민족주의와 국가주의 이데올로기를 추종하면서 '제국의 욕망'을 정당화하기 위한 위장막으로 활용되었다는 데 있다. 따라서 '야만적 근대'의 산물인 민족주의와 국가주의에 토대를 둔 동아시아론을 근본적으로 비판하지 못한다면, 지금 한국의 지식인들이 타전하고 있는 동아시아론은 메아리 없는 독백으로 그칠 공산이 크며, 평화로운 공동의 삶을 향한 저항적 사유의

---

13) 아리프 딜릭, 「역사와 대립되는 문화인가?」, 『발견으로서의 동아시아』(정문길·최원식·백영서·전형준 편), 문학과지성사, 2000, 111면.

모험도 장벽에 부딪히고 말 것이다. 우리의 생생한 삶의 기억들을 전유해온 국민국가와 민족주의에 대한 깊은 성찰과 비판이 전제되지 않는 한 이 기획은 자기 동일성을 강제하는 또 다른 폭력의 온상이 될 가능성이 높다는 점을 다시 한번 되새겨야 할 것이다.

일본발 동아시아론에서 무엇을 배울 것인가?

"일본 유명한 정치가 후작 이등박문씨가 이 달 23일쯤 입성한다 하니 이등박문씨는 당금 세계에 유명한 정치가요 또 우리 대한 독립한 사업에 대공이 있는 사람이라. 이번에는 유람차로 오니 정부와 인민이 각별히 후대하기를 바라노라." 『독립신문』 1898년 8월 20일자 잡보란에 실린 '후작 이등박문씨의 유람'이라는 제목의 기사이다. 『독립신문』은 이 단신에 이어 이토 히로부미(伊藤博文)가 조선을 방문한 날부터 떠나기까지 그의 일거수일투족을 상세하게 보도한다. 『독립신문』의 '요청'에 화답하기라도 하듯 대한제국 정부는 궁내부 대신 이재순의 감독하에 대대적으로 궁궐을 수리하는 등 '세계의 유명한 정치가요 대한 독립에 큰 공을 세운' 이토 히로부미를 접대하기 위한 만반의 준비를 갖춘다.

정교(鄭喬)의 『대한계년사』를 보면 이토 히로부미를 향한 대한제국 지도층의 존경과 신뢰가 어느 정도였는지를 미루어 짐작할 수 있다. 일본 요릿집 국취루(掬翠樓)에서 이토 히로부미의 조선 방문을 환영하는 성대한 연회가 열린다. 그 자리에서 각부 대신과 독립협회 지도부(윤치호·정교·이건호)가 그의 공덕을 칭송하는 시를 지어 건네자 이토 히로부미는 다음과 같이 화답한다. "흉금을 털어놓으니 너와 내가 따로 없네(開懷無彼此) / 고치기 어려운 버릇은 영웅을 사모하는 것이라(痼疾慕英雄)." 그러자 곁에 있던 정교가 이렇게 답한다. "하늘과 땅 가득히 감개가 무량하네(乾坤多感慨) / 아시아와 유럽을 통틀어 한 사람의 영웅이 있도다(亞歐一英雄)."

아시아와 유럽을 통틀어 하나밖에 없는 영웅! 접대용 발언 또는 외교적 수사에 지나지 않는다고 말할 수도 있지만, 그렇게 보기에는 청일전쟁에서 승리한 후 군비확장을 통한 아시아 지배 전략 구상에 골몰하고 있던 이토 히로부미의 영향력이 너무나 막강했다. 일본을 일약 문명국의 반열에 올려놓는 데 혁혁한 공을 세웠을 뿐만 아니라 청나라의 속국이었던 조선을 '독립'시키는 데 막중한 역할을 수행한 그는, 조선의 문명개화와 자주독립을 추구하던 사회적 지도층의 입장에서 보았을 때, 선망의 대상이자 존경에 값하는 인물이었음에 틀림없다. 공식적인 방문이 아니라 개인적인 유람에 나선 일본정계의 '거물'을 이처럼 성대하게 환영한 이유도 여기에 있었을 터이다. '동양평화의 전도사'를 자임하던 이토 히로부미에게 대한제국 정부는 기꺼이 경부철도부설권을 '선물'로 주었으며, 열강들의 이권침탈에 격렬하게 저항했던 독립협회에서도, 그가 중국으로 향하기 위해 인천으로 떠나던 날, 독립문이 그려진 은제 찻잔 한 벌을 선사하면서 따뜻하게 전별했다. 그 대신 그는 자신의 안경을 두고 떠났는데, 『독립신문』은 8월 31일자 '부끄러운 일'이라는 제목의 기사에서 "이등 후작이 외부(外部)에 갔다가 안경을 잃었다 하니 당당한 제국 외부에서 귀한 손님이 안경을 잃은 것은 남에게 들려즈지 못한 수치"라며 정부 관계자를 질타해 마지않았다.

그로부터 6년 후, 러일전쟁이 한창 진행중이던 1904년 3월 17일, 이토 히로부미는 특파대사 자격으로 서울에 온다. 이때에도 고종 황제는 그에게 대한제국시대 최고의 훈장인 금척대훈장을 수여하고 연회를 베풀어

융숭하게 대접했다. 러일전쟁을 수행하는 데 조선의 적극적인 지원을 얻어내는 것이 특파대사 이토 히로부미의 방문 목적이었다. 그의 요구에 따라 대한제국 정부는 일본군을 적극적으로 지원하라는 훈령을 내린다. 거래의 내막을 상세하게 알 수는 없지만 아마도 이토 히로부미는 러일전쟁을 지원한 대가로 대한제국의 완전한 독립과 이를 기반으로 한 동양평화의 수립을 약속했을 것이다. 이는 다른 나라가 조선의 내정에 간섭할 경우 "병력을 출동해 만일의 사태에 대비하고, 또 조선으로 하여금 영원토록 재앙과 난리에서 벗어나도록 하며, 장래에 치안을 보존하여 동양 전체의 평화를 유지하려고 한다"는 일본 천황의 칙서(1894) 이후 되풀이되어 온 '약속'이었다.

그러나 동양평화의 전도사로서 기대를 한 몸에 모았던 '동양이 낳은 영웅' 이토 히로부미는 한국의 독립 및 영토의 보전을 유지한다는 약속을, 한·중·일 3국이 연합 동맹하여 동양의 대세를 영원히 보전한다는 대의를 헌신짝처럼 팽개쳐버린다. 그리고 1905년 11월, 러일전쟁에서 일본이 승리한 후, 그는 "사람을 압도하기에 충분한 음성과 웃음"으로 한국 정치의 전면에 등장한다. 동양의 패자(覇者)답게 동아시아의 황인종을 생각해달라는 대한제국측의 간절한 요청은 너무나 허망하게 거절당하고 만다. 그는 너무나 당당하게 이른바 '을사보호조약'을 체결해야만 "두 나라는 행복해지고 동양의 평화는 영원히 유지될 것"이라며 조약 인준을 종용한다. 을사보호조약 제1조에 명기되어 있는 바와 같이 "한국과 일본 두 나라는 동아시아의 대세를 튼튼히 하기 위하여 이전의 친밀한 관계를 굳게 맹세하여 약속"하는 것, 이것이 동양의 영웅 이토 히로부미가 품고 있던 '큰 뜻'이었던 것이다.

안중근이 미완성 유고 『동양평화론』에서 밝히고 있듯이, 한국과 청국의 인민들이 일본 군대의 짐을 나르고 길을 닦고 정탐을 돕는 등 수고를 아끼지 않고 일본이 러일전쟁을 승리로 이끄는 데 기여한 이유는 러일전쟁을 승리로 이끌어 "동양평화를 유지하고 대한 독립을 공고히 한다"는 일본의 대의(大義)에 전적으로 동의했기 때문이었다. 그리고 황인종과 백인종이 경쟁하는 마당에 "같은 종족을 사랑하는 마음으로 한편이 되는 게 인정의 순서요 합당한 이치"라고 생각했기 때문이었다. 하지만 청일전쟁과 러일전쟁에서 잇달아 승리하면서 동아시아의 새로운 강자로 떠오른 일본이 한국과 청국의 많은 지식인들의 원망(願望)을 철저하게 배반하고, '같은 종족'을 침략함으로써 '제국의 욕망'을 실현하려는 프로젝트를 현실로 옮기자, '테러리스트' 안중근은 '배신자' 이토 히로부미의 심장을 향해 총을 겨누었던 것이다.

동양평화의 전도사에서 배신자로 전락하는 이토 히로부미의 모습은 동아시아연대론이 얼마나 많은 위험성을 내포하고 있는가를 여실하게 보여준다. 하지만 제국주의 일본은 '배반의 역사'를 반복한다. 1937년 중일전쟁을 도발한 이후 1945년 8월 15일 패전에 이르기까지, 특히 태평양전쟁에서 패전에 이르기까지 일본은 다시금 '동양평화'를 전면에 내세우고 아시아 민중들을 고통의 시간으로 몰아넣는다. 동양의 평화를 외치면서 중국을 침략하고, 제국 일본을 중심으로 일치 단결하여 스스로가 젖줄을 대고 있는 서양을 쳐부수자고 선동한다. 이른바 영미귀축(英米鬼逐), 즉 영국과 미국의 귀신을 축출하자는 깃발이 아시아 전역을 뒤덮으면서 (동)아시아의 근대사는 죽음의 세월을 보내야만 했던 것이다.

일본의 '세계경영' 욕망이 빚은 폭력과 희생을 정당화하고 이를 사상적으로 뒷받침했던 것이 바로 '아시아는 하나다'라는 논리였다. 수많은 학자와 문인들이 앞을 다투어 동양을 이야기했고, 일본을 중심으로 하여 동양이 강력하게 연대해야만 서양의 침략으로부터 동양 평화를 지킬 수 있다는 논리를 유포했다. 식민지 조선의 지식인들, 예컨대 이광수, 서정주, 인정식 등도 이 논리를 자발적으로 내면화하였으며, 일본인과 동등한 '황국신민'이 되어 당당한 일본제국의 '국민'으로서 다시 태어나기를 희구했다. 그들은 "서구의 족쇄로부터 아시아 인민을 해방한다"는 명목하에 자행된 소위 '해방전쟁'을 위해 조선인들 역시 몸과 마음을 바쳐 충성할 것을 독려했다. 그리고 그 상흔은 아직껏 지워지지 않은 채 기회만 닿으면 망각의 사슬을 풀고 뛰쳐나와 우리들의 기억을 교란시키곤 한다.

역사가 우리에게 가르쳐주는 것은 서구 근대에 대한 대타의식에서 출발한 동양평화론 및 대동아공영권의 논리가 제국주의 일본의 세계 지배를 정당화하기 위한 시녀(侍女)에 불과했다는 사실이다. 후쿠자와 유키치를 비롯하여 오카쿠라 텐신, 미키 키요시 등 일본의 쟁쟁한 사상가들이 동양을 발견하고, 이를 토대로 하여 동양평화론을 역설했으며, 그 위에서 이토 히로부미를 위시한 제국주의적 정치가들은 자신들의 구상을 침략전쟁을 통해 현실화하고자 했다. 그들의 사고에 서양에서 출발한 자본주의나 국가주의에 대한 비판은 깃들 여지조차 없었다. 악(서양)을 구축(驅逐)하고 새로운 중심을 세우려 했던 일본 근대의 이중성 또는 이율배반은 전도된 오리엔탈리즘이 얼마나 손쉽게 폭력으로 치달을 수 있는지를 보여주는 단적인 예라 할 수 있을 것이다.

이처럼 입만 열었다 하면 연대에 기초한 평화 구축을 내세웠던 제국주의 일본의 '약속'이 배반으로 귀결되면서 동아시아 근대사상사에서 동아시아론은 깊은 의혹의 눈길을 피하기 어려운 상황에 처하기에 이른다. 그런데 요즘 한국에서 '동아시아론'이 하나의 담론으로 떠오르고 있다. 동아시아를 말하는 논자들이 다양한 탐색을 행하고 있는 중이어서 그 향방을 가늠하기란 쉽지 않다. 제국주의를 자본의 논리와 결탁한 국가주의의 확대판이라 할 수 있다면, 동아시아론이 나아가야 할 방향은 명확해진다. 한국 지식인들이 '발견' 또는 '창안'한 동아시아론이 일시적인 '유행'으로 끝나지 않으려면, 근대를 추동하는 두 축이자 전면적 폭력의 어머니인 국가주의와 자본주의를 넘어서기 위한 사유의 모험으로 이어져야 한다. 태평양전쟁이 한창 진행 중이던 때 일본 학계를 강타했던 '근대초극론'이 허구에 지나지 않았던 것도 국가주의와 자본주의를 불가침의 전제로 생각했기 때문이다.

두 번에 걸쳐 거센 파도처럼 밀려와 아시아를 전쟁의 소용돌이로 몰아넣었던 일본발 (동)아시아론이 침략과 압제를 정당화하는 데 결정적인 기여를 했다는 역사적 경험을 우리는 다시 환기할 필요가 있다. 자본주의와 국가주의 그리고 자민족중심주의에 대한 비판을 철저하게 수행하지 않는 한, 한국발 동아시아론이 군사적 침략뿐만 아니라 경제적 문화적 침략을 정당화하기 위한 이데올로기로 전화(轉化)하지 않는다는 보장은 어디에도 없다. 태양 아래 새로운 것은 없다고 했던가. 두 번의 일본발 (동)아시아론은 한국의 동아시아론이 나아가야 할 방향을 지시하는 반면교사라 할 수 있을 것이다. 역사를 향해 진지하게 되물을 때, 그러니까 일차적으로 동아시아에서 전개된, 국가주의에서부터 아나키즘에 이르기까지 다양하고도 이질적인 사유의 흐름들을 아우르면서 진정한 연대에 의한 '동양평화'를 모색해 나갈 때, 우리는 제2의 이토 히로부미에게 총을 겨누지 않아도 되는 세상, (동)아시아의 민중들이 평화롭게 함께 살아가는 진정한 '대동아공영'의 세상을 꿈꿀 수 있을 것이다.

인문학의 '위기'와 '18세기'의 발견

1. 다매체시대, 종이책의 향방

전자책이 종이책을 대체할 것이라는 소문이 나돌기 시작한 지도 꽤 많은 시간이 지났다. 막강한 인프라를 구축한 인터넷이 매체환경의 총아로 떠오르면서부터니까 어림잡아도 5, 6년은 지난 셈이다. '책'을 종이에 적힌 활자로 읽지 않고 화면을 통해 읽는다는 발상이 어떻게 가능한지, 그때나 지금이나 궁금하기는 마찬가지다. 상허 이태준이 어떤 수필에서 책은 '책'이 아니라 '冊'으로 적고 싶다는 소망을 피력한 바 있거니와, 나 역시 상허만큼은 아니더라도 책은 종이와 활자가 만나 빚어내는 것이어야 비로소 책이라 할 수 있다는 조금은 '고풍스러운' 생각을 떨쳐버릴 수가 없다. 손끝에 느껴지는 종이의 질감, 페이지마다 그어진 밑줄과 군데군데 적힌 메모들…… 하기야 감각도 '진화'하는 것이라면 종이책에 대한 느낌도 세대에 따라 다를 것임에 틀림없다. 또 현기증이 일 정도로 하루가 다르게 변화하는 환경 속에서 굳이 종이책만을 고집하다 보면 시대 착오적이라는 비난을 피하기 쉽지 않을 터이다.

다행스럽게도(?) 종이책이 소멸할 것이라는 소문이 현실화할지 여부는 좀더 시간을 두고 지켜보아야 할 듯하다. 전자책의 등장으로 종이 소비량이 급격하게 줄어들 것이라는 예상도 적어도 지금까지는 적중하지 않은 모양이다. 하지만 종이책이 정신적 자양분을 공급하는 최대의 원천이었던 시대를 살아온 세대와 지금 사이버 세계의 광활한 바다를 자유자재로 항해하는 세대 사이에 가로놓인 감각의 차이는 상상하는 것보다 훨씬 크다. 요즘 젊은이들의 종이책에 대한 친밀감이 앞선 세대의 그것에 비해 현저하게 낮다는 게 이를 방증한다. 물론 예외도 있을 것이고, 다매체 환경에서 종이책의 '특권'을 주장할 수만도 없는 노릇이다. 인문학 관련 책의 경우 그것을 구매하는 연령층이 30대와 40대에 쏠려 있다는 통계가 보여주듯이 인터넷과 함께 생활하고 있는 새로운 세대들에게 종이책의 매력은 훨씬 덜한 게 분명하다. 당연하게도 그들에게는 그들의 세계가 있을 것이고, 또 그 세계는 충분히 존중받아 마땅하다.

왠 뜬금없는 종이책 타령이냐고 반문하는 사람이 있을 것이다. 내가 종이책에 친밀감과 애정을 갖고 있는 것은 틀림없는 사실이다. 하지만 그렇다고 해서 종이책의 존속이 필요하다고 강변할 생각은 조금도 없다. 테크놀로지의 혁명이 쓰기와 읽기의 패턴에 몰고 온 변화를 익히 알고 있는 이상, 인쇄매체의 아우라에 들린 사람들의 아쉬움이랄까 미련도 거센 변화의 소용돌이 속에서 어떤 식으로든 굴절을 겪을 수밖에 없을 것이다. 그러나 한가지 사실만은 명백하다. 아무리 다양한 매체들이 등장한다고 해도 인쇄매체는 자신의 존재 의의를 지속적으로 재발견할 것이며, 기존과는 다른 방식으로 그 생명력을 강화해나갈 것이다. 그렇다면 그 생명력을 어디에서 찾을 수 있을까. 기존의 출판사들이 사이버매체에 전권을 이양하고 무기력하게 역사의 뒤안길로 사라지지 않아도 되는 방법은 없는가. 전자책과 비교할 때 종이책이 갖고 있는 강점을 살릴 수 있는 방안은 무엇인가.

2. 발상의 전환과 '18세기'의 발견

　아동서적과 중고등학생용 참고서 시장을 빼고 나면 출판계는 여전히 깊은 불황의 늪에 빠져 있다. 실용서적과 몇 권의 소설 그리고 처세 관련 책이 출판시장의 판매고를 유지하고 있으며, 인문·사회 관련 서적은 '전멸'했다는, 또는 전멸하고 말 것이라는 '흉흉한 소문'이 현실로 다가오고 있는 듯하다. 경제가 어려워서라는 상투적인 말로 덮어버리기에는 미진한 느낌을 지우기 어렵다. 언제 돈이 남아돌아서 책을 구매한 소비자가 얼마나 되겠는가. 이럴 때일수록 비슷한 상품 종류가 급속히 증가하고 있는 새로운 매체 환경에 적응하기 위해 출판계가 기울인 노력은 무엇이었는지 곰곰이 짚어보아야 할 것이다. 타성에 젖어 기존의 기획을 추수하지는 않았는지, 새로운 아이디어를 창안하기보다는 다른 출판사의 아이디어를 베끼기에 급급하지 않았는지, 저자나 번역자의 능력을 과신한 나머지 수동적인 자세로 일관하지는 않았는지, 다시 한번 스스로에게 질문을 던져야 할 것이다. 중요한 것은 발상의 전환이다.

　인문·사회 서적 관련 출판계가 총체적인 위기에 처했다는 말에도 아랑곳하지 않고 그 생명력을 유지하고 있는 몇몇 출판사들은 발상의 전환이 얼마나 중요한가를 잘 보여주는 예다. 특히 한국의 '18세기'에 주목하여 하나하나 착실하게 결실들을 선보이고 있는 출판사들의 입장에서 보자면 인문학의 위기를 외치는 소리는 실체 없는 소문을 과장한 것으로 들릴는지도 모른다. 이들에게 '18세기'는 위기를 돌파하기 위한 하나의 키워드이며, 이 키워드를 구심점으로 하여 인문학 출판 시장은 자생력을 확보하기 위한 작지만 소중한 디딤돌을 놓고 있는 것처럼 보인다. 이러한 상황은 출판사의 입장에서 보았을 때뿐만 아니라 독자(소비자) 나아가 번역자와 저자들의 입장에서 보았을 때에도 대단히 고무적이라 아니할 수 없다. 독자들은 '18세기'를 다양한 시각에서 접할 수 있을 것이며 번역자와 저자들은 보다 폭넓은 독자층과의 교감을 통해 새로운 번역과 글쓰기를 시도할 수 있을 것이기 때문이다.

왜 '18세기'인가? 두루 알려진 바와 같이 18세기는 한국판 문예부흥기라고 할 수 있다. 영조와 정조의 지원 또는 묵인 아래 지식인들은 다양한 담론들을 흡수함으로써 성리학 일변도의 사유체계에 균열을 일으켰다. 정약용·홍대용·박지원·박제가·이덕무·이옥 등 많은 지식인들이 다단한 층위의 글쓰기를 통해 지배적 사유틀을 뒤흔들었다. 이들은 현실에 안주하여 기존의 척도로 이질적인 흐름들을 절단하고 배제하는 데 골몰한 지식인들과 다른 선을 그으면서 놀랄 만한 사유의 모험을 펼쳤으며, 그들의 모험은 세계를 다른 방식으로 보는 다양한 시각을 제공함으로써 견고하게만 보였던 담론 지층에 충격을 가했던 것이다. 지금—여기에서 우리가 말하는 '18세기'는 시대의 모반자였던 이들이 살았던 시공간을 일컫는다. '18세기'라는 시공간 혹은 하나의 세계가 생산한 '불화(不和)'의 기록들이 21세기에 접어들면서 종이책으로 되살아나 많은 독자들과 만나고 있다. 이제 '18세기의 아들'이 낳은 불화의 기록이 독자들에게 호소력 있게 다가오는 이유를 물어야 한다.

3. 새로운 번역이 몰고올 파장

'18세기'에 대한 관심은 오래 전부터 있어왔다. 이른바 내발적 근대화론을 구축하기 위해 역사학자를 비롯한 인문학자들이 대거 동원되었으며, 이들은 서구의 단선론적 발전론에 한국사를 대입하는 과정에서 18세기를 발견했다. 농업과 상업의 발달 과정을 구명함으로써 한국에서도 자본주의의 맹아가 싹텄다는 논의가 설득력을 얻기도 했고, 한국 근대문학의 싹이 영·정조 시대에 발아했다는 그럴 듯한 논리가 교과서에 등장하기도 했다. 뿐만 아니라 소중화사상이 지배하고 있던 이 시대를 적극적으로 평가함으로써 학자들은 한국사의 자주적 측면을 강조하기도 했다. 1970년대와 1980년대를 통과하면서 대대적으로 등장한 이러한 논의가 과연 타당한지 여부를 판단하는 것은 나의 능력을 벗어나는 일이다. 여기에서 말할 수 있는 것은 이들의 논의가 지극히 전문적이어서 대중들이 접근할 수 있는 가능성이 차단되어 있었을 뿐만 아니라, 민족문화추진위원회에서 지속적으로 간행한 번역본이 있긴 했으나 이 또한 대단히 전문적이어서 일반 독자들은 원텍스트를 만나기도 쉽지 않았다는 점이다.

그런데 2000년에 접어들어 '태학산문선'으로 간행되기 시작한 책들, 예컨대 박제가(1750~1805)의 『궁핍한 날의 벗』, 이옥(1641~1698)의 『선생, 세상의 그물을 조심하시오』, 심노숭(1762~1837)의 『눈물이란 무엇인가』, 정약용(1762~1836)의 『뜬 세상의 아름다움』, 허균(1569~1618)의 『누추한 내방』 등은 독자들 사이에서 잔잔하지만 꾸준한 반응을 얻고 있다. 이 책들이 모두 18세기의 산물은 아니지만 중요한 것은 한문으로 씌어진 원텍스트를 일반독자들이 이해하기 쉽도록 번역하고 있다는 점이다. 그리고 이 책들은 당시 지식인들의 내면풍경을 엿볼 수 있는 짧지만 의미있는 다양한 글들을 번역하고 여기에 간략한 도움말을 덧붙임으로써 일반 독자들이 쉽게 접근할 수 있도록 한 것이 눈에 띈다. 번역된 텍스트를 통해 독자들은 시대와 대결한 이들의 내면풍경을 들여다봄으로써 심리적 거리감을 좁힐 수 있는 실마리를 찾았던 것으로 보인다. 태학산문선뿐만 아니라 돌베개에서 펴낸 홍대용(1731~1783)의 『산해관 잠긴 문을 한 손으로 밀치다』와 박제가의 『북학의』, 열림원에서 펴낸 이덕무(1741~1793)의 소품 모음집 『한서이불과 논어병풍』 등도 독자들을 '18세기'로 이끄는 데 일정 정도 기여했다고 할 수 있다.

번역은 일반 독자들이 18세기에 생산된 원텍스트와 만날 수 있는 거의 유일한 통로이다. 특히 한글세대가 독자층의 대부분을 차지하고 있는 상황에서 인문학 출판계는 근대 이전에 생산된 텍스트들은 번역하는 일에 깊은 관심을 기울여야 한다. 한국어를 아는 독자라면 어렵지 않게 독해할 수 있는 번역이 필수적이며, 보다 많은 독자들을 '18세기'(어디 18세기뿐이겠는가마는)로 안내하기 위해서는 이 작업을 감당할 수 있는 젊은 번역자를 폭넓게 '발굴'해야 할 것이다. 사실 번역과 관련하여 말한다면 '18세기'는 거의 황무지에 가깝다. 이를테면 누구나 입에 올리는 박지원(1737~1805)의 『열하일기』도 1967년에 번역된 것이 유일한 완역본이며, 『연암집』은 일부분을 제외하고는 번역되지 않은 실정이다. 박지원의 저작만이 아니라 무수한 '보물'들이 광맥을 형성하고 있어 체계적이고 지속적인 번역만 이루어진다면 '18세기'만으로도 탄탄한 기반을 마련할 수 있을 것이라 확신한다. 어려운 살림을 꾸려가고 있는 출판사에 이러한 작업을 기대하는 것은 무리겠지만, 여러 텍스트들을 저자나 테마별로 재구성하여 번역해 낸다면 예상 밖의 '성과'를 얻을 수도 있을 것이다.

4. 망각된 기억을 복원하라

'18세기'를 온전하게 말하기 위해서는 번역만으로는 충분하지 않다. 여기저기에 산재해 있는 텍스트들을 아우르고 있는 지식인들로 하여금 숨겨진 의미들을 찾아내어 다시 쓰도록 하는 것 역시 출판사 기획자들의 중요한 몫 가운데 하나다. 지식인들은 일반 독자들이 다양한 시각에서 '18세기'를 볼 수 있도록 하기 위하여 '전문성'을 전가의 보도로 삼는 지적 엄숙주의에서 벗어날 필요가 있다. 출판사는 자신이 소유한 지식을 많은 독자들과 공유하는 방법을 고민하고 있는 지식인들을 견인할 수 있어야 하며, 그들이 '창고'를 열도록 유도해야 한다. 지금-여기에서 중요한 관심사로 떠오르고 있는 문제에 대한 의미 있는 답을 역사에서 구하는 작업이 중요하다는 데 이의를 제기할 사람은 드물 것이다. 그러나 이에 못지 않게 중요한 것은 거대 역사의 이면에 갇혀 우리가 보지 못한 기억들을 불러내는 일이다. 독자들의 관심의 촉수가 망각된 기억을 향하고 있다는 것은 요즘 독서계의 동향을 보면 어렵지 않게 알 수 있다.

이와 관련하여 우리가 주목해야 할 책이 강명관의 『조선의 뒷골목 풍경』(푸른역사)과 정민의 『미쳐야 미친다』(푸른역사)이다. 강명관은 자신의 책이 '거창'·'엄숙'·'치밀'한 것과는 전혀 관계가 없는 '잡문'에 불과하다고 말하면서 이렇게 묻는다. "존재했던 다양성과 구체성을 지워버리고 오로지 단일한 중심만을 내세워 대상을 왜곡시킴으로써 애써 중심을 닮게 하는 권력이야말로 중심적 담론의 독재가 아닐까? 이것이야말로 정치독재보다 더 근원적인, 정치독재를 가능하게 하는 독재의 기원이 아닐까?" 그는 자신이 생각하는 것들은 모두가 시시하고 자질구레한 것들이라고 덧붙인다. 그의 말마따나 "이런 작고 시시한 이야기들이야말로 우리가 알고 싶어하는 과거 인간들의 리얼리티가 아닐까? 그리고 이런 것들을 통해 역사를 이해할 수도 있지 않을까?" 나는 강명관의 이 말에 전적으로 동의한다. 역사는 하나나 둘일 수가 없다. 역사는 보는 관점에 따라 얼마든지 다른 방식으로 기술할 수 있다. 이 책은 조선시대를 살았던 민중들의 다양한 일상을 풍부한 사료를 통해 읽어냄으로써 민족 중심의 근엄한 역사 이해에 통렬한 비판을 가한다. 독자들이 대대적으로 호응했던 것도 역사를 보는 저자의 색다른 시각에 동조했기 때문일 것이다.

한시들을 새롭게 번역하고 여기에 자신의 감상을 적은 『한시미학산책』(솔)과 연암 박지원의 문학예술론을 흥미진진하게 기술한 『비슷한 것은 가짜다』(태학사) 등으로 잘 알려진 정민의 『미쳐야 미친다』는 그의 공부 편력과 글쓰기의 특징을 잘 보여준다. 그는 이 책에서 "죄인으로, 역적으로, 서얼로, 혹은 천대받고 멸시받는 기생과 화가로 한 세상을 고달 프게 건너간" 시대의 반항아와 소수자들의 내면풍경을 다채롭게 펼쳐 보인다. 또한 정약용이나 박지원 등 우리들이 교과서와 위인전기를 통해 익히 알고 있는 인물들의 모범적이어서 너무나 상투적인 삶이 아니라, 인간적인 고뇌와 애정 어린 독백과 기행(奇行)과 일상적인 모습을 그려 낸다. 독자들이 쉽게 읽을 수 있도록 배려한 유려한 번역을 씨줄로 하고 저자의 감상을 날줄로 하여 씌어진 이 책은 시대와의 불화를 견디면서 살아낸 조선의 아웃사이더들과 지금-여기에서 살아가고 있는 우리가 어떤 방식으로 소통할 수 있는가를 보여주는 좋은 예이다.

5. 고전의 바다를 건너는 법

새삼스러운 말이지만 '고전'은 현재와 나누는 끊임없는 대화를 통해 서 새로운 텍스트로 부활한다. 부단히 다시 쓰여짐으로써 고전은 자기 생명력을 확충하게 마련이다. 정전으로 규정되어 유일무이한 해석이나 이해의 틀에 갇힐 때 고전은 더 이상 고전으로 불릴 수 없다. 마르크스 의 저작들이 소련의 국가기관에 전유되었을 때 그러했듯이 다양한 해석 의 채널을 용납하지 않는 고전은 그저 기존의 이데올로기를 강화하는 역할을 충실하게 수행하는 데서 한 걸음도 나아가지 못한다. 그런데 고 전을 대할 때 우리는 지식권력이 유포한 해석을 타성적으로 수긍하고 마는 경우가 허다하다. 18세기를 전후한 시기에 생산된 다양한 텍스트들 을 대할 때에도 사정은 크게 다르지 않다. 기존의 '권위'에 눌려 교과서 적 이해 수준을 벗어나지 못한 채 18세기 하면 '실학', 실학 하면 이용후 생과 실사구시 등등 틀에 박힌 공식을 외우는 것으로 만족하는 사람들이 많은 것도 지식인들이 다각적인 측면에서 텍스트에 접근하려는 노력을 소홀히 한 데서 연유한다.

고전은 인간의 지적 유산이 깃들인 언어의 저장고다. 고전 속의 언어는 지금 우리의 언어와 마주치고 소통함으로써 그 존재 가치를 부여받을 수 있을 것이며, 우리는 고전을 매개로 하여 다른 삶과 사유로 나아갈 수 계기를 마련할 수 있을 것이다. 고전이 다시 쓰여져야 하는 것도 이 때문이다. '리라이팅 클래식' 시리즈 중 하나인 고미숙의 『열하일기, 웃음과 역설의 유쾌한 시공간』(그린비)이 독자들로부터 예상을 훨씬 뛰어넘는 반향을 불러일으키고 있는 것도 이러한 관점에서 이해할 수 있다. 고미숙이 다시 쓴 『열하일기』는 기존의 관성적인 독서 습관에 통렬한 타격을 가한다. 저자는 "연암이 얼마나 유머의 천재인지를 널리 알리고 싶어서" 그리고 "『열하일기』의 웃음을 사방에 전염시키고 싶어서" 이 책을 썼노라고 밝히고 있다. 신성한 고전에 대한 '모독'이라며 짐짓 근엄한 표정으로 진중하라며 나무라는 '전문가'들도 없진 않았던 듯하다. 그의 도발적인 수사와 문체가 엄숙주의에 찌든 사람들을 여럿 불편하게 했으리라.

그러나 확신하건대 엄숙하고 근엄한 '권력'의 눈치를 바라보고 있는 동안 고전은 화석화하고 말 것이다. 꼭 '18세기'가 아닌 다른 시대에 태어난 고전들도 마찬가지다. 특히 왜란과 호란 등 전란의 시대 이후 이 땅에서 터져 나오기 시작한 다양한 목소리들, 중세적 사유의 뇌관을 터뜨리고도 남을 수많은 목소리들이 응집된 18세기의 고전들은 오랜 세월 동안 침묵에 갇혀 있었다. 영인된 것으로만 헤아려도 수백 권에 달하는 문집들이 '한문'이라는 벽에 가로막혀 우리에게 다가오지 못하고 있으며, 번역된 것이라 해도 젊은 독자들이 읽어내기엔 너무 난해하다. 게다가 고전에 대한 오래된 '편견'이 그 속에 담긴 목소리들을 억압함으로써 무미건조하기 짝이 없는 것으로 간주되기 일쑤다. 어떻게 할 것인가. 번역에 관해서는 이미 얘기한 바 있거니와, 독자적인 시각에서 다시 읽고 다시 써야 한다. 이것이야말로 몇몇 지식인들의 전유물이었던 언어들을 해방하여 우리의 모두의 것으로 공유할 수 있는 길이자 고전의 바다를 건너는 법을 배우는 길일 터이다.

6. '18세기'의 발견, 그 출발점에서

'18세기'를 말하기엔 아직 가야 할 길이 멀다. 역사학자 이덕일의 『정약용과 그 형제들』(김영사)이 소설과 같은 글쓰기를 통해 정약용·정약전·정약종 형제의 파란 많은 삶을 재구성함으로써 폭넓은 독자층을 확보하고 있으며, 정약전의 『자산어보』를 실마리로 하여 독자들을 해양생물학의 세계로 안내하고 있는 이태원의 『현산어보를 찾아서』(청어람미디어)도 꾸준한 반응을 얻고 있다. 또 정약전의 행로를 따라 여행을 하면서 유배지에서의 그의 삶과 조선 후기의 사상 동향 등을 동화 형식으로 그려내고 있는 박천홍의 『자산어보』(서울문화사)는 어린이 독자층을 겨냥한 것임에도 대단히 흥미롭다. 바야흐로 '18세기'가 꿈틀거리고 있다고 해도 지나친' 말은 아닐 듯하다. 그러나 아직 키워드 '18세기'가 가야 할 길은 많이 남아 있다. 아니, 키워드 '18세기'를 도구로 하여 채굴해야 할 광맥이 너무 깊고 넓다고 해야 할 것이다.

나는 이 글을 시작하면서 인문학과 종이책의 '위기'를 얘기했다. 하지만 곰곰이 생각해보면 인문학이 위기가 아닌 적이 언제 있었던가. 시대와의 불화를 존재 이유로 삼는 인문학이 잘 나간다는 것 자체가 어쩌면 이상한 일인지도 모른다. 인문학은 지금과 다른 삶을 꿈꾸는 자들의 상상력의 원천으로서 앞으로도 그 질긴 생명력을 이어갈 것임에 틀림없다. 지금 우리가 '18세기'의 발견을 말하는 것도 홈패인 공간에 갇히지 않고 저 광활한 사유의 대지를 유영하기 위해서가 아닌가. 역설적으로 들릴지 모르지만 인문학은 언제나 위기를 자초해왔으므로 새삼스럽게 인문학의 위기를 들먹일 필요가 없다. 그리고 위기가 곧 기회였던 것도 사실이다. 종이책의 경우도 그러하다. 시대의 대세가 그러하다면 종이책에 굳이 미련을 갖지 않아도 좋다. 하지만 종이책이 전달하는 질감을 쉽게 떨쳐버릴 수 없는 게 현실이라면, 변신을 거듭함으로써 뉴미디어들과 다른 방식으로 접속할 수 있는 방안을 모색해야 할 것이다.

'18세기'는 '근대 너머'를 탐색하고 있는 사람들에게 대단히 매력적인 키워드이다. 이제 그것이 왜 매력적인지를 보다 구체적이고 깊이 있게 보여주어야 할 때이다. 그러기 위해서는 지금까지 말해온 바와 같이 다양한 번역과 풍부한 사료에 입각한 은폐된 기억의 복원, 엄숙주의에 매몰되어 가쁜 숨을 몰아쉬고 있던 목소리들을 해방하기 위한 고전 다시 쓰기 등이 폭넓게 이루어져야 할 것이다. 지금 독서·연애·철도 등을 키워드로 하여 일상과 풍속을 재구성함으로써 한국의 근대성을 다양한 시각에서 바라보고자 하는 일련의 노력들이 진행되고 있다. 여기에 '18세기'의 발견이 인문학계에 변화를 몰고 올 수 있는 의미 있는 작업으로 이어진다면 한국의 인문학계는 '위기론'에 빠지지 않고 꿋꿋이 자신의 길을 걸을 수 있는 발판을 마련할 수 있을 것이다. 뿐만 아니라 '18세기'는 '17세기'를 껴안고 '19세기'를 부름으로써 시너지 효과를 불러일으킬 진원지가 될 수 있을 것이다.

문학과 TV의 상생은 불가능한가

특별한 일이 없는 한 나는 요즘 토요일 오후 1시가 되면 EBS의 〈명동
백작〉 재방송을 본다. EBS가 출범한 이래 처음으로 만들었다는 'TV문화
사시리즈 제1탄' 〈명동백작〉의 기획의도를 읽노라면 자못 비장하기까지
하다. "21세기에 접어든 길목에서 지금 향수처럼 아련하기만 한 50년대
의 명동을 재현하려는 까닭은 무엇인가? 이 땅에 군사정권이 들어서면
서 한국은 무한질주를 시작했다. 가난 극복이라는 지상 명제에 밀려 옛
것은 모두 부서지고 문화는 사치품으로 전락되고 말았다. 명동 대신 압
구정동이 생긴 것이 문제가 아니라 한국인의 삶을 이어주던 평균적인
정서가 하루아침에 실종된 것이 더 큰 문제였다." 자본주의의 총아인
'속도'에 떠밀려 치욕스럽게도 삶을 뒤돌아볼 의욕을 상실한 시대의 살
풍경과 가난한 삶을 보듬고도 남을 진실한 관계들로 충만한 명동의 너
무나 선명한 대비! '한국인의 삶을 이어주던 평균적인 정서'가 실종되어
버린 시대에 TV드라마로 재현된 명동의 풍경은 지금—여기의 현실을
되비추는 거울이 되기에 모자람이 없다.

그래서일까. 〈명동백작〉을 보면서 나는 왠지 모를 깊은 향수와 그리움에 빠지곤 한다. 1950~60년대와 별 관계가 없는, 이제 갓 마흔 살을 넘긴 내가 전쟁 후 1950년대와 1960년대를 살아낸 '예술가'들의 이야기를 보고 들으면서 그리움에 잠기는 이유는 무엇일까. 당시 명동이라는 공간과 아무런 인연도 맺을 수 없었던 내 눈에 그곳 뒷골목 풍경이 조금도 낯설지 않게 다가오는 것은 무엇 때문이란 말인가. 김수영과 이중섭이 있고, 술과 담배가 있으며, 문화 공간을 아끼고 사랑하는 깡패가 있는 곳 명동. 전쟁이 휩쓸고 간 폐허 위에 들어선 다방과 술집에 죽치고 앉아 예술을 얘기하고 삶의 고뇌를 쏟아놓는 이들의 모습을 보면서 나는 뭔가에 휩쓸려 놓쳐버린 소중한 것을 기억해내곤 한참 동안 브라운관 너머 어딘가에 있을 기억의 흔적을 더듬곤 한다. '언젠가 어디선가 본 듯한' 풍경, 그러나 지금은 아득히 먼 세계의 일처럼 여겨지는 삶의 풍경을 나는 토요일 오후에 만난다. 〈명동백작〉을 보면서.

뿐인가. 〈명동백작〉을 보면서 나는 새삼 먼지를 뒤집어쓴 채 구석에 처박혀 있던 소설책들과 시집들과 화집들을 꺼내 다시 뒤적거린다. 김수영의 시들을, 이중섭의 그림들을, 하, 이렇듯 까마득히 잊고도 살 수 있었다니. 김수영을 읽으면서 저항의 의미를 발견하고 이중섭을 보면서 광기의 울림에 귀기울이던 '그 사람'은 어디로 갔을까. 누가 아니 무엇이 '그'를 추방해버리기라도 했단 말인가. 스포츠와 시사프로그램에나 눈길을 주던 나에게 〈명동백작〉은 자꾸만 이런 헝클어진 물음들을 던진다. 그러고 보면 무너져 버린 옛것을 추억하고 사치품으로 전락한 문화를 일상으로 되돌려야 한다는 이 프로그램의 기획의도는 상당 부분 성공한 셈이다. 옛것 가운데 어떤 것을 되살려야 하느냐라는 질문은 접어두기로 하자. 문화를 일상화한다는 게 무엇을 뜻하느냐는 질문도 던지지 말기로 하자. 명동의 '예술가'들이 보여주었던 그 밉지 않은 술주정과 폼잡기만을 기억하기로 하자.

그런데 지금 '문학의 위기' 혹은 '문학의 죽음'을 말하는 사람들을 심심찮게 만날 수 있다. 문학이 죽었는지 살았는지 아예 관심을 두지 않는 사람들을 제쳐놓는다면, 문학의 죽음은 많은 사람들에게 하나의 위험 신호로 받아들여질 만한데도 실상은 그렇지 않은 듯하다. 문학이 밥 먹여주는 게 아닌 이상 신경을 써달라고 애면글면 조르기든 민망한 시절이긴 하다. 맑스가 셰익스피어를 인용하면서 명명했던 '화폐라는 이름의 보이는 신'이 우리의 모든 것을 지배하는 시대에 소설 몇 편, 시 몇 줄 읽지 않는 게 무슨 허물이랴. 새로운 신을 경배하는 무리들로부터 비켜나 혼자 고상한 척 포즈를 취하는 것도 머쓱한 일이 아닌가. 사람들의 무관심이 문학을 회복불능의 상태로 몰고 가고야 말 것이라는 경고가 요란함에도 독자(소비자)들은 요지부동이다. 독실한 문학 옹호론자는 근엄한 목소리로 이렇게 말한다. "문학이 죽으면 인간도 죽어!" 하지만 독자들은 그의 시야를 한참 벗어나 화폐신의 휘황한 너울 속으로 향하고 있지 않은가. 그곳에 유일한 희망이 있다고 외치면서.

'문학의 위기'를 초래한 것은 독자들의 무관심만이 아니다. 인터넷이라는 '절대강자'가 출현함으로써 매체환경에 혁명적인 변화가 몰아쳤고, 이는 수많은 잠재독자들이 종이책에 접근할 수 있는 기회를 앗아갔다. 거대 담론의 붕괴와 삶의 좌표로 설정되었던 이념의 실종 등 담론 장의 급격한 지각변동도 '진지한 문학'의 생존을 위협하는 계기로 작용했다. 그러나 무엇보다 위기에 처한 문학에 결정적인 타격을 가한 것은 나날이 강화되는 자본의 자기 증식 욕망과 더욱 촘촘해진 감시망이다. 대학에서 문학을 공부하는 학생들도 소설책이나 시집을 사지 않는다. 왜? 살 돈이 없어서란다. 정말 돈이 없어서일까? 아니다. 핸드폰이라면 언제라도 아낌없이 신제품으로 바꾸면서도 책을 살 생각은 아예 하지 않는다. 이는 자본의 자기 증식 욕망이 구축해놓은 감시망에 사람들의 다양한 욕망이 철저하게 통제당하고 있음을 보여주는 예이다. 으리의 욕망은 자본주의가 맹위를 떨칠수록 왜소해지고 단조로워질 수밖에 없다. '새것으로 바꿔야 산다'는 자본의 명령에 굴종함으로써 자기 존재를 확인하는 시대에 문학이 활로를 찾기란 참으로 절망적이다.

인터넷과 여전히 위력을 잃지 않고 있는 TV에 독자들을 빼앗긴 문학을 살릴 수 있는 방법은 정말 없는 것일까. 〈명동백작〉이 조용한 반향을 불러일으키고 있는 것을 보면서, 〈느낌표〉에 선정된 박완서와 김주영과 공지영의 소설이 베스트셀러가 되는 것을 보면서, 우리는 TV의 파급력을 실감하지 않을 수 없다. 그렇다면 문학이 재생의 기회를 잡기 위해 TV에 기대는 것은 어떨까. '구걸'이라도 하고 싶은, 그 떨치기 어려운 유혹. 그러나 현실을 되돌아보면 부질없는 생각이라는 걸 단박에 알아차릴 수 있다. 문화 일반에 대한 TV의 시각이 그렇듯이, 문학을 바라보는 시선 역시 조금도 살갑지 않다. 누군가 말했듯이 문화 관련 프로그램은 생색내기에 머물기 일쑤이며 기껏해야 괜찮은 액세서리의 범위를 넘어서지 못한다. 그것도 심야시간대에 편성되어 있어 잠 못 드는 사람들의 '눈요깃감'에 지나지 않는 경우가 허다하다. 보고 싶은 사람은 알아서 봐라? 왜 그럴까. 무엇보다 돈이 되지 않기 때문이다. 시청률이라는 전가의 보도 앞에 돈 안 되는 문화프로그램은 추풍낙엽이다. 어찌 그렇지 않겠는가.

이런 상황에서도 미술이나 음악, 연극, 무용 등 다른 장르에 비해 문학은 그나마 TV라는 매체와 가까운 편이다. 여타 장르들이 '문화뉴스'에 소개되는 수준을 벗어나지 못하는 것과 비교하면, 문학 특히 소설은 무엇보다 구조상의 친연성 때문에 쉽게 드라마로 제작될 수 있다는 강점을 지니고 있다. 예컨대 오래 전에 우리가 보았고 또 보고 있는 〈TV문학관〉이나 〈베스트극장〉은 소설을 원재료로 하여 재구성한 것이며, 지금 KBS 1TV에서 방영하고 있는 〈불멸의 이순신〉도 김훈의 『칼의 노래』와 김탁환의 『불멸』에 바탕을 두고 있고, SBS의 〈장길산〉 역시 황석영의 동명 역사소설을 드라마로 각색한 것이다. 또한 KBS1TV의 〈TV, 책을 말하다〉와 EBS의 〈책, 내게로 오다〉 등에서도 문학 관련 책들이 심심찮게 소개되기도 한다. 이는 문자언어와 영상언어가 만날 수 있는 가능성이 높다는 것을 반증한다. 그리고 소설이 드라마도 제작되는 경우 시청자들은 활자매체에 관심을 기울일 가능성도 높아진다. 텔레비전매체와 활자매체의 공생? 그러나 그렇게 낙관할 일은 아닌 듯하다.

시청률지상주의가 만연해 있고, 광고를 통한 자본의 감시와 폭력이 엄존하는 현실에서 마냥 TV 눈치만을 보고 있을 수만도 없는 노릇이다. 방법은 두 가지밖에 없다. 공중파 방송의 공영성 강화와 문학예술인의 적극적인 콘텐츠 개발과 공급이 그것이다. 먼저 공중파 방송의 공영성 강화는 두 방향에서 이루어져야 한다. 하나는 소비자들이 '양질의 방송'을 위해 적극적으로 나서야 한다. 이는 권리를 위한 투쟁의 연장선상에 놓여 있다. 자본의 논리에 조종당하지 않고 자신의 권리를 지키기 위해서라도 방송사를 '압박'할 수 있어야 한다. 다른 하나는 대대적인 방송 시스템의 개혁이 진행되어야 한다. 자본주의 내부에 있으되 끊임없이 자본주의의 외부와 접속할 수 있을 때라야 진정한 방송의 공영성은 확보될 수 있다. 자본의 논리에 예속된 상태에서 공영성을 말하는 것은 그야말로 구두선에 지나지 않는다. 이와 함께 문학예술인들이 TV를 바라보는 시각도 바뀌어야 한다. 책 소개 프로그램에 나가서 몇 마디 하는 것으로는 충분하지 않다. 다매체시대에 문학의 존재 이유가 무엇인지, 왜 문학의 죽음을 지켜볼 수만은 없는지 다각적으로 '계몽'하고, 이에 어울리는 콘텐츠를 개발하는 데 노력을 기울여야 한다. 어느 것 하나 쉬운 일이 아니다. 광고라는 화려한 옷을 걸친 자본의 유혹이 만만치 않기 때문이다. 그렇다고 해서, 문학의 위기나 죽음에 아무런 미련이 없는 사람이면 또 모르되, 그저 팔짱만 끼고 있을 수는 없는 노릇 아닌가.

소설가 이청준이 『소문의 벽』에서 말하고 있듯이 "문학 행위는 보다 넓은 인간의 영토를 획득하고 이미 획득된 영토에 대해서는 이를 수호하고 그 가치를 되풀이하여 확인해 나가는 것"이라 할 수 있다. 자본의 위력 앞에 한없이 쪼그라든 인간의 정신적 영토, 그 황폐한 풍경을 무책임하게 방기하지 않기 위해서라도 작가는 당당한 생존의 방법을 모색해

나가야 한다. 문학을 사랑하는 이들은 말할 것이다. "사람들은 문학의 위기를 말하지만 나는 위기야말로 절호의 기회라고 믿는다. 또 사람들은 문학의 죽음을 이야기하지만 나는 문학의 죽음을 바라만 보고 있을 수 없다." 나 역시 문학을 사랑한다. 저항의 근거지로서, 진실의 보루로서, 복수성의 삶을 비추는 거울로서 문학이 걸어온 길을 알기 때문이다. 그리고 문학은 한때 나의 모든 것이기도 했다. 어디 나뿐이겠는가. 하여 나는 문학은 TV와 만남으로써 다시 비상할 수 있는 발판을 마련하고, TV는 문학을 껴안음으로써 시청자들을 배반하지 않기를 진심으로 바란다. 이것이 참된 상생의 길이 아니겠는가. 한국전쟁 후 시대의 고통과 개인적 아픔을 온몸으로 살았던 김수영과 이중섭을 만나기 위해 나는 이번 토요일에도 〈명동백작〉을 볼 것이다.

다섯 권의 책으로 읽는 근대적 삶과 풍경

여기 30대 중반의 꽤나 '세련된' 사람이 있다고 하자. 정장 차림으로 사람을 대하거나 일을 할 때 그의 세련됨은 빛을 발한다. 그런데 예비군복만 입으면 그의 트레이드마크인 세련된 몸가짐은 가뭇없이 사라져 버린다. 걸음걸이는 물론 행동거지 하나 하나가 우리가 흔히 볼 수 있는 '향토예비군 아저씨들' 특유의 그것과 크게 다르지 않게 돌변하고 만다. 케주얼을 걸치거나 한복을 차려입었을 때 혹은 잠옷을 입었을 때의 그는 또 얼마나 다른가. 어떤 옷을 입었느냐에 따라 세련됨과는 거리가 먼 행동을 하는 그를 비난할 자격을 갖춘 사람은 많지 않을 것이다. 물론 양복을 입든 잠옷을 입든 한결같은 모습을 보이는 '목석'과 다를 바 없는 사람도 있긴 하겠지만.

거친 비유이긴 하지만 근대의 문물과 제도는 우리의 신체적 반응과 의식의 흐름을 바꿔놓는 '옷차림'과 크게 다르지 않다. 컴퓨터 테크놀로지가 만들어낸 인터넷이 이전의 세대들과 뚜렷이 구별되는 감각과 의식을 지닌 세대를 '대량생산'하고 있듯이, 철도·학교·신문·잡지·박람회 · 백화점 등등 새로운 근대적 문물은 전근대인들의 습속을 송두리째 바꿔놓기에 모자람이 없었다. 모든 사회 구성원들이 동시에 그리고 전면적으로 근대라는 불빛을 향해 내달렸다는 말은 아니다. 그러나 농경사회의 순환론적 세계관에 안주하고 있던 조선인들은, 그 속도에 있어서 차이를 보이긴 하지만, 다양한 형태의 사회를 균질화(均質化)하면서 그 세력을 확장해온 자본주의가 대동한 새로운 문물과 제도 앞에서 전근대적 삶의 패턴을 근대적 삶의 패턴으로 바꾸어나간다. 마냥 기존의 삶을 고집하고 있기에는 근대화의 위력이 너무나 거셌던 것이다. 자본주의가 몰고온 '근대의 충격'을 흡수하는 과정에서 전통적인 복장을 벗어던지고 '문명화'라는, '근대화'라는, '서구화'라는 상표가 달린 세련된 옷으로 바꿔입기 시작하는 조선인들. 조선인들에게 행동 양식의 변화를 '강요'하는, 신체의 외부를 감싸는 근대라는 이름의 휘황한 의상!

　근대(modern) 또는 근대성(modernity)은 지금-여기 우리의 삶과 시대적 동시성을 지니고 있다. '近代'라는 용어가 보여주듯, 근대인의 삶과 의식은 근대의 어느 시기를 살았든 현재 우리들의 삶이나 의식과 크게 다르지 않다. 다시 말해 속도나 규모 등 외적인 측면에서는 달라졌다고는 하나 자본주의제도와 국민국가시스템이 인간의 신체와 의식을 규율하고 있다는 점에서는 별다른 차이가 없다. 그러므로, 많은 유보 사항이 필요하긴 하지만, 지금-여기의 우리는 20세기 초반 그리고 식민지시대의 조선인들과 동시대인이라 해도 과언이 아니다. 최근 들어 근대와 일상적 삶의 변화에 초점을 맞춘 책들이 출판계의 '트렌드'를 형성하면서 독자들의 눈길을 끄는 것도, 역사라는 거울에 비친 자신의 모습을 보고 싶은 욕망에 호응하고 있기 때문이라 할 수 있다.

　2~3년 전부터 근대의 충격이 조선인들의 일상적 삶을 어떻게 바꾸었는지를 보여주는 책들이 꾸준히 간행되고 있다. 최근에 나온 것만 헤아려보아도 박천홍의 『매혹의 질주, 근대의 횡단』(산처럼), 신명직의 『모던

뿌이 경성을 거닐다』(현실문화연구), 천정환의 『근대의 책읽기』(푸른역사), 권보드래의 『연애의 시대』(현실문화연구), 이종학이 자료를 제공하고 노형석이 쓴 『모던의 유혹, 모던의 눈물』(생각의나무) 등 줄잡아 10여 권에 이르며, 여기에 근대 이전의 다양한 계층의 일상적인 삶을 그리고 있는 강명관의 『조선사람들, 혜원의 그림 밖으로 나오다』(푸른역사)와 『조선의 뒷골목 풍경』(푸른역사), 정창권의 『홀로 벼슬하며 그대를 생각하노라』(사계절) 등까지 보태면 그 흐름이 심상치 않다는 것을 충분히 알아차릴 수 있다. 뿐만 아니라 이러한 성격의 책들은 출판계의 불황에도 불구하고 다른 인문서들에 비해 월등히 많은 독자들을 확보하고 있다. 한 마디로 '장사'가 된다는 애기다.

그렇다면 다양한 계층에 속하는 사람들의 '자질구레한' 일상을 그리고 있는 이 책들이 적잖은 반향을 불러일으키는 이유는 무엇일까. 저자들은 자료 더미에 묻혀 있던 '역사 속의 일상'들을 재구성함으로써 경제사·정치사·사회사 등 거대 담론들과 뚜렷이 구분되는, 사소하고, 개별적이며, 우연적인 것이라 치부되기 십상인 삶의 양상들을 발견해낸다. 생활사·풍속사·일상사·신문화사·미시사 등의 방법론에 기대 근대인들의 소소하지만 의미 있는 삶을 펼쳐 보여주는 이 책들은 역사를 다양한 시각에서 볼 수 있는 계기를 제공한다는 게 그 원인 중 하나일 터이다. 그리고 이 책들이 역사적 삶과 일상적 삶이 만나는 '풍경'을 기술하는 데 있어 전혀 무겁지 않은 문체를 선택하고 있다는 것도 독자들의 호응을 얻는 중요한 이유 중의 하나일 것이다. '가벼움'을 견디지 못하는 '중후하고 엄숙한' 학자들의 눈에는 이들의 가벼움이 엄중한 역사를 조각내는 경박함으로 비칠 것임에 틀림없다. 하지만 역사가 이들 엄숙한 학자들의 전유물이 아닌 이상, 이러한 흐름 또는 현상을 마뜩찮아 하는 엄숙한 학자들의 눈길을 의식하기보다는, 역사적 사실을 가볍게 서술함으로써 무엇을 '발견'할 수 있는지에 눈길을 돌리는 것이 훨씬 생산적이다. 물론 가벼움이 양날을 지닌 칼이라는 점을 충분히 인식해야 한다는 충고를 내쳐서는 안 되겠지만.

예컨대 기차를 키워드로 하여 철도의 등장이 어떻게 우리의 일상과 삶의 풍경을 바꿔놓았는지를 매력적인 문체로 서술하고 있는 『매혹의 질주, 근대의 횡단』은 '가벼움'을 무기로 하여 무거운 역사를 다시 읽는다. 1899년 경인선 철도가 완공되면서 '거대한 검은 쇳덩어리'가 '나는 새보다 빠른 속도로' 달리기 시작한다. 시속 20~30킬로미터밖에 되지 않았던 기차의 움직임이 어디 새보다 빠르기야 했을까마는, 교통수단이라곤 두 다리가 전부였던 사람들에게 경인선 철로를 달리는 기차의 속도감은 그야말로 아찔할 정도로 빨라 보였을 것임에 틀림이 없다. 초음속시대를 사는 우리가 기차로 표상되는 근대의 문물(또는 제도)이 몰고 온 삶의 풍경과 의식의 변화를 이해하기란 쉽지 않을 터이지만, 이 책을 읽다보면 증기기관차라는 근대문명의 총아가 조선의 풍경과 조선인의 삶을 어떻게 뒤바꾸어 놓았는지를 생생하게 떠올릴 수 있다. '제국 일본'의 지휘 아래 건설된 철도가 민중들의 삶을 착취하는 첨병이었음에 틀림없지만, "식민지 시대 철도는 일제의 대륙진출을 위한 교두보였다"는 진술만으로는 포착할 수 없는 풍경과 삶의 변화를 초래한 것 또한 사실이다.

기차가 등장하면서 공간은 새롭게 배치되며, 조선인들은 새롭게 배치된 공간을 이동하면서 근대적 시간 감각을 몸에 새긴다. 그리고 기차와 함께 근대적 도시가 형성되면서 사람들의 일상은 전무후무한 변화를 겪는다. 『모던 뽀이 경성을 거닐다』가 보여주는 근대 도시 경성의 모습은 기차와 전차를 비롯하여 백화점·카페·댄스홀·비어홀·공원·박람회 등 근대적 풍경 속을 떠도는 인간 군상 그것이다. 근대 문물 앞에 전면적으로 노출된 식민지 조선의 근대인들은 방향을 잃고 부나비처럼 '문명이라는 이름의 불빛'을 향해 날아들기도 하지만, 여성이 독자적인 삶을 선언하고 나서거나 노동자들이 선술집을 점거하고 그 존재를 선명하게 하는 데서 알 수 있듯, 전혀 다른 삶의 조건 아래서 전혀 다른 방식으로 자신의 존재 의미를 표명하는 장소로서 근대적 도시 공간을 활용하기도 한다. 한 시대를 풍미했던 안석영(安夕影, 1901~1949)의 '만문만화(漫文漫畵)'를 주요 텍스트로 하여 근대 도시 경성의 풍경을 그리고 있는 이 책은 근대화의 물결에 휩쓸린 식민지 조선의 모습을 산만하지만 흥미롭게 전하고 있다.

이 책들을 읽으면서 지금—여기에 사는 독자들은, 빛 바랜 자신의 옛 사진을 들여다볼 때처럼, "어, 지금 우리하고 너무 비슷하네!"라며 자못 감개무량한 표정을 지을 수도 있다. 그러나 일상적인 삶은 지루할 정도로 반복되는 것 이상으로 차이를 보이게 마련이다. 전에 쉽게 볼 수 없었던 시각 자료를 동원하여 식민지 조선의 근대적 풍경을 그리고 있는 『모던의 유혹, 모던의 눈물』은 자생적이지 못했던 한국의 근대성이 어떤 길을 걸었는지는 파노라마처럼 펼쳐 보여준다. 이 책에 실린 사진을 통해 읽어낼 수 있는 '조선 팔도'의 근대적 풍경과 그 풍경에 전혀 어울리지 않는 민중들의 표정, 전혀 어울리지 않아 보이는 그 장면들을 겹쳐놓으면 한국의 근대가 걸어야 했던, 지금—여기에서 우리들이 목도하는 획일적인 풍경과는 사뭇 다른 힘겨운 행로가 뚜렷하게 보일 것이다. '유혹'과 '눈물'이라는 양면성을 지닌 근대! 유혹에 몸을 맡기는 사람들과 유혹에서 비껴나 거센 흐름에 저항하면서 눈물을 훔치는 사람들이 공존하고 있는 근대 조선의 시공간을 경성뿐만 아니라 각 지역의 근대화까지 아우르면서 그려내고 있는 이 책은, 경성에 주로 초점을 맞추고 있는 다른 책들과 구별된다는 점에서 눈에 띄지만, 저자의 서술이 피상적인 선에 머물러 있다는 게 아쉬움으로 남는다.

아쉬움을 뒤로하고 근대의 일상과 풍속을 좀더 '전문적'으로 서술하고 있는 두 권의 책 『연애의 시대』와 『근대의 책읽기』를 보기로 하자. 『연애의 시대』를 읽기 전에 우리는 '연애'라는 말이 영어 'love'의 번역어라는 점을 상기할 필요가 있다. '사랑'이라는 말은 『춘향전』의 '사랑가'에서 볼 수 있듯 오래 전부터 있었다. 그런데 '연애'와 '사랑'은 나중

엔 비슷한 의미로 사용되지만 식민지 시기까지만 해도 전혀 다른 의미로 사용되는 경우가 많았다. '사랑'은 숭고하고 고상한 마음의 움직임을 뜻하는 데 비해, '연애'는 한 여자와 한 남자가 뭔가 '불순한 의도'를 갖고 관계를 맺을 때 주로 사용되었다. 하느님이나 부모님을 '사랑'할 수는 있지만 '연애'할 수는 없다! 아무튼 '연애'라는 번역어가 들어오면서 식민지 조선의 수많은 청춘남녀들은 그 열기 속으로 빨려드는데, 『연애의 시대』는 1920년대 초반의 사회·문화적 맥락에서 연애가 어떻게 침투하는지를 그려내고 있다. 유행처럼 번지기 시작한 연애열풍은 적지 않은 스캔들을 낳기도 했지만 동시에 자유연애와 여성해방 등 '과격한' 구호를 몸소 실천함으로써 남녀관계의 '혁명적 변화'를 이끌기도 했다. 모름지기 남녀관계를 소재로 삼지 않는 문학(특히 소설)이 드물진대, 이 책은 신문과 잡지의 기사, 문학작품 등을 재가공하여 '연애의 기원과 전파'를 그려냄으로써 소설을 포함한 다른 문화적 현상들을 보다 다양한 시각에서 볼 수 있는 일종의 '길라잡이' 역할을 톡톡히 수행한다.

오스카 와일드가 말했던가, "예술이 현실을 모방하듯이 현실은 예술을 모방한다"고 여기에서 예술을 '책'이라는 미디어로 바꾸어 읽기로 하자. 책은 또 다른 의상이 되어 우리들의 행동과 사고를 변화시킨다는 말에 이의를 달 사람을 많지 않을 것이다. '독자의 탄생과 한국 근대문학'이라는 부제가 달린 『근대의 책읽기』는 개인적 독서 행위가 순전히 근대의 산물이라는 사실을 전제로, 다양한 성격의 책들의 출판과 유통 그리고 소비 과정을 흥미롭게 서술하고 있다. 연애소설을 읽는 독자는 소설 속의 주인공이 보여준 연애를 직접 연기(演技)하고 싶어한다. 혁명소설을 읽는 독자들은 현실 속에서 혁명을 실천하려고 작정한다. 하나하나 예를 들 수 없을 정도로, 우리가 상상하는 것 이상으로 독서 행위는 '삶의 감각'과 '세상에 대한 인식'을 바꾸어 놓는다. 연애소설을 읽다가 들킨 중학생, 『민족개조론』과 맑스·엥겔스의 혁명이론은 읽는 인쇄노동자들, 투르게네프와 톨스토이를 읽고 밤잠을 못 이루는 기생과 여학생들……. 『근대의 책읽기』는 작가와 작품을 주요 대상으로 했던 연구의 방향을 바꿔 책의 운명과 독자의 소비 행위를 대상으로 선택함으로써 출판자본주의가 낳은 문화의 폭넓은 스펙트럼을 그려내고 있다. 시각을 바꾸면 이렇게 다르게 보인다.

주위에서 근대의 일상을 다룬 책들이 '봇물'처럼 쏟아져 나온다고들 한다. 하지만 내가 보기에는 이제 시작에 불과하다. 국학이나 역사뿐만 아니라 사회학이나 경제학 나아가 의학이나 의상학까지 근대인의 일상적 삶을 들여다 볼 수 있는 소재는 무궁무진하다. 지금 당장 생각나는 것만 해도 근대적 학교와 학생의 탄생, 운동회와 연설회, 현모양처 이데올로기의 등장과 우량아 선발대회, 의약광고로 본 식민지 조선인의 질병 등등 일일이 거론할 수 없을 정도다. 거대한 정치적 경제적 변동에 대한 관심이 무용하다는 얘기가 아니다. 좀더 입체적으로 지금—여기의 우리의 삶과 근접한 근대인의 일상을 들여다봄으로써 거대 담론으로는 포착할 수 없는 사소한 일상적 행위가 역사의 흐름을 트는 단서가 될 수 있음을 다시금 되새길 필요가 있다. 물론 엄숙주의에 빠져 전문가라는 이름 아래 자기들끼리만 통하는 '암호'로 지식을 폐쇄회로에 가두는 지적 행위를 비판하는 것 이상으로 출판상업주의에 기대 이러한 글쓰기들이 흥미 위주의 '선정성'으로 치달을 수 있다는 점도 충분히 경계해야 한다. 다시 문제는 소통이다.

근대 천황의 시각적 지배와 일본 내셔널리즘의 형성

후지타니 다카시, 한석정 역, 『화려한 군주 - 근대일본의 권력과 국가의례』(이산, 2003)

***

프랑스의 기호학자 롤랑 바르트는 도쿄가 동심원적으로 설계된 서양의 대다수 도시들과 비슷하지만, 중심이 의미 있는 것들로 가득 차지 않고 오히려 공허해서 비정상적이라고 평가한 바 있다. 그는 도쿄를 다음과 같이 역설적인 도시로 묘사한다. "일련의 잿빛 성벽과 개천, 지붕, 나무들로 둘러싸인 이 도시의 중심은 힘을 발산하기 위해서가 아니라 동적인 도시 전체에 중심의 공허함을 부여하기 위해, 그리고 통행을 계속해서 영원히 돌아가게 하기 위해 여기에 존재하고 있다." 텅 빈, 의미가 부재하는 공간 도쿄의 중심. 그곳에 천황이 살고 있는 황거(皇居)가 있다.

겉모습만 보면 황거를 중심으로 한 이 중심은 롤랑 바르트의 말대로 텅 빈 것처럼 보인다. 그러나 조금만 눈여겨보면 도쿄역을 비롯한 수많은 현대적 건축물들이 이 '텅 빈 공간'을 향해 고개를 숙이고 있다는 것을 알 수 있다. 메이지시대에 '발명된 전통'을 향해 경배하는 근대. 그 중심에 존재하는 천황은 '국민통합의 상징'으로서 수많은 의미를 생산해왔으며, 지배 엘리트들은 이 공간을 '의미'로 채우기 위해 총력을 기울여왔다. 따라서 황거를 중심으로 한 근대적 도시 도쿄의 공간적 배치는 일본 근대화의 전 과정을 압축하여 보여주는 표상이라 아니 할 수 없다.

***

메이지시대(1868~1912)의 개막과 함께 구중궁궐에 갇혀 있던 천황은 천하만민을 자신과 새로운 질서 아래 통합하기 위하여 일본 전역을 종횡으로 누빈다. 이른 바 순행(巡幸)이다. 국화 무늬 문장(紋章)과 황기(皇旗)를 휘날리며 자신이 새로운 일본의 중심임을 알린다. 천황이 누구인지도 몰랐던 민중들, 화려한 행차에 넋을 빼앗긴 그들의 시선은 '보이지 않는 중심'을 향한다. 그리고 천황은 그들을 굽어본다. 메이지 일본이라는 국가적 미장센에서 천황은 일본의 신화와 역사를 체현하는 '반신반인(半神半人)'의 존재로서 자신의 위상을 확고하게 다져 나간다.

메이지시대 첫 20년의 순행으로 시작하여 말기의 개선관병식에서 절정을 이루면서, 천황은 그의 시선을 통해 국민을 지배하고 만물을 꿰뚫어볼 수 있는 군주로 제시된다. 일본의 근대성에서 이 규율적 응시는 무수한 장소 — 학교·공장·병영, 그리고 거의 모든 사회조직 — 로 확산되었을 뿐 아니라 메이지시대 이후로도 계속 천황의 시선들에서 가장 이상적으로 도식화된다. 그리고 '화려한 군주'의 시선에 포획된 민중들은 그에게 충성을 다짐하며 근대적 국민으로 거듭난다.

***

잘 알려진 바와 같이 푸코는 제레미 벤섬의 감화원 모델 — 죄수들을 구조물의 중앙 감시탑에 위치한 익명의 응시에 완전히 노출시키는 — 이 근대 권력의 도식이라고 주장한 바 있다. 이 일망감시시설(一望監視施設, Panopticon)의 구조는 감방 안의 죄수들을 중앙의 감시탑에서 보이게 하면서도 감시자의 모습은 드러내지 않기 때문에 죄수들은 누가 자신을 감시하고 있는지 결코 알 수 없다. 그래서 그들은 늘 감시당하는 듯한 느낌을 받으며(즉 감시를 스스로 내면화하며) 행동해야 하는 것이다. 그런데 푸코의 가정에서 상기해야 할 것은 그가 일망감시시설을 형벌제도의 도구로서보다는 모든 사회 구조에 실제로 반복되는 근대권력의 모델로서 관심을 가졌다는 점이다.

근대 일본의 천황상은 푸코가 말한 일망감시시설과 대응한다. 물론 근대 일본 국민을 바라보고 있는 천황의 이미지는 규율사회를 만드는 유일한 장치가 아니다. 그러나 그것은 국민이 스스로를 관찰 대상으로 상상할 수 있는 가시성의 경계 공간으로서 국민국가의 창출을 용이하게 했다는 것만은 분명하다. 천황을 근대의 원형감시적 국가의 중심에 재배치한다면, 국가와 천황에 대한 숭배가 비교적 근대에 창안된 것이라는 점, 아울러 천황제가 결코 '봉건성'을 그 특질로 하지 않으며 오히려 일본의 근대성을 창출하는 데 중심적이었다는 것을 알 수 있다.

***

미시마 유키오(三島由紀夫)가 그랬듯이, 메이지 초기까지만 해도 강력한 국가의식이나 국가의 중심적 상징으로서의 천황에 관해서 확실한 이미지를 갖고 있지 않았던 일본의 민중들은 국민 전체라는 선험적 개념이나 혹은 가정된 국민적 전체성의 상징으로 천황을 선택해야 하는 이유에 대해서는 추호도 의심하지 않게 된다. 이는 천황을 역동적이고 가시적이며 민중에게 적극적으로 시선을 던지는 사회적 의미의 중심으로 만들려는 국가적 차원의 대대적이고도 치밀한 기획이 거둔 '놀라운 성과'였다. 다시 말해 천황이라는 기호를 매개로 하여 메이지시대의 통치 엘리트들은 과거의 기억들을 선택적으로 조작하고 날조한다.

이 시기에 우후죽순처럼 생겨난 국가적 상징물들을 통해 알 수 있듯이, 방대한 인적·제도적 연결망에 의해 지탱된 근대국가 일본은 기억을 저장하거나 지우는 '기계'가 된다. 그것은 물리적 풍경을 변모시키고, 천황과 그 일가의 신체를 다시 만들었으며, 작은 기념우표어서 천황의 거창한 수도 및 국가의 패전트(pageant)에 이르는 수많은 '기억의 장(場)'을 풀어놓았다. 땅, 천황의 신체, 그 밖의 많은 장소는 시간 초월적이고 독특하고 화려한 국가의 과거와 국가의 번영·힘·진보의 능력을 상징화하는 기호들에 의해 특징지어진다.

동시에 메이지 정부는 수많은 기억 못지 않게 수많은 망각 — 자신의 기억을 만들어낸 기원과 일본 국민의 근대성이라는 패권적 프로젝트에 적합하지 않은 다른 모든 경험에 대한 망각 — 을 생산해내기도 한다. 기억과 망각 사이에서 표상의 정치학이 작동한다. 후쿠자와 유키치, 이토 히로부미 등 근대 일본의 사상적 정치적 엘리트들의 조종 아래 천황은 국민통합의 상징이자 창조성의 원천으로서 권력의 핵심을 점령하기에 이르며, 이 권력은 규율화라는 모세혈관을 통해 사회라는 신체 전체로 퍼져나간다.

***

'충성과 애국'이라는 이름의 20세기 일본의 종교, 그 모든 의례의 중심에 근대 천황이 있었다. 과거와 현재의 융합과 정치질서의 연속성을 표상하는 천황은 메이지시대에 이르러 새롭게 만들어진 국가의례를 집전하면서 국민적 내러티브를 생산하는 진원이 된다. 메이지유신 이래 일본의 지배엘리트는 이전과는 비교조차 할 수 없을 만큼 열성적으로 국가의례를 발명하고 개정하고 조작하며 장려한다. 이런 의식을 통해서 위정자들은 수평적으로 계층화된 신분과 수직적으로 분리된 지역들로 분절화된 이 영토에 하나의 통치자, 하나의 신성한 정통질서, 그리고 하나의 지배적인 기억이 존재하기를 염원했다. 국경일 또한 결코 알려진 적이 없는 신화 / 역사를 기억하는 장 또는 그 장치로서 발명되었다.

근대 일본의 국가의례 중에서 가장 장관이었던 것은 천황과 그 가족,

그리고 천황정권의 문무관들을 대중 앞에 직접 보이는 대규모의 황실 패전트였다. 순행·관병식·황위계승의식·결혼식·장례식 등이 그것이다. 그 자체가 기억의 장이자 의미의 전달수단이었던 이 황실 패전트는 공식적인 표상체계 속에서 계속해서 기호를 만들어낸다. 뿐만 아니라 지배 엘리트들은 여러 신사나 건물 그리고 다른 공공장소들의 외관을 계획적으로 변형시키면서 그들이 장악한 국토에 새로운 의미를 부여했다. 기념 동상을 세워서 국가적 영웅을 공식적으로 기리며, 역대 천황 및 국민적 영웅을 위한 신사를 새로 세우기도 한다. '전통'을 간직한 도시 교토와 일본의 발전과 번영을 표상하는 도시 도쿄가 근대국가의 문화적인 한 부분으로서 의도적으로 창조되고 발명되었던 것이다. 그리하여 특정한 시간과 공간에 물질적으로 자리잡은 공식적인 '기억의 경관(memoryscape)'이 생산되어 국민의 (무)의식에 새겨진다.

***

『화려한 군주―근대일본의 권력과 국가의례』는 천황을 정점으로 하여 펼쳐진 상징적·의례적 행위가 균질적인 근대적 국민을 생산하는 데 어떠한 기여를 했는가라는 물음에 답하고 있다. 1889년의 헌법발포식, 1894년의 은혼식 대제전, 그리고 1906년 러일전쟁 후의 개선관병식 등 장대한 스펙터클은 국민들을 시각적으로 지배하기 위해 치밀하게 연출된 국가적·국민적 의례의 대표적인 예이다. 이 책의 저자 후지타니는 푸코의 이론적 틀을 빌어 근대 일본에서 천황을 정점으로 하여 전개된 시각과 권력의 관계를 분석한다.

연속성이라는 그 자체를 일종의 형이상학적인 선험으로 간주하는 미셸 푸코의 계보학적 방법론에 따라 근대 일본에서 천황제가 새로운 것으로 등장했던, 그 역사의 균열의 순간을 되돌아보는 방법론에 입각하여 그는 천황의 시각적 지배를 이념화한 석판화와 기념엽서 등을 해독함으로써 '군주적 권력'과 '규율적 권력'이 메이지시대라는 동일한 역사적 순간에 등장한 것이라고 말한다. 저자의 견해에 따르면 권력은 익명적인 것이 아니라 메이지 천황이라는 인물을 중심으로 현시되었다. 대감독자로 다시 만들어진 천황의 가시성과 그 권력의 대상이 된 국민의 유례없는 가시성이 동시에 생겨났다는 것이다. 통치엘리트들이 연출한 화려한 스펙터클에 노출된 국민들은 천황으로 표상되는 국가권력을 내면화함으로써 '충량한 신민=국민'으로서 부과된 의무를 충실하게 수행한다.

***

천황이라는 정치적·문화적 기호를 발명하고 여기에 특권적 지위를 부여하고자 했던 메이지시대 지배엘리트들은 국가의 각종 퍼전트를 통해 근대세계 속에서 국민 전체의 번영과 일상의 안녕을 확실하게 보여주기 위해 자신의 군사력, 근대성, 진보, 문명화된 수준을 과시했다. 거추장스러운 전통 복장을 벗고 군복으로 갈아입은 천황은 백마를 타고 도쿄를 순시한다. 강력하고 씩씩한 남성이자 동시에 불멸의 신으로 승격된 천황의 신체는 과거와 현재의 기억을 한 몸에 체현한 기호로써 일본 국민들의 정신을 장악해나간다. 예컨대 메이지 천황의 장례식은 과거의 기억을 불러내고, 과거의 기억을 발명해내는 장이었다.

시공을 초월하는 황실제도의 구현으로서 천황은 신성함, 영속성, 그리고 국민공동체 전체의 통합을 표상하는 상징이었고, 그 상징성은 헌법발포식에서 장례식까지 다양한 국가적 의례를 통해 국민들의 신체와 의식에 깊게 각인되었던 것이다. 천황은 인간성과 신성(神性)을 동시에 갖춘 상징이기도 했다. 훈장이 주렁주렁 달린 근대적 군복을 입은 천황과 인간의 일상사와 동떨어진 세계에 거주하는 신으로서의 천황. 이처럼 두 얼굴을 지닌 천황은 다양한 시각적 미디어를 통해 전파됨으로써 천황의 지배적 권력을 정당화했던 것이다.

그런데 천황은 국가적 통합을 표상할 수 있는 가시적 상징에만 머무르지 않았다. 그는 국민을 돌아볼 수 있는 기호이기도 했다. 메이지시대의 모든 황실 패전트는 천황과 일본 국민 사이에 역사적으로 전례가 없는 시선 또는 가시성의 관계를 수립하는 데 기여했다. 요컨대 황실 패전트는 근대 일본의 천황을 초월적인 주체로 만든 문화적 장치의 일부였다. 천황은 전국을 망라하며 국민 개개인의 영혼까지 꿰뚫어 보는, 유일한 구심점 역할을 하는 응시의 주체로 상상되는 존재였다.

***

그렇다면 국민통합과 일본 내셔널리즘의 표상인 천황의 이미지는 어떻게 만들어지는가. 여기에 세 장의 사진이 있다. 하나는 1872년에 찍은 사진으로 공식 궁정복을 입은 앳된 얼굴의 메이지 천황의 모습을 담고 있다. 다른 하나는 1873년에 찍은 것인데, 서양식 군복에 머리카락을 짧게 자르고 콧수염과 턱수염을 기른, 적극적이고 군사적인 남성화된 얼굴이다. 그리고 나머지 하나는 1888년 이탈리아 화가 에두아르도 키오소네가 제작한 초상사진, '교육칙어' 및 '대일본제국헌법' 발포와 함께 전국으로 배포된 '어진영(御眞影)'이다. 초상화를 다시 사진으로 찍은 이 초상사진은 천황의 이미지를 고양하는 교묘한 합성작업의 산물이었다. 앞의 사진보다 더욱 단련되고 군인화된 자세를 취하고 있는 이 초상사진은 훨씬 근엄한 느낌을 주며, 정치 행위자로서 천황의 위대한 능력을 암시한다.

이렇게 근대 천황제를 만들어낸 사람들은 정치적 주체로서 남성적이고 역동적인 천황상을 발명하는 한편 황실의 여성들에 대해서도 이상적인 현모양처의 표상으로서 봉사와 양육 같은 공적 이미지를 생산해낸다. 정치의 성별화(gendering)와 성별화의 정치! 이런 방식으로 날조된 천황의 이미지와 천황을 정점에 배치한 화려한 패전트는 자본주의가 낳은 각종 미디어들을 통해 구석구석까지 전파된다. 즉 인쇄자본주의와 전체적인 미디어의 발전은 천황의 패전트를 직접 보지 않은 이들까지 국민적 동시성을 광범위하게 경험할 수 있도록 했던 것이다. 애매하고 통합되지 않은 국민적 정체성의식을 근대적 내셔널리즘의 방향으로 전환시킬 새롭고도 강력한 수단을 필요로 했던 메이지 정부의 지드자들은 국민생활에서 천황이 중심적 존재라는 것을 설명하기 위해 연설과 저술뿐만 아니라 석판화와 그림엽서, 기념비, 기념관 등 모든 미디어들을 총동원했다. 그리고 학교와 군대 등 근대적 제도는 '국민통합의 상징'인 천황을 위해 기꺼이 '몸과 마음을 바치는' 규율화된 국민들을 양산하는 전초기지가 된다.

***

근대 일본의 지배엘리트들은 천황을 중심으로 하는 갖가지 국가의례를 만들어 대중들을 동원했으며, 그 결과 천황이라는 가공의 이미지에 국민적 열망을 투사하게 함으로써 근대적 내셔널리즘을 창출했다. 이 19세기 후반과 20세기 초 사이에 지배자와 피지배자를 막론하고 일본인 모두가 근대의 천황 숭배와 국가 숭배가 발명된 것이라는 사실을 어떻게 감쪽같이 망각하게 되었을까. 이 물음에 저자는 이렇게 대답한다. "그 당시 대부분의 사람들이 피에르 부르디외가 '기원의 기억상실(genesis amnesia)'이라고 명명한 증세를 대대적으로 갑자기 겪었음에 틀림없다. 역사는, 어떻든지 간에 역사의 망각을 산출해 왔고, 아주 최근에 만들어진 것까지도 부지불식간에 자연적이고 자명한 것인 양 꾸며내는 잠저의식의 영역으로 들어갔던 것이다."

푸코의 지적을 따른다면 "계보학은 우발적인 사건, 미세한 일탈, 오류, 잘못된 평가, 잘못된 계산 등이 우리에게 가치 있는 존재물을 만들어냈다는 것을 정확히 확인하는 것이다. 그것은 우리가 아는 것 및 현재 우리의 뿌리에 있는 것은 진리와 존재가 아니며 우발적인 사건의 외재성임을 발견하는 것이다." 지배엘리트들이 만들어낸 공식적인 국가의례가 어떠한 방식으로 국민국가와 내셔널리즘의 형성에 기여했는지를 구명하고 있는 이 책의 저자는 국민국가의 역사적 출현은 일종의 문화적 현상이었다고 말한다. 물론 문화적 현상만으로 근대 국민국가와 내셔널리즘의 형성을 모두 설명할 수는 없다.

하지만 새로운 역사를 상상할 수 있기 위해서는 '영속성의 신화'를 비판하고, 현재 우리의 뿌리에 있는 것은 진리와 존재가 아니며 우발적인 사건의 외재성임을 발견해야 한다. 천황의 이미지는 발명되고 날조된 허구이다. 그러나 그 허구가 낳은 역사적 결과는 어떠한가. 수많은 사람들을 전쟁터로 내몰았으며, 헤아릴 수 없는 희생자를 낳았고, 상흔은 아직까지도 지워지지 않고 있다. 불행한 역사를 반복하지 않기 위해서라도 우리는 천황이라는 기호가 만들어지는 과정에 '진지하게' 주목할 필요가 있다. 천황의 이미지는 우리의 근대사에 어두운 그늘을 드리우고 있으며, 그 '잔상(殘像)'이 아직껏 유령처럼 우리 주위에 떠돌고 있지 않은가.

빵집 불빛에 기대 연필로 그린 기억의 풍경화

김연수 소설집 『내가 아직 아이였을 적에』(문학동네, 2003)

> 세상을 살아가는 데 그렇게 많은 불빛이 필요한 것은 아니다,
> 그저 조금만 있으면 된다.
> 어차피 인생이란 그런 게 아니겠는가.
>
> ─「뉴욕제과점」

***

뭔가에 홀린 듯 숨 가쁘게 달려온 사람, 그를 멀치감치서 지켜보노라면 저도 모르게 조금 쉬었다 가라는 말을 건네고 싶어질 때가 있다. 김연수의 경우가 그러하다. 『가면을 가리키며 걷기』(1994)에서 『7번국도』(1997) 『스무살』(2000) 그리고 『꾿빠이 이상』(2001)에 이르기까지 작가 김연수는 그야말로 무엇엔가 홀린 듯 내달려 왔다. 이런 '스피드와 텐션'으로 내달다가는 파열하고 말 것이라는 불안감이 엄습했던 탓이리라, 그가 자신을 소설쓰기로 내몬 '현실의 두려움'으로부터 거리를 두고 싶어진 것은. 숨고르기가 필요한 시점에서 그는 깊은 우물에서 길어 올린 추억이라는 이름의 물을 들이키면서 컴퓨터가 아닌 연필로 소설을 쓰고 있는 중이다. 그리고 이 소설집은 연필로 쓴 그의 회상의 기록이다.

김연수는 자전소설 「뉴욕제과점」에서 이렇게 적고 있다. "나는 이 소설만은 연필로 쓰기로 결심했다. 왜 그런 생각을 하게 됐는지 모르겠다. 그냥 그래야만 할 것 같았다. 그러고 보니 연필로 소설을 써본 지도 꽤

오래된 일이다."(231면) 연필로 소설쓰기, 그것이 의미하는 바는 무엇일까. 기억을 온전히 되살린다는 것은 애시당초 불가능하다. 파편으로만 남아 있을 뿐이어서 그 깨어진 기억의 유리조각들을 아무리 살뜰하게 모은다 손치더라도 원래의 모습을 복원하기란 난망하기 짝이 없는 일이다. 기억이나 추억이란 어차피 그런 것이 아니던가. 지우고 다시 쓰기를 몇 번이고 되풀이하고 나서야 비로소 희미한 윤곽 정도를 얻을 수 있는 그런 것 말이다. 기억을 재구성하는 소설을 쓰는 데 굳이 연필이 필요했던 것도 이 때문이리라.

작가가 된 빵집 막내아들 김연수는 연필로 쓴 아홉 편의 소설을 통해 "지금 죽어가는 것들, 아니 이미 죽은 것들, 예컨대 가까운 이웃끼리 추렴한 돈으로 시장에서 수박을 사와 화채로 만들어 먹던 여름밤 정경, 길모퉁이 이름 없는 식당의 알 빠진 플라스틱 주렴 너머로 잊을라치면 벌어지던 동네 어른들끼리의 주먹다짐, 장이 서는 매 5일마다 평화시장이나 아래장터 등 재래시장으로 구름처럼 몰려들던 시골 사람들 등은 우리가 어렸을 때만 해도 생생하게 살아있던 것들"을 그려내고자 한다. '이십 년 전만 해도' 이야기와 소문을 통해 이웃과 강한 유대를 형성하고 있었던 곳, 자신의 추억이 깃든 공간을 그는 이렇게 되살린다. "벽에는 담쟁이 넝쿨이 뻗어 있고 뒤편 관사 쪽으로 돌아가면 귀를 때리는 매미 소리와 함께 아직도 수동 펌프로 우물물을 길어 올리는 수도가 우리 유년의 어느 여름날을 얼음처럼 차가운 지하수로 적셔주던 곳. 저녁 무렵, 그 뜰에 서 있으면 어디선가 졸린 듯 규칙적인 탁구공 소리가 들려오다가 이내 하루가 끝났음을 알리는 성당의 외로운 종소리에 묻혀 사라지던 곳."(48면)

그가 어디선가 말했듯이 뉴욕제과점과 그 주변 공간, 즉 리기다소나무 숲과 평화동 80번지 그리고 그가 다니던 학교 등을 포함하는 김천이라는 소도시의 풍경은, '내 몸을 지나쳐온 흐린 그림자'와도 같은 현재와는 비교할 수도 없는 '완벽한 과거'를 구성하는 배경이다. 이러한 배경을 거느린 아홉 편의 소설들은 '곤충의 껍질처럼' 낯설지만 '그때만이 가장 완벽했던 시간들'이었다는 자각에서 출발한 회상의 기록들이어서, 이전의 소설들이 보여주듯, 이른바 신세대 감각으로 무장하고 모든 것을 가짜이자 허구라고 주장하던 절망적인 포즈와는 사뭇 다르다. 「뉴욕제과점」에서 그는 이렇게 말한 바 있다. "그 사이에 아무리 단단한 것이라도, 제 아무리 견고한 것이거나 무거운 것이라도 모두 부서지거나 녹아내리거나 혹은 가라앉는다. 그럴 때마다 내 안에서는 부식된 철판에서 녹이 떨어져 나가듯이 검고 붉은 부스러기 같은 것들이 죽어서, 떨어져 나갔다."(237면) 그런 줄도 모르고 자신의 소설을 두고 '모더니즘이 아니라 포스트모더니즘' 운운했던 것을 그는 후회한다. 아마도 그의 대뷔작 『가면을 가리키며 걷기』를 비롯한 일련의 실험적 작품을 두고 말하는 것이리라. 그런 까닭에 이제 우리는 '김연수가 왜 이런 소설을 썼을까'라는 경계심을 늦추고, 그의 '추억의 보고서' 또는 '반성의 기록'를 조금은 여유롭게 들여다 볼 수 있어야 한다.

***

그는 예의 빵집에서 있었던 사건을 꺼내는 것으로 '추억의 앨범'을 펼친다. 어느 해인가, 빵집에서 일하던 게이코가 크리스마스 전날 돈을 훔쳐 달아난다. 자정미사를 알리는 성당의 종소리가 채 사라지기도 전에, '술 마시기 전에도 성호를 긋는' 빵집 주인 김씨와 그 빵집에서 일하던 제빵기술자 태식이 게이코를 찾아 나선다. 게이코가 유리창에 남긴 '희끄무레한 손바닥 길', '게이코가 가고 싶은 길이라기보다는 갈 수밖에 없는 길'을 더듬어 둘은 스산하기 이를 데 없는 기차를 몇 번 갈아타고서 게이코의 흔적을 좇는다. 은성탄좌에서 일하는 게이코의 할아버지를 찾아가는 것이다. 이제는 일자리에서도 쫓겨난 늙은 광부가 사는 사택촌의 허름한 방에는 전혀 어울리지 않게도 컬러텔레비전이 놓여 있다. 끝내 게이코를 찾지 못한 두 추적자는 컬러텔레비전을 떠메고 하염없이 눈이 내리는 길을 걷는다.

　여기에 게이코 또는 경자의 과거가 포개진다. 어머니가 죽어 까마귀가 되었을 거라고 믿는 '천애고아(天涯孤兒)' 게이코는 돌아오지 못할 길을 떠나는 엄마에게 안녕이라는 말도 못했다. 그녀의 정신적 상처는 '하루에 열 마디 이상을 하지 않는', '말한다고 해도 더듬기 일쑤'인 모습으로 남아 있다. 게이코는 유진이라는 가짜 이름으로 '실용펜팔편지 예문'을 베껴가며 미국 소녀와 편지를 주고받으면서 미국행 꿈을 키우던 참이었다. 그런 천애고아를 찾아 나선 그들이 이른 곳은 '천애지각(天涯地角)', 즉 '하늘의 끝, 땅의 귀퉁이'였다. 어디에도 게이코의 흔적은 보이지 않는다.

　「하늘의 끝, 땅의 귀퉁이」가 그리고 있는 풍경은 스산하다. 깊게 패인 상처를 안고, 아득한 '꿈'을 찾아 어디론가 휑하니 떠난 게이코의 자취는 어디에도 보이지 않는다. 게이코가 훔쳐간 돈의 대가라도 되는 듯이 컬러텔레비전을 들고 눈길을 걸으며 김씨는 '베들레헴을 찾아가는 동방박사'라도 되는 양 모든 것을 용서하겠다고 말한다. "우리 주 예수 그리스도가 오셨다고 이래 많은 눈을 내리주시는구만. 그리고 봉께 우리는 꼭 베들레헴 찾아가는 동방박사 같네. 칼라텔레비 들고 말이다. 핫핫핫! 우리를 구원하사 우리 주 예수 그리스도가 태어난 날잉께네 내 게이코년을 용서해 줄란다. 이 지독한 눈보라도 용서해줄란다. 빌어먹을 놈의 가운선도 용서해줄란다."(32면) 무엇을 용서하겠다는 말인가. 깊은 상처를 안고 떠난 자의 심정을 조금도 헤아리지 못하면서, 자신이 하늘의 끝이자 땅의 끝에 서 있는 줄도 모르면서.

　'천애고아' 게이코가 '희끄무레한 손바닥 길'을 찾아 떠났듯이 우리는, 태식의 말마따나, '천애지각'을 걸어가고 있는 것이 아닐까. 하늘에도 눈, 땅에도 눈, 눈송이가 하늘과 땅의 경계를 지워버린 공간. 게이코와 마찬가지로 두 사람은 그리고 우리는 어디로 가는지도 모르는 채 그저 '가는 수밖에 없어' 그곳을 걸어갈 수밖에 없지 않은가. 그렇다면 바로 우리가 천애고아가 아니고 무엇이겠는가. 그런데 '칼라텔레비'가 무슨 소용이란 말인가. 연필로 그린 희미한 풍경화 저편에서 이런 물음들이 웅웅거린다.

우리가 잃어가고 있는 것은 다른 사람의 상처에 대한 깊은 관심이나 이해만이 아니다. 생명의 소중함이랄까 존엄성마저도 상실한 지 오래다. 군입대를 앞둔 '나'가 눈 쌓인 리기다소나무 숲에 멧돼지사냥을 하러 갔다가 발견한 것은 인간의 내면에 깃들여 있는 생명에 대한 경외감이다.

1987년 동지를 지날 무렵, '나'는 삼촌과 더불어 덕유산 일대로 멧돼지 사냥을 떠난다. 치과를 운영하는 삼촌은 '무자비한 판정'으로 시골 사람들을 반쯤 속여 가며 무서운 기세로 돈을 벌어들인다. 그러던 그가 카페 '물망초'를 운영하는 여자와 '자살을 기도할' 정도로 '찐한' 사랑에 빠진다. 실패로 돌아갈 수밖에 없었던 한 순간의 사랑이 남긴 그림자를 지우기 위해 이번에는 사냥에 빠진다. '물망초 여자를 진짜 사랑했을까'라는 의문을 풀지 못한 채. 대학 영문과 신입생이자 군입대를 앞두고 있는 '나'는 그런 삼촌을 따라 멧돼지 사냥에 나섰던 것이다. 그렇다면 그가 사냥을 따라나선 이유는 무엇인가. "이 내 연구의 내력을 말하자면 대학 영문과 신입생이 된 그해 5월 학교에서 열린 집회 도중 한 학생이 분신자살한 사건까지 거슬러 올라가야 한다. 그 집회에 참석해 불붙은 채로 떨어지는 몸뚱어리를 본 사람이라면 누구나 자기 마음속에 영원히 사라지지 않을 그늘이 드리워졌다는 사실을 인정할 것이다. 그중에서도 신입생이던 내 충격은 이루 말할 수가 없었다. 더구나 나도, 그 사람도 독실한 가톨릭 신자였다."(149면) 왜 어떤 인간은 그게 죽는 길인 줄 알면서도 철부지처럼 터무니없는 오기를 부려야만 하는가 이 질문에 대답을 하지 못한 채 '나'는 자원입대를 신청했던 것이며, 그 질문에 대한 대답의 실마리를 찾기 위해, '나'의 표현을 빌자면, 인간을 연구하기 위해 멧돼지 사냥을 자처했던 것이다. 그리고 이 사냥에는 한때 덕유산 인근에서 몰이꾼으로 이름을 날렸던 '도라꾸 아저씨'가 동반한다. '총을 꺾었다면서 사냥터를 기웃거리는 그 마음의 본질'은 무엇일까라는 의구심이 찾아드는 것도 당연하다.

사냥의 표적인 멧돼지를 앞에 두고도 '나'는 총을 쏘지 못한다. "나는 방아쇠를 당기고 싶은 욕망을 억지로 억누르면서 그저 총으로 겨냥하기만 했다. 쏠 수도 있었지만 나는 쏘지 않았다. 지금 생각해도 내가 어떻게 감히 멧돼지와 마주하고도 총을 쏘지 않을 용기를 낼 수 있었는지 신기하기만 하다."(162면) 삼촌도 멧돼지를 보고는 '놀라자빠져' 총을 쏘지 못한다. 삼촌이 총을 쏘지 못한 것은, 그의 변명에 따르자면, 용기가 부족해서가 아니라 멧돼지의 눈에서 '물망초 아가씨'의 눈망울을 보았기 때문이며, 내가 멧돼지를 쏘지 못한 이유는 '신기함'으로 처리된다. 쏠 수도 있었는데 쏘지 않았다는 진술에 주목해야 한다. 아마, 대학 신입생인 그를 강렬한 충격으로 몰아넣었던 분신 현장이 어른거려서였을 것이다, 그가 멧돼지를 향해 발사하지 못한 이유는.

그렇다면 도라꾸 아저씨는 왜 멧돼지를 쏘지 못했는가. 오래 전 사냥꾼으로 명성을 날리던 그에게는 새끼들을 죽여 어미를 사냥했던 잔인한 기억이 남아 있다. 죽을 줄 알면서도 새끼들 때문에 총구를 향해 다가오는 멧돼지를 쏘면 안 되는 줄 알면서도 '공명심' 때문에 쏴버렸던 것이다. 사람이든 짐승이든 목숨이란 결코 가벼운 게 아니라는 자각에 이르지 못했던 탓이다. '마을에서 영웅대접 받고 집에 돌아와 며칠을 끙끙 앓'고 나서야 '도라꾸 아저씨'는 다음과 같은 깨달음에 도달한다. "잘못했다, 잘못했다. 아무래도 총을 쏘면 안 되는 거였다. 이런 생각이 머릿속에서 떠나지 않더라. 그라고 보만 그날 내가 잡은 거는 정녕 멧돼지가 아니었던 거지. 이래 산에 오만 쓸모 적은 나무나마 리기다소나무도 살아가도 청솔모도 살아가고 바람도 쉼 없이 움직이지만, 정작 그 멧돼지는 이미 죽은 거였응께 말이라. (…중략…) 저 봐라, 리기다소나무도 있고 직박구리도 있다. 저래 다 살아가고 있는 거라. 살아 있는 생명 저래 살아가게 하는 일이 을매나 용기 있는 일인가 나는 그때 다 깨달았다.

내가 해수구제한다꼬 싸돌아다니면서 짐승들 쏴 죽인 것도 용기가 있어서가 아이라 나하고 마누라하고 애새끼들하고 먹고 살아갈라고 그런 거라는 거를 그때야 알게 된 거다."(174~175면)

별 쓸모없는 리기다소나무와 청솔모와 직박구리가 살아가고 바람이 그것들을 쉼 없이 어루만지는 숲에서 '나'는 '인간 연구'의 일단을 매듭짓는다. 살아 있는 생명을 있는 그대로 살아가게 한다는 것이야말로 용기 있는 일이라는 자각이 하나의 결론이다. 1980년대 달 시대 상황이 그랬듯이 학생들을 분신자살로 몰아넣는 일은 자신과 사랑하는 사람을 사랑이라는 이름 아래 죽음으로 내몰고, 공명심과 내 배를 불리기 위해 새끼를 거느린 멧돼지를 쏴 죽이는 일과 정확히 등가인 셈이다. 살아 있는 모든 생명은 소중하며, 그 생명들을 그대로 살아가게 하는 것은 어렵지만 참으로 용기 있는 일이다. 결국 눈 쌓인 리기다소나무 숲에 갔다가 멧돼지 대신 삶과 생명의 의미를 안고서, 그 생명을 소중한 생명으로 살아가게 하는 게 얼마나 용기 있는 일인가를 되새기며 돌아오는 '나'를 어떻게 맞이할 것인지는 순전히 우리의 몫이다.

***

유년의 기억은 '소문'처럼 남아 있게 마련이다. 다른 기억도 마찬가지지만 유년의 기억만큼 온전한 실체를 파악하기 어려운 게 있을까. 이제 우리 앞에 놓여 있는 풍경화첩 가운데 유년의 기억을 그리고 있는 그림을 펼쳐보기로 하자. 「호모 사피엔스 사피엔스」와 「똥거는 안 올지도 모른다」가 그것이다.

대한전선표 텔레비전 화면을 뚫고 그대로 나온 테즈카 오사무 만화 속의 등장인물과도 같은 보건소 의사가 평화동 80번지에 사는 소문에 예민한 아이들을 사로잡는다. 평화동의 역사를 송두리째 바꿔버릴 것만 같은 희화적인 인물인 그는 호기심의 화신이다. 그는 아이들에게 '쥐의 사체를 말려 쥐포를 만들어 먹는 사람'으로 각인되어 있다. 그의 호기심이란 '의학이라는 잣대로 세상을 바라보는 과정에서 몸에 밴 습성이라고 말할 수 있'으며, "의학의 가장 기본적인 방법론이 체계적인 처방을 수립해나가기 위해 각 증상들을 채집하고 분류하는 것이라면 이름을 알 수 없는 산나물, 진위가 불분명한 우표, 발행년도별로 수집한 동전과 지폐, 시궁쥐와 지붕쥐의 미묘한 생물학적 차이, 인간과 공존하는 박쥐의 습성 등에 대한 그의 호기심은 일반에서 벗어난 독특한 사례에 대한 특유의 관심에서 비롯한 것이라고 일컬을 수 있었다. 그러니까 외면상 무질서하게 보이는 그것들 하나하나에 대증적 처방을 내리고 고유의 질서를 부여하려는 욕망의 결과였다."(43면) 모든 무질서해 보이는 것에 고유의 질서를 부여하려는 욕망이 다름 아닌 호기심으로 표현되고 있는 것이다.

그러한 의사의 논리에 따르자면, 경계선 바깥, 그러니까 여러 가지 종류의 타자들이 흩어지는 그 영역에는 거지, 부랑자, 장애인, 미친 사람, 간첩, 빨갱이, 전과자 등 그가 설정해 놓은 경계선의 외부에 존재하는 것은 모두 유비관계에 놓인다. 예컨대 낯선 부랑자는 간첩으로 의심받을 수 있으며 포스터에서 간첩은 곧잘 쥐꼬리를 가진 인간으로 그려진다. 빨갱이 짓은 미친 짓이며 정신병자는 전과자처럼 사회와 격리시켜야만 하는 존재일 수밖에 없다. 간첩신고 포스터와 쥐잡기 포스터가 외부자에 대한 내부자의 인식을 표상한다. 근대성을 형성하는 데 주요한 한 축을 담당했던 위생 담론이 위생 / 비위생=문명 / 야만이라는 이분법적 도식으로 폭력을 행사해왔다는 사실을 떠올려 보라. 시궁쥐와 지붕쥐 그리고 박쥐를 그들의 전문적인 술어 라투스 노르베기쿠스, 라투스 라투스, 게노스 리노로푸스 따위로 부르며 모든 '소문'들을 분류하고 분석하며 증명하려 한다.

보건소 의사에게 위생이야말로 인간을 인간답게 하는 전제조건이다. 그가 아이들에게 말하듯이 평화동 80번지는 아프리카의 말리라는 나라만큼이나 비위생적인 곳이다. 비위생적인 곳에 전염병이 돌 수밖에 없다. 전염병의 모든 원인은 비위생적인 환경과 그 속에서 살아가는 사람들에게 있는 것이지 '그저 고인물에서 풍기는 악취처럼 80번지 주변을 떠도는 소문 속에 등장하는 상상 속의 동물', 곧 '대장쥐'에게 있는 게 아니다. 그는 그 과학적이고 합리적인 진실을 증명하기 위해 '대장쥐 포획'에 나선다. '질서로 포섭될 수 없는 어떤 대상을 설명하기 위해 만들어내는 이야기' 또는 '더 이상 일상 언어의 구조로 설명하기 곤란할 때, 알레고리의 형태를 띤 이야기'가 소문의 외피를 쓰고 등장하기 마련이다. 따라서 일상의 확고한 영역을 인정하는 사람에게 소문이란 그저 뿌리가 없는 이야기에 불과하다. 이 호기심 많은 의사는 뿌리 없는 소문에 지대한 관심을 보이면서 소문으로 떠도는 '대장쥐'를 주목한다. 그에게는 '뿌리 없는 잎이란 존재하지 않'으며 '증상이 있으면 처방이 있고 원인이 있으면 결과가 있다'는 인식이 확고하게 자리 잡고 있다.

전염병(장티푸스)의 근원으로 지목된 '거대한 쥐', 그 존재를 확인하기 위해 보건소장인 의사는 복개천으로 직접 들어간다. 냉담한 반응을 보이는 마을 사람들에게 그는 이렇게 말한다. "만약 제가 들어가서 대장쥐가 없다는 사실을 확인하면 그 소문이 헛소문에 불과하다는 게 증명되는 셈입니다. 대신에 대장쥐를 발견한다면 장티푸스에 대한 여러분의 두려움을 없애버릴 수 있을 것이고요. 언제 또다시 장티푸스가 유행할지 모르는데, 그런 소문이 나돈다는 것은 위생에 상당히 저해됩니다. 이 세상에 원인이 없는 결과는 없습니다. 이건 진리입니다."(59면) 이 말을 남기고 그는 '질서라고 부르지 않는 세계'로 들어간다. 대장쥐의 부재를 확인함으로써 소문이 얼마나 근거가 없는가를 밝히고자 하는 것이다. 그리하여 '심지어 마을에 살지 않는 이웃들마저도 우리의 생활 공간 속으로 끌어들일 만큼 강한 유대의 끈'이었던 소문을 박멸하고자 했던 셈이다.

모든 질병의 원인을 '거대한 쥐'에게 전가했던 사람들에게 '쥐포선생'은 복개천을 탐사하고 난 뒤 장티푸스의 균을 옮기는 것은 쥐가 아니라 '호모 사피엔스 사피엔스'라는 사실을 확인시켜준다. 물론 그는 자신의 지식을 바탕으로 장티푸스균을 전파하는 하는 게 사람이라는 것을 이미 알고 있었다(자크 르 고프와 장 샤를 수르니아가 편한 『고통받는 몸의 역사』를 보라). 그런 그의 등장으로 평화동 80번지는 위생적인 공간으로 거듭났을지 모른다. 그러나 철저하게 살균된 공간에서는 '어디선가 태어나 사람들의 입을 거쳐 살이 붙고 성장하다가 시간이 지나면서 서서히 죽어가는' 모든 소문마저 흔적도 없이 사라지고 만다. 마을 사람들의 묶는 끈이었던 소문을 박멸해버림으로써 탄생한 위생적인 공간에는 이제 문명의 휘황한 불빛이 주인노릇을 하고 있을 따름이다. '바이러스⑦'를 안고 살아갈 수밖에 없는 인간의 체취는 유년의 기억과 더불어 가뭇없이 사라지고 만 것이다.

「똥개는 안 올지도 모른다」를 이끌어 가는 힘 또한 '소문'이다. 그리고 아이들은 이 소문을 전파하는 전령사 노릇을 충실히 이행한다. 역시 평화동 80번지를 배경으로 하여 '이수여인숙 똥개' 재만이의 귀향을 둘러싼 소문이 아이들의 호기심을 점령해버린다. '한 평생 원수처럼 여겼던 이수여인숙 윤희엄마를 죽이기 위해 똥개가 그때 휘두르던 재크나이프와 똑같은 칼을 구해서 막 돌아왔다'는 소문, 부산으로 내려갔던 똥개가 우리 모두를 죽이려 다시 왔다는 소문, 무성한 소문들.

소문의 주인공인 '똥개'는 '폭행, 강간, 절도 등 온갖 더러운 혐의를 다 뒤집어쓰고 소년원을 들락거린' 동네의 '개망나니'이다. 그가 무슨 생각을 하고 있는지는 아무도 모른다. 그저 소문만이 떠돌 따름이다. 개망나니와 다름없는 그에게 친어머니에 대한 기억은 아킬레스건이다. 그는 자신과 띠동갑인 계모 윤희 엄마와 아버지에게 적의를 숨김없이 내보인다. 윤희 엄마를 패고 제 아버지의 뒤통수를 각목으로 후려치기도 했다고 한다. 그러던 그가 아버지의 초상을 치르기 위해 세 살배기 여자아이를 데리고 갑자기 나타난다. 칼부림이 이어지고 '똥개' 역시 피를 흘리며 쓰러졌다가 다시 교도소로 향한다. 사람들은 '그만 죽어버렸으면, 똥개가 죽어 다시는 이 동네에 나타나지 않았으면'하는 바람을 감추지 않는다.

　그렇다면 '똥개'는 다시 올까? 아니, '똥개'는 다시는 돌아오지 않을 것이다. 그는 소문 속의 인물이며 '미끄럼틀에서 내려오듯이 그렇게 쏜 살같이 지나버린' 시간의 흐름에 지워져 버린 인물이기 때문이다. 그러나 누가 알겠는가, 그 '똥개'의 이미지가 우리의 기억을 쉽게 떠나지 않듯이 우리의 무의식 어디쯤에 움츠리고 있는지를. 무지개 빛깔의 쫀드기와 오란씨를 먹고 마시던 유년의 기억처럼 우리의 '똥개'는 어느 날 불쑥 나타나 우리를 공포에 질리게 할는지도 모른다.

***

　이제 중학교 시절의 풍경을 떠올릴 차례다. 「가는 바람이 불어왔겠지」에서 김연수는 폭력을 생산하는 공간 학교를 '고전적인' 방법으로 그려 보인다. 학교를 빼고 어찌 과거를 떠올 수 있겠는가.

　1984년, 이른바 자율화의 시대에 학교는 권력이 행사하는 폭력을 그대로 모방, 재생산하는 '감옥' 또는 '군대'이자 균질적인 인간을 양산하기 위한 '공장'으로 기능한다. 학교는 '원산폭격'과 '선착순'으로 학생들을 길들이는 병영의 축소판인 동시에 국가권력의 이데올로기를 끝없이 강요함으로써 훈육의 목표를 달성하는 공간이다. "고행을 자처하는 선승처럼 온 존재로 밀어닥치는 아픔을 견디다가 문득 누굴 위해서 이렇게 고생하는가 의문을 가져보지 않은 것은 아니었다. 체력단련 따위는 하지도 않고 그냥 시험을 치르는 옆 반 아이들을 부러워하기도 했다. 그러나 머리를 땅에 박고 한참 생각해봐도 거기서 빠져나갈 방법은 없었다. 자신은 무기력했다. 아무런 힘도 없었다. 모든 의지를 다 내어주고 완전히 항복하고 나면 어느 정도 아픔에도 익숙해졌고 간사하게도 그저 이렇게 있다가 체력단련이 끝나면 좋겠다는 마음 편한 생각까지 들었다. 어쩌면 그 반대과정이었는지도 모른다. 마음 편해지려고 무기력을 자처한 것이리라."(185~186면) 이렇듯 원재는 아니 우리는 폭력에 길들여졌고,

빵집 불빛에 기대 연필로 그린 기억의 풍경화　395

무기력하게 견디도록 훈육되었던 것이다. 그리고 선생들로부터 '좋은 학교에 가는 게' 최선의 복수라는 것을 배워오지 않았는가. 폭력에 길들여져 강력한 내성(耐性)을 지니게 된 무기력을 떨쳐버리기란 또 얼마나 어려운가.

여기 담임인 조선생만큼이나 힘이 막강한 반장 경호가 있다. 그는 담임의 위임을 받아 가차없는 폭력을 행사한다. 당연하게도 그에게 대항하는 인물이 있다. 고아원 출신인, '유별나게 유순한' 태식이다. 그리고 태식을 동정하는 원재가 있다. 체력단련을 받던 고아원생 태식이가 반장 경호에게 이의를 제기하고 일어서면서 사태는 급박해진다. 둘의 대결에서 태식이 승리한다. 담임의 응징이 따르는 게 다음 수순이다. 그런데 태식은 이제 담임선생을 '머리로 받아버린다.' 학교에는 더 이상 폭력을 거부한 그가 설자리라곤 없다. 학교를 떠난 태식이 갈 곳은 그 어디에도 없다. 그와 마찬가지로 고아원 출신인 병호와 같은 '불량' 퇴학생들과 어울릴 수밖에. 권력에 의해 축출 당한 타자들은 생존을 위해 다시금 폭력에 기댈 수밖에 없다. 병호가 경호를 불러 폭력을 가하는 것이 단적인 예이다.

국가권력을 위임받은 선생을 '받아버린' 행위는 곧 국가권력에 도전한 것이나 진배없다. 따라서 권력이 가만있을 리 없다. '경찰서마다 학원폭력 특별대책반'을 만들어놓고 신고를 받던 국가권력이 '불량' 학생 태식을 좌시할 리 만무하다. 더군다나 고아임에랴! '고아라 하면 아무런 죄가 없어도 소년원에 보내버리는 형사들'이지 않는가. 태식을 불량학생으로 몰아 경찰에 신고한 자로 원재를 지목하지만 원재로서는 억울한 일이 아닐 수 없다. 그러나 담임은 이렇게 몰아세운다. "이 자식아, 태식이 그렇게 해서 소년원에 가면 어떻게 되는지 알아? 하루 종일 두들겨 맞어, 이 자식아. 한 번 소년원 들어가면 앞으로 인생이 그렇게만 풀린단 말이야. 니가 뭔데 태식이 인생 그래 만들 권리가 있단 말이야? 엉? 이 철없는 자식아, 무슨 마음으로 그걸 경찰서에 신고하냔 말이야."(194면) 가면을 쓴 폭력의 모습. 핑크 플로이드의 노래를 영화화한 〈The Wall〉을 상기해보라. 권력이 쌓아놓은 견고한 벽에 흠집을 내는 자들은 '살아남을 수 없다.' 그게 두려워 우리는 그 벽을 지탱하는 또 하나의 벽돌이 되기를 소망하지 않았던가. 탈주의 꿈은 참으로 위험하다! 견고한 벽의 내부를 위협하는 '불순한' 외부자를 동정하는 자들에게도 가차없는 폭력이 가해진다. "원재는 경호가 왜 병호가 아닌 자신을 미워하는지 이해할 수 없었다. 원재는 절망적이었다."(193면) 폭력의 비호 아래 균질적 인간으로 길들여지지 않는 인간은 동질성을 위협하는 타자로서 철저하게 배제하고 또 응징해야 한다는 게 권력의 논리는 한치의 오차도 보이지 않는 것처럼 보인다.

「가는 바람이 불어왔겠지」가 권력에 의한 물리적 폭력이 작동하는 방식을 상징적으로 보여주고 있다면, 「그 상처가 칼날의 생김새를 닮듯」은 부정한 권력의 조종에 무의식적으로 길들여진 사람들이 타자들에게 가하는 상징적 폭력의 양상을 결코 가볍지 않은 소재를 바탕으로 하여 담담하게 그려낸다. 가볍지 않은 소재라고 했거니와 그것은 광주항쟁이라는 현대사의 깊은 상처를 배음으로 깔고 있기 때문이다.

항쟁의 과정에서 아무것도 하지 못했다는 자괴감에 시달리는 아버지는 하루 종일 옛날 신문만 읽는다. 빛바랜 신문을 스크랩하거나 빗물에 져버린 협죽도를 바라보며 술을 마시는 게 아버지의 일상이다. "술을 마실 때면 아버지는 아무런 소리도 못 듣는 사람 같았다. 시간이 지나자 엄마와 언니는 아버지가 집에 있는데도 언성을 높였다. 아버지는 어디에도 없는 사람처럼 보였다."(96~97면) '오월달 신문'만을 들여다보는 아버지 옆에서 어린 은재는 어린이 세계문학을 읽는다. '어디에도 없는 사람' 같은 아버지와 언니 사이에는 검은 강처럼 광주의 기억이 가로지르고 있다. 피가 부족하다고 해서 헌혈하러 간 여학생을 아무런 이유 없이 죽이는 폭력 앞에서 아버지는 고작 '애나 만들고' 있었다는 오해 아닌 오해가 그 강물의 실체다. "언니는 아버지가 결정적인 순간에 비겁하게 행동했다고 생각했기 때문에 실망한 것이었다. 어찌 됐건 언니는 폭음과 총성이 시끄럽게 들려오던 그날 밤, 엄마가 윤호를 가진 것이라고 믿었던 것이다. 그날 저녁, 아버지는 무기력했다. 누구에게라도 위로 받고 싶어하는 얼굴이었다."(115면)

그리고 그해 겨울이 지나기 전에 은재네 가족은 8톤 트럭에 짐을 싣고 고향을 떠난다. 경상도 땅으로. 경상도의 이 작은 도시에, 아버지는 'New Heaven'이라는 뜻의 신천수퍼를 차린다. 아버지가 가고자 했던 아르헨티나처럼 '삶의 대척지'와 같은 곳에서 그들은 '망명자들'이나 다름없다. 이곳에서 생존하기 위해 그들은 그들의 언어까지 스스로 파기해야 했다. 화자인 은재는 이렇게 말한다. "이사한 뒤로 우리는 어느 때라도 표준어로 얘기했다. 아버지의 명령이었다. 하지만 그건 우리들 사이의 암묵적인 동의이기도 했다. 허벌나게 먹어쌌네, 라고도 그게 마이 묵나, 라고도 말하지 않았다. 그저, 많이도 먹네, 라고 또박또박 끊어서 말했다. 가끔 저도 모르게 아까맨치로, 라든가 긍가 안 긍가, 따위의 말을 내뱉을 때도 있었다. 그럴 때면 우리 자매는 저희들끼리 입을 툭 쳤다. 손바닥으로 언니 입을 치거나 언니가 내 입을 치고 나면 배시시 웃음이 나오고 그 끝에 아련한 슬픔이 맴돌았다. 왜 그런 생각이 들었는지 모르겠다. 우리는 꼭 뿌리뽑힌 강아지풀 같았다."(101면) 표준어가 근대적 국민을 만들기 위해 국가 장치가 만들어 낸 인공의 언어라는 것은 잘 알고 있는 바와 같다. 이 언어에서는 어떠한 삶의 깊이도 찾아볼 수 없다. 살균된 언어이기 때문이다. 내부의 망명지에서 생존을 위해 그들이 표준어만을 사용했다는 것은 결국 자신을 키워온 삶의 방식을 포기하고 인공적인 삶을 선택했다는 것을 의미한다. 보이지 않는 무시무시한 폭력이 삶의 뿌리를 어떻게 해체하는가를 보여주는 대목이어서 주목하지 않을 수 없다.

그러나 새로운 망명지의 다수는 소수자의 존재를 인정하지 않는다. 전라도에서 온 그들이 아무리 또박또박 표준어를 사용해도 '동네 사람들은 우리가 뭐라고 얘기만 할라치면 단번에 우리가 온 곳'을 알아맞힌다. "우리는 등 뒤에서는 물론 면전에서 깽깽이라고 불렀다. 그 동네에서 깽깽이라고 불리는 사람은 가끔씩 나타났다가 사라지곤 하던 미친 여자뿐이었다. 아이들이 깽깽이라고 부를 때면 나는 분을 참을 수 없었다. 두 눈에 눈물이 그렁그렁 맺히기 일쑤였다. 언니는…… 울지 않았다. 절대로 울지 않았다. 대신에 문둥이 자식들이라며 얼음집의 얼음 덩어리처럼 각이 지고 싸늘한 표준말로 대꾸했다."(101~102면) 전라도에서 온 그들은 이물질이자 불순물이며 동시에 '빨갱이병'을 옮기는 시궁쥐와 조금도 다르지 않다.

'그 상처가 칼날의 생김새를 닮듯' 은재 자매는 제법 경상도 가시나로 자란다. 그리고 지방신문사 문화부장 출신인 아버지의 눈물겨운 생존법에 힘입어 신천상회도 번성 일로를 걷는다. 하지만 흉터를 다시 할퀴는 자들이 곳곳에 그들을 감시하고 있다. 디제이를 보면 알 수 있듯이 '전라도 사람들은 독하다.' 따라서 전라도 출신인 유은재도 참으로 독하다. 은재가 다니던 윤리선생의 논리다. '정여립이 때부터 반란의 땅'이었는데 그 피가 어디 가겠는가. '평민당인지 인민당인지' 디제이가 만든 당에 기부금을 낸 신천수퍼 주인에게도 반란의 피가 흐르고 있다는 것이다. 윤리선생과 음악선생의 이와 같은 대화 내용을 엿들은 은재는 친구에게 '가을이 깊어져서 그런가 나도 모르게 누, 눈물이 다 나오네' 라며 또박또박 끊어서 표준말로 말한다.

그런데 왜 아버지는 하필 충청도도 강원도도 서울도 아닌 '대척지'인 경상도로 왔던 것일까. "너희들한테 미안한 말이지만, 그때 윤호 태어나지 않았더라면 아빠는 벌써 죽었을지도 모른다. 윤호 코고, 저렇게 병을 달고 나온 것보고 다시 살아야겠다고 생각한 거야. 그래서 아무 연고도 없는 여기로 온 거야. 다시 살아야겠어서."(114면) 다시 살아야겠어서, 80년 5월에 만들었던 아이, 병을 달고 태어난 윤호를 보고 다시 살아야겠어서 경상도로 왔다는 아버지의 대답은 의미심장하다. 물론 전적으로 5

월의 상처에 대한 책임을 '경상도'에 떠맡길 수는 없는 노릇이다. 그러나 폭압적 권력의 조종에 무비판적으로 순응하여 광주를 반역을 땅으로 몰고 그 땅의 사람들을 '상종하지 못할 사람'으로 배제함으로써 그들에게 깊은 상처를 남긴 책임에 면죄부를 주기란 쉽지 않다. 부당한 권력은 늘 경상도 사람들과 전라도 사람들이 서로에 대해 갖고 있는 근거 없는 적대감정에서 보듯 비판에 무능한 '우매한 백성'들을 거느리는 법이다.

은재의 가출은 어쩌면 당연한 귀결이다. 자꾸만 덧나는 상처를 견디지 못해 집을 뛰쳐나온 그에게 용서와 화해를 말하는 건 부질없는 짓이다. "나는 어둠을 바라봤다. 부드러운 음률을 듣듯이 어둠을 하나하나 지켜봤다. 아픔과 슬픔도 지나치면 그렇게 세세한 결로 보인다. 내게 상처 입힌 윤리선생에게 그와 똑같은 무늬의 결을 되돌려주고 싶었다. 하지만 나는 되돌려줄 수 없었다. 신문을 들여다보는 것만으로 사람을 용서했다는 아버지가 있으니 말이다. 나는 고개를 절래절래 흔들었다. (…중략…) 아버지는 그 여름 내내 도서관 한쪽에 앉아서 도대체 무엇을 읽었던 것일까? 누구를 용서했던 것일까? 파도와 파도 사이, 바람과 바람 사이, 달빛과 달빛 사이 이런 저런 생각이 오갔다."(117~118면) 우리 현대사의 질곡에 대한 치열한 인식을 전제하지 않는 용서나 의미는 아무런 의미가 없다. 그렇다고 가해자가 피해자에게 똑같은 상처를 되돌려 줄 수도 없는 노릇 아닌가. 소설이 그리고 문학이 할 수 있는 일이란 '그 칼날의 생김새를 닮은 그 무늬와 결을 하나하나 되짚'는 것밖에 없다. 칼날의 생김새를 닮은 상처를 되짚음으로써 처음 상처를 가한 칼날이 무엇이었는가를 묻는 것은 전적으로 우리의 몫이다.

***

첫사랑을 담고 있지 않은 과거의 기억은 마른 가지를 스치는 늦가을 바람만큼이나 스산할 터, 이제 우리는 사랑의 기록을 더듬어보아야 한다. 흔히 '아, 첫사랑!'이라고 말하지만 상처를 떠올리지 않고서 첫사랑을 기억하기는 어려울 것이다. 김연수는 「첫사랑」에서 첫사랑의 의미를 극적인 반전을 통해 되묻는다.

이 소설은 '좋은 세상'을 꿈꾸며 학생운동을 하다 수배 중이던 '나'가 자수를 결심하고서 쓴 첫사랑이라 생각했던 사람에게 쓰는 편지 형식을 취하고 있다. 그는 일곱 살 되던 해 여름의 기억으로 되돌아간다. '무찌르자' '때려잡자' '우리들도 총칼 들고 일어서자'라는 구호가 난무하던 반공궐기대회장에서 '나'는 '순간적인 아름다움', '양 날개 끝에 초승달처럼 노란 줄이 그어지고 검은색 반점이 군데군데 박힌 아주 작은 나비'를 만난다. '나'는 자신이 들고 있던 반공 구호가 적힌 피켓을 휘둘러 그 나비를 잡는다. 그리고 찾아온 두려움. "나비의 잔해라고도 말할 수 없는, 구겨진 더러운 휴지 조각 같은 뭔가가 파출소벽이 붙어 있다가 툭 떨어졌어. 나도 모르게 눈을 감았더니 갑자기 귀가 트인 듯 역전에 모인 사람들이 저마다 말하는 소리가 또렷하게 들려오는 게 아니겠어. 나는 다시 눈을 뜨고 그 휴지 조각보다도 못한, 노란 덩어리를 운동화로 마구 짓이겼지. 나도 모르게 입을 앙다물었더니 이가 갈리는 게 느껴지더군."(210면) 전염되는 광기 또는 광기의 전염이라 할 수 있을 터인데, 어린 '나'는 휴지조각보다 못한 노란 나비를 짓이겨 버린다. 그게 사랑인 줄도 모르고…….

고등학교 2학년, 그러니까 '열일곱이 지나면서 서서히 빈터가 생기던 내 마음의 한쪽을 김지하의 글들이 채워줄 수 있으리라고 생각하던' 무렵 '나'에게 '가슴 뛰는 그 느낌 사이로 내가 첫사랑이라고 믿었던 뭔가'가 찾아온다. '나'는 여학생 정인과의 만남을 이렇게 도현한다. "그 사랑이 모두가 깊이 잠든 밤에 몰래 들어온 도둑처럼 눈치채지도 못할 만큼 빠르게 내 마음 가장 깊은 곳의 빈터에 자리잡았지. 레몬즙으로 쓴 글자처럼 그 뜨거움에 노출되기 전까지는 아직 어떤 글씨가 씌어져 있는지 알 수 없는 그런 사랑이 내게 찾아온 거지."(212면) 그랬을 것이다, 그것은 자신을 향해 환하게 쏟아지던 빛이자 두려움이었을 것이다. 소중하게 다루지 않으면 안 되는 아름다운 사람이라고 믿었을 것이다. 하지만 첫 사랑이라 믿어 의심하지 않았던 것은 정작 무주 남대천에서 잡은 반딧 불이와 같은 모습이 아닐까. "그 은은한 따뜻함을 온 저녁 하늘로 뿌리 는 반딧불이의 불빛이 어찌나 예쁘던지! 아버지와 나는 날아다니는 반 딧불이를 잡아 준비해 간 빈병에다 한 마리씩 넣었지. 넣을 때마다 병 안의 공기는 신비스럽게 바뀌어갔어. 그 아름다운 빛을 머리맡에 두고 바라보면서 잠이 들었는데, 다음날 깨어보니 모두 빳빳하게 죽어 있었 어. 그 아름다웠던 빛은 그저 지독하게도 끔찍하게 생긴 곤충에 불과했 지."(216~217면) 이처럼 사랑이란 환각이거나 헛것, 혹은 다음날이면 끔찍 한 모양으로 죽어 있는 곤충 같은 것이라 할 수 있지 않을까. 그러할진 대 어찌 사랑이 두렵지 않겠는가. 첫사랑이란 대개 그렇듯이 경우 짝사 랑이기 쉽고, 짝사랑은 비대칭인 감정의 당연한 결과 한 순간에 무너 지고 만다. 그리고 거부당한 사랑은 폭력을 동반하기 마련이다. '나'가 자신의 마음을 수락하지 않는 정인을 때리듯이. 그것은 자신을 향한 폭 력의 다른 표현일 경우가 많다. 시간이 흐르고 나서야 우리는 오래된 기 억의 사진첩 속에서 그 흔적을 발견하고서는 푸른빛이었다고, 소중한 사 랑이었다고, 한때의 꿈이었다고 위로하곤 한다.

도둑처럼 찾아온 정인에 대한 관심이 과연 유일한 첫사랑이었는지를 확인하기 위해서는 혜지라는, '나'보다 대여섯 살 많은 술집여자를 눈여 겨보아야 한다. 양장점을 하는 엄마의 말동무인 그녀는 '내 마음을 읽어 버린 여자'. '나'는 숭고한 자신의 첫사랑을 망친 사람이 혜지누나라고 생각하고 그녀와 함께 술을 마신다. 그러면서도 그는 스무 살이 되면 자 신이 옳다고 생각하는 일, 즉 "세상을 좀더 살 만한 곳으로 만드는 일, 불화와 다툼이 없는 정의로운 세상을 만드는 일"(220면)을 할 거라 큰소 리친다. 혜지누나의 상처에 조금도 동의를 표하지 않는다. 천문학자를 꿈꾸는 '나'만한 남동생을 두고, 그 남동생의 꿈을 이루어주기 위해 술 을 파는 그녀에게 잔뜩 심사가 뒤틀려 있던 '나'는 모욕적인 말을 퍼붓고 만다. '더러운 주제에 천문학자 동생을 둬서 좋겠네. 그을린 유리가 다 뭐고 일식이 다 뭐야'라며. 그 날의 기억에 '나'는 이렇게 주석을 붙인다. "세상에 어떤 동물도 자신이 아름답다고 느끼는 것을 일부러 부수지는 않지. 아름다운 것을 보고 망쳐버리는 동물은 사람뿐이야."(223면) "영양을 덮치는 들개들처럼 사람들은 아름답고 소중하고 정의로운 것이라면 달려들어 추하고 더러운 것으로 만들어버려. 짓밟고 때리고 뭉개고 나면 아름다움이란 그저 찰나에만 존재하는 것이며 영원한 것은 더럽고 야비한 것들뿐이라는 생각이 들었어."(225면) 이는 혜지누나에 대한 깊은 죄의식을 좀처럼 지울 수 없었다는 고백이자 그의 폭언이 뒤틀린 사랑의 표현이었다는 것을 증명하는 진술이다. 증오와 사랑의 공존, 그 틈바구니에서 우리의 젊은 날은 제대로 숨조차 쉴 수 없었을 것이다.

수배자생활을 청산하고 자수하기로 결심한 날, '나'는 6년 만에 돌아오는 일식을 보기 위해 산으로 올라가 혜지누나가 그랬던 것처럼 그을린 유리판을 통해 태양을 바라본다. 검은 그을림에 세기가 약해진 노란빛이 눈으로 밀려든다. "까닭 없는 슬픔과 한없는 기쁨과 막연한 불안감이 하늘을 떠도는 먼지알갱이처럼 내 안에 서로 뒤섞여 거다한 하나의 원으로 바뀌는 동안, 조금씩 그림자가 태양에 드리워지기 시작했지. 눈물방울처럼 검은 유리판에 새겨진 그 아름다운 노란 빛. 언젠가 보았던 너의, 또 혜지누나의 눈물 맺힌 눈동자처럼 한쪽 부분부터 흔들리는 그 둥근 빛. 그러나 결코 부서지거나 망가지지 않을 그 소중한 동그라미. 무한히 수축됐다가 다시 온 우주로 퍼져나가는 그 노란 물결. 그제야 알 것 같았어. 혜지누나가 동생과 나란히 서서 그을린 유리로 바라보려던 게 일식이 아니었음을. 그 순간부터 나는 새였고 물이었고 혹시는 바람이었어. 푸른빛이었고 바다였고 바다의 한때나마 꿈이었어. 내 안을 충만하게 메운 그 따뜻한 느낌. 나는 그게 사랑이란 걸 그제야 깨달았어. 나는 비로소 사랑에 빠진 거야. 알겠니? 그 누구도 망가뜨릴 수 없는, 첫사랑에 빠진 거야."(227~228면) 첫사랑은 이렇듯 온 우주로 퍼져나가는 태양의 노란 물결로 남아 있다. 기억의 저 깊은 구석에. 그리고 그 첫사랑이라는 눈부신 태양은 그을린 유리판이라는 시간의 퇴적을 통하지 않고서는 보이지 않는 그런 무엇이다. 기억이 소중한 건 이 때문이 아니겠는가.

여기 또 하나의 사랑이 있다. 「노란 연등 드높이 내걸고」는 교차서술을 통해 사랑의 상처를 치유하는 과정을 정갈한 문체로 그려낸다. 예정은 사랑의 아픔을 간직한 채 사찰에서 생활하고 있다. 수의(壽衣)를 만드는 보살들의 모임에서 예정은 배냇저고리를 만든다. 그녀의 행동을 지켜본 공양주 보살의 입에서 나온 말은 "놀랍게도 아프지 말아라였다. 아프지 말아라. 너무 아파하지 말아라. 그 말에 예정의 눈썹으로 눈물이 맺혀들었다."(135면) 사랑이 남기 상처가 어찌 아프지 않겠는가마는, 그녀는 눈물로 그 아픔을 조금씩 지워나간다.

예정을 사랑한 '방위병' 봉우는 부대를 이탈하여 산길로 그녀를 찾아온다. '이 세계는 바라보는 사람만 뚝 떼어놓고 저희들끼리만 서로 경계 없이 녹아드는' 밤길을 달려오면서 그는 다음과 같은 생각에 도달한다. "사람의 감각은 여전히 시간과 공간의 흐름에 따라 직선적으로 흐르지만, 어둠의 공간은 하나로 펼쳐진 직선적인 공간이 아니라 주름이 잡혀 서로 말려 들어간 굴곡의 공간이다. 그 공간에서 사물은 하나로 존재하기도 하고 둘로 존재하기도 하지만, 외로 비켜선 사람만 오로지 하나일 뿐이다. 그날 봉우가 걸어가던 산길 역시 모든 게 하나이면서 둘인 비현실적인 공간이었다."(124면) 감각과는 달리 우리의 내면은 '주름이 잡혀 서로 말려 들어간 굴곡의 공간'이다. 사람끼리의 만남이, 특히 사랑이라는 열정에 사로잡힌 사람끼리의 만남이 각자의 내면을 그리라면 그런 공간을 묘사할 수밖에 없을 것이다. 어둠 속 산길처럼 하나이면서 둘인 공간.

전국낙서문학회 지역지부에서 '만반의 준비는? 5천. 평생동지는? 12월 22일' 따위의 말장난으로 소일하는 그에게, 방위병생활을 그만둔 뒤에 어떻게 먹고살 것인지 밤낮으로 걱정이 끊이지 않는 그에게 죽음 따위가 얼마나 깊은 고통인지 느껴질 리가 없다. 하지만 인생은 낙서도 픽션도 아니다. 달도 뜨지 않은 산길을 헤매며 봉우는 두려움에 사로잡힌다. 그 두려움 속에서 예정의 말을 떠올린다. "이 세상이 얼마나 고통으로 가득 차 있는지 하나도 모르는 어릿광대에 불과하지. 그저 삶은 픽션에 불과하다는 말이나 만들어놓고 정말 멋지다고 혼자 생각하는 바보에 불과하지. 뱃속에 아기가 죽으면 어디로 가는지 단 한 번도 생각해 본 적이 없는 멍청이에 불과하지. 아니야 그렇지 않아, 봉우가 저도 모르게 소리쳤다. 봉우는 자기 목소리에 자기가 놀라서 털썩 주저앉았다. 그건 마지막으로 만났을 때 예정이 했던 소리였다."(137~138면)

달도 없는 칠흑 같은 산길을 헤매고 나서야, 그러니까 어두운 산길로 상징되는 예정의 내면을 응시하고 난 다음에야 비로소 사랑이란 이름으로 자신이 가한 상처가 얼마나 깊은 것이었는지를 깨닫는다. "절로 들어가 다시는 나오지 않겠다고 말하는 예정에게 너무 오랫동안 아프지 말라고 얘기하고 싶었다. 봉우는 이제야 알 것 같았다. 자기는 아프지 않을 줄 알았으니까 그런 말을 하겠다고 생각한 것이다. 자기만은 어두운 산길에 혼자 버려지는 일이 없을 것이라고 믿었으니까 예정더러 아프지 말라고 말하고 싶었던 것이다. (…중략…) 밤의 산길에서 길을 잃은 봉우는 혼자였다. 비로소 봉우는 눈으로 바라볼 수 있고 손으로 만져볼 수 있는 몽뚱어리만을 자신으로 불러서는 안 된다는 사실을 깨달았다. 밤의 산길에서 봉우는 매화나무이기도 하고 백송 가지이기도 하고 다래 열매이기도 했다. 봉우는 앞서 걸어가는 자신이기도 했고 자신의 뒤를 쫓는 뭔가이기도 했고 모든 살아있는 존재이기도 했고 모든 죽은 존재이기도 했다. 봉우는 그 사실을 받아들일 수밖에 없었다. 아기가 죽으면서 봉우의 마음속에서도 뭔가가 죽어나갔다. 그 자리가 아프지 않을 수가 없었다. 자기도 곧 죽을 것만 같았다."(138~139면) 인생은 낙서라 여기고 자신만을 생각했던 자신이 매화나무이자 백송 가지이며 다래 열매가 되는 순간, 채 아물지 않은 예정의 상처가 자신의 아픔으로 다가오는 순간,

그는 뒤얽힌 삶의 그물망으로부터 빠져나올 수 있었던 것이다. 그의 깨달음에 화답하듯 예정은 초파일을 맞아 봉우와 아기를 위한 '한들한들 흔들리는 노란색 연등'을 단다. 밤길을 헤매는 봉우의 길을 비추는 보름달과도 같은 환한 노란빛 연등은 드높이 내건다. 상처를 받고 또 상처를 준 연인들의 화해가 이루어진다. 노란빛 환한 연등을 빌어.

***

우리는 지금까지 「뉴욕제과점」을 제외한 여덟 편의 소설을, 작가 김연수가 연필로 그린 기억의 풍경화를, 차근차근 넘기며 보아왔다. 이 소설집에 실린 기억(추억)의 기록은 지극히 개인적인 성격을 띠고 있다. 그런 까닭에 작가 자신에게는 지극히 소중한 한 잔의 샘물이자 자양분일 수 있을 터이지만, 소설 속에서 '문제적 인물'을 발견하는 독법에 익숙한 독자에게는 참으로 낯설게 다가올 수도 있다. 더구나 지금까지 김연수의 소설들을 읽어온 사람들에게는 더욱 그러할 것이다. 문화적 댄디즘과 인문학적 상상력을 파격적인 형식과 문체로 독자들의 '지적 허영'을 만족시켜 주었던 이전의 작품들과는 확연히 구별되기 때문이다. 말하자면 가면극에 환호했던 관객들이 막상 가면을 벗은 배우의 맨얼굴을 보았을 때에나 느낄 법한 당혹스러움에 가까운 낯설음이라 할 수 있을 것이다. 자칫 추억의 품에 안겨 그가 지금까지 감행해 온 소설적 모험의 긴장도가 떨어질지도 모른다는 불안이 얼굴을 내미는 것도 이러한 낯설음 때문이리라.

이른바 '자의식으로서의 신세대감각'을 대표하는 그가 연필로 그려보인 풍경화는 1960년대 초반에 태어난 독자들에게도 친숙하게 다가올 것이다. 소설의 존재이유가 낯선 세계를 펼쳐 보임으로써 타성에 젖은 우리의 의식에 충격을 가하는 데 있다고 생각하는 많은 사람들은 이 책에 실린 소설들 대부분이 어디서 많이 보고 읽은 듯한 얘기들이어서 전혀 김연수답지 않다고 생각할 수도 있을 것이다. 특히 그의 낯선 세계를

'사랑한' 독자에게는 참으로 어색해 보일지도 모른다. 여기에 우리는 세대감각이랄까 자의식이 극단에 이르러 그 파열구에 이르렀을 때나 소설 쓰기에서 오는 극도의 피로를 견디지 못했을 때 유년이나 고향의 기억은 일종의 도피처일 수도 있다는 비판을 가할 수도 있다.

그러나 30대의 일상을 두려워하며 벌써 지쳐버린 것은 아닐까라는 의구심을 접고, "서른이 넘어가면 누구나 그때까지도 자기 안에 남은 불빛이란 도대체 어떤 것인지 들여다보게 마련이고 어디서 그런 불빛이 자기 안으로 들어오게 됐는지 궁금해질 수밖에 없다. 자신이 어떤 사람인지 알고 싶다면 한때나마 자신을 밝혀줬던 그 불빛이 과연 무엇으로 이루어져 있는지를 알아야만 한다"(241~242면)는 그의 말에 귀를 기울일 필요가 있다. 우리가 그의 작품들을 읽으며 보아왔듯이 그가 간직하고 있는 기억의 불빛은 그의 창작 에너지를 고갈시켜 버리기보다는 또다시 넘쳐흐르게 하는 쪽에서 자리잡고 있다는 확신을 버릴 수 없다. 따라서 이 두 번째 작품집은 그의 창작 행로에서 거칠 수밖에 없는 통과의례이자 하나의 전환점을 이룰 것임에 틀림없다. 우리는 다음과 같은 진술을 그의 진실로 받아들여야 한다. "이 세상에 존재하지 않는 뭔가가 나를 살아가게 한다니 놀라운 일이었다. 그 다음에 나는 깨달았다. 이제 내가 살아갈 세상에 괴로운 일만 남은 것은 아니라는 사실을. 나도 누군가에게 내가 없어진 뒤에도 오랫동안 위안이 되는 사람으로 남을 수 있게 되리라는 것을 알게 됐다. 삶에서 시간이 아무런 의미가 없다는 사실을, 그저 보이는 것만이 전부가 아니라는 사실을, 이 세상에서 사라졌다고 믿었던 것들이 실은 내 안에 고스란히 존재한다는 사실을 나는 깨닫게 됐다."(253면) 이제 그의 맨 얼굴을 본 우리에게는 다른 가면을 쓰고 중력을 거부하며 춤추는 또 다른 김연수를 지켜보는 일이 남아 있을 따름이다.

국가와 민족의 중력을 넘어 개인으로

　참으로 유감스러운 말이지만, 우리가 이 땅에 태어난 것은 하늘이 내려준 인간의 권리를 다하기 위해서가 아니며, 인간의 고유한 의무이자 권리인 자신의 행복을 추구하기 위해서도 아니다. 개개인의 양심에 따라 판단하고 행동하거나 생명과 삶이 원하는 욕망에 충실하기 위해서는 더더욱 아니다. 의연히 그 영향력을 상실하지 않고 있는 교육지표인 '국민교육헌장'이 명시하고 있는 것처럼 '민족중흥의 역사적 사명'을 수행하기 위해 '이 땅에 태어났다'는 것을 자명한 사실로 받아들여 왔고 지금도 사정은 크게 다르지 않다.

　가족주의와 긴밀하게 연결된 민족중심주의 및 국가중심주의는 모든 가치판단의 척도로 기능해왔다. 그리하여 개인의 욕망과 양심에 따른 행동은 권력의 지속적인 감시 대상일 수밖에 없었고, 감시의 시선을 벗어나 새로운 정신의 영토로 나아가려는 개인들은 소수자로 낙인찍혀 기나긴 고통의 시간을 견뎌야 했으며 지금도 그러하다. 반공법과 국가보안법 등 냉전이데올로기의 산물인 악법이 양산한 비전향장기수들과 양심수들, 양심적 병역거부자들, 국적 포기를 선언한 사람들이 겪어야 하는 육체적 정신적 고통의 이면에 도사리고 있는 것이 바로 민족 또는 국가중심주의 이데올로기라는 것은 다시 말할 필요도 없다.

이러한 민족 또는 국가중심주의 이데올로기의 기원을 찾기 위해서는 근대계몽기의 역사적 상황으로 거슬러 올라가야 한다. 제국주의의 침략이 현실로 다가온 시점에서 근대계몽기에 생산된 담론의 내용은 민족을 지키기 위한 국가의 독립으로 수렴한다. 일본 근대의 대표적인 사상가인 후쿠자와 유키치(福澤諭吉, 1835~1901)는 그의 저서 『문경론의 개략』에서 개인의 독립이 국가의 독립에 우선할 수 없다고 단언한 바 있거니와, 그의 영향하에 있었던 유길준과 김옥균·이광수 등 한국의 지식인들 역시 국가와 민족을 중심으로 자신들의 생각을 펼쳤다. 예컨대 최초의 근대적 장편소설이라 일컬어지는 『무정』을 관통하는 금욕주의도 민족을 위해 일신을 바친다는 민족중심주의의 논리를 소설적으로 변용한 것이라 할 수 있을 터이다.

국가를 하나의 유기체로 인식하고 개인을 일개 구성분자로 인식했다는 점에서 신채호나 박은식 그리고 장지연 등 이른바 진보적 민족주의자들도 이들과 별반 다를 게 없다. 당면한 위기 상황하에서 그들이 보여준 고민을 무시할 생각은 추호도 없다. 잘 알려진 신채호의 『대아(大我)와 소아(小我)』에서 볼 수 있듯 소아=개인의 욕망과 의지를 전적으로 대아=국가 또는 민족으로 편입해야 한다는 그의 발상법은 근대계몽기의 역사적 특수성을 고려한다면 충분히 수긍할 수 있다. 그러나 그것이 시공간적 특수성을 넘어 한국사회에서 일종의 '보편적 가치'로 받아들여지고 있다는 데 문제의 심각성이 놓여 있다.

윤치호나 서재필 등 미국에서 공부한 개신교도들에게서 개인주의의 맹아를 발견할 수 없는 것은 아니지만, 한국 근대의 특수한 환경으로 인해 근대계몽기에서 식민지 초기에 이르기까지 개인에 관한 이야기를 금기의 영역으로 남아 있었다. 그렇다면 근대가 발견한 핵심적인 가치 중

하나인 개인과 관련된 문제를 본격적으로 제기한 것은 언제쯤일까?

이른바 '고백록'이 개인의 양심과 내면을 드러내는 글쓰기 방법이라는 것은 잘 알려진 바와 같다. 한국 근대문학사에서 '고백'을 본격적으로 소설의 영역으로 끌어들인 인물은 김동인과 염상섭이다. 여기에서 김동인의 문학적 공과(功過)를 얘기할 수는 없지만, 자신의 초기 소설에서 고백이라는 문학적 장치를 빌어 지극히 개인적인 고뇌를 형상화했다는 점에서 개인의 발견을 향한 중요한 걸음을 내디뎠다는 평가에는 인색할 필요가 없을 것이다. 그리고 염상섭은 「개성과 예술」·「지상선(至上善)을 위하여」 등의 에세이를 통해 개인과 개성의 문제를 깊이 파고든다. 그는 '개개인이 부여받은 독이적(獨異的) 생명이 곧 각자의 개성'이라 정의하고, 개성의 자유 및 개성의 발전과 표현을 자아 확립 또는 자아 실현의 내용이라고 확언한다. 염상섭에게 생명과 욕망의 자유로운 발현을 방해하는 모든 것 — 가족이나 민족 나아가 계급까지 — 은 타파해야 할 우상이다. 그 확연한 예를 자신의 욕망에 충실하고자 하는 주인공 이인화의 여로를 그린 「만세전」에서 볼 수 있다.

물론 「만세전」의 주인공을 비롯한 '모던 보이'와 '모던 걸'들의 모습이 사회적 정치적 표현의 자유와 평등을 토대로 한 개인주의의 긍정적인 측면에 비추어볼 때 적잖이 이기적인 '온실 속의 개인'이라는 비판을 면하기는 쉽지 않을 것이다. 하지만 개성을 방기(放棄)한 계급주의와 민족주의가 판을 치던 상황에서 개인의 자유와 개성의 의미를 공론화할 수 있는 실마리를 제공했다는 점만은 적극적으로 평가해야 마땅하리라.

다이쇼 데모크라시의 분위기 속에서 1910년대 일본 문단을 풍미했던 시라카바파(白樺派) 문학의 수용과 1920년대 유행하기 시작한 니체의 영향 등등을 고려해야겠지만, 염상섭만이 아니라 많은 지식인들이 개인의 욕망과 현실 사이에서 깊은 좌절을 경험한다. 윤심덕과의 '비련의 사랑'으로 유명한 희곡작가 김우진의 예에서 개성의 구현과 욕망의 실현을 향한 길이 얼마나 험난했는가를 단적으로 볼 수 있다. 니체의 사상에 기울어져 있었던 김우진은 가족주의와 식민지 상황이라는 현실의 두터운 벽 앞에서 죽음이라는 극단적인 방법으로 저항할 수밖에 없었다.

'개성의 자유로운 발현'을 꿈꾸었던 사람들은 이들만이 아니다. 민족이라는 중력으로부터 벗어나, 대의명분을 실현해야 한다는 의무감에서 탈주하여 '세계인'으로서 근대문명을 비판하고 나선 일련의 모더니스트들도 개인으로서의 양식과 욕망에 충실하고자 했던 인물들이라 할 수 있다. 특이 한국 최고의 모더니스트 이상(李箱)은 시와 소설 그리고 에세이들을 통해 개인을 균질화하는 근대의 폭력성을 간파하고 끊임없이 탈주를 시도한다. 그의 삶과 글이 보여주는 기존의 가치관과의 처절한 '투쟁'은 소수자로서 그가 감내해야만 했던 현실적 압력을 단적으로 보여주는 예라 할 수 있을 것이다.

이상을 비롯한 모더니스트들과 더불어 계급과 민족 사이에서 제3의 길을 모색했던 아나키스트들의 사상적 모험도 주목해야 한다. 민족주의와 국가주의를 비판하면서 자기가 자기 생명의 주인이 되고, 이런 이상을 실현할 수 있기 위해 새로운 공동체를 꿈꾸었던 아나키스트 사상은 민족과 국가를 넘어선 사유를 발견하고자 애쓰고 있는 '지금-여기'의 사람들에게 유효한 참조 사항이 될 수 있을 것이다. 그리고 개인주의를 이기주의와 혼동하거나 단순한 액세서리 정도로 여기는 이들에게 정치적 발언의 확대를 통한 개개인들의 연대가 얼마나 어려우면서도 소중한지를 새삼 되새기게 한다.

비록 소수이긴 했으나 한국 근대사상에서 개인의 의미를 탐색하는 사람들의 노력은 그 명맥을 잃지 않고 있었다. 그러나 일제 말기와 해방공간 그리고 전쟁과 분단으로 이어지면서 '나'를 둘러싼 논의는 다시 한번 터부의 영역으로 밀려났다. 박정희 독재 아래서 부활한 충효의 논리는 '나라에 충성, 부모에 효도'라는 슬로건을 앞세우고 '나'의 양심과 욕망을 주장할 수 있는 공간을 극도로 위축시켜 버렸다. 1950년대의 실존주의를 수용한 지식인들과 김수영 등이 '내재하는 외부'로서 개인의 문제를 제기하긴 했다. 그러나 민족—국가이데올로기에 균열을 일으키기에는 역부족이었다.

우리는 유치원에서 대학에 이르는 제도권 훈육 시스템을 통과하면서 '국민교육헌장'의 지침을 숙지했으며, 보수적인 언론과 권위적인 관료제도 그리고 군사문화가 유포한 국가 중심적 이데올로기를 내면화했다. 그리하여 '나는 자랑스런 태극기 앞에 몸과 마음을 바쳐 충성을 다할 것을 굳게 맹세합니다'는, 황국신민서사의 한국적 버전인 '국기에 대한 맹세'를 신체와 정신에 깊디깊게 새겨 넣었다. 비장하고 엄숙한 표정으로, 새삼 국가를 향한 충성심으로 세차게 뛰는 심장을 어루만지며.

적어도 외면적으로는 국기하강식과 국민체조 그리고 선생님과 선배들에 대한 거수경례 등으로 대표되는 군사문화의 찌꺼기들은 사라진 것처럼 보일 수도 있다. 그러나 조금만 깊이 들여다보면 그 찌꺼기들이 우리 정신의 혈맥을 가로막고 있어 자유로운 사유의 흐름을 방해하고 있다는 것을 어렵지 않게 알아차릴 수 있다. 지연·혈연·학연으로 대표되는 연줄문화가 합리적인 의사소통을 차단하기 일쑤이며, '완장'들의 권위적인 행태는 개인들의 지극히 상식적인 판단과 행동마저 국가를 포함한 집단적 이익을 앞세워 폭력적으로 '진압'해버린다.

입으로는 다양성을 말하지만 정작 '차이'를 말하면 혼란으로 받아들이고 위험시하는 풍토! 섬뜩한 국민교육헌장과 '국기에 대한 맹세'의 유령은 부지불식간에 우리의 정신을 점령해버리고 만다. '나'를 방기할 때 그러니까 개인의 양심과 욕망에 충실하지 못할 때 남는 허망함을 아는 사람이라면 이 유령의 정체를 정확하게 파악해야 한다. 그리고 개인주의는 결코 몰역사적이지 않으며 우리가 살고 있는 '지금—여기'에 대한 깊은 관심과 불가분의 관계에 있다는 사실을 한국 근대사에서 개인이라는 문제를 고민했던 사람들의 정신적 궤적을 통해 확인할 수 있어야 한다. 개인들의 역동적인 연대를 통해 시민사회로 나아갈 수 있는 계기도 이 지점에서 찾을 수 있을 것이다.